上海市哲学社会科学基金项目
(编号：2016JG003-BYY072)

赵朝永 著

基于语料库的《红楼梦》译者风格描写
——以邦斯尔、霍克思和闵福德、杨宪益夫妇译本为例

华东师范大学出版社
·上海·

图书在版编目(CIP)数据

基于语料库的《红楼梦》译者风格描写：以邦斯尔、霍克思和闵福德、杨宪益夫妇译本为例 / 赵朝永著. —上海：华东师范大学出版社，2020
华东师大新世纪学术基金
ISBN 978-7-5760-1002-2

Ⅰ.①基… Ⅱ.①赵… Ⅲ.①《红楼梦》-英语-文学翻译-研究 Ⅳ.①H315.9②I207.411

中国版本图书馆CIP数据核字(2020)第232260号

华东师大新世纪学术基金资助出版

基于语料库的《红楼梦》译者风格描写
—— 以邦斯尔、霍克思和闵福德、杨宪益夫妇译本为例

著　　者	赵朝永
组稿编辑	孔繁荣
责任编辑	夏　玮
责任校对	王丽平
装帧设计	高　山
出版发行	华东师范大学出版社
社　　址	上海市中山北路3663号　邮编 200062
网　　址	www.ecnupress.com.cn
电　　话	021-60821666　行政传真 021-62572105
客服电话	021-62865537　门市(邮购)电话 021-62869887
地　　址	上海市中山北路3663号华东师范大学校内先锋路口
网　　店	http://hdsdcbs.tmall.com/
印 刷 者	常熟高专印刷有限公司
开　　本	787×1092　16开
印　　张	26
字　　数	374千字
版　　次	2020年12月第1版
印　　次	2020年12月第1次
书　　号	ISBN 978-7-5760-1002-2
定　　价	98.90元

出版人　王　焰

(如发现本版图书有印订质量问题，请寄回本社客服中心调换或电话021-62865537联系)

目 录

前 言 ·· 1

第一篇 研究基础

第一章 绪论 ·· 3
第一节 选题缘由 ·· 4
第二节 研究目的及意义 ·· 5
第三节 理论基础 ·· 6
第四节 研究方法 ·· 7
第五节 创新之处 ·· 9
本章小结 ··· 10

第二章 《红楼梦》英译研究评述 ······························· 11
第一节 《红楼梦》英译本述略 ································ 11
第二节 《红楼梦》英译本研究回顾 ·························· 19
第三节 《红楼梦》英译研究问题与对策 ···················· 33
本章小结 ··· 36

第三章 基于语料库的译者风格研究：进展与问题 ·········· 38
第一节 译者风格的内涵 ·· 38
第二节 国内外研究现状 ·· 41
第三节 译者风格研究方法、路径和存在的问题 ··········· 47

第四节　译者风格形成机制假设 …………………………………… 50
本章小结 ………………………………………………………………… 51

第二篇　定量描写

第四章　《红楼梦》译者风格定量描写的基本范式 …………………… 55
第一节　研究目标 ……………………………………………………… 55
第二节　语料库建设 …………………………………………………… 55
第三节　语料库工具与统计方法 ……………………………………… 57
第四节　研究方法与步骤 ……………………………………………… 58
本章小结 ………………………………………………………………… 59

第五章　《红楼梦》译者风格定量描写：词汇层面（上） …………… 61
第一节　类符/形符比 ………………………………………………… 62
第二节　平均词长 ……………………………………………………… 72
第三节　词汇密度 ……………………………………………………… 75
第四节　高频词 ………………………………………………………… 86
本章小结 ………………………………………………………………… 130

第六章　《红楼梦》译者风格定量描写：词汇层面（下） …………… 131
第一节　主题词与独特词 ……………………………………………… 131
第二节　固定搭配 ……………………………………………………… 149
第三节　语义韵 ………………………………………………………… 159
本章小结 ………………………………………………………………… 169

第七章　《红楼梦》译者风格定量描写：句子层面 …………………… 171
第一节　平均句长 ……………………………………………………… 171
第二节　句子类型 ……………………………………………………… 184
第三节　关系词 ………………………………………………………… 193
本章小结 ………………………………………………………………… 196

第八章 《红楼梦》译者风格定量描写：篇章层面 ... 197
  第一节 章回套语 ... 198
  第二节 语篇衔接 ... 217
  第三节 叙述风格 ... 230
  本章小结 ... 244
  定量研究小结 ... 245

第三篇 定性描写

第九章 《红楼梦》译者风格定性研究的方法与路径 ... 249
  第一节 研究目标与范围 ... 249
  第二节 语料筛选 ... 251
  第三节 研究方法与步骤 ... 252
  本章小结 ... 253

第十章 《红楼梦》文本体例英译：章回目录 ... 254
  第一节 《红楼梦》章回目录结构特点 ... 254
  第二节 《红楼梦》三译本章回目录英译对比 ... 255
  本章小结 ... 261

第十一章 《红楼梦》修辞格英译 ... 262
  第一节 委婉语 ... 263
  第二节 双关语 ... 276
  第三节 飞白 ... 284
  第四节 歇后语 ... 299
  第五节 俗语 ... 309
  本章小结 ... 317

第十二章 邦译本《红楼梦》个案勘误：误解与误译 ... 318
  第一节 笔误 ... 319

第二节　语言误读 …………………………………………… 321
第三节　文化误读 …………………………………………… 326
第四节　情节误读 …………………………………………… 328
第五节　死译与硬译 ………………………………………… 332
本章小结 ……………………………………………………… 339
定性研究小结 ………………………………………………… 340

第四篇　译者风格形成机制探索

第十三章　邦译本个案研究启示 …………………………… 343
第一节　方法与路径 ………………………………………… 343
第二节　译者风格形成因素剖析 …………………………… 345
第三节　译者主体性 ………………………………………… 352
第四节　译者风格描写维度：文本、译者、社会 ………… 357
第五节　译者风格假设修正：一个复杂的存在 …………… 363
本章小结 ……………………………………………………… 367

第十四章　研究价值与启示 ………………………………… 369
第一节　研究内容简要回顾 ………………………………… 369
第二节　研究价值 …………………………………………… 371
第三节　研究启示 …………………………………………… 373
第四节　本书的局限性 ……………………………………… 375
第五节　译者风格研究的未来发展空间 …………………… 377

参考文献 ……………………………………………………… 381
一、中文文献 ………………………………………………… 381
二、外文文献 ………………………………………………… 395

后　记 ………………………………………………………… 399

图表目录

表2-1 《红楼梦》英译本简况 ················· 20
表2-2 《红楼梦》霍、杨译本类符/形符比率统计········· 34
表5-1 《红楼梦》三个英文全译本类符/形符比 ········· 63
表5-2 邦译本 smiled and said 语境共现检索 ········· 69
表5-3 邦译本 said with a smile 语境共现检索 ········ 69
表5-4 邦译本 and said with a smile 语境共现检索 ······ 70
表5-5 邦译本 up and said with a smile 语境共现检索 ···· 71
表5-6 《红楼梦》三个英文全译本平均词长 ·········· 72
表5-7 《红楼梦》三个英文全译本词长分布 ·········· 73
图5-1 《红楼梦》三个英文全译本词长分布图 ········· 74
表5-8 《红楼梦》三个英文全译本词汇密度统计 ········ 75
表5-9 邦译本参照霍译本的实词分布显著性检验········ 77
表5-10 邦译本参照杨译本的实词分布显著性检验 ······· 77
表5-11 《红楼梦》三个英文全译本动名词统计 ········ 79
表5-12 霍译本参照邦译本的动词、动名词分布显著性检验
       对比 ························ 80
表5-13 霍译本参照杨译本的动词、动名词分布显著性检验
       对比 ························ 80
表5-14 《红楼梦》三个英文全译本动名词 having 使用频率
       检索 ························ 80
表5-15 邦译本 having 搭配词丛统计 ············ 81
表5-16 霍译本 having 搭配词丛统计 ············ 82

表 5 - 17	杨译本 having 搭配词丛统计	82
表 5 - 18	霍译本 and 与 having 搭配统计	83
表 5 - 19	JDEST、Brown 和 LOB 三语料库中词频位列前十的类符	87
表 5 - 20	《红楼梦》三个英文全译本词频位列前三十的类符	87
表 5 - 21	邦译本中 day 的搭配前二十位统计结果	91
表 5 - 22	邦、霍、杨译本前十位 day 的 L1 与 R1 搭配对比	92
表 5 - 23	邦译本 Every day 位于句首的检索项	93
表 5 - 24	邦译本中 day 的词丛前二十位统计结果	98
表 5 - 25	邦译本词丛 the other day 语境共现结果	100
表 5 - 26	霍译本词丛 the other day 语境共现结果	100
表 5 - 27	杨译本词丛 the other day 语境共现结果	100
表 5 - 28	邦译本参照霍译本《红楼梦》高频动词差别显著性对比	105
表 5 - 29	邦译本参照杨译本《红楼梦》高频动词差别显著性对比	106
表 5 - 30	邦译本以 is 为中心的前十位搭配类型	107
表 5 - 31	邦、霍、杨译本 is 的 L_1 与 R_1 搭配前十位统计对比	108
表 5 - 32	邦、霍、杨译本 is 的前二十位词丛统计对比	109
表 5 - 33	邦译本《红楼梦》there is no need 语境共现检索前五项	111
表 5 - 34	邦译本 there is no need to speak 语境共现检索	111
表 5 - 35	邦译本 there is no need for you to 检索结果	115
表 5 - 36	邦译本 and there is no need 语境共现检索	119
表 5 - 37	邦译本以高频副词 not 为中心的前十位搭配类型	121
表 5 - 38	邦、霍、杨译本高频副词 not 的 L_1 与 R_1 搭配前十位统计对比	122
表 5 - 39	邦、霍、杨译本高频副词 not 的前十位词丛统计对比	123

表 5-40	邦译本 did not dare to say 语境共现检索	124
表 6-1	邦译本主题词统计(参照霍译本)	132
表 6-2	邦译本前三十位特色词参照霍、杨与原创文本对比	134
表 6-3	邦译本前五项 also said 语境共现检索	136
表 6-4	邦译本 hastily smiled and said 语境共现检索	137
表 6-5	邦译本 with the utmost haste 语境共现检索	138
表 6-6	参照邦译本，霍、杨译本前三十位主题词统计	140
表 6-7	邦译本前三十个独特词统计	142
表 6-8	邦译本独特词表	144
表 6-9	邦译本 ancestress 语境共现检索	145
表 6-10	霍、杨译本前三十位独特词统计	147
表 6-11	邦译本 so saying 语境共现检索结果	150
表 6-12	邦译本 you don't mean to say that 语境共现检索	154
表 6-13	节点词组 hastily arranged 语境共现检索	164
表 6-14	《红楼梦》"忙迎××"语境共现检索结果	165
表 6-15	《红楼梦》"忙迎××"英译文三译本对比	166
表 6-16	霍译本 hastily 语境共现检索	167
表 7-1	《红楼梦》三个英文全译本句长统计	172
表 7-2	邦、霍、杨译本前十五回句长分布取样比较	173
表 7-3	《红楼梦》四译本汉英句子主要翻译对应类型百分比	183
表 7-4	《红楼梦》原作与三译本句末标点对比	185
表 7-5	邦、霍、杨译本可选性转述词 that 统计结果	193
表 8-1	《红楼梦》章回间套语类型、频次与分布	199
表 8-2	邦译本"(××)下回分解"对译项检索	201
表 8-3	邦、霍、杨译本章回末套语"下回分解"英译差异统计	206
表 8-4	《红楼梦》章回内套语类型、频次与分布	208
表 8-5	邦、霍、杨译本后四十回章回内套语"原来"英译对比	215
表 8-6	邦、霍、杨译本代词使用频次对比	219

表8-7	邦、霍、杨译本连词使用频次对比	221
表8-8	邦、霍、杨译本连接副词使用频次对比	225
表8-9	邦、霍、杨译本介词短语使用频次对比	226
表8-10	邦、霍、杨译本常用连词、介词与原创语对比	227
表8-11	邦、霍、杨译本报道小句 sb. said/said sb.风格差异	232
表8-12	邦译本"啐道"语境共现检索	235
表8-13	邦译本 spat and said 语境共现检索	235
表8-14	邦、霍、杨译本"笑道"译文种类对比	237
表10-1	《红楼梦》章回目录结构特点	255
表10-2	邦译本回目 having 做伴随状语	257
表10-3	邦译本回目英译对称结构例析	260
表11-1	邦、霍、杨译本回目死亡委婉语英译对比	264
表11-2	《红楼梦》三个英文全译本语音飞白对比(1)	287
表11-3	《红楼梦》三个英文全译本语音飞白对比(2)	290
表11-4	《红楼梦》三个英文全译本字形飞白对比	296

前　言

本书源于笔者对文学巨著《红楼梦》及其英译本日益浓厚的兴趣，同时也受到描写翻译学与语料库翻译学研究范式的影响与启发。2004年，邦斯尔神父英译的《红楼梦》手稿公布。自此，《红楼梦》这本旷世之作的一百二十回英译本由原来霍克思[①]和闵福德合译本、杨宪益和戴乃迭合译本的两枝竞秀（以下分别简称邦译本、霍译本和杨译本），正式形成邦译本、霍译本及杨译本的三足鼎立之势。邦译本虽遭埋没，却是第一个英文全译本，具有引领《红楼梦》全译时代的标志性意义。抛开译本质量与风格暂且不论，其开创性之功，足以成为《红楼梦》英译与传播史上值得铭记的一笔。由于邦译本的特殊形态，其自公布至今已逾十五载，学界对其研究和认识依然停留在浅尝辄止的阶段。对三个一百二十回英文全译本的对比研究虽已有尝试，但仍不多见，现有研究仍不够系统和深入，基于语料库的定量与定性相结合的研究也不多见。因此，借助语料库工具探析邦译本及其与霍、杨译本的风格差异，不仅是"红楼译评"事业中的重要一环，也是基于语料库的译者风格研究及其形成机制探讨亟待解决的命题。

本书基于描写翻译学和语料库翻译学理论框架，创建三个"一对一"平行语料库，即《红楼梦》原文与邦译本、霍译本、杨译本的分别对应，以求最大程度地消除底本差异引起的偏差。研究采用定量统计与定性分析相结合的方法，虽是三个英文全译本的对比，但仍以《红楼梦》邦斯尔译本为焦点，[②] 系

[①] 国内学界对Hawkes的译名并不一致，有"霍克思"和"霍克斯"两种写法。本文根据名从主人的原则，按照Hawkes本人曾使用过的汉语签名，选用"霍克思"这一名称，但仍保留其他学者在其著作中所用的"霍克斯"写法。

[②] 选择以邦译本为对比焦点的原因有二：一是由于译本形态所限，学界目前对邦译本的认识不够深入，大多研究比较浅显，值得深入探讨；二是相对于霍译本和杨译本而言，邦译本自身具有明显的独特性，值得专门探究。

统对比霍、杨译本，描写范围涉及词汇、句子和篇章等层面；同时，结合个案定性研究力图完整、全面地呈现邦译本特点，并借助语料库索引工具，对三个英文全译本进行系统对比，描写其译者风格的区别性特征。进而，探究结合三个译本译者风格描写研究的启示进行理论提炼，重新认识译者风格形成机制、形成动因及各因素间相互影响的运作机制。最终，通过本研究尝试探索基于语料库考察经典文学作品(尤其是小说)译者风格的研究方法。

全书分为四篇共十四章。其中第一篇为研究基础，第二篇的定量研究和第三篇的定性研究是重点，第四篇为前者基础上的理论提升。

第一篇中的第一章简述研究缘起，制定研究目标、内容与方法，分析研究难点并陈述研究意义与创新目标。第二章梳理《红楼梦》英译简史，厘清其基本发展脉络及译本间相互关系；基于语料库翻译学两大理论基础，详细评述国内外基于语料库的译者风格研究。第三章针对国内研究存在的问题重新认识关于译者风格研究的方法与范式，最终提出两个假设："**译者风格假设**"与"**译者风格形成机制假设**"。

第二篇定量研究的第四章至第八章，通过词汇、句子、篇章三个层面的语料库统计分析，全面、系统地描写邦译本译者风格；对比参照霍、杨译本，厘清三个英文全译本的区别性特征，为后续定性研究和译者风格成因探讨提供客观的数据支持。词汇层面的研究涉及类符/形符比、平均词长、词汇密度、高频词、主题词、固定搭配，以及语义韵七个方面的特点；句子层面的研究分为平均句长、句子类型与关系词三块；篇章层面的研究通过章回套语、语篇衔接与叙述风格三个方面展开。词汇层面的研究显示，邦译本用词整体相对较易，词汇语义的选择受到原文词汇语义的影响较大，译文的语义选择与表达结构受到原文风格影响的程度很高，词汇语义的选择未能充分考虑语境需要与交际效果，译文存在过度直译的倾向。句子层面的研究表明，邦译本处理原文句子的方式相对单一，句子结构相对简单，难度较低；然而，句法结构中关系词却出现"明晰化"倾向。这表明：译本一方面对原文结构"亦步亦趋"；另一方面又尽力使译文句法符合目标语的基本规范。篇章层面的研究表明，邦译本在文体、衔接与叙述三个方面均与原文保持一致。译本试图较为完整地保持原文的章回体特点，衔接方式的显化不足与叙述方式的隐含化处理，均使译本呈现出有别于一般译本所具有的翻译普遍性。

第三篇定性研究的第九章至第十二章，借助文体学、修辞学、语用与社会文化等方面的理论，选取邦译本中具有代表性的体例翻译、修辞格翻译两方面，以考察译者在处理章回体例、修辞和社会文化方面的翻译策略。同时，通过对误解与误译的分析，透析译者谙熟汉语与中华文化的程度。最后，结合定量分析的结果来考察译者整体风格及其形成译者风格因素间相互影响、相互制约的关系，以进一步探索译者风格的形成机制。研究表明，邦斯尔对体例的英译依然试图"复制"原文语义与结构，但一定程度上改变了章回目录的文体特点；邦译本修辞英译也奉行"原文至上"原则，更多地考虑对原文的忠实；文化内容的翻译策略反映出译者的保守性。这些都从一定程度上揭示出译者身份、社会环境也会对译者的翻译策略和风格产生重要影响。

第四篇是基于前三部分的理论提升，尝试探索译者风格形成的机制。译者风格的形成是内部因素和外部因素共同作用的结果。内部因素包括译者的翻译动机、翻译观、语言文化素养与个性特点等；外部因素包括译出语和译语的社会文化环境、主流意识形态、文学观念、赞助人，以及译者的实际翻译环境等。内部因素的形成及其在翻译过程中的作用受到外部因素的影响和制约。内部因素与外部因素存在冲突和博弈，前者可能表现为对外部因素的适应、顺从和妥协，也可能表现为对外部因素的对抗和抵制。译者主体性是所有因素中最积极、最活跃的因素，在翻译过程中处于中心地位，对译者风格的形成起到至关重要的作用。在译者主体性中，译者的翻译动机、翻译观和个性因素对译者风格的影响力最大。尤其是译者的个性特点，不仅能够影响译者在翻译过程中的一系列决策，从而影响译者风格，同时也能直接影响到译本的传播。最后，根据第三章提出的基本假设和本章的研究结论，修正原假设，并提出关于译者风格研究的新假设。

第十四章是对整个研究的总结和反思。经典文学作品译者风格描写应当涵盖三个层面：文本内部语言层面、副文本层面(前言、脚注、尾注、后记、注释和附录等)和社会文化层面。基于语料库的译者风格考察需采用定量研究与定性研究相结合的方法，描写范围需涵盖文本、译者和社会三个维度。研究启示主要体现在翻译语言特征研究、基于语料库的译者风格研究两个方面。局限性则表现为语料库建设存在的问题，原文底本差异影响统计精确性以及统计方法的差异性。

简而言之，本书创新之处有四：第一，翻译语料新。邦译本的识别、整理与语料库建设及三个英文全译本平行语料库的创建都具有创新意义。第二，理论认识新。对语料库翻译学的基本内涵，研究方法，译者风格描写的层次、维度，以及译者风格形成机制产生新的认识。第三，研究方法新。将定量研究与定性研究结合，将理论论证、实证描写和多译本、多维度对比分析相结合。第四，研究范围新。首次对邦译本进行词汇、句法和语篇层面的系统对比分析，以期更加立体、宏观地呈现三个英文全译本的区别性风格特点，对未来的"红译"研究和经典文学作品译者风格研究有一定启示和借鉴意义。

限于本人学识与能力，书中难免会有疏漏，诚望学界同仁和前辈不吝斧正！

赵朝永

2019 年 3 月 29 日

第一篇

研究基础

第一章

电子基础

第一章 绪 论

《红楼梦》语言文字精湛生动，俗雅兼具；故事情节错综复杂，引人入胜；人物形象神采各异，栩栩如生；文化内涵包罗万象，底蕴深厚；思想内涵博大精深，感人肺腑——不愧为中国古典小说艺术的一座高峰，堪称浓缩中华文化精髓之"百科全书"。更有学者称其为"一所汉语文学语言的博物馆，汉文文体的档案馆"（梁扬、谢仁敏，2006：148）。自问世以来，《红楼梦》就备受世人青睐、追捧，嘉庆年间刊行的《京都竹枝词》曾载"开谈不说《红楼梦》，纵读诗书也枉然"，一语道尽世人浓重的"红楼"情结。如今，国人对"红楼"的痴迷与推崇已超越文学所承载的范畴，无论文学作品、电影电视、歌曲戏曲、艺术画作、旅游观光宣传品乃至邮票、扑克牌上都可寻觅到"红楼"元素。《红楼梦》已被译成多种文字在海内外广为流传，俨然成为中外文化交流的一座桥梁，也是外国读者了解中国文学、文化的一个重要窗口。《红楼梦》的海外传播，对于促进中外交流、弘扬和传播中华文化厥功至伟。

据陈宏薇、江帆（2003：46）考证，在1830—1987年近160年间，《红楼梦》共出现过9种英译本，由此"成为中国文学史上一道独特而灿烂的风景"。另据美国学者葛锐（2012：257-260）调查，从1812的首次摘译起，至2007年作家出版社出版《清·孙温绘全本〈红楼梦〉》（汉英对照）止，《红楼梦》英译尝试已达18次之多。而据笔者梳理、考证，《红楼梦》目前传世的英译本应为16种[①]。

[①] 葛锐共列举出19个译本，但其中一个仅仅是赛珍珠领取诺贝尔奖时在感言中提及《红楼梦》这部作品，严格来说不算一个译本，所列译本实际应为18个。然而，葛锐的统计未包括王良志1927年节译本和黄新渠1991年缩写本及王金波（2013）与王金波、王燕（2014）最新考证出的两个早期译本，因此《红楼梦》英译本（含摘译、节译、转译和缩写等）至少共23种。但能真正算作"译本"的实际应为16种，详见第二章文献综述。

这些英译本以多种形式存世，包括摘译本、节译本、编译本、转译本、全译本及绘画本等。本文探讨范围主要涉及三个英文全译本①，分别是英国传教士布拉姆维尔·西顿·邦斯尔神父（Reverend Bramwell Seaton Bonsall，1886—1968）英译本手稿"邦译本"②、英国汉学家大卫·霍克思（David Hawkes，1923—2009）与约翰·闵福德（John Minford，1946—　）翁婿合译的全译本"霍译本"和中国翻译家杨宪益和戴乃迭夫妇（Yang Xianyi，1915—2009 and Gladys Yang，1919—1999）合译的全译本"杨译本"。

第一节　选题缘由

笔者对《红楼梦》的钟爱由来已久，从初闻其名时的朦胧到第一次通读后的痴迷，从反复研读原作到精心推敲译文，从被影视作品人物形象的吸引到受生活中"红楼文化"的熏陶，不知不觉对这部"百科全书"式的文学巨著产生无限钟爱。《红楼梦》这块"石头"时常牵挂于心，挥之不去，遂萌生系统研究其英译本的念头。加之，笔者近年来也深受描写翻译学理论方法以及基于语料库的译本实证研究影响，这些均促成本选题的产生。笔者不仅对《红楼梦》的钟爱由来已久，而且对霍译本和杨译本的研读更是从未间断，而与邦译本结缘却事出偶然。2009 年，在与上海交通大学王金波博士闲谈之余，得知霍译本与杨译本两个一百二十回全译本之外，尚存一个"邦斯尔全译本"，且该译本早于霍、杨译本。获悉消息激动不已，笔者按图索骥找到邦译本下载地址，将一百二十回英译本手稿悉数下载。此后几年，便时常关注邦译本研究动态，认真通读译本，构思研究思路。久而久之，系统探讨《红楼梦》三个英文全译本译者风格的想法渐

---

① 定义"英文全译本"有两个标准：第一，原文章节与内容未经删节、改写和缩略，保持原貌；第二，原文一百二十回全部译出。按照第一条标准，包腊的前八回英译本和乔利的前五十六回英译本也是全译本，但由于其未能完成全部一百二十回，故不在本文所述"英文全译本"之列。
② Bonsall 也译作邦索尔、彭寿等。邦斯尔译本未能出版发行，以手稿形式存世，后捐赠给香港大学。2004 年，该译本在香港大学以电子发布形式问世，正式确立《红楼梦》三个英文全译本的鼎足之势。邦译本下载地址为：http://lib.hku.hk/bonsall/Hong Lou Meng/index1.html.

趋成熟，最终成为博士论文选题。博士毕业后，笔者继续探究，历时五载，根据最新研究进展不断增删，多次对博士论文进行系统修订，遂成本书。

第二节 研究目的及意义

本书的研究目标有四个：首先，在描写翻译学理论框架下，借助语料库工具对《红楼梦》三个英文全译本进行详尽、系统的描写。同时，结合译本定性个案研究的结论，全面认识三个英文译本的特色和译者风格。其次，借助语料库的分析工具、数据统计与译本定性个案对比，对《红楼梦》三个英文全译本进行系统对比，对三位译者的整体风格特征和区别性特征加以系统描写。再次，在前期研究和本研究的基础上，结合译者风格描写研究的启示，重新认识译者风格机制、形成动因及各因素间的运作机制。以上是本研究争取达到的三个主要目标。最后一个则是，作为基于语料库的文学作品译者风格研究，期待本研究的方法和成果能对文学译本的研究有所启示，也希望借此形成一套基于语料库的文学作品译者风格研究行之有效的方法。

本体论和方法论的双重意义：第一，就"红楼译评"研究本身而言，霍译本与杨译本早已为学界所熟知，而邦译本的识别、整理和平行语料库的创建，将为新时期的"红译"研究提供新语料和新方法，其问世正式确立了三个英文全译本的鼎足之势；三个全译本的系统对比将增强前期研究的完整性和系统性，提供一个整体把握三个全译本的宏观视野；推进已有研究的广度和深度，便于进一步对其全貌进行深入认识。第二，就方法论意义而言，语料库翻译研究作为一种实证的研究方法，其基本特点属于实证性研究，即分析自然文本中的实际语言运用；运用收集到的大量、有序的自然文本语料进行统计和分析，采纳人工介入技术，大量运用语料库软件进行分析；同时采用定量统计、定性分析以及定性个案研究有机结合的手段。因此，邦译本语料库的创建势必更加凸显基于语料库的《红楼梦》翻译研究优势，为未来在语料库数据驱动下研究译者风格提供更有力的文本和技术支撑。

第三节　理论基础

本研究借助描写翻译学和语料库语言学研究成果,在语料库翻译学的框架内,廓清研究范围、构建理论框架、确定研究对象和研究范式。描写翻译学是翻译研究从"规定"走向"描写"的一次范式转换,扩大了理论翻译研究的视野,也为翻译评论提供了一个新视角。语料库翻译学是语料库语言学的发展成果在翻译研究中的应用,在本体论和方法论两方面都促进了翻译研究的新发展。

描写翻译研究(descriptive translation studies,简称 DTS,也译作"描述翻译学")对西方翻译学的建立与发展做出了巨大的贡献(韩子满、刘芳,2005:98)。描写翻译研究的方法论对于翻译研究的规范化和学科化有着重要的指导意义,对中国的翻译研究有着诸多启示(姚振军,2009:62)。描写翻译研究为翻译批评奠定基础,对翻译的描述研究基于事实依据,不仅对翻译行为进行详尽的描述、解释,也能基于充足论据提出合理假设和预测,为翻译批评奠定理论基础。描写翻译研究的方法有利于更清楚地认识翻译现象。传统的规范性翻译研究通常将视野局限于静止和封闭的文本体系。描写翻译研究则突破常规,将视野拓展到更为广阔的领域:目标语的社会文化环境,依此探究翻译在其文化环境中的互动关系。

语料库语言学(corpus linguistics)从 20 世纪 60 年代开始发展,迄今已经有近 50 年的历史。语料库语言学是一个独立的学科,它有自己独到的理论体系和操作方法。由于语料库语言学立足于大量真实的语言数据,对语料库所做的系统而穷尽的观察和概括所得到的结论,对语言理论建设具有重要的创新意义。语料库语言学以大量精心采集而来的真实文本(authentic texts)为研究素材,主要通过概率统计的方法得出结论。因此,语料库语言学从本质上讲是实证性的(empirical)。伴随语料库语言学的发展和计算机技术的进步,基于语料库的定量统计方法开始逐渐应用到语言研究的各个领域,翻译学借此契机引入语料库工具,进入一个新的发展阶段。

语料库翻译学是语料库语言学和描写翻译学相结合而产生的一个新的研究方向，是一种运用语料库工具和技术对大规模的翻译语料进行分析和描写的方法。20世纪90年代，以莫娜·贝克(Mona Baker)为首的一批国外学者开始将语料库应用于翻译研究，取得令人瞩目的成果。王克非和黄立波(2008：9)认为，语料库翻译学有两方面理论发展的支撑：其一，语义观转变为情境观，突破了传统的"对等"，将其视为一定社会文化情景中的语言使用对应；第二，描写翻译研究范式打破了原作的主宰地位。翻译研究需要充分的语料支撑，现代语料库语言学与描写翻译学的发展为语料库翻译研究奠定了坚实的理论基础。语料库翻译研究是一种实证研究方法，它以译文文本为研究对象，通过科学合理的数据统计与分析验证，客观而准确地描写翻译活动本身的规律性特征。该研究方法被广泛运用于研究翻译普遍性、翻译规范、译者文体等方面，是一种新的研究范式(周小玲、蒋坚松，2008：155)。翻译批评应当建立在描述研究的基础上，通过客观、详实的语料支持和数据支撑，提高翻译研究的科学性。胡开宝和谢丽欣(2017)也指出，研究者可基于相关翻译事实的数据统计和分析，描写和归纳译者风格，并从译者自身因素和非译者自身因素分析译者风格形成的原因或制约因素。

第四节　研究方法

本研究在描写翻译学理论框架下，运用语料库翻译学的统计方法、分析方法，实现对文本的描写和对译者风格的阐释。具体通过创建双语平行语料库，借助语言统计与分析工具WordSmith6.0和AntConc3.2.4，采用定量统计分析与定性个案研究相结合的方法。主要采取译本描写、理论论证、定量统计分析、定性抽样调查与多维度对比等方法开展研究。在描写翻译学的指导下，通过对语料库文本产出的统计数据进行量化分析，再自下而上，从具体到抽象，由局部及整体对译文生成的社会、历史和文化因素和译者价值观、翻译观和基本素养等主体性因素一一探讨和阐释，适时采用译本对比法，将三个英文全译本在语料库翻译学和描写翻译学的理论框架内进行对比研究，尝试探索基于语料库的译者风格评估体系。

理论论证：以描写翻译学与语料库语言学为基础，以语料库翻译学的译者风格研究为理论支撑，从理论上探讨译者风格的内涵与本质，阐释译者风格存在的客观性与合理性，探索形成和制约译者风格的个人因素、历史因素与社会因素，尝试探讨和构建译者风格研究的认识论与方法论。

语料库统计分析：通过人工誊写、校对，将邦译本《红楼梦》处理成计算机软件可以识别的文本格式，建立起《红楼梦》三个英文全译本的平行语料库。对语料进行标注，运用语料库工具软件对语料库各文本的语言特征进行描述和分析，具体项目包括词频表、关键词表、主题词、特色词、类符/形符比、词汇密度、人称代词、连词、标点符号、平均句长、章回套语等数据。为增强研究深度和效度，增加统计数据的频数标准化检验，如方差检验、对数似然率检验和搭配强度检验等，以增强数据显著性观测的客观性和科学性。为进一步加深对文本的观察和统计，将统计研究范围拓展到篇章层面，通过对章回套语、语篇照应和叙述角度的统计分析，在更大范围内观察译者风格的表现形式。所有这一切旨在对影响译者风格的因素尽可能实现穷尽式的挖掘和全景式的描写，探究译者风格的多种表现形式与独特性，用客观数据呈现文本风格，并为探讨译者风格形成的社会文化动因奠定基础。

假设检验：本质上讲，语料库方法就是一个"假设验证"（hypothesis testing）过程，具体包括七个步骤：第一，提出假设；第二，设定研究目标；第三，检验假设；第四，分析数据；第五，对发现进行理论阐述；第六，将假设精确化；第七，在前六个步骤基础上，为将来的研究提出新假设（Laviosa，2002：2）。这些步骤遵循了科学性研究的基本过程，即一个"提出问题→尝试解决问题→同时不断消除错误→再提出新问题"周而复始的连续过程。

多译本/多维度比较：本研究以《红楼梦》三个英文全译本为对比项，采用基于语料库统计的定量研究与译本定性个案研究相结合的方法，从历时与共时角度进行多维度译本对比，以此为译者风格的描写和批评提供借鉴。

译本定性研究：为弥补定量统计分析的不足，深入挖掘文学作品的语言魅力，本文采取定量统计分析与定性研究相结合的方法，提取出较有代表性的几项内容加以深入研究。主要涉及文本体例、章回目录、修辞格、社会文化，以及误解与误译等具有挑战性的文本内容，以期将定量的统计和定性的分析结合起来，在译者主体性的关照下，全方位多视角描写译本和译者。这样不仅能弥补定量统计过于抽象的不足，又能弥补定性研究过于主观的缺陷，为文本和译者提供一个既有详实、客观的语料数据支撑，又不脱离文学审美范畴的定性分析模式，从而为译者风格的研究提供一个新视角。

第五节　创新之处

译本风格存在于立体多维模式中。译者风格的形成受到诸多因素的影响，如社会环境、译者因素和原作经典程度等。就译者本身而言，其对待原作的态度、对待翻译的态度、对原作的理解及本身的语言修养决定了译本的风格和质量。目标语的社会文化、文学观念、资助人、合作人等外界因素，也将影响译本的风格与传播。本研究的创新之处有四：第一，翻译语料新。如前所述，邦译本的识别、整理与语料库建设及三个英文全译本平行语料库的创建都具有创新意义，为该领域研究提供新语料，有助于推动该译本的研究。第二，理论认识新。突破传统的文本对等研究，将译文纳入定量统计分析的范畴，将译者置于特定历史背景与社会文化中，重新界定译者风格的内涵，扩大译文批评的视野；对译者风格研究构建起定量与定性结合的模式，确立译者风格描写的基本层次，为经典文学作品的译者风格研究奠定理论框架和方法论的基础，也为译者风格研究构建一个新的模式。最终，通过定量定性相结合的方法，对翻译文本特征，如翻译共性、翻译显化、语义韵等形成新认识；对译者风格形成机制、译者风格描写的层次和范围形成新认识。第三，研究方法新。改变以往单一的定性研究倾向，弥补传统译者风格研究方法论之不足，采用详实、客观的语料支撑，结合充实有力的数据统计与分析，将理论论证、实证描写和多译本、多维度对比分析相结合，将翻译风格研究引入描写翻译研究框架下的实证研究道路上来。第四，研究范围新。首次针对三个英文全译本进行词汇、句法和语篇层面的对比分析，以便更加立体、宏观地呈现各个译本的风格特点及三者的区别性风格特点，对未来的"红译"研究和文学作品的英译有一定启示。

本章小结

本章首先阐明了选题缘由，继而又明确本研究的目标、内容，对研究难点和意义条分缕析。确立了研究的理论框架，即描写翻译学、语料库语言学、语料库翻译学。在此框架内，针对本研究的目的、内容和难点，进一步制定研究的方法，确立了理论论证、语料库统计分析、定性研究和多维度对比的方法论框架模式，并希望以此实现本研究在翻译语料整理、三个英文全译本的风格探讨、译者风格形成机制理论认识、经典文学作品译本研究方法和《红楼梦》英译本研究范围等几方面的创新目标。

第二章 《红楼梦》英译研究评述

安德鲁·查斯特曼(Andrew Chesterman, 1998:201)将20世纪90年代的翻译研究概括为三个趋势：一是研究兴趣从注重翻译本身(translational)拓展到注重译者及译者的行为(translatorial)研究上；二是研究方法从规定性(prescriptive)转向描写性(descriptive)的方法；三是从哲学(philosophical)的概念分析转向实证(empirical)的研究。上述三个趋势将翻译研究逐步引入注重描写性和实证性的方向上来。《红楼梦》英译研究本身也经历了上述三个发展阶段，而基于语料库的译者风格研究更是在描写翻译学和语料库语言学的基础上不断获取理论与方法的支持，被逐渐纳入语料库翻译学的研究范围。

第一节 《红楼梦》英译本述略

在1812—2010的将近200年间，《红楼梦》的英译活动始终未曾间断，成为中国古典文学英译史上一道独特的风景。伴随其英译本的诞生和流传，对译本与译者的研究也悄然兴起，逐渐形成继"红学"之后的"红楼译评"研究潮流。"红楼译评"是"红学"在外文世界里的延伸，也是"红学"研究的一个重要分支。对其英译本的详细梳理和对英译本研究的综述，有利于厘清《红楼梦》英译与研究事业发展脉络，为三个英文全译本研究奠定基础。

《红楼梦》究竟有多少个英译本？什么形式的翻译可以称作真正意义上的

"译本"？根据笔者的界定、梳理和考证，《红楼梦》的英译本实际应为 16 个，分属四个阶段。

一、第一阶段(约 1812—1867)

1830 年，英国皇家学会会员、英国外交家、汉学家、第二任香港总督约翰·弗朗西斯·戴维斯(John Fancis Davis, 1795—1890，汉名德庇时)在《皇家亚洲学会会报》(*Transactions of the Royal Asiatic Society of Great Britain and Ireland*)上刊发题为《汉文诗解》("Poeseos Sinensis Commentarii")一文。文章长达 67 页，其中包含《红楼梦》第三回中两首《西江月》词的英译文①。国内学者胡文彬(1993：130)、陈宏薇(2003：47)、文军(2012：84)等均将德庇时的译文视为《红楼梦》英译活动的开端。

然而，据学者陈康妮(Chan, 1999：17—18)、范圣宇(2004)以及葛锐(2012)考证，早在 1812 年，著名的英国传教士、翻译家、汉学家罗伯特·马礼逊(Robert Morrison, 1782—1834)曾写信给伦敦教会，其中附有《红楼梦》第四回的片段翻译，②遗憾的是这段译文并未发表。但这足以证明，程甲本《红楼梦》问世后二十年左右，英国人就已尝试将这部小说的片段译成英文(赵长江，2012；王燕，2018)。其后的 1816 年，马礼逊在澳门出版中文课本《中文对话与单句：附中文作品英译杂辑，为中文学生启蒙使用》，其中的对话部分，引用了一段贾宝玉与袭人的对话，原文出自《红楼梦》第三十一回。三年后的 1819 年，德庇时节译《红楼梦》第三回，发表于伦敦的《评论季刊》(*Quarterly Review*)上，这段译文应该是《红楼梦》第三次出现在英文世界里。其后，便是德庇时 1830 年那篇长文的发表。这篇文章中的诗歌翻译虽不是《红楼梦》的首次英译，德庇时却是第一个发表文章介绍《红楼梦》的英语译者。

---

① 这篇论文最早于 1829 年 5 月 2 日在皇家亚洲学会会议上宣读，后正式刊登在 1830 年于伦敦印行的《皇家亚洲学会会报》第二卷第 34 页上，其题名为中外文混排："汉文诗解 Poeseos Sinensis Commentarii. XXI. On the Poetry of the Chinese."
② 信件现存伦敦教会世界档案委员会。South China, Incoming Letters Box No. 1, Folder No. 2, Jacket C. 转引自：范圣宇.《红楼梦》管窥；英译、语言与文化 [M].北京：中国科学出版社，2004：6.

其后的 1846 年，英国驻华领事罗伯聃(Thom Robert，1807—1846)为教学需要出版《华英说部撮要》，内含《红楼梦》部分章节的选译，译文标题为"Dream of Red Chamber"。

另据王金波(2013)考证，英国传教士、汉学家艾约瑟(Joseph Edkins，1823—1905)曾于 1857 年翻译过《红楼梦》第九十八回的一个片段，载于《官话口语语法》(*A Grammar of the Chinese Colloquial Language*)的附录 2 中，原文中英文混排，且篇幅超过德庇时、马礼逊的译文，是《红楼梦》中英译史不应忽略的一笔。王金波(2014)继而又考证出，梅辉立(William Fredirck Mayers)曾于 1867 年在英文期刊《中日释疑》(*Notes and Queries on China and Japan*)第 12 期的"文献述评"栏目中以《中国小说作品》("Chinese Works of Fiction")为题，对《红楼梦》进行介绍和评价并翻译部分诗词、对话。至此，梅辉立成为第五个英译《红楼梦》部分内容的译者。梅辉立的汉学之道及《红楼梦》译介直接影响了其学生包腊，催生了《红楼梦》英译史上第一个全译性质的文本，其历史贡献不容忽视(王金波，2014：267)。

综上所述，在 1812—1867 年间，共有五位外国译者摘译和节译《红楼梦》片段，翻译目的主要是服务于汉语研究和汉语教学需要，完整章节的英译本并未出现，这一时期的英译活动以引介和语言教学材料为主。

二、第二阶段(约 1868—1958)

1868 年开启了《红楼梦》的"全译"时代。这一年，英国海关官员爱德华·包腊(Edward Bowra，1841—1874)在《中国杂志》(*The China Magazine*)的圣诞节专号上发表《红楼梦》前八回译文，书名译为 *Dream of Red Chamber*。然而，国内学界多误以为包腊的八回译文分 1868 与 1869 两年发表，后经王金波、王燕(2013)以一手资料为依据重新考证，确认八回译文均刊发于 1868 年。包腊是首位连续、完整地翻译《红楼梦》章节的英文译者。译文虽仅有前八回，初衷也是作为汉语学习材料，但仍然具有开创性，是《红楼梦》英译史上的一座里程碑。

继包腊之后，著名汉学家赫伯特·翟理斯(Herbert A. Giles，1845—1935)

于1884年在伦敦出版的《古文选珍》(Gems of Chinese Literature)中，翻译了一段太医到贾府问诊的文字，也属于摘译。这段译文可谓微不足道，而其后出现的这位译者，足以成为《红楼梦》英译历程中浓墨重彩的一笔。

1892—1893年间，时任英国驻华副领事的亨利·乔利(Henry Joly, 1857—1898，中文名周骊)连续翻译出版了两卷本的《红楼梦》前五十六回英译本，书名为 Dream of Red Chamber，由香港别发洋行(Kelly & Walsh, Led.)出版发行。乔利原计划翻译全书的一百二十回，后因病辞世，全书翻译计划搁浅，终成《红楼梦》英译史上一件憾事。

到20世纪，《红楼梦》的英译渐入高潮。1927年，英国汉学家爱德华·魏讷(Edward Werner, 1864—1954)在《中国科学美术杂志》(The China Journal of Science & Arts)的信札栏目发表一封题为《中文的翻译》(The translation of Chinese)的书信，内含一段乔利译文(第一回和第八回)与著名汉学家托马斯·弗朗西斯·威妥玛[①](Thomas Francis Wade, 1818—1895)译文的比较，并附有针对翻译方法的简要评论。根据这段记载判断，威妥玛也曾英译过《红楼梦》的个别章节内容。

同年，据传纽约大学中国古典文学英文教师王良志节译《红楼梦》全书，书名为 Dream of the Red Chamber。译本以宝黛爱情为主线，分为95章，约60万字。胡文彬(1993:131)认为，这个译本基本接近原著篇幅，是一个较为成功的英译本。王良志对故事情节的改编痕迹十分明显，他剔除掉与宝黛爱情没有直接关联的内容，侧重翻译宝黛爱情的悲剧描写。在序言中，《红楼梦》的复杂主题被简化为"浪漫的情欲之爱"(王丽娜，1979:154)。然而，该译文虽被多次提及，但从未示人，其真实性仍有待考证。

时隔一年，艾尔弗丽达·哈德逊(Elfrida Hudson，生卒不详)的《一个古老的故事》("An Old, Old Story")于1928年在《中国科学美术杂志》上发表。故事长达9页，是对《红楼梦》主要爱情故事的编译。这次编译看似微不足道，却是《红楼梦》首次作为完整故事进入英语文学世界中，因此意义非凡。

1929年，《红楼梦》首个节译本出现，由哥伦比亚大学中文系教师王际真

---

① 威妥玛是著名的威翟氏拼音(Wade-Giles scheme)创始人之一，这种注音直到中国汉语拼音方案出台之前一直广为应用。威氏译文虽被记载、提及，但至今仍未发现。

翻译，名为 Dream of Red Chamber。全书共有 39 章，由道布尔迪·多兰公司（Doubleday Doran Co.）出版，前文有著名汉学家阿瑟·韦利（Arthur Waley）撰写的序言。首个节译本出现的意义在于，《红楼梦》开始以"全景式"面貌出现在英语世界，内容更为详实，故事情节更为完整，为一百二十回全译本的出现奠定了基础。

1933 至 1938 年间，先是上海北新书局 1933 年出版由袁家骅、石民翻译的《〈红楼梦·孤鸿零雁记〉选》，英文为 Dream of the Red Chamber and The Lone Swan（Selections），该书属于英译中国文学选辑类，其中包含《红楼梦》部分章节选译，并附有注释。1938 年，美国小说家、诺贝尔文学奖得主赛珍珠（Pearl S. Buck，1892—1973）在其获奖致辞中曾提及《红楼梦》一书：

> 中国小说的模式于宋代趋于清晰，元代出现高潮，后世再也未能超越元代的繁盛，只有《红楼梦》一书出现，才是另一个高峰……如果《水浒传》可作中国社会生活的宏大记录，《三国》是对战争与权谋的记述，那么《红楼梦》则是对家庭生活与人情、爱情的描述。（葛锐，2012：259）

确切地说，赛珍珠并非《红楼梦》译者，但鉴于她在美国文坛的影响，在诺贝尔奖获奖感言这一重要时刻，针对这部小说的评论和对比，对扩大译本影响具有重要意义。

1958 年潘蒂昂公司在纽约出版了翻译家麦克休姐妹（Florence and Isabel McHugh）合作转译的一部长达 582 页的《红楼梦》节译本，译作名为 The Dream of Red Chamber，转译自弗兰兹·库恩（Franz Kuhn）翻译的德文节译本。同年，该译本又在伦敦出版；1975 年在美重印，内含有库恩序言和 34 幅绣像。同年，王际真出版了 1929 年节译本的修订本，译本由原来的 39 章扩充为 60 章，由劳特利奇出版社（Routledge Ltd.）发行，美国著名文学家、学者马克·范多伦（Mark Van Doren）为该译本撰写前言，给予该译本极高的评价。

截至 1958 年，《红楼梦》的英译达到一个小高潮：从包腊完整译出前八回，到乔利倾注生命译出前五十六回；从王良志的九十五回节译本，到王际真六十回节译本问世。《红楼梦》正以越来越完整、清晰的面貌进入英语世界。前期诸多英译活动的开展为后来三个全译本的出现奠定了基础，《红楼梦》真正的全译时代即将到来。

三、第三阶段(约 1973—1991)

1973—1986 年，世界著名出版集团企鹅出版社(Penguin Group)分三卷出版了牛津大学讲座教授、英国汉学家、翻译家大卫·霍克思英译的《红楼梦》前八十回，译本名为 *The Story of the Stone*；1982—1986 年，该公司又连续出版了由霍克思女婿约翰·闵福德英译的《红楼梦》后四十回两卷本。至此，《红楼梦》全部一百二十回在霍克思翁婿合作下于英国出版齐备。该译本体例完备，每卷均有序言。

1978—1980 年间，中国著名翻译家杨宪益夫妇合作英译了《红楼梦》一百二十回全本，译名为 *A Dream of Red Mansions*，由中国外文出版社分三卷出版发行。[①] 杨译本附有长篇出版说明，文内有注释。霍译本和杨译本是红楼梦英译史上真正意义上的英文全译本，出版以来一直被认为是我国国内外最早的两部全译本。

1986 年，因考虑到一百二十回全译本对某些读者来说过于冗长，阅读负担过重，外文出版社与香港商务印书馆联合推出杨宪益夫妇全译本的"缩略版" *A Dream of Red Mansions : An Abridaged Version*。这一版本形式较为独特，严格而论，其不同于前文所提节译本或缩译本，因为其并非直接节译或缩译原文，而是根据一种全译本节略而成。全书被压缩为四十回，保留了主线和主要情节，其中含有一篇戴乃迭于 1985 年所作的序言。根据版权页信息显示，该缩略本仅在美国及其所属势力范围内(加拿大、墨西哥等)销售，且明确规定不允许在香港、澳门和东南亚地区刊印。当前，学界鲜有对此版本的研究。

2004 年 7 月，香港大学图书馆以电子发布形式在其主页上公布英国传教士邦斯尔神父《红楼梦》(*The Red Chamber Dream*)英译文的完整打字机打印修

[①] 杨宪益夫妇英译红楼梦始于 20 世纪 60 年代，后因文革入狱中断。出狱后得以继续翻译，终于在 70 年代末译完全书。

订稿。这部尘封半个世纪的巨著终于与世人见面,《红楼梦》英译史从而被改写。《红楼梦》英文全译本因邦译本的面世而终成"鼎足之势",为"红楼译评"事业的发展翻开崭新一页,也为《红楼梦》英译研究注入新的活力。

根据学者潘重规在《红学六十年》①中介绍,邦斯尔在1967年与其会面时已经翻译完成整部作品,并将译稿出示给他看。根据译者之子杰弗里·邦斯尔(Geoffrey Bonsall,1924—2010)在电子版译本中撰写的前言可知,该译本大约完成于20世纪50年代。另据学者王金波和王燕(2010),刘泽权和刘艳红(2011)考证,邦斯尔译本的开始时间约为1948年前后,完成时间最迟不超过1958年,至少完成于潘重规看到译稿的1967年以前。由于译本没有出版,仅存译者打字机手稿,因而确切年代尚无法精确考证。但无论如何,邦译本都是远远早于霍译本与杨译本的《红楼梦》首个英文全译本,在"红译"史上具有里程碑式的意义。

1991年,外语教学与研究出版社出版了黄新渠教授的《红楼梦》(英文简写本),后又出版该本子的"汉英双语精简本"。这是《红楼梦》再一次以"节减篇幅、缩编情节"的形式进入英语世界。

四、第四阶段(2008—)

步入21世纪后,又有不同形态的英译本问世或被发现。2007年,作家出版社出版《清·孙温绘全本〈红楼梦〉》(汉英对照)(*A Dream of Red Mansinos: As Portrayed Through the Brush of Sun Wen*),全书共270页、230幅绢本绘图,为清代画家孙温所绘,每幅画作下配有英文译文,由含澹英译。2008年,上海新闻出版发展公司出版的《红楼仕女:中国古典小说〈红楼梦〉节选编译》(*Ladies of the Red Mansion: Abridged and Adapted From the Chinese Classic Hong Lou Meng, or A Dream of Red Mansions*);该节译本由Sun Qi改写,杨曙辉与杨韵琴翻译,重点讲述原著中29位女性角色的故事。2010年,上海

---

① 潘重规《红学六十年》原载《幼狮文艺》1974年7月第40卷第1期。此处转引自王金波.被忽略的第一个《红楼梦》120回英文全译本:邦斯尔神父《红楼梦》英译文简介[J].红楼梦学刊,2010(1):199。

新闻出版发展公司与贝特林克出版社(Better Link Press)联合出版的《孙温红楼梦绘本》(*A Dream of Red Mansions: As Portrayed Through the Brush of Sun Wen*)。此绘本同作家出版社一样，也是基于孙温绘本，由周克希(Zhou Kexi)编辑，并配有英文，译者为 Qian Ren and Dorothy Zhang。

近年来，据学者考证(刘广定，2006；张丹丹，2015；宋丹，2015、2016)，林语堂也曾英译过《红楼梦》。据该译本发现者宋丹(2016)的描述，这份珍贵的原稿包括林语堂的解说、序章及作为主体的 64 章和终章，是对《红楼梦》全本一百二十回的编译。林译本和邦译本一样，也未曾出版，目前以手稿形式存世。

2018 年底，《红楼梦》英语译介历史上再次出现一个一百二十回全译本 *Red Tower Dream*。该译本由中国古典文学爱好者、软件工程师尤金·应① (Eugene Ying)翻译，其子维克多·应(Victor Ying)负责编辑，旨在呈现一个可读性强的新译本。最新全译本的出现，打破了原有邦译本、霍译本和杨译本"三足鼎立"的时代，迎来《红楼梦》英译发展的一个全新阶段。译本最大的特色是：第一，对全文情节进行节略，以故事情节为主；第二，对人名和地名进行大胆创新，借助目标语读者熟知的命名体系，在保留人物汉语原名内涵的前提下，发挥创意，将所有人名、地名等专名实现最大程度的"西化"，如"林黛玉"被译为"Linda Woods"，"姑苏"译为"Wakeshire"，尝试最大程度的"音""义"结合，以增强人名地名的接受度。

由上述"红楼英译"简史可知，《红楼梦》的英译大致经历了四个发展阶段：一是作为汉语教材的摘译、节译和引介(约 1812—1867)；二是较大规模的完整章节全译、全本节译、转译与缩译(约 1868—1958)；三是真正全译本时代的到来(约 1973—1991)；四是多种艺术形式的英文呈现及最新 120 全译(2008—)。2007 年的《清·孙温绘全本〈红楼梦〉》(汉英对照)与 2008 年的《红楼侍女》都由上海新闻出版发展公司发行，是对全本《红楼梦》的艺术提升和原本再现，以独特的艺术形式，开启"红楼英译"的新形式。通过这一英译历程，可以看出，《红楼梦》英译本在英语文学多元系统中的地位和社会功能随着历史文化条件的变化而变化(陈宏薇、江帆，2003：52)。同时，对《红楼梦》英译

---

① 译者及其子均为美籍华人，其姓氏"应"为笔者根据英文自译，但也有可能为"英"。

历程的描写性研究有助于清晰把握其历史发展脉络，避免隔断译本间的有机历史联系，对系统地研究邦译本以及全面对比三个英文全译本具有重要意义。

然而，上述诸多英译尝试并非都满足作为"英译本"的条件。真正意义上的"英译本"应该满足三个条件：一、具备一定的篇幅规模和完整性。作为教学材料或者个人兴趣的片段翻译无疑具有开创性意义，但只能算作是翻译尝试。二、具备一定的影响力。译本的诞生应具备一定历史意义。三、具备一定的读者基础，没有任何读者群的译本也不具备译本特征。因此，共有 16 个译本能够满足上述条件，是真正意义上的《红楼梦》"英译本"，详见表 2-1。

第二节 《红楼梦》英译本研究回顾

早在 1995 年，李绍年(1995：62)统计发现，《红楼梦》已被译成 23 种文字，其中仅一百二十回全译本就有 13 种文字、17 种译本。他于是坦言：对这样的宏伟译著，把它列为一项专门的学问——红楼梦翻译学——进行深入、细致、全面地研究，看来是十分必要的。将近二十年后，关于"红楼英译"的研究成果更是源源不断、日渐丰硕。邦译本电子版发布前，国内外学者对《红楼梦》英文全译本的研究主要集中在乔译本、霍译本与杨译本上，同时也涉及不同英译本间的对比研究，但研究范围主要是以霍、杨两个英译本为主。国内学者闫敏敏(2005)，冯全功(2011b)，文军和任艳(2012)及侯羽、贾艳霞和杨金丹(2017)等，对国内《红楼梦》英译本研究历史与现状进行梳理与综述，对研究阶段、研究内容、理论方法与研究不足等进行不同程度的总结与评论。我们依据中国知网(CNKI)的检索结果，分四个阶段(约十年为一个阶段)对国内外《红楼梦》英译本的研究加以简要梳理[①]，关注焦点为邦、霍、杨三个英文全译本。

[①] 本书的梳理仅针对涉及《红楼梦》英译本研究的内容，不涉及其他有关《红楼梦》原作本身的研究。梳理时间以台湾第一部相关专著的出版时间 1976 年为起点，大陆英译研究起步相对稍晚。

表2-1 《红楼梦》英译本简况

序号	出版年代	译者	译者身份	译文标题	译文形式	译文篇幅	发表形式
1	1868—1869	包腊	驻华官员	"Dream of Red Chamber"	全译	前8回	连载《中国杂志》
2	1892—1893	乔利	驻华官员	Dream of Red Chamber	全译	前56回	香港别发洋行（Kelly & Walsh Ltd.）
3	1927	王良志?	大学教授	Dream of the Red Chamber	节译	95章	译本是否存在仍待考证
4	1929	王际真	大学教授	Dream of Red Chamber	节译	39章	道布尔迪·多兰出版公司（Doubleday, Doran）
5	1954—1974	林语堂	作家/译者	The Red Chamber Dream	编译	64章	手稿
6	1957	麦克休姐妹	译者	The Dream of Red Chamber	转译	582页	劳特雷杰-金-保罗图书公司（Routledge & Kegan Paul Ltd.）
7	1958	王际真	大学教授	Dream of Red Chamber	节译	60章	道布尔迪铁锚书系（Doubleday Anchor Books）
8	1958前后	邦斯尔	汉学家	The Red Chamber Dream	全译	4卷	未出版，香港大学图书馆电子发布
9	1973—1986	霍克思 闵福德	汉学家译者	The Story of the Stone	全译	5卷	企鹅出版集团Penguin Group

续表

序号	出版年代	译者	译者身份	译文标题	译文形式	译文篇幅	发表形式
10	1978—1980	杨宪益、戴乃迭	译者	A Dream of Red Mansions	全译	3卷	外文出版社
11	1986	杨宪益与戴乃迭译，香港商务印书馆编辑缩略	译者编辑	A Dream of Red Mansions (An Abridaged Version)	节略	40章	外文出版社 香港商务印书馆
12	1991	黄新渠	大学教授	A Dream of Red Mansions	节译	32章	外语教学与研究出版社
13	2007	合谱	译者	Picture Book of "Dream of Red Mansions" by Sun Wen in Qing Dynasty	配图	230图文说明	作家出版社
14	2008	Sun Qi改写 杨曙辉与杨韵琴翻译	译者	Ladies of the Red Mansion: Abridged and Adapted From the Chinese Classic Hong Lou Meng, or A Dream of Red Mansions	编译	295页	上海新闻出版发展公司
15	2010	Qian Ren and Dorothy Zhang	译者	A Dream of Red Mansions: As Portrayed Through the Brush of Sun Wen	配图	230图文说明	上海新闻出版发展公司
16	2018	尤金·应（Eugene Ying）译；维克多·应（Victor Ying）编辑	软件工程师；文学爱好者	Red Tower Dream	全译	6卷	尤金·应（Eugene Ying）

第二章 《红楼梦》英译研究评述 21

一、《红楼梦》英译从肇始至成熟

1. 第一阶段：肇始起步期(1976—1989)

这一时期，《红楼梦》英译研究处于起步阶段，主要以中国学者为主。台湾红学专家林以亮(1976)是首位系统研究霍译本的学者，其著作《〈红楼梦〉西游记：细评〈红楼梦〉新英译》从语言和文化两个方面评论译文的得失，微观研究则集中在颜色、版本、修辞格、称呼语、译名，以及疏漏与误译等方面的深入探讨。据中国知网统计，1979年发表的论文仅为2篇，而1980—1989年共发表论文7篇。张培基(1980)、黄龙(1986)、萧钟和(1986)、袁锦翔(1987)和李端严(1988)在《中国翻译》《外语教学》和《外国语》等外语类核心期刊上探讨相关研究。韩忠华(1986)撰文专门讨论杨宪益夫妇的译本，是首次较为全面地研究杨译本的学者。《红楼梦研究集刊》上也开始出现英译研究的文章(周钰良，1980)，内容侧重于霍克思英译本的读后感。总体来说，这十几年的研究内容较浅显，大多关注微观和赏析层面，研究范围较为有限。

2. 第二阶段：缓慢发展期(1990—1999)

《红楼梦》英译研究论文数量增加到32篇之多，平均每年3篇左右。论文数量虽然不多，但开始出现研究视野开阔、研究深度加强的高质量论文，其中香港中文大学洪涛(1996，1997，1998)在《红楼梦》学刊上发表3篇论文，从英译本中的文化过滤、扩展译法、改写与等效等方面进行深入探讨，研究视角也拓展到语言学范畴。刘士聪、谷启楠(1997)探讨了《红楼梦》文化内容的翻译，涉及霍译本和杨译本的对比。他们对两个全译本的总体特征做出概括，认为从原作角度看，杨译本忠实于原文，属"语义翻译法"；从译文读者角度看，霍译本更容易理解和接受，属"交际翻译法"。同时进一步指出：

> 译者的最高原则应是最大限度地忠实于原著，再现原著，为了达到这一目的，应兼取"语义翻译"和"交际翻译"之长。……任何一种单一的

翻译模式都难以忠实地再现《红楼梦》中源远流长的文化内涵。(刘士聪、谷启楠,1997:19)

胡文彬(1993)的专著《〈红楼梦〉在国外》也在这一时期出版,书中以国别为限,详细记述了《红楼梦》不同语种译本的海外传播情况,其中对英国和美国的译本情况作了较为详实的记述。90年代的《红楼梦》英译研究从广度和深度上都有较大进步,研究方法也从最初的"感悟""随想"和"赏析",过渡到借鉴语言学的研究成果进行译文批评,无论内容还是方法都有较大进展。

3. 第三阶段:日渐繁荣期(2000—2009)

进入21世纪后,《红楼梦》英译研究取得突飞猛进式的发展,具体表现为:论文数量的激增、学术专著的涌现、学术团队的形成、学术会议的召开,以及平行语料库的创建等。据中国知网论文数量看,2000—2009十年间,共发表该类论文近500篇,尤其在2008年发表数量激增至154篇,达到一个高潮。另据冯全功(2011b:137)统计,2000—2010年间,《红楼梦》英译研究论文仅发表在16种外语类期刊上的就已达132篇之多,其中尤以《红楼梦学刊》为最,近十年间共刊登"红楼译评"的文章54篇。这一时期的期刊论文发表达到一个高潮,论文从语言学、西方本土观念、东西方文化语言和解码者的渠道多方面入手,探讨跨文化翻译中的问题。其中,刘泽权率领的团队研究涉及范围最广,刘泽权(2003),刘泽权和陈银春(2007),刘泽权、田璐和刘超鹏(2008),刘泽权和朱虹(2008),刘泽权和田璐(2009),从《红楼梦》中习语的翻译、人物形象的塑造、称谓的翻译、被动语态翻译到叙事标记及其英译等,可谓蔚为壮观。刘泽权最有特色的研究是将语料库翻译学的成果应用到《红楼梦》英译研究中去,通过建立"《红楼梦》中英文语料库",将这一领域的研究引入基于语料库统计分析的研究视野。其他几位学者如王金波和王燕(2004),王金波(2007)探讨了双关语翻译和乔利译本的底本问题;王金波(2006)的博士论文《弗朗茨·库恩及其〈红楼梦〉德文译本:文学文本变译的个案研究》更具开创性,研究主体虽是德文译本,却将几位英译者首次引入研究者视野,为红楼英译研究提供了大量新信息,其译者与底本考证方法之严谨、科学与研究视野之开阔也多为后来学者们借鉴。肖家燕(2007,2008,2009),肖家燕、庞继贤(2007)则从文学语境与隐喻视角探讨隐喻翻译及称谓翻译等问题。新加坡国立大学的何嘉敏(2001)对《红楼梦》五个英译本进行对比分析,借助奈达"动态对等"和本杰明直译法为理论框架,系统对比了前两回中涉及风俗、时岁、文化艺术、人名和地名等文化内容的翻译,认为乔利的译文在最大程度上保留了原文的文字风格和文化韵味,因而使用的是异化策略(何嘉敏,2001:97)。何嘉敏(2001:95)认为霍克思的译文倾向于奈达"动态对等"的产物,而其他三家译文(王际真、麦氏姐妹和杨宪益夫妇)则读起来"平平无奇"(何嘉敏,2001:101—102)。同时,《红楼梦》英译研究综述类文章出现,闫敏敏(2005)通过对13种外语类期刊在1980—2003年二十多年所刊登的《红楼梦》英译研究文章,并对这些文章的焦点问题做出系统分析,对研究内容、方法和不足之处做了客观评价。

这一时期,学术专著不断涌现,其中尤以王宏印(2001,2002)、刘士聪(2004)、范圣宇(2004)、姜其煌(2005)、冯庆华(2006,2008)和赵长江(2007)等为代表。王宏印所著《〈红楼梦〉诗词曲赋英译比较研究》精选出原文中具有代表性的50首诗歌作品,对霍译本和杨译本进行详尽、系统的对比研究,被刘士聪(王宏印,2011:序言)视为"《红楼梦》系统研究的良好开端"。刘士聪的《红楼译评:〈红楼梦〉翻译研究论文集》收录2002年"全国《红楼梦》翻译研讨会"的部分会议论文,全书共分为总体与策略研究、语言与语篇研究、文学与修辞研究、文化倾向性研究和德语俄语译本的翻译研究五类,其中有南开大学王宏印教授所做的报告《精诚所至,金石为开》,提出建立"《红楼》译学"的设想,宣告了《红楼梦》翻译研究可以成为一个独立的研究课题和研究领域,并指出当时研究存在的几个问题,如重复选题、焦点陈旧、语种单一和方法缺陷等。冯庆华的《红译艺坛:〈红楼梦〉翻译艺术研究》是上海外国语大学《红楼梦》英译研究团队的学术结晶,全书共十五章,针对霍译本和杨译本中的语言、文化特色进行对比分析,具体内容涉及场景描写、人物描写、人物语言、诗体修辞和习语炼句等。

冯庆华教授所著《母语文化下的译者风格:〈红楼梦〉霍克斯与闵福德译本研究》(2008)可谓"内容丰富、数据详实、方法独到"。该书引入"翻译文化观"和"翻译思维模式"的概念,旨在探讨母语文化与思维模式对译者风格造成的影响。同时借助语料库工具,对《红楼梦》的原文和译文词汇进行全面、深入的统计分析和系统梳理,对比霍译本和杨译本在高频词和特色词方面的差异,借此"分析译者的语言风格及其形成原因,力图从中获取母语文化和母语思维影响下的语言风格奥秘"(冯庆华,2008:219)。"运用定性分析和定量分析相结合的方法,通过计算机统计手段,细致而深入地探讨了母语文化对译者的翻译文化观和翻译思维模式的影响。"[①] 肖维青(2009:257)评价该书:"依据翔实的语料、精确的统计和确凿的数据,作者得出了相当令人信服的结论。"

范圣宇(2004)的《〈红楼梦〉管窥:英译、语言与文化》以讨论翻译过程中的语言问题为主,包括译本对版本的选择、底本原有的讹误如何处置、译本本身的误译及其产生的原因、语言差异所造成的翻译问题等,同时也涉及了由文化背景差异而造成的不同的翻译效果。姜其煌(2005)的《欧美红学》系统评述了自19世纪中叶至今欧美各国对《红楼梦》的翻译、介绍、评述等情况,涉及一百五十余年欧美红学译介的各种观点,填补了国内该领域研究的空白。赵长江(2007)的《霍译红楼梦回目人名翻译研究》,包括《红楼梦》书名溯源与英译版式创新、《红楼梦》前八十回回目英译与鉴赏、《红楼梦》前八十回人名英译与剖析等等。

21世纪最初十年的另一个新变化是,《红楼梦》英译研究的博士论文开始出现,并且逐渐转化为研究者的学术专著陆续出版。具有代表性的有:复旦大学江帆的《他乡的石头记〈红楼梦〉百年英译史研究》(2007)、湖南师大谢军的《霍克斯英译〈红楼梦〉细节化的认知研究》(2009)等。2002年,围绕《红楼梦》翻译评论在南开大学召开一次全国学术会议"全国《红楼梦》翻译研讨会",产生一部论文集《红楼译评——〈红楼梦〉翻译研究论文集》。十年间形成了几个红楼梦研究中心和研究团队,其中以上海外国语大学的冯庆华教授的博士生研究团队、香港大学的洪涛、燕山大学的刘泽权教授等研究成果最为突出。这一时期另一主要成果是国内外三个《红楼梦》汉英平行语料库的建成。

---

① 参见该书封底,由著名翻译家、外语教育家黄源深教授撰写的评语。

一是新加坡南洋理工大学教育学院"《红楼梦》汉英平行语料库"[①]的建设。该库采用霍译本和杨译本 120 全本，实现免费在线检索。二是绍兴文理学院"《红楼梦》汉英平行语料库"[②]的建设。该库收录霍译本和杨译本一百二十回全本，可供免费在线检索。三是燕山大学"《红楼梦》中英文平行语料库"的建设，该库建设初期是"一对三"的平行语料库，收录"乔译本、霍译本和杨译本"三个英译本，后来又增收"邦译本"，是国内首个收录四个英文全译本的"一对四"《红楼梦》汉英平行语料库，暂时不支持免费在线检索。

《红楼梦》汉英平行语料库的建成意义重大，标志着《红楼梦》英译研究从传统定性研究占据主导地位开始向基于语料库的定量研究转换，也标志着这个领域的研究开始逐步脱离"规定"研究，向"描写"研究迈进。由于这一转变的影响，结合本研究的重点，我们的评述视角也随之变化，对第四阶段的研究述评将侧重该领域基于语料库的英译评论和译者风格研究。

4. 第四阶段：趋向成熟期（2010—2016）

这一时期的研究延续了前十年的繁荣态势，并且出现一些新的特点：语料库工具在研究中发挥越来越大的作用，定量研究不断出现；博士论文不断涌现，并且转化为学术专著出版；召开了专门的国际学术会议，将本领域研究推向更高的层次；系统梳理本领域研究的综述类论文集中出现；专门研究邦斯尔译本的论文不断发表，并越来越受到学界关注。

2010—2018 年的这段时间里，中国知网收录《红楼梦》翻译研究论文达到 2 079 篇之多，[③] 基于语料库的研究开始走向成熟、繁盛。其中，刘泽权团队的研究成果最令人瞩目。这一方面得益于语料库翻译学的飞速发展，另一方面得益于燕山大学"《红楼梦》中英文平行语料库"的成功建设。刘泽权和谭晓平（2010）介绍了四大名著的版本问题，探讨建立相关语料库的中文语料，为语料库中文语料的选择提供详细的理论参考。朱虹和刘泽权（2011）探讨了四大名著

[①] 在线检索网址 http://corpus.nie.edu.sg/hlm/。
[②] 在线检索网址 http://corpus.usx.edu.cn/。
[③] 搜索项目为"研究主题"，关键词为"红楼梦+翻译"，其中含个别小语种，检索日期为 2019 年 3 月 17 日。

汉英平行语料库创建的问题及其对策。刘泽权、刘超鹏和朱虹(2011)的《〈红楼梦〉四个英译本的译者风格初探》运用语料库检索软件，对四个英译本在词汇和句子层面的基本特征进行数据统计和初步的量化分析，以此对比译本间的风格异同。刘泽权和刘艳红(2011)以定量和定性结合的方法，以霍译本和杨译本为参照，首次借助语料库对邦斯尔译本的译文特点和译者风格进行描述、阐释和分析。刘泽权和张丹丹(2012)及侯羽和刘泽权(2012)的研究从最初的语料库建设到《红楼梦》英译本初探，逐渐过渡到对译本的深入挖掘，开始细究微观层面，从"吃"熟语及其英译探讨汉英文学翻译研究与词典编纂，从虚义动词结构的使用与成因，探讨考察译本差异、汉语特点、译者的文体考虑等。刘泽权和谷香娜(2013)与刘泽权和刘艳红(2013)的关注焦点又跳出语料库研究范畴，将目光投向叙事学视角以及从《红楼梦》英译看到中国典籍作品走出去的问题，视野更加广阔，探讨的范围也进一步拓展。刘泽权为首的研究团队全部围绕《红楼梦》英译研究这一主题展开，从语料库的建设到译本的深入挖掘，然后突破就译本探讨译本之边界，探讨翻译文学海外传播的文化交流层面问题，方法独到、视野开阔，最具代表性。

在国内几个语料库翻译学研究团队的引领下，基于语料库的研究持续推进，研究视角更为广阔，涵盖文体风格描写(李敏杰、朱薇，2012；张丹丹、刘泽权，2014；林昊、冯洋、何森，2015)、显化(姚琴，2013；张丹丹、刘泽权，2016)、隐喻视角(谭业升，2013)、颜色词(杨柳川，2014)、散曲(马风华，2014)、研究模式(冯全功，2015a)、称谓语(王家义、陈珊，2015)、叙事(秦静、任晓霏，2015)、俗语(薛蓉蓉，2016；邓琳、陆梅，2019)、人际功能(陈树坤，2017)、集体量词(门海燕，2018)，以及人称指示(侯羽、贾艳霞，2018)等多个领域，彰显出基于语料库的译本与译者研究成果日趋丰富和多样化。此外，值得一提的是，《红楼梦》三个英文全译本也被用作探究汉英翻译转换规律的语料，尤其对翻译语义韵的探究(赵朝永，2014b；高歌、卫乃兴，2019)开始引发学界关注。

国内其他学者也深受语料库翻译研究迅猛发展的影响，开始逐步将语料库翻译研究的成果应用到《红楼梦》英译本的研究上。黄勤和王晓利(2010)借助语料库研究元话语"又"在《红楼梦》两个英译本中的再现情况。赵晴(2010，2011)的两篇文章基于语料库探讨了《红楼梦》霍译本和杨译本的译者风格，尝试从译者的母语文化背景和翻译规范的角度来解释迥异风格的成因；从衔接显化的角度出发，研究霍译本和杨译本的连接词，发现两个英译本连接词使用频率明显高于汉语原文，从而考察译本的显化趋势和译者个体差异。朱薇和李敏杰(2011)与李敏杰和朱薇(2012)的两篇论文基于语料库的助词缩写使用，探讨译本的显化特征；基于平行语料库探讨霍译本和杨译本的文体风格，研究表明霍译本显化特征更明显，有利于西方读者的理解和接受，而杨译本更强调译作对原作的重视，同时更强调译作的文学性，因而表达方式更加丰富、生动(李敏杰、朱薇，2012：90)。

此外，学界在近年更加关注底本考证(李晶，2015；唐均、冯丽平，2016)，对霍译本的深入挖掘(杨柳川，2014；范圣宇，2015；冯全功，2014、2015b)，编辑出版行为(江帆，2014)以及霍、杨译本的对比研究(侯羽、朱虹，2016)等，研究的视野从底本到文本，再到发行出版，呈现出更加完整的系统性，这类探讨中借助语料库的定量研究依然并不多见。同时，这一阶段的研究出现一个新动向，即对《红楼梦》林语堂译本的研究力作开始涌现，其中尤以李平(2014)，刘泽权和张丹丹(2015)，张丹丹(2015，2016)，宋丹(2015，2016)，卜杭宾(2016)，吕世生(2016，2017)，李晶(2016，2017)，刘泽权和石高原(2018)等人的研究最具代表性，形成一个林译研究的小高潮。林语堂节译本手稿的发现是继邦译本手稿公布后该领域译本研究的又一重大发现，为新时期"红楼译评"提供了新语料，具有重要的文献价值和拓宽研究视角的意义。

此外，这一时期《红楼梦》英译研究的综述类文章开始集中出现。2012年，发表了三篇梳理《红楼梦》英译研究的学术论文。冯全功(2011b)以新世纪以来(2000—2010)国内16种学术期刊上的132篇论文为语料，从研究的焦点、方法、队伍和语种四个方面探讨了《红楼梦》翻译研究的发展现状，并对存在的问题加以总结分析，特别指出"跨学科研究薄弱，定量研究较少，语言与文化研究有待拓展深入、研究成员之间缺乏交流合作等"(冯全功，2011b：135)。葛锐(2012)梳理了《红楼梦》英译史，提供大量可供借鉴的文献资料，对英文世界中"红学"的发展也略有提及。文军、任艳(2012)依据中国知网收录论文，对1979—2010年间发表的782篇"红译英研"论文从历年论文数量、研究主题与研究特色等做出分析，尝试勾勒出国内三十年间《红楼梦》英译研究的概况，并提出三项建议：研究方法和理论视角的拓展与加强、翻译过程研究的加强和红楼英译学科的建设（文军、任艳，2012：92）。刘泽权和张冰（2015）梳理了本世纪国内主要外语刊物与《红楼梦学刊》上的刊文，汇总这一阶段研究的基本特点并指出研究中存在内容单一、方法简单、理论套用泛滥和学科建设缺位等不足。随后，侯羽、贾艳霞和杨金丹（2017）则针对1979—2016年间国内外出版的《红楼梦》定量翻译研究著作，以及主要学术期刊发表的论文，从文献数量、研究对象、研究内容三个方面进行统计和分析，发现定量研究存在研究文献过少、研究对象较为集中、研究内容与方法较为单一、理论应用不足等问题，并提出了相应建议。

这一阶段首次出现专门介绍和研究邦译本的论文。王金波和王燕（2010）、王金波（2010）的研究最具开创性，是国内首次专门介绍和研究邦译本的学术论文，对邦译本传播和认知具有积极促进作用。他们详细介绍了译者和译本情况，并对译稿完成年代和译本埋没原因做出详细论证，提供了新信息。刘泽权、刘艳红借助语料库工具，对邦译本首次进行简要的定量和定性相结合的研究，认为"译者忠实于全文，力图译出每一句话的精神可嘉，然而过于直译则会陷入语言僵硬、冗长，甚至造成歧义"（刘泽权、刘艳红，2011：47）。刘泽权是国内首位借助语料库工具研究邦译本的学者，其研究颇具开创性。屈纯和王鹏飞（2011）从翻译美学视角出发，探究邦译本回目美感的再现，认为邦译本的回目英文再现了原文的美感，几乎全盘肯定邦译回目。本研究对此不敢苟同，将在第四章专门探讨这一问题。唐均和谭梦娜（2013）对比了乔译本和邦译本中习语的英译，采用定量统计方法，认为"尽管邦索尔本人是英国文学博士，但也难免受到整个语言大环境的影响而导致其译文口语色彩浓重，散淡轻松，在一定程度上偏离了《红楼梦》原著语言的经典性"（唐均、谭梦娜，2013：88）。刘艳红和张丹丹（2014）介绍了邦译本并梳理了之前出现过的译本情况。赵朝永（2014a，2014b，2014c，2015）较为系统地探讨了邦译本的基本内容、文化内容英译、误解与误译等，并系统对比了邦译本、霍译本和杨译本，是国内首位系统研究三个英文全译本的学者。邦译本虽为首个《红楼梦》英文全译本，问世以来学界关注程度依然不够，其原因有二：一是译本未经正式出版，鲜为人知；二是译本为打字机手稿的PDF扫描版，且为手动修改稿，字迹模糊，识别难度大，令多数学者望而却步。

这一时期，学术专著出版更加繁荣。具有代表性的有：洪涛(2010)所著《女体和国族：从〈红楼梦〉翻译看跨文化移殖与学术知识障》(繁体版)收集作者发表的主要论文，对《红楼梦》英译研究的内容、理论和方法有批判性认识。刘泽权(2010)的《〈红楼梦〉中英文语料库的创建及应用研究》是其2005年国家社科基金项目的结晶，也是燕山大学"《红楼梦》中英文平行语料库"建成后向学术成果转化的力作。上篇详述语料库的建设情况、技术细节和基本统计分析情况；下篇收集作者近年来借助该语料库所从事的应用研究，包括叙事标记、报道动词、人物形象等研究；傅勇林(2010)主编的《华西语文学刊(第三辑)：〈红楼梦〉译介研究专刊》是2011年在西南大学召开的"《红楼梦》译介学"国际研讨会论文集，这是首届关于《红楼梦》翻译研究的国际会议，对于红学的健康发展和红学外延的有效拓展起到积极促进作用；沈炜艳(2011)的《〈红楼梦〉服饰文化翻译研究》是一部专门研究服饰文化英译的著作，是作者博士论文的成果转化，也是本领域第一部专门研究服饰的著作，表明《红楼梦》英译研究正在朝向更加专业方向发展，同时也越来越注重与中国传统文化的结合。

另外，邱进、周洪亮(2011)的《文化视域及翻译策略：〈红楼梦〉译本的多维研究》是一部英文著作，从文化视角审视霍译本和杨译本的翻译策略，在多个维度论证了两个全译本的翻译策略问题，具有较开阔的宏观视角。冯庆华教授的《思维模式下的译文词汇》(2012)及《思维模式下的译文句式》(2015)是本领域两部力作，书中探讨了思维模式对译文风格及译文词汇、句式的影响，重点研究东西方思维模式对译文词汇以及高频句、特色句、独特句等的影响。中国思维下的译者应从西方思维模式下的语言特点得到一些启示，使我们自己的英语译文更加地道，增强译文可读性，更好地向世界传播和推广中国文化。党争胜(2012)的《〈红楼梦〉英译艺术比较研究：基于霍克思和杨宪益译本》第一部分为理论性探讨，主要内容基于笔者在对比两种译本过程中对一些理论问题所做的思考；第二部分为艺术性探讨，围绕霍、杨译本中体现的翻译策略、手法、效果和翻译质量进行对比研究。严苡丹(2012)的《〈红楼梦〉亲属称谓语的英译研究》也是作者博士论文成果的转化，该书对《红楼梦》两个英译本进行描述性研究，选取其中亲属称谓语及其翻译作为切入点，探讨两个译本的特点与差异并结合社会语言学的理论，探究这些特点与差异产生的社会和历史背景。祖利军(2012)的《〈红楼梦〉话语标记语英译的识解对等研究》，以《红楼梦》前八十回的霍译本和杨译本为语料，对其中话语标记语的英译做详细研究，目的在于发现其中的翻译策略及这些策略背后的认知因素。其首次提出"识解对等"，把翻译策略研究引向更深入的认知层面，为翻译研究提供了一个较新的认识途径。江帆(2007)的《他乡的石头记：〈红楼梦〉百年英译史研究》是该领域翻译史梳理的一部力作。

此后几年，关于"红楼译评"的新作不断，其中较为代表性的有：刘婧(2014)的《社会符号学视域下〈红楼梦〉文化内容的英译——以杨译本和霍译本为例》、王鹏飞(2014)的《英语世界的〈红楼梦〉译介与研究》、向红(2014)的《互文翻译的语境重构——以〈红楼梦〉英译为例》、肖维青(2015)的《〈红楼梦〉的"西游记"：〈红楼梦〉英译趣谈》、黄小谊(2015)的《叙述功能制约下的创作与再创作：〈红楼梦〉回目英译比较研究》、黄勤(2015)的《基于语料库的〈红楼梦〉中的元话语及其英译对比研究》、冯全功(2016)的《广义修辞学视域下〈红楼梦〉英译研究》及谢军(2016)的《霍克斯英译〈红楼梦〉认知研究》等。从这批新论著的题名可知，其研究涉猎范围更广，研究范式和方法更新，进一步丰富了"红楼译评"的成果。

2010年后，对《红楼梦》英译研究的硕博士论文不断涌现，研究视角越来越开阔，研究质量也在逐步提高；但基于双语平行语料库的研究依然不多见。陈琳(2012)的博士论文《基于语料库的〈红楼梦〉说书套语英译研究》选取"说书套语"这一独特的文体特征，同时借助丰富的语料数据对霍译本和杨译本中"说书套语"的英译加以分析整理，总结出详尽的翻译策略和两位译者处理同一问题的不同方法，最后提出"脱译"的概念，提升了研究的理论高度。这一时期的博士论文著作还有张俊(2010)的《对〈红楼梦〉中称呼语的所指和意图的研究：认知语用视角》、李虹(2011)的《〈红楼梦〉诗词英译移情比较研究》与王丽耘(2012)的《中英文学交流语境中的汉学家大卫•霍克思研究》等。只有陈琳的论文建立了针对"说书套语"的平行语料库，颇有新意。赵朝永(2014a)的《基于语料库的邦译本〈红楼梦〉译者风格研究》首次以邦译本为中心，从多个维度系统探究了三个英文全译本的译者风格特征。此外，这一时期的博士论文还围绕隐喻（沈杏轩，2012；索绪香，2016）、翻译过程中的权力关系（冉诗洋，2013）、主流意识形态语（林文艺，2014），以及同是基于语料库的情态系统（廉张军，2016）与女性话语（郑赛芬，2018）研究。总体而言，这一阶段的博士论文涉及范围广，但研究方法依然以定性研究为主，基于语料库翻译学理论和语料库统计分析工具对《红楼梦》三个英文全译本的全面、系统研究相对较少。

二、《红楼梦》英译研究特点

通过以上四个阶段的总结分析，近三十多年来《红楼梦》的英译研究在研究内容、研究方法和研究成果上呈现以下特点。

1. 研究内容涉猎广，微观多于宏观，重复多于开创

三十多年来《红楼梦》的英译研究内容涉猎广泛，但缺乏宏观性，微观研究占大多数；重复研究居多，对具有开创性意义的邦译本关注度不够。研究焦点主要集中在诗词翻译、文化翻译、词语翻译、修辞格翻译、习语翻译、译者风格、底本考证、翻译史，以及英译本的海外传播等方面。虽然研究兴趣广泛，有一定深度和广度，如刘泽权和张丹丹（2012）与侯羽和刘泽权（2012），但对译本的深入挖掘依然较少。对译者风格的探讨浅尝辄止，虽然有几篇论文曾试图探讨译者风格，但分析不够深入，也缺乏对译者风格形成机制的系统研究，未能上升到一定理论高度。研究译本大多局限于霍译本和杨译本，对邦译本的研究较少，且针对三个英文全译本的对比研究更少见。

2. 研究方法定性多于定量

定性研究占绝大多数，缺乏有效的定量支撑。据冯全功（2011b）统计，最近十年红译论文中，定性研究123篇占93%，定量研究仅9篇。定性研究主要是例证/对比研究，定量研究则采用详实的数据支持，特别是基于语料库的统计与分析，提高了分析结果的客观性。定量研究中最具代表性的仅有刘泽权、田璐和刘超朋的《〈红楼梦〉中英文平行语料库的创建》，冯庆华基于语料库的母语文化下译者风格研究、思维模式下译文词汇研究，以及陈琳的说书套语研

究等。总体而言,基于语料库的定量研究所占比例依然偏低,且多采取简单的百分比统计,更为精确的显著性检验如卡方检验和对数似然率检验等未有涉猎,定量研究的深度不够。

3. 研究成果丰富、简单重复严重、应用转化不高

《红楼梦》英译研究三十年来,产出论文数千篇,专著数十部,相关硕士、博士论文更是不计其数。目前已建成较大型双语平行语料库三个(新加坡南洋理工大学教育学院、绍兴文理学院和燕山大学);召开过两次较有影响的红译专题学术研讨会,取得了丰硕的成果。逐步形成几个研究团队:燕山大学以刘泽权教授为首的研究团队、上海外国语大学以冯庆华教授为首的研究团队、南开大学以王宏印教授为首的研究团队和西南大学的研究团队等。然而,研究队伍虽然庞大,但由于彼此间缺乏沟通交流,更缺乏信息和资源共享,造成语料库重复建设。研究成果丰富,重复研究现象严重,特别是期刊论文,存在严重的简单重复和层次不深的问题。另一问题是学术成果的应用转化不高,研究成果不能转化为翻译实践、翻译教学以及研究方法论指导等方面的实践。叶常青(2003)把《红楼梦》中英文的前八十回中有关"笑道"的译法建成平行语料库,用于翻译教学,其语料库规模虽小,却是基于语料库的译本研究向教学实践转化的有益尝试。

第三节 《红楼梦》英译研究问题与对策

一、存在的问题

通过总结前期研究的内容、方法和取得成果可知,《红楼梦》英译本研究存在以下几个问题:

1. 忽视底本差异,译文评论有失偏颇

《红楼梦》英译评论研究中因忽视底本差异而导致评判有失公允的案例不

胜枚举，如张南峰(2004)根据第九回中杨译本的一处译文判断，杨氏夫妇将原文第九回中宝玉的小厮茗烟辱骂金荣的一句"下流话"进行了"净化"处理。张南峰根据杨宪益的译文判断，杨译本回避了原文中的粗俗内容，采取了"净化"策略。林克难(2001:45)、李明(2006:13)、党争胜(2012:208)等均不同程度引述张南峰的例子，表示对这一评判的支持。然而，仔细对比两个译本所依据的底本发现，杨氏夫妇依据的底本源本是戚序本，原文是："我们的事，管你什么相干？"(《红楼梦》戚序本)而上述几位学者依据的底本仅是霍译本的底本，源本出自庚辰本。对比两位译者的原文和译文可知，译文差异并非由于译者的"净化"策略，而是由于底本差异造成。《红楼梦》英译评论中由于忽略底本差异而造成的类似误判不胜枚举，不再赘述。底本差异问题非常重要，稍不留意便会出现"失之毫厘谬以千里"的评论。

2. 语料格式不统一，统计软件和方法存在差异

在研究中存在语料格式不统一，采用的统计软件和方法有差异，由此得出的数据结论存在差异，据此得出的结论不够准确，甚至存在严重冲突；基于语料库的数据统计不够深入，依然停留在百分比的水平，只要数据存在差异(即便是十分细微的差异，如小数点后两位)，便认定译者风格差异的客观存在，忽略数据差异的显著性问题，缺乏相关的检验，如卡方、Z值、MI值和对数似然率检验等。基于语料库的译文评析虽然具有数据支持的优势，但由于语料处理和统计方法的差异，统计结果存在出入。以《红楼梦》霍、杨译本为例，学者们的统计结果并不相同，以较为有代表性的研究者的统计为例，详见下表。

表 2-2 《红楼梦》霍、杨译本类符/形符比率统计

研究者(文献)	统计数据					
	霍译本			杨译本		
	形符数/个	类符数/个	标准类/形符比	形符数/个	类符数/个	标准类/形符比
赵晴(2010:158)	871 679	21 470	41.47	645 188	17 525	42.89
刘泽权等(2011:38)	830 443	23 856	42.78	625 988	17 486	43.75
李敏杰等(2012:91)	852 399	22 061	42.77	632 506	18 106	44.16

由表2-2可知，三位研究者的统计均存在差异。仅就形符数来看，差别最大的是赵晴和刘泽权，两者对霍译本统计的形符数相差近4万个，类符数相差近2500个；两者对杨译本形符的统计相差近2万个，但类符数接近，差别不到40个；既然形符和类符统计结果差异巨大，由此得出的比率可信么？究竟哪种统计更接近译本事实？赵晴、刘泽权和李敏杰三者所用的统计软件分别是，Wordsmith3.0、Wordsmith4.0和Wordsmith5.0。差异形成的原因既可能是不同版本软件统计结果不同，也有可能是文本格式或文本清洁程度不同。由于定量研究的优势和特点在于，同样的研究思路和统计方法应当具有可重复性和可验证性，不应出现同一个译本的统计数据差异巨大的情况。统计方法和统计标准的统一，是促进语料库翻译学规范化发展亟待解决的问题之一。

3. 缺乏定量研究和定性研究的有机结合

通过文献综述可知，传统的《红楼梦》英译研究以定性研究为主导，缺乏科学有效的定量研究。近年来，定量研究呈现逐年上升态势，为该领域研究注入新的活力。由于定量研究刚刚起步，尚存在只注重数据堆砌，而轻定性分析的趋势。研究中积累了大量数据和表格，但缺乏利用典型个案和翻译理论对数据进行分析解释和定性研究。个别论文中甚至出现只有数据表格，没有任何分析解释的现象，这大大削弱了语料库统计数据的说服力和优势。事实证明，只有定量研究和定性研究相结合，才能更加客观、详实地描述译本，为评判译者风格提供科学依据。

4. 对译本风格的描述缺乏客观性、整体性和全面性

缺乏对形成译者风格因素的深入探讨，忽略了各因素间相互影响的工作机制。目前的研究一方面存在片面性，试图仅通过一个点而发现统摄全局的规律。这对于解释成因复杂的译者风格显然不够科学合理。另一方面，研究者的兴趣和焦点主要集中在描述译本和译者风格，缺少进一步挖掘和解释译者风格形成的原因，尤其是各个因素间相互影响和相互制约的原因。

5. 研究成果缺乏普遍适用性

研究未能形成基于语料库研究译者风格的方法论基础；研究成果对指导翻译和教学实践有局限性。定量研究是一种基于数理统计的科学方法，研究方法和数据统计方法都应当具有可验证性和可重复性。同样的方法应当形成一个研究思路，可以被应用到其他译本的研究，至少是同类译本，如文学作品的研究上。研究成果，特别是语料库的建设，既要注重理论发现和理论构建，也要注重向指导实践的方向转化，将建成的语料库用于翻译实践和翻译教学，进一步促进学科发展。

二、对策

鉴于以上问题，本书将更加科学和客观地设定三个英译本的文本格式，细致而周密地对译本进行降噪处理，尽力提高纯洁度；采用统一的方法论和权威软件，以同样标准衡量不同译本，并对所得数据进行更加精确的差异显著性检验，力求结论更加客观和科学；注重底本差异，将定量研究和定性研究结合起来，对译本进行全面的描述，通过各个层面的语言事实，并文本之外的译本因素，如前言、后记、译本体例、注释特点等因素，加之译本外因素，如译者身份、翻译价值观、译语社会文化环境及出版商等因素，深入探讨形成译者风格的内部和外部因素，特别厘清各因素间相互影响和相互制约的工作机制，更加全面和系统地解释译者风格成因；通过对三个英文全译本译者风格的系统考证和对比分析，将译者风格研究及成因探讨提升到一定的理论高度，并尝试对研究方法普适性的提炼，以便增强其适用性。

本章小结

《红楼梦》英译研究是中国翻译研究学界近三十年来关注的焦点之一，对推动文学翻译研究和翻译本体研究在国内的发展起到不可小觑的作用。本章通过系统梳理《红楼梦》英译简史，厘清其英译事业发展的基本脉络和各个译本之间的历史传承关系，对三个全译本形成奠定历时性认识基础，便于后面章节对译者风格的形成做出合乎逻辑的分析和解释。《红楼梦》英译研究述评十分艰难，牵涉到纷繁复杂的学术文献和理论观点，对整个英译研究发展历程和译者风格研究的梳理有助于廓清该领域研究的发展脉络、各时期的研究特点和研究存在的问题，对后续研究有着重要的启发意义。只有站在前期研究的基础上，才能继承已有成果并意识到问题与不足，从而取得新成就。

第三章 基于语料库的译者风格研究：进展与问题

胡开宝(2011：1)将"语料库翻译学"定义为"以语料库为基础，以真实的双语语料或翻译语料为研究对象，以数据统计和理论分析为研究方法，依据语言学、文学和文化理论及翻译学理论，系统分析翻译本质、翻译过程和翻译现象等内容的研究"。其中，基于语料库的译者风格研究是其重要内涵之一。随着翻译研究和翻译理论的发展，"译者风格"（亦称"译者文体"，在英语中被称为"translator's style"）逐步成为翻译研究焦点之一，基于语料库的译者风格研究也越来越受到学界的重视。

第一节 译者风格的内涵

译者风格[①]，亦称作"译者文体"或"翻译/译文文体"，具有广义和狭义之分。贝克(Baker, 2000: 245)将译者风格定义为"留在文本中的一系列关于语言以及非语言的个性特征"，翻译文体包括译者的选材、惯用的具体策略，包括前言、后记、脚注、文中词汇注释等，尤为重要的是个性表达方式，即典型的语言运用习惯。由此可见，贝克所谓的翻译文体是一个宽泛的概念，而且

[①] 英语中的 style 一词既对应汉语的"风格"也对应"文体"。本研究中凡是涉及对象为文本（text）的，则用"文体"；凡是涉及译者和原作者的，则用"风格"。

这些特征是译者在翻译过程中的无意识产物,并且在一定时间范围内保持相对稳定(王克非,2012:18)。广义的译者风格包括:译者在语言应用方面所表现出来的个性特征,以及文本之外包括选题、策略、序跋和注释等非语言特征。狭义的译者风格包括:译者语言应用或语言表达的偏好,译本中反复出现的语言表达方法和固定搭配等。本研究关注的译者风格偏向后者,但在探讨狭义译者风格时,研究范围和内容依然会涉及文本和语言之外的因素,因为这些因素包括序跋和注释,往往成为解释和反映译者语言特色与偏好的有力证据。

须澄清的是,本研究探讨的译者风格有别于通常意义上的"译文风格"。译文的风格包括译作的时代风格、民族风格、语体风格和源语作者的个人风格等。译者风格是指语言转换过程中译者以另一种语言表达原文的方式,包括其在译文中留下的有别于源语和排除源语影响的"个人痕迹"。然而,不可否认的是,译文风格应该是原文风格的再现或变体,同时也反映译者风格。译文风格是原作风格和译者风格的统一体。

一、传统译者风格研究:从"隐身"到"显形"

传统翻译理论强调译文对原文的绝对忠实,主张译文风格对原文风格的模仿和依附,认为译者的职责是"再现"原文风格,而避免在译作中带有译者风格。因此,译者应该关注"源语风格意义的所在,以及在对源语的风格意义进行分析的基础上获得译文风格对源语风格的'适应性'"。换言之,在传统译论中,研究者们关注的是"如何使译文在与源语的对应中力求在风格表现上做到'恰如其分'"(刘宓庆,1990:1)。由此可见,传统译论不是关注译者风格"是否存在"或"是什么"的问题,而是关注"是否符合原文风格"以及"是否应该存在"的问题。原本就客观存在的译者风格一直处于隐身状态,根本没有存在的空间。译者在翻译过程中必须做到像玻璃一样透明,不得表现出任何自我的主体性,不得留下自己的痕迹。

20世纪60年代以来,西方翻译研究走出传统"源语文本中心论"的禁锢,开始以译语为中心的文化转向,研究焦点转为译文和译者。研究者们以历史和经验为取向,借鉴多元系统论、后殖民主义、结构主义和女性批评等文化视域的研究成果，以新的文化视角审视翻译作品和翻译行为，颠覆了传统译论以源语文本为中心的诸多观念。在这一转变过程中，译者从幕后走向前台，经历了从隐身到显形的转变。研究者们开始承认，译者不是从属角色。相反，其在翻译过程的抉择中占据中心位置。译者既参与源语文本的阐释，亦参与对译文的创造（胡开宝，2011：110），且译者风格表现为稳定性、变动性、独特性和系统性等特征（胡开宝、谢丽欣，2017）。由此，译者的风格逐渐得到认可并进入研究者的视野中，实现"显形"。

二、基于语料库的译者风格研究：从"声音"到"痕迹"

伴随描写翻译学的兴起，译者风格研究逐渐走向科学性和量化研究的路径。西奥·赫曼斯（Theo Hermans）于1996年首次提出译者声音（translator's voice）概念，认为译者的声音出现在译文的字里行间，无处不在，只是"有时可能完全隐藏在叙述者的背后，使读者无法觉察到他的存在"；然而译者也会"冲出语篇的层面，为自己说话，用自己的名字，譬如在译文后的注释中用第一人称解释所述之事"（1996：27）。赫曼斯借用"声音"来比喻译者话语的显形，承认了译文中可能呈现译者的公开干预，认为译作不再是原作的透明再现，而是具有多重、分散、混杂和复调性质的双重文本，旁注、脚注、括号说明及序言等准文本形式无不表明不协调的声音同时存在于译作中（王克非，2008：11）。然而，赫曼斯主要从翻译策略和翻译的社会表现形式来探讨译者存在的空间，并未从语言形式角度考察译者风格。

根据贝克（2000：245）的观点，译者风格是留在文本中的"……以语言或非语言特征的方式体现出来的一系列……类似于拇指纹的……个性特征"[①]，不仅包括前言、后记、注释等副文本行为，也包括译者个人偏爱的表达形式和重复出现的语言行为方式，即典型语言运用模式。她同时指出，译文也会出现译者的"无意识的风格特征"（unconscious stylistic features）（Baker，2000：246），

[①] 原文是：... a kind of thumbprint that is expressed in a range of linguistic ... as well as non-linguistic ... features。

这些特征超出译者有意识控制的范围，但译文的读者和研究者可能会下意识注意到。贝克从对译者语言特征的关注拓展至对译者在文本内留下的一系列"痕迹"的关注，她对译者风格研究的意义不仅在于她的研究扩大了译者风格研究的范围，更在于她提出了一种全新的研究方法——语料库方法，开创了基于语料库的译者风格研究的历史先河(胡开宝，2011：112)。

胡开宝(2011：29)认为译者风格受到三个因素的影响：一是源语和译语的语言文化差异对译者的影响；二是译者所处的社会文化因素，如翻译诗学和翻译活动的赞助人和发起人等；三是译者自身的因素，如译者的个性和语言风格，译者对目标语读者的关注等。上述三点对形成译者风格具有重要影响，但分类依然不够明确，各种因素相互影响和制约的关系也并非平行的，而是有序的，需要继续丰富并区分作用等级序列。译者风格研究涵盖语言特征层面的译者风格研究和非语言特征层面的译者风格研究(胡开宝、谢丽欣，2017)。

第二节 国内外研究现状

基于语料库的译者风格研究存在两种模式：类比模式和平行模式。贝克(2000)提出的译者风格属于类比基础上的研究，关注不同译者各自所有译文表现出的整体翻译风格差异：词汇多样性、句子复杂程度、叙事方式等的差异，不考虑源语的影响；平行语料库基础上的译者风格研究关注不同译者对形同源语文本语言现象在各自译文中的规律性处理方式，如不同译者对源语叙述风格的不同处理等。本研究为后者，即研究三位译者在翻译同一部经典汉语作品《红楼梦》时在各个层面所表现出来的风格差异。

一、国外研究现状

贝克发表的《调查文学翻译译者风格的方法探索》("Towards a Methodology for Investigating the Style of a Literary Translator"，2000)一文，对推动基于

语料库的译者风格研究具有重要的方法论意义。她研究的关键问题是：文学译者是否会在翻译中体现自己的风格？如果会，应如何辨别什么是译者的独特文体？接下来的问题是，面对多种选择时，译者是否偏爱使用特定的词汇、句型、衔接词或标点符号呢？另据张美芳（2002：55）介绍，贝克旨在厘清的主要问题还包括：

> 第一，译者偏爱的语言选择是否与原作者的文体有关？第二，是否与源语的语言选择倾向有关，或是否与某一社会语言的规范和诗学语言有关？第三，如果以上两个答案都是肯定的，能否按照某个译者的社会、文化和思想定位来解释他的选择？

这些问题涉及范围很广，需要长时间和大量的翻译作品描写才能厘清。

为探讨上述问题，贝克（2000）做了一次有益的尝试，她选择彼得·布什（Peter Bush）翻译的三本小说和两本传记，对比彼得·克拉克（Peter Clark）翻译的三本小说进行研究。结果表明，克拉克译文的类符/形符比略低，平均句长较短。整体来说，克拉克的译文较之布什更为简洁明了。贝克进一步对比了两者的译文与原文，试图推测克拉克的某些语言偏好可能来自他所译的阿拉伯原文。通过对转述词 say 的各种形式及其副词修饰语，发现克拉克偏爱使用过去式和直接引语，不常用间接引语，原文中的现在时也可能译为过去式。这些特点均为阿拉伯语所具备。克拉克长期在中东做翻译，为英国领事馆工作。通过对两位译者的专访，结合语料库统计的数据，贝克认为，克拉克的译文受到源语影响，译者受到社会和对实际生活环境认知过程的影响，从而做出"适应性调节"（accommodation），在表述译文时会考虑不同受众的语言能力而采取不同的策略。因此，克拉克尝试将源语中的阿拉伯文化带给读者，语言浅显易懂，而布什译文则倾向于把读者带入相对亲近的源语文化，如西班牙语，其语言表达更具挑战性。

贝克研究的基本理论出发点是：翻译是创造性而非派生性的活动，并由此发展了关于"风格"的复合概念。哈蒂姆与梅森（Hatim & Mason, 1990：10）将"风格"区分为：第一，个人语言风格，即个体语言使用者无意识的语言习惯；第二，表现特定语言的习惯表达形式。贝克则不同，她对"风格"的定义更加宽泛和复杂。贝克的研究视野超越了单纯关注语言运行方式和机制的探讨，将语言特征与形成语言特征的社会文化系统联系起来，具有更加广阔的视角。贝克认为"识别语言习惯和风格模式并非语料库研究的目标"，语言特征的价值在于"告诉我们某个译者或者一般译者的文化和意识形态定位，或是影响翻译行为的认知过程和机制"。(Baker，2000：258)

贝克借助语料库调查译者文体的启示是，译者必然在译作中留下"烙印"，具体的烙印组成译作的文体与译者的风格。这既是她的假设，也是其通过数据验证后的结论。译者的文体与译者的交际意图和译文的功能紧密相连；译者的认知环境与其文体特征息息相关(张美芳，2002：75)。该研究采用类比模式研究译者风格首先是以目标语为导向的，忽略源语文本的影响，直接关注翻译文本，即关注两位译者所有翻译文本之间的比较和差异；其次是以研究的切入点排除源语文本影响的结果，认为所考察语言是译者下意识选择的结果，如用词的多样性和复杂程度等。

梅芙·奥罗汉(Maeve Olohan，2004：153 - 156)根据这一模式考察了彼得·布什和桃乐茜·布莱尔(Dorothy Blair)两位文学译者的风格，重点考察缩略形式的使用。研究发现：布什总体上使用缩略语形式较多；布莱尔则很少使用。奥罗汉(2003)还对 BNC 中的小说子库(BNCFIC)和翻译文库(TEC)中的缩略形式进行考察和对照，结果发现：布什使用缩略形式的频次接近于 BNC 语料库中的情况；而布莱尔则与翻译语料库中的频次接近。根据奥罗汉(2003)的发现，缩略形式使用频次可以区分翻译文本和原创文本，但以频次区别两位译者的风格说服力并不强。另有萨尔达尼亚(Saldanha，2011a，2011b)根据贝克的方法，对比考察了布什和玛格丽特·利斯塔(Margaret Jull Costa)的译者风格，切入点先是放在外来词的使用差异上，研究者将这种差异作为译者风格的表现形式，认为这种译者风格的差异在很大程度上取决于译者对自身角色认识的差异；后来，萨尔达尼亚(2011b)又增加另外两个考察项：斜体使用差异和专属动词 say/tell 后面连接词的省略情况，发现两个译者存在差异，并证明源语文本不是影响译者系统选择的因素。

上述研究均属于基于语料库调查译者风格的类比模式，另有一些基于语料库的平行研究也值得关注。如米克哈洛夫和维利卡（Mikhailov & Villikka，2001）以俄语-芬兰语小说平行语料库为依据，借鉴文体计量学中对作者身份归属确认的方法，从词汇丰富程度、高频词和译者偏爱词等方面考察同一作家和不同作家创作的俄文小说、同一译者用芬兰语翻译的不同作品、不同译者用芬兰语翻译的同一作品进行对比分析，结果发现译者似乎没有明显属于自己的风格。作者身份归属确认的方法并不完全适用于考察译者的翻译风格；仅靠类符/形符比、平均句长等软件统计数据不足以区分不同译者的翻译风格（黄立波、朱志瑜，2012b：33）。基于以上所述情况，本研究将定性研究引入探讨研究之内，弥补单纯的数据统计差异性不够显著的问题。

贝克关于译者风格的研究也存在一些质疑。第一，解释翻译活动中社会环境的影响操作起来有难度；第二，译者语言偏好的驱动因素是多重的，比如潜意识行为、源语影响及迎合目标语读者群期待等，区别这些因素时，单凭文本研究有一定难度；第三，特别是译者风格中由于无意识而形成的语言习惯模式，以及译者为了遵从某种规范而进行的有意创造，区分起来难度更大。在研究中发现，邦斯尔译本中存在大量有别于目标语表达习惯的译者语言偏好模式，这究竟是译者潜意识所为，还是有意保持原文的某种特定表达？这是我们将要进一步探讨的问题，也试图通过这些探讨弥补贝克这方面研究的不足。

二、国内研究现状

国外的译者风格研究起步较早，最具代表性的是以贝克为中心的研究团队，其研究特色和成果已详细论述。贝克利用语料库方法研究译者风格取得丰硕的成果，为此研究提供了全新的视角和范式，国内一批学者受到启迪，相继借助语料库方法开始涉足该领域研究。

冯庆华（2008，2012，2015）借助语料库工具，分别以"母语文化下的译者风格""思维模式下的译文词汇"及"思维模式下的译文句式"为主题，深入探讨了《红楼梦》的两个英文全译本。对译者风格在译本语言中各个层面给予详尽的数据描写和定性研究，系统阐述了霍译本和杨译本的差异，并对霍译本的特色做出详细总结。相关研究已在绪论的文献回顾中详细评述。冯庆华(2008:219)指出,"对一位作家或一部作品进行全面的文本统计分析已经不再是一个奢望,这种统计分析有利于我们对其文本用词构句进行精确的分析,从而用数字化的材料来证明其语言风格"。

刘泽权(2010)基于《红楼梦》中英文平行语料库对比分析了三个英译本[①],对《红楼梦》前五十六回中报道动词的翻译进行了实证研究,发现三个译本采取不同的翻译策略,显示出不同的译者风格。刘泽权等(2011)的《〈红楼梦〉四个英译本的译者风格初探》运用语料库检索软件对四个英译本在词汇和句子层面的基本特征进行数据统计和初步的量化分析。刘泽权和刘艳红(2011)以定量和定性结合的方法,以霍译本和杨译本为参照,首次借助语料库对邦斯尔译本的译文特点和译者风格进行描述、阐释和分析。徐欣(2010)基于多译本语料库,对比分析了《傲慢与偏见》三个汉译本[②]的形符/类符比、高频词和个性词的使用,详细描写了每个译本的语言差异和译者风格概况。黄立波和朱志瑜(2012)以葛浩文英译当代中国小说为例,较大规模地开展了基于语料库的译者风格研究。他们以贝克(2000)的"译者风格"方法论为依据,分析考察了葛浩文的17部翻译作品,同时对比参照戴乃迭的10部翻译作品[③]和狄更斯、马克吐温、福克纳和海明威等作家原创英文作品。研究后的反思显示:仅仅依靠软件的统计分析并不能有效地将一个译者的风格与其他译者区分开来,还需要进一步从具体的文本内容加以考虑。考察译者风格应当将源语文本考虑进来,重点考察译者对于源语中特定语言现象在其所有译本中的规律性处理方式(黄立波、朱志瑜,2012:71)。

胡开宝(2011)基于莎士比亚英汉平行语料库对梁实秋和朱生豪的莎士比亚戏剧译本进行实证研究,考察诸如显化和范化等翻译共性问题。胡开宝还重点指出,译者风格研究不应该仅仅停留在风格识别层面,而要"依据语言学、文学、文学理论、翻译理论详细分析和解释译者风格形成的原因"(胡开宝,2011:116)。黄立波(2009,2011b)从文体与翻译间的关系入手,尝试建立基于语料库的翻译文体学框架,进一步认识翻译的本质。黄立波(2011a)则基于双

---

① 三个英译本分别为霍译本、杨译本和乔译本。
② 几个汉译本分别是王科一译本、孙致礼译本、张玲和张扬的合译本。
③ 两位译者作品名录详见黄立波和朱志瑜(2012:66-67)。

语平行语料库，以《骆驼祥子》两个英译本中人称代词主语和叙事视角转换为例，考察和探讨翻译的文体。结果表明：相对于译出文本，译入文本的显化程度更高；叙事视角方面，译出文本倾向于保留原文中的客观视角，译入文本则多采用主观视角，原因在于英汉语在转述方面存在差异(黄立波，2011a：100)。

董琇(2009)的博士论文《译者风格形成的立体多元辩证观——赛珍珠翻译风格探源》借助语料库工具，并基于因果模式，采用历史批评观，通过定性与定量相结合的方法，研究提出了"译者风格球体模型理论"，有助于开拓译者风格研究的新思路和新视野；随后，董琇(2014)基于降维法的译者风格研究，有利于科学直观地观察、描写译者风格，并解释其形成原因。周小玲(2011)的博士论文《基于语料库的译者文体研究——以理雅各英译中国典籍的文体为个案》对译者文体的本质、译者文体研究方法的演变、译者文体研究的理据和模式做了详细梳理，对译者文体形成的因素做了深入探讨，具有一定的深度。但研究中还存在诸如对影响译者文体形成的宏观因素量化描写不足，对同一译者不同译本之间共性的描写不足，对影响译者风格各因素间相互制约的工作机制探讨不够深入等问题。

近年来，基于语料库的译者风格考察不断发展，针对某部作品英译或某一个译者的研究逐渐兴起，其中较有代表性的有卢静(2014)在历时视阈下基于语料库对《聊斋志异》译者风格的考察，张丹丹和刘泽权(2014)基于语料库数据对《红楼梦》乔利译本是否独立完成的考证，黄立波(2014)对《骆驼祥子》中叙事话语的语料库考察，侯羽、刘泽权和刘鼎甲(2014)基于语料库对葛浩文英译莫言作品的风格探析，以及严饮丹和韩宁(2015)对鲁迅小说两个英译本译者风格的语料库研究。此外，关于语料库译者风格的形成过程(董琇，2014；杨子，2016)以及研究反思(胡开宝，2017；黄立波，2018)也逐步显现。伴随译者风格个案研究与理论探讨的日趋成熟，相关的学术梳理论文应运而生。吕奇和王树槐(2018，2019)基于近十五年(2002—2016)国内外语料库译者风格研究文献进行了可视化计量分析，在肯定研究成果的同时指出，国内语料库译者风格研究高层次成果产出尚需提升，在学理和研究范式上需要更多创新，在研究模式与研究方法上存在亟待突破的瓶颈。值得一提的是，上述研究中，黄立波和朱志瑜(2012)以及黄立波(2018)的研究结论对本研究具有较大启示,如邦译本《红楼梦》中存在大量独特的表达方式,极有可能是受到源语表达的影响,至于是否如此,以及译者为何选择这样的翻译策略,我们将在后续章节详细探讨。

基于语料库的译者风格研究已经发展成为翻译研究一个重要领域,逐渐引起更多研究者的兴趣。但该领域研究依然处于初始阶段,大规模的研究并未展开,且大多局限于文学翻译领域。然而,"利用语料库进行研究,对一些难以捉摸的不引人注意的语言习惯进行描述、分析、比较和阐释,能比较令人信服地说明译者的烙印确实存在"(张美芳,2002:57)。这是采用语料库方法研究译者风格无法忽略的重要意义所在。

第三节 译者风格研究方法、路径和存在的问题

一、译者风格研究方法和路径

译者风格的具体研究路径表现为三个层面:首先,可对翻译语言特征和与这些特征相关的各种变量进行描述;其次,在描述和分析的基础上,对译者风格的总体特征进行归纳;最后,从语言文化和认知心理等角度对译者风格的成因进行深层次的分析和解释(胡开宝,2011:29)。同时,我们应基于相关翻译事实的数据统计和分析、描写和归纳译者风格,并从译者自身因素和非译者自身因素分析译者风格形成的原因或制约因素(胡开宝、谢丽欣,2017)。事实证明,译者风格具有立体多维特性,仅仅依靠定量分析和定性分析都不够,定量和定性分析的结合才能更加全面地描述译者风格特点。除此之外,研究者的视野还需拓展到译文以外的空间,结合译本体例、注释、出版商、译者身份和译语文化语境等因素,综合考虑这些因素才能从总体上把握译者风格特点,进而探索译者风格形成的原因,以及各因素间相互作用的工作机制。

本质上而言,基于语料库的译者风格研究是以语料库应用为基础的实证性和描写性的译学研究范式,其主要特征表现为:

1. 实证性研究

实证研究即通过对研究对象进行大范围的观察或调查，采用实验方法获取相关数据，并以此为依据归纳出事物的本质属性和发展规律。其强调研究应建立在观察和实验的经验事实基础之上通过现象观察和分析、数据统计和实验研究等手段，提出某一理论假设或验证现有理论假设，并要求研究结论在同一条件下具有可证性(胡开宝，2012：64)。语料库能够提供大量的翻译事实和例证，为研究者提供详实的数据支撑，为总结翻译规律和归纳原则的描写、解释和预测提供可能性。

2. 自下而上与自上而下方法的结合

语料库翻译学研究一般分为基于语料库的翻译研究和语料库驱动的翻译研究两大类。自下而上方法是指在分析真实语料和数据统计的基础上，归纳出关于研究的一般结论或抽象理论。自上而下的方法则相反，是首先提出某一个理论框架或理论假设，然后根据这一框架或假设确定的研究步骤与方法，依据适当的例证支持或反驳某一理论或假设(胡开宝，2012：64)。具体而言，基于语料库的译者风格研究通常分为四个步骤：第一，依据某一理论确定利用语料库的切入点，如高频词汇、搭配结构和独特词等；第二，提取研究所需的语料，形成数据并进行统计分析；第三，描写数据所反映的总体特征与趋势，归纳出某一特征和结论；第四，结合理论，解释译者风格的成因。第一个步骤是自上而下的方法，第二至第四个步骤是自下而上的方法。

3. 多重描写与多维解释并行

语料库翻译风格研究继承了描写翻译学的衣钵，向来注重对翻译事实的描写。大量的描写是观察和总结译者风格必不可少的环节。描写的层面是多重的，包括词语、句子、搭配及篇章。描写的范围不仅是翻译文本，还包括文本以外的因素，包括译者的身份乃至价值观等因素。对译者文本中体现出来的特点需要从不同的视角去审视，统计数据的获取并不难，难的是依据相关的理论对数据做出符合客观事实的合理解释。由于翻译的跨学科性，解释译者风格需要依据多维视角，从不同角度审视同一问题，才能全面、客观把握译者风格。

4. 定量研究和定性研究的结合

定量研究是指依据语料库的统计获取能够体现译者风格的有关数据，并加以检验和分析，确定研究对象的特征以观察因素间变量的规律性特征，从而得出有意义的结论。典型的定量研究在译者风格研究中体现为对翻译语料词汇密度、搭配显著性、词汇和句法结构频数统计等进行统计分析，归纳译者的总体趋势和特征。二者的有效结合将使这一研究课题的方法论更加科学化和系统化（黄立波，2018）。定性研究的介入可以有效解决定量研究的不足，防止译者风格研究陷入数据堆砌的泥潭。定性研究依据相关理论，分析具体翻译事实和体现译者风格的译文特点，特别是具有文化特色词语的翻译，能够结合定量统计更加有效地解释译者风格的外在和内在成因。

由此可见，语料库翻译学对于译学研究具有方法论上的创新意义。一方面，语料库翻译学在描写性研究的应用上虽然继承了描写性译学的衣钵，但在分析的语言材料规模、描写的科学性和全面性等方面更胜一筹。另一方面，语料库翻译学是引入定量研究的为数不多的翻译学分支学科，实现了定量研究和定性研究以及自下而上和自上而下等方法的有机结合（胡开宝，2011：193）。

二、当前研究存在的主要问题

第一，对译者风格概念不加区分。将 T-型风格和 S-型风格混为一谈，导致探讨范围不清楚，得出的结论自然也就不够客观；将传统风格研究与基于语料库的风格研究混为一谈。

第二，基于语料库的统计分析存在缺陷。统计分析停留在百分比的基础层面，不够深入和客观。总之，研究方法依然存在缺陷（吕奇、王树槐，2018），研究范式上仍需更多创新（吕奇、王树槐，2019）。可引入体现显著性的数据：比如搭配序列频数与节点词频数之比、搭配词的相对频数、Z 值、T 值和相互信息值或 MI 值；用于检验相互比较的数据之间差异是否具备显著性的数据：卡方检验和对数似然率。唯有如此，才能提高语料库数据统计和分析的科学性，深入挖掘数据，得到仅凭直觉和内省无法解释和归纳的规律性特点。

第三，对形成译者风格的原因认识不够深入，未能厘清各因素间相互影响、相互制约的工作机制。加之，正如杨子(2016)指出，现有语料库大多只允许通过形式检索，对翻译研究中的意义问题有隔靴搔痒之嫌，而构式对形式与意义间对应性的强调可以为语料库检索与语际意义传达的研究架起桥梁。因此，探索新的研究范式，是基于语料库的翻译研究值得思考的重要问题。

第四节　译者风格形成机制假设

胡开宝和谢丽欣(2017)指出，译者风格主要表现为稳定性、变动性、独特性和系统性等特征。因此，语料库视阈内的译者风格研究既是一个基于大量语料和数据的科学求证过程，也是一个将文本和数据置于更广阔的社会文化环境与译者主体性范畴内进行考察的过程。描写和归纳译者风格，需基于翻译事实的数据统计和分析，并从译者自身因素和非译者因素出发，分析译者风格行成的原因或制约因素。基于语料库的译者风格研究取得了长足进步，在前期研究的成果与问题基础上，本研究试图就译者风格与译者风格形成机制提出新的假设，并通过基于语料库的邦译本《红楼梦》译者风格研究进行求证。

一、译者风格假设

这一假设是指译者风格受译者母语文化中主流意识形态和主流文学观念的制约，表现为：译者更倾向于"归化"翻译策略，使译本向译语读者靠近。

二、译者风格形成机制假设

这一假设揭示主流意识形态和文学观念、赞助人、合作者等外部因素与译者翻译动机、原作态度、翻译观、译者素养间存在多元互动关系；译者素养中的个性因素是译者选择顺从或对抗外部因素的关键，起到影响译者风格的决定性因素。具体表现为：个性较弱的译者往往下意识顺从外部制约因素，使得译本失去除翻译共性以外的译者风格特点；而个性较强的译者更容易特立独行，突破乃至摆脱外部制约因素，从而使得译本带上明显的译者"痕迹"。

本章小结

描写翻译学和语料库语言学是语料库翻译学的两大理论基础，基于语料库的译者风格研究近二十年来取得长足进步，也存在一定问题。本章首先简要介绍语料库翻译学的两大理论基础，继而又详细梳理了国内外基于语料库的译者风格研究，特别是对国内的研究进行分类整理并加以评述，针对研究的成果及存在问题，提出关于译者风格研究的方法与范式。在此基础上，通过概述影响译者风格的内部因素与外部因素，尝试探索译者风格形成是各因素的作用，及其相互影响和相互制约的关系。基于上述理论梳理和理论构建，提出两个关于译者风格的假设，并拟以基于语料库《红楼梦》三个英文全译本对比分析为例，首先系统认识作为本研究本体之一的邦斯尔译本风格与译者风格，同时验证或修正上述两个关于译者风格假设，尝试厘清影响译者风格因素间的作用关系，得出关于译者风格新的认识。简而言之，本研究尝试通过两个假设的验证回答以下三个问题：其一，三个英文全译本有何区别性特征？其二，译者风格形成机制是什么，哪种因素起到决定性作用？其三，是否可以探索一条基于语料库研究译者风格的有效方法？

第二篇
定量描写

第四章 《红楼梦》译者风格定量描写的基本范式

近十年来，基于语料库的《红楼梦》英译研究主要关注如下内容：《红楼梦》双语平行语料库的创建、英译本的语言特点研究、译者风格研究、底本考证及海外传播等。其中，邦译本的研究尚停留在引介阶段，三个英文全译本对比多浅尝辄止，缺乏全面、系统和详实的考察。因此，基于语料库的定量描写研究需详细制定研究方案，确立研究的基本范式，以进一步提高定量统计的科学性。

第一节 研究目标

定量描写部分拟通过词汇、句子、篇章三个层面的语料库统计分析，全面系统地描写邦译本的特点，呈现译者的翻译风格。本部分描写以邦译本为聚焦点，对比参照霍译本和杨译本，厘清三个英文全译本的区别性特征，为后续定性研究和译者风格成因探讨提供数据支撑，并据此形成一套适用于文学译本译者风格研究的量化方法。

第二节 语料库建设

量化研究的统计分析基于四个文本，一个《红楼梦》中文原文，三个英文全译本。

原文整理：通过中文底本纸版书籍的电子扫描、文字识别和文本校对，整理出中文底本；通过手动誊写、校对整理邦译本及借助已整理好的霍译本和杨译本电子版本。①由于邦译本为译者在旧式打字机上形成的手稿，加上多次的手动修改，光学字符识别（optical character recognition，OCR）识别率极低。无奈之下，笔者对译本进行了手动转写，将一百二十回译本通过键盘逐一录入。这一过程历时一年，十分艰辛，但收获很大，从而对译本有了更为深刻的了解。

底本说明：根据底本考证，邦译本和霍译本的底本都属程乙本系统。邦斯尔主要根据亚东重排本翻译，并参照其他底本。霍克思主要根据程乙本翻译，同时参照其他底本，个别地方甚至有自己的修改。杨氏夫妇前八十回主要参照以戚序本为底本的人民文学出版社版本，后四十回参照程乙本。因此，底本问题最突出的地方是邦、霍译本与杨译本在前八十回的差异。本章的定量研究以邦译本风格考察为主，因此，选择邦译本底本作为中文原文参照。定量研究所涉及的词汇、句子和篇章层面主要统计分析英译本的整体特征，不涉及"原文—译文"的平行对比，可暂且忽略底本差异。统计结果的实例定性分析按照各个译本的实际底本，采取"一一对应""求本溯源"的方法，根据译者不同底本客观评判译文，凡底本有异处均予以指出。

本研究依据的中文底本是以亚东重排本为源本的海南出版社 1995 年版《红楼梦》。② 第二部分量化研究的数据统计以海南出版社 1995 年版《红楼梦》为语料，第三部分的定性研究则需参照不同底本，凡底本存在差异之处均加以注明。

平行对齐：译者在词汇、句子和篇章层面的整体风格体现需要基于一百二

---

① 霍译本采用的是上海外语教育出版社 2012 年最新整理、校对的中英文对照本，由范圣宇博士校对，是近年来最为详实和完整的本子；杨译本基于上海外国语大学冯庆华教授已经整理校对好的电子本。本研究在建库之前，又分别对上述两个电子本进行了降噪和校对，修正了个别有误差的地方。

② 海南出版社 1995 年翻印了《红楼梦》"亚东本"，初版是三卷本，前有"高鹗原序""高鹗引言""程伟元原序"以及原亚东本刊行时的"胡适序"和"陈独秀序"。1996 年该版本第二次印刷时改为二卷本，体例和内容不变。根据"重印'亚东本'前言"及正文比对，海南出版社翻印的亚东本《红楼梦》并未做任何改动。海南出版社同期翻印的还有亚东图书馆曾出版的《三国演义》《西游记》《水浒》《儒林外史》《古今奇观》和《镜花缘》等 14 部之多。

十回译本的整体统计得出结论。本部分的语料库统计以单一译本作为一个整体,为了更加全面地呈现各个层面的风格表征,以一个中文底本和三个译本作为单个文档的整体对应,而并非段对齐或句对齐。

语料标注:运用词性赋码软件,对三个译本分别进行词性标注,以便统计译本用词差异,特别是词汇密度方面的差异。

第三节 语料库工具与统计方法

本研究采用四款语料库工具:用于语料标注的"英语词性标注器2012广外版"①和"NLPIR汉语分词系统(又名ICTCLAS2013)"②,用于语料统计分析的Wordsmith6.0③和AntConc3.3.5w④,用于语料平行对齐的Paraconc⑤。标注软件主要用于建库前对语料进行分词和词性标注;平行对比软件主要用于实现中英文对齐处理;语料库统计软件主要针对研究需要生成具体的统计数据,并可以通过软件对数据进行一定程度的对比分析。

须说明的是:汉语分词软件存在误差,尤其是人名地名的分词处理不够精准,需要人工校对和替换处理;英文和中文的词性标注也存在一定的误差,为提高准确率,均经过一定程度的替换处理和人工校对。

语料库统计软件和统计方法尤为重要。本研究针对不同的研究目的和Wordsmith6.0与AntConc3.3.5w两款软件各自的优势,在研究过程中综合运

---

① 英语词性标注器2012广外版由广外的李亮博士研制,基于东京大学计算机科学系的Tsujii Laboratory 的 POS Tagger,网址:http://www.nactem.ac.uk/tsujii/。
② NLPIR汉语分词系统由中国科学院计算技术研究张华平博士研制,网址:http://www.nlpir.org/。
③ Wordsmith6.0由Mike Scott研制开发,系付费软件,网址:http://www.lexically.net/wordsmith/index.html。
④ AntConc 3.3.5w由Laurence Anthony研制,系免费软件,同款软件还包括另外几款用于辅助统计的软件包,网址:http://www.antlab.sci.waseda.ac.jp/software.html。
⑤ Paraconc由Michael Barlow研制,系付费软件,有网络试用版,网址:http://www.paraconc.com/。

用到两款软件;但为保证统计的科学性和精确性,不同软件的统计结果不作为对比分析的依据,所有数据对比均基于同一软件的同一个统计方法。同时,为提高统计的精确性和区分度,借助数据分析公式,对得到的数据进行差异显著性检验,通过开卡方、Z值、Mi值及对数似然率等的检验,区分不同数据之间差异的显著性问题,摆脱简单百分比对比造成的绝对差异论,根据差异的显著性更加科学、客观地评判译本。

第四节 研究方法与步骤

基于语料库的译者风格研究是一种将定量统计和定性分析相结合的方法,通过对译本的语言特征进行定量统计,依据数据显示的差异性和显著性,结合翻译理论对译本和译者进行定性分析和归纳,从而对译者风格的表现特点和形成原因做出有理有据的解释。

定量和定性相结合的研究方法有助于克服传统研究印象式和感悟式的主观性,弥补个案描写和哲学思辨方法的不足之处。基于语料库的译者风格研究属于实证研究的范畴,建立在翔实可靠、便于提取的数据和语料基础之上,具有可验证性和可重复性。图里(1995:222)曾指出:"实证研究方法的意义在于探索现象的起因,用数据事实增强研究结果的真实性、有效性,揭示译者的翻译行为、知识结构、影响因素、内在的策略、产生译文的决策过程。"图里将描写研究分为两步:发现过程和证明过程(discovery procedures and justification procedures)(Toury,1995:38-39)。本研究遵循的基本步骤是:定向观察、定量统计和分析、定性解释。

定向观察:带着设定的研究目标,对邦译本进行文本细读和整体观察,对比同一原文的不同译本:霍译本和杨译本,捕捉邦译本同另外两个全译本差异显著性较高之处,发现目标译本的特征,形成初步研究假设,为定量统计指明方向。

定量统计和分析:根据定向观察发现的线索,借助语料库软件整理语料并建设适合研究目标的语料库。具体而言,本研究整理出《红楼梦》的中文原文和三个英文全译本，处理成为语料库统计软件可以识别的电子版本，并进行适当的标注和对齐。选定四款语言处理软件，对三个英译本进行词汇、句子和篇章层面客观的、定量的统计，并借助数理统计公式对统计数据进行深度检验，验证数据差异的显著性，以确保统计结果的科学性。韩礼德（1991：31）指出"语言系统天生就是概率性的"，概率是语料库语言学中最重要的基本概念之一。肯尼（Kenny）认为，语料库语言学的目标之一是解释各种语言现象是否可能发生及发生概率的大小（Kennedy，1998a：270）。定量统计能够系统地展现译本在各个语言层面呈现出来的概率和频次特点。原文中同样的思想内容，不同的译者可能采用不同的语言形式表达出来；相应地，不同的语言形式也会以不同的概率出现，频次的高低能够反映出不同译者的风格特点。当某种表达频率在某个译本中表现出一定显著性时，就会成为该译本译者的风格特点。

定性解释：定量研究是实证主义科学研究必不可少的方法和步骤。然而，单纯的定量研究不能说明所有问题。多数情况下，定量统计分析需要和定性解释相结合方能得出令人信服的结论。表达同一概念的语言方式存在多样性，译者偏爱或倾向于某种表达的原因是什么？研究邦译本的译者风格既要通过统计分析考察译文在各个语言层面的特点，又要尝试解答这些特点是否与原作的风格有关；不仅与特定社会的语言规范或诗学有关，也与译者自身的语言偏好或文学修养有关。如果上述答案是肯定的，就可以通过译文与源文对照、剖析译文形成的外部社会文化因素和译者主体因素等，对译者风格形成的内外部因素做出解释，从而进一步探讨译者风格形成的制约机制。由此可见，结合定量研究的定性解释是译者风格研究不可或缺的一个步骤。译者风格的全面、系统描写还离不开译本的定性研究，第三部分的定性研究正是对第二部分定量研究的印证和呼应。

本章小结

本章为第二部分的定量研究确定了研究目标、语料库建设的内容、统计方法和研究路径等，简要论证了定量统计分析和定性研究的基本关系，并确立了定量统计的基本范式。本部分的定量研究包括三个层面：词汇层面、句子层面和篇章层面。定量研究将以词汇层面的统计分析为重点，除统计词频外，还将更大单位的统计如词语搭配和语义韵研究纳入探讨范围，更加全面地呈现邦译本的用词风格。

第五章 《红楼梦》译者风格定量描写：词汇层面（上）

词汇是语言的基本要素之一，有其自身复杂的精密结构，构成语言的一个组织层面。人类思维离不开概念，而概念的语言形式主要表现为词汇。词汇可以反映出人类的思维特点和概念合成方式。此外，在语言传递信息的时候，词汇所承担的信息量大大超过语音和语法，所以词汇是人类应用语言的重要前提（汪榕培、王之江，2008：5）。卫乃兴在其《词语学要义》一书中论述词语研究的意义时指出词汇的三大特性：

> 1. 词汇有其归约性的搭配行为，每个词都发生于有限的少数几个句法环境中，从而与几个典型的句法结构相关；2. 有其语义行为，每个词都显示出常规性的语义趋向或语义联结；3. 有其语用行为，每个词都不同程度地承担一定的功能角色，和交际语境相关。（卫乃兴，2011：3）

迈克尔·霍依（Hoey，2005：1）甚至坦言："词汇的构成具有复杂性和系统性，语法是词汇组织结构的产物。"[1] 词汇之于语法，重要性不言而喻。过去常常被传统语言研究视为语法结构或语义结构属性的现象，今天则愈来愈被倾向于视为词汇行为的投射（卫乃兴，2011：3）。词汇研究的意义使得研究者不仅越

---

[1] 英语原文是："Lexis is complexly and systematically structured and that grammar is an outcome of this lexical structure."

来越重视词汇的频率、密度等统计指标,也更加注重"语境中的词汇关系",即词汇的搭配行为,如搭配与类联接、与语义韵等等。

同理,词汇也是翻译文本语言特征研究的基本单位。图里(1995:208—209)指出,用于翻译目的语言的最突出特征就在词汇,主要是翻译文本中出现了新的词语组合或造了新词。研究词汇特征,就必须研究词汇搭配特征。因此,基于语料库的翻译文本中的搭配特征研究是对翻译文本的语言特征进行研究的一个重要层面。基于语料库的翻译文本中的搭配特征研究表明,翻译文本中的搭配模式不同于原生文本中的搭配模式。翻译文本中搭配模式的特征有:搭配范围的变化、搭配的常规化、搭配的异常化。基于语料库的翻译文本中的搭配特征研究已取得了初步成果,但研究的系统性、结论的信度和效度还有待提高。译本的词汇使用是译者风格最基本、最直接的体现。基于语料库的词汇统计分析不仅能够反映译本的用词特点,更能够通过词汇的搭配和选择关系反射出译者翻译过程中的思维活动,进而揭示其翻译策略和译者风格形成机制。

本章拟借助语料库工具 Wordsmith6.0 等软件,通过对邦译本类符/形符比、平均词长、词长分布、词汇密度、高频词、独特词等进行全面和系统的统计分析,结合检索工具考察邦译本词汇的搭配规律、类联接规律和意义形成规律,具体表现为词汇习惯搭配、多词序列、语义韵等。同时,结合霍译本与杨译本的对比分析,从整体上描写邦译本的用词风格。由于词汇层面涉及范围较广,内容多,本书分为两个章节撰写。上一部分涉及单纯的词汇特征;下一部分则涉及词汇间的组合与搭配。

第一节 类符/形符比

类符(type)是语料库中不同的词语,形符(token)是语料库中所有的词形。类符/形符比是指特定语料中类符和形符的比率,它在一定程度上反映了语料的用词变化。类符/形符比值越大,表明该文本所使用的不同词汇量越多,反之则越少。类符/形符比值的大小能够反映出不同语料库中词汇的丰富程度。

由于在一定时期内，语言的词汇量有限，若语料库容量不断扩大，形符数会持续增加，而类符数却未必增加；从而导致语料库容量越大，类符/形符比值反而越来越小的情况。因而，不同容量语料库的类符/形符比不具备可比性。若要比较，则需引入标准化类符/形符比，按照每 1 000 词为单位切分统计，然后去平均值，可以解决语料库容量不同造成的误差。

本章拟借助 Wordsmith6.0 统计《红楼梦》三个英文全译本的类符/形符比率，从而整体把握三个译本的词汇密度和译本的基础难度。由于三个译本中均存在一些影响统计精确性的因素，本研究在统计之前对文本做出统一人工干预[①]。

表 5-1 《红楼梦》三个英文全译本类符/形符比

考察项	译本			
	总体	邦译本	霍译本	杨译本
形符数/个	2 312 218	849 734	837 155	625 329
类符数/个	31 985	15 244	23 076	17 539
类符/形符比	1.38	1.79	2.76	2.81
标准类符/形符比	40.74	36.90	42.38	43.77
标准类符/形符比差	61.19	62.02	57.25	55.10
标准化基数	1 000	1 000	1 000	1 000

由表 5-1 可知，《红楼梦》三个英文全译本在形符数、类符数、类符/形符比三个方面的差异表现如下文所述。

一、类符数

类符是指译者使用不同单词的数量，反映出译本与译者的词汇丰富程度。

---

① 三译本中人名的拼写均由连字符连接，如"贾宝玉"拼写为"Chia Pao-yü"。Wordsmith6.0 在生成词表和计算词频时，会将 Pao-yü 识别为三个不同的词"Pao""-"和"yü"。对于人名地名如此之多的文本，统计结果无疑会有较大误差。另外，以连字符连接的复合词，如 sixty-four、night-watchers 等词，也会被分开统计，为保证这类长词的完整性，中间的连字符也一并去除。为提高精确性，本研究对文本实施人工降噪，统一去掉人名地名中间的连字符。除此之外，降噪处理还包括：1. 去除邦译本中的拼写姓名的上撇号"'"，去除注释标记；2. 去除霍译本中用以标记的符号"∗"；3. 去除杨译本中注释标记。人工干预文本仅用于词频统计，为保证文本完整性和原始性，其他研究不使用人工干预文本。

三个译本中霍译本的类符数最大，杨译本次之，邦译本最少。具体而言，霍译本比杨译本多出 5 537 个单词，比邦译本多出 7 832 个单词。杨译本比邦译本多出 2 295 个单词。邦译本与霍译本最具可比性。首先，两者所依据的底本内容基本一致；其次，两位译者都是以英语为母语的汉学家身份；最后，邦译本与霍译本单词总数大致相当。基于这三个前提，邦译本与霍译本的类符数差距最大。

类符数量的大小可以预示出译文词汇的变化度与丰富程度。刘泽权、赵烨(2009)统计了三个译本中对"哭态"的翻译。原文中表示"哭"的词汇很多，如大哭、狼嚎鬼叫、垂泪、临风洒泪、悲泣、哽咽难言等，凡 600 余次。对比三个译本中对上述"哭态"的翻译，可以考察出译者用词的丰富程度。结果显示，邦译本共用词 78 个，包括 cry, tear, weep, wail 及 marks of tears 等；霍译本用词共有 189 个，包括 cry, tear, blow, howl 及 in sighs and tears 等；杨译本共用词 191 个，包括 cry, wail, sob, bawl 及 a storm of weeping 等。刘泽权、张丹丹(2012)统计了《红楼梦》"吃"熟语及其英译，在所有 103 例表示引申义的熟语中，三位译者的用词表现出较为明显的差异；以 26 次"吃亏"的翻译为例，霍译本和杨译本分别有 22 种和 21 种表达方式，而邦译本仅有 12 种；以 8 次"吃醋"的翻译为例，霍译本和杨译本分别有 5 种和 6 种表达方式，而邦译本只有 2 种。这些发现可以进一步印证类符总量统计的结果，反映出邦译本用词变化较小，而霍译本和杨译本的词汇表达更为丰富。

二、形符数

形符数反映出译本单词总数的大小。三译本中邦译本形符数最大，较霍译本多出 12 579 词，较杨译本多出 224 405 词，霍译本比杨译本多出 211 826 词。总体而言，邦译本总词数与霍译本大致相当，但比杨译本多出 22 万词之多。译自同一原作的不同译本，词数相差巨大，本身就能反映译者风格差异，也可以据此考察译本的整体翻译策略。根据贝克(2000)的研究，显化是翻译文本特征之一。显化存在多种表现形式，其中之一便是译文的增生，即译文相对原文来说整体篇幅会变长。贝克得出这一结论的依据是英语同几种西方语言的互译。其所对比语言的同质性较强，互译后原文篇幅与译文篇幅本应相当，结果显示译文出现增生现象。贝克由此断定，翻译文本会比原文篇幅增加，这是译者潜意识中对译文进行"增溢"的结果。

然而，英汉两种语言的异质性较强。汉语以字为单位计算篇幅，英语以词为单位计算篇幅，以至英、汉语篇幅本身相差较大。一般而言，英语译成汉语时，汉语译文的字数会多于英语原文的词数。反之，汉语译成英语，英译文的词数会少于汉语原文。《红楼梦》版本众多，各个本子字数均有差异。邦译本底本亚东图书馆本《红楼梦》共有汉字 846 318 个（含标点）。另据冯庆华（2012：7）统计，《红楼梦》（蔡义江校本，1993）共有汉字 736 023 个（不含标点），总字类 4 275，平均单字使用频率为 172 次。据此判断，《红楼梦》三个英文全译本的原文字数应在 73 万至 74 万之间。按照一般的汉译英比例，英译本单词数应当远远少于原文字数。

王克非（2003）认为，两种语言互译后通常会涉及原文文本与译文文本文字量上的变化。两种语言文字，如英汉语互译，有一个文字量上相互对应的常规比例。超过常规比例，可认为是过量翻译（overtraslation），低于常规比例则被认为是欠额翻译（undertranslation）。通过大量对比英汉互译文本发现，文学作品汉译英的字词比例平均值为 1.41：1，即每 1 000 个英语单词对应约 1 400 个汉字。而文学作品英译汉的字词比例平均值为 1：1.79，即每 1 000 个英语单词对应近 1 800 个汉字。这表明，汉译英时每 1 000 个汉语单词将会被译作约 710 个英语单词（1 000×1：1.41）。[①] 根据这一比例，若《红楼梦》总字数以约 846 318 计，英文译本的总词数应为 600 885 词，两者均含标点。由此可见，本研究所涉及的邦译本、霍译本与杨译本均出现一定程度的译文文本增生。尤其是邦译本与霍译本，出现反超原文汉字数量的现象。邦译本汉英比例为 1：1.15，霍译本的比值为 1：1.14，即每 1 000 汉字被分别翻译为 1 150 个和 1 140 个英语单词。杨译本的汉英比例为约 1：0.85，即每 1 000 个汉字被译成约 850 个英语单

[①] 王克非考察的文本总量为 550 万词（字），其中汉译英文学作品 150 万字，非文学作品 100 万字；英译汉文学作品 170 万词，非文学作品 130 万词。四组数据文本的比值分别为：汉译英（文学）1：0.95～1：1.70，汉译英（非文学）1：0.85～1：1.60，英译汉（文学）为 1：1.55～1：2.10，英译汉（非文学）1：1.45～1：1.90。四组数据的平均值分别是：1：1.41、1：1.33、1：1.79、1：1.72。以上数据中全部默认 1 为英语数值。

词，高于王克非统计的数值。由此表明，三个译本均高出汉译英常规字词的转换比例，译文均有明显增生倾向，乃至出现英文单词书反超原作字数的现象，其中尤以邦译本和霍译本为甚。

由此可见，邦、霍两个译本均存在明显的显化趋势，即译者对原作中的信息进行了一定程度的"明晰化"，使译本显著"增生"。相对而言，杨译本单词数量最少，与另外两个译本差距巨大。杨译本的单词总数似乎更加接近一般汉译英篇幅变化的比例。以回目英译为例，三位译者的翻译策略与译文增减的趋势由此便可见一斑。

例 5 - 1

原文： 慧紫鹃情辞试莽玉　慈姨妈爱语慰痴颦（《红楼梦》第五十七回）

邦译： The understanding Tzǔ-chüan with words concerning love tests the wild Yü.

The compassionate Aunt with loving speech comforts the foolish P'in.

霍译： Nightingale tests Jade Boy with a startling message

And Aunt Xue comforts Frowner with words of loving kindness

杨译： Artful Zijuan Tests Baoyu's Feelings

Kindly Aunt Xue Comforts Daiyu

例 5 - 2

原文： 史太君寿终归地府　王凤姐力诎失人心（《红楼梦》第一百十回）

邦译： The Lady Shih's life ends. She returns to the mansion in the earths

Wang Fêng-chieh's strength is exhausted. She loses the hearts of others.

霍译： Lady Jia ends her days, and returns to the land of shades

Wang Xifeng exhausts her strength, and forfeits the family's esteem

杨译： The Lady Dowager Passes Away Peacefully

Xifeng Is Powerless and Loses Support

邦译本与霍译本都一定程度上尽力保留原文中的各类信息，包括文体与修辞。杨译本有较为明显的简化趋势，原文中的个别信息省去未译，也没有明显的代偿策略。如第五十七回中的"情辞"与"爱语"：邦译本分别译为 words concerning love 和 loving speech，霍译文分别译为 a startling message 和 words of loving kindness，而杨译文仅以 tests 和 comforts 翻译出动作含义，表达动作方式的"情辞"与"爱语"一概省去不译。例 5-2 中的"归地府"与"失人心"也一样做了较为简化的处理，结果是对于同样字数的原文，邦译本两个回目的单词数分别为 21 词和 24 词，霍译本分别为 18 词和 22 词，而杨译本则分别为 10 词和 12 词，与前两位译者的单词数相差一倍左右。总体而言，杨译本中省略了不少信息。回目在整个文本中所占比重微不足道，但三位译者的翻译策略和风格由此可见一斑。这也一定程度上揭示出为何大致相同的原文，杨译本与另外两个译本单词数量差别如此巨大。

综上所述，邦译本与霍译本相对原文有所增溢，而杨译本形符数远远少于邦、霍译本。对于造成这一差异的原因，除了邦、霍译文的显化趋势影响外，还与每个译者的翻译策略和风格有关。我们将结合后续研究的统计数据和定性研究的分析进行更为深入和全面的探讨。

三、类符/形符比

类符/形符比，特别是标准化的类符/形符比，能够直观地反映出译者词汇使用的丰富程度，与译本的词汇多样性成正比。译本的标准类符/形符比越大，表明译文的词汇变化性越大，文本的信息量越高，理解难度也相对越大；反之，比值越小，表明词汇变化性越小，文本的信息量相对较低，文本难度也相对较低。

由上列表 5-1 可知，杨译本标准类符/形符比(43.77)最高，霍译本(42.38)次之，邦译本(36.90)最低。相对而言，杨译本与霍译本比较接近，相差 1.39 个百分点。邦译本与霍、杨译本差距明显，分别低 5.48 和 6.87 个百分点。根据 Olohan(2004：80)统计，英语翻译语料库(TEC)中小说类子语料库的标准类符/形符比为 44.63。与此相比，霍译本与杨译本比较接近这一比值，而邦译本的36.90与之存在明显差距。根据三个译本标准类符/形符比大小判断,邦译本的用词变化度最小、词汇丰富程度最低,霍译本居中,而杨译本最高。统计结果再一次表明,邦译本词汇量较小,词汇不如霍、杨译本丰富。从译文风格来讲,这表明译本的难度相对较低,更为通俗易懂。需要说明的是,词汇的丰富程度只是反映语言丰富程度的一个指标。词汇丰富程度低,可以判定译本难度较低,但不能笼统地认为译本语言丰富性较低。原因是词汇的搭配和组合可以形成更大的语言单位——词组,大量丰富词组的使用也可以增强译本的语言丰富性和表达力。考察译本语言丰富性和表达丰富性还必须结合其他指标,如词语搭配和词组形式的多样化程度等,以确保更为客观地评判译本。

邦译本整体用词较为单一化,无论是刘泽权等对"哭态"的统计还是对"吃"的熟语的统计,都能印证这一点。然而,邦译本用词变化较小的最经典例证是其对"笑道"一词的翻译。《红楼梦》中文底本中"笑道"一词共出现2 471次,其中也包括"冷笑道"的109次(冯庆华,2012:53-54)。邦斯尔几乎无一例外地将这些"笑道"翻译为smiled and said。借助Wordsmith6.0检索显示,smiled and said在邦译本中共出现1 994次之多。除此之外,还有一些变体形式如said with a smile(140),with a smile and said(27)和said smilingly(3)。相比之下,霍译本和杨译本中smiled and said,said with a smile,with a smile and said和said smilingly分别为7、12、1、2次和5、52、0、0次。显而易见,邦译本紧扣"笑道"一词的字面意思和固有结构,翻译成两个并列动词"笑"和"道"组成的"报道"动词,而霍、杨译本则综合使用了其他表示"笑"的英语词汇,表达方式更加丰富。结合上面类符/形符比和"笑道"的翻译可以基本判定,邦译本在用词风格上相对单一,词汇的丰富程度不及霍、杨译本。以下通过Wordsmith6.0的索引功能考察smiled and said的语境信息。

索引(concordance)又称为"语境中的关键词"(key word in context,简称KWIC),指运用索引软件(concordancer)在语料库中搜索、查询某个词或短语的检索行为,然后将符合检索条件的语言使用实例以带语境的条目穷尽列出。所谓"语境中的关键词"(KWIC),是指某一语料库所有检索行(concordance lines)中间都含有同一个词,即检索词(search word)或称节点词(node)。检索词位于索引行中间,前后各有若干词,语境大小可以通过设置检索词前后出现字节数的多少自行决定。Wordsmith6.0 提供的检索功能有助于从索引行中观察检索词的使用规律和搭配规律，对 smiled and said 的检索结果见表 5-2。

表 5-2　邦译本 smiled and said 语境共现检索

N	Concordance
1	on they would grow apart." Pao-yü　**smiled and said again**："Elder sister knows how
2	Hsiang-yün looked at Pao-ch'in again，　**smiled and said**："This garment is only
3	say is quite sincere." Chia Lien again　**smiled and said**："Of course that is good
4	these most non-proper words?" Pao-ch'ai　**smiled and said**："Now that is strange！
5	he is only playing with you." Pao-ch'ai　**smiled and said**："If indeed，Mamma，you

注：前 5 项，共 1 994 项。

邦译本中 smiled and said 结构出现将近 2 000 次，进一步印证了邦译本用词风格较为单一的特点。同时，smiled and said 结构的大量出现，也反映出邦斯尔译本表达方式受到原文词语结构的影响比较严重，几乎达到亦步亦趋的地步。词语搭配的统计分析，也能够反映译者的翻译策略与翻译风格。特定结构频率的统计，可以考察译者的表达习惯究竟是主观创新还是受到原文风格的影响。对 smiled and said 考察的启示是，邦斯尔译文很可能受到原文中搭配和句法结构的影响，译本风格一定程度上是在"模拟"原文风格。这一假设是否成立，还需要结合后续搭配研究、语义韵研究、句子层面研究、篇章层面研究，以及译本定性研究的综合佐证。

邦译本翻译"笑道"的另一个高频表达是 said with a smile，频次为 140，统计结果的前 5 项见表 5-3。

表 5-3　邦译本 said with a smile 语境共现检索

N	Concordance
1	she spoke she washed her hands and also　**said with a smile**："Ch'ing-wên had gone
2	women nodded and said "yes". They also　**said with a smile**："The Lao-yeh is havin
3	your elder sister?" Where upon she also　**said with a smile** to Fêng-chieh："Your

续 表

N	Concordance
4	o-ch'ai came behind Hsiang-yün and also **said with a smile**: "I urge you all to have
5	or change into. Madam Wang got up and **said with a smile**: "The best thing is for

注：前5项，共140项。

通过仔细观察上表可知，said with a smile 与 and 的搭配多达108次。这个比例在整个140次频率中占据绝对优势。经过对检索结果的细读发现，and said with a smile 多用于原文中连动句的翻译，如"进来笑道""坐下笑道"和"拍手笑道"等。表5-4是对 and said with a smile 作为一个词条的检索，以进一步考察其前面的搭配信息，验证邦斯尔是否倾向于在翻译连动句时使用此表达。

表5-4　邦译本 and said with a smile 语境共现检索

N	Concordance
1	ment to a bird which was hopping about, **and said with a smile**: "Aunt Liu, don't
2	putting on the K'ang. He stopped abruptly **and said with a smile**: "Elder sister Yüa
3	in the face, took hold of Pao-ch'ai, **and said with a smile**: "I'll just beat
4	So he addressed himself to Pao-ch'ai **and said with a smile**: "Unfortunately I
5	When Hsi-jên heard this, she was amazed **and said with a smile**: "And this is strange.

注：前5项，共108项。

表5-4的180项检索发现，and said with a smile 共出现108次，除1例前面没有动词外，另外107条前面均有动词出现。更进一步的筛选发现，and said with a smile 前面出现副词 up 的频率较高，共12次；其中，stood up and said with a smile 这一搭配出现7次。可见，stoop up 是与 and said with a smile 的搭配中出现频率最高的动词词组，是《红楼梦》中文原文中"站起来笑道"的对译。经过对其他动词搭配的比对和考察，可以清晰地识别邦译本翻译连动句的特点，即原文为连动句的，译文也呈现出连动的特点，尽管英语中连动句的分布远不及汉语。下表是 up and said with a smile 在108次检索项中出现的词数和顺序。

表 5-5 邦译本 up and said with a smile 语境共现检索

N	Concordance	
1	at is was Chia Lan's voice, he stood	**up and said with a smile**: "You come in."
2	also said: "Younger brother Pao stood	**up and said with a smile**: 'Thanks to this
3	most lovable." Fêng-chieh came	**up and said with a smile**: "Venerable Ancest
4	ordered someone to drag him	**up and said with a smile**: "You are a still
5	herself." Madam Wang hastily stood	**up and said with a smile**: "Her mother died

注：前5项，共12项。

这一发现证明，邦斯尔在处理连动句时同样倾向于"模拟"原文，英语译文同样呈现出"连动性"的特点。英语中 and 连接两个谓语动词的现象从分布频率来讲不及汉语多，这源于英语以动词为中心，考虑到主谓一致、单复数一致及其时态等问题，谓语动词的并列使用相对汉语要少得多。由此判断，邦译文中大量连动句的出现，是译者有意（也可能是下意识）模拟原文句法结构的结构。然而，邦译本连动句的翻译既有对原文的模拟，也体现出译者的灵活性。如邦译本中并未将"宝钗坐下笑道"翻译为"Pao-ch'ai sat down and smiled and said"，而是译为"Pao-ch'ai sat down and said with a smile"。这表明，译者并非完全亦步亦趋，在考虑对原文表达结构"忠实性"的同时，也充分考虑到译语表达的"地道性"与"可读性"。

综上所述，《红楼梦》三个英文全译本在类符数、形符数和标准类符/形符比三个指标上存在明显差异。结合三个指标及文中实例可知：邦译本形符数最大，类符数最小；形符类符比最小。这表明译本不仅词汇量小，而且词汇丰富程度和变化度也较小；译本的用词难度偏低，词汇通俗程度较高。霍译本形符数居中，类符数最大；形符类符比居中。其表明译本词汇量最大，但词汇的丰富程度和变化度高于邦译本，却不如杨译本；译文用词难度偏高，词汇通俗程度相对较低。杨译本形符数最低，类符数居中；但标准类符/形符比最高。其表明译本虽词汇量不是最大，但用词的丰富程度和变化度最大；译文用词难度相对最高，词汇的通俗程度相对最低。这是仅凭类符和形符及其比例得出的结论，更为全面的用词风格还需结合平均词长、词长分布、词汇的搭配行为进行更为综合与全面的考察。

第二节 平均词长

　　词长(word length)是指词汇长度，即某个词由多少个字母组成，字符数常用来衡量单词长度，如 red、likely 和 length 三个词的词长分别是 3、6 和 6。一般而言，词长与词汇难度成正比，平均词长能够反映译本的难易程度。统计译作的词长，有利于直观地观察译者词汇分布特点，比如善于使用长词还是短词，词长的分布情况，以及词汇的总体难度等。总体而言，词的长度越长，难度倾向越大，译本难度也越大；词的长度越短，难度越小，译本越通俗易懂。杨惠中(2002：169)借助语料库工具，统计了奥斯汀·王尔德作品的平均词长，尝试为研究其语篇的词汇分布和词汇密度提供可靠依据。

　　本研究借助 Wordsmith6.0 的词长和词长分布统计功能，计算出《红楼梦》三个英文全译本的词长及其分布信息，以期能够结合其他指标对三位译者的用词特点进行更为详细客观的描述，详见表5-6和表5-7。

表5-6 《红楼梦》三个英文全译本平均词长

考察项	总体	邦译本	霍译本	杨译本
平均词长	4.20	4.09	4.26	4.28
平均词长标准差	2.14	2.06	2.23	2.10

　　如表5-6所示，邦译本的平均词长为4.09，在三个译本中最短。霍译本与杨译本的平均词长仅相差0.02个百分点，数据相近；杨译本词长数值略大。英语翻译语料库(TEC)的平均词长为4.36。据此判断，霍译本与杨译本的平均词长更为接近 TEC 的统计数据，而邦译本相对较低。三个译本的平均词长数据差异显示，邦译本平均词长最短，表明译本整体词汇难度较低，译文更为通俗易懂。鉴于译本的通俗与否还与句法结构与词汇搭配习惯相关，仅从词汇长度判断译本

难易程度有失偏颇。更为合理的结论尚需通过词汇搭配和句子信息的统计数据加以判定。总之，通过平均词长统计数据，可以基本判定三个译本中，邦译本词汇总体更短、难度相对较小，霍译本居中，杨译本整体词汇难度最大。除平均词长外，词长的分布情况也能更加直观地反映译者的用词风格，详见下表。

表 5-7 《红楼梦》三个英文全译本词长分布

考察项	总体	邦译本	霍译本	杨译本
1-letter words	83 305	34 144	31 784	17 377
2-letter words	380 388	143 764	138 986	97 638
3-letter words	577 748	216 694	206 499	154 555
4-letter words	491 639	191 009	169 343	131 287
5-letter words	261 890	91 828	94 222	75 840
6-letter words	174 729	58 536	63 048	53 145
7-letter words	145 779	49 705	53 718	42 356
8-letter words	86 714	28 137	33 269	25 308
9-letter words	53 732	18 490	21 073	14 169
10-letter words	26 653	9 097	10 959	6 597
11-letter words	16 058	4 396	7 969	3 693
12-letter words	7 434	2 172	3 374	1 888
13-letter words	4 037	1 260	1 812	965
14-letter words	1 260	291	660	309
15-letter words	523	157	236	130
16-letter words	191	32	126	33
17-letter words	45	8	30	7
18-letter words	54	12	25	17
19-letter words	13	2	5	6
20-letter words	10		8	2
21-letter words up	16		9	7

为更加直观地显示三个译本词长分布信息，上表中的数据被整体转换为图形。图形较为形象和直观地描述了三个译本的词长分布信息。

图 5-1 《红楼梦》三个英文全译本词长分布图

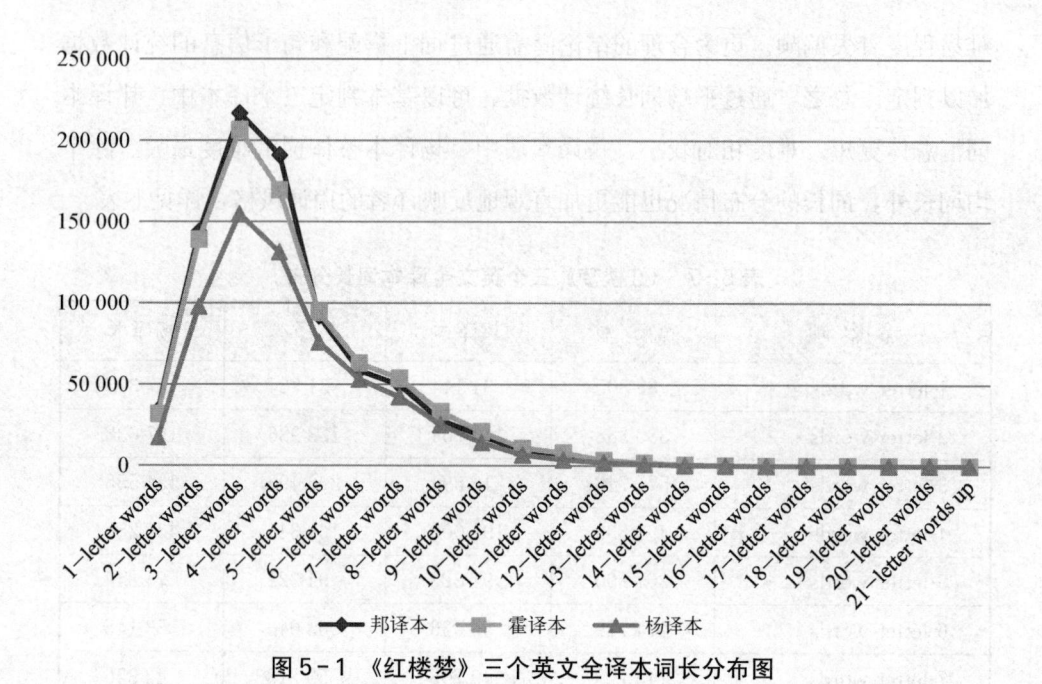

如表 5-7 和图 5-1 所示，霍译本中词长 1~4 个字母的单词占据绝对多数，明显高于霍译本与杨译本。这一统计结果表明，邦译本中较短的词汇使用频率更高。从 5 个字母以上的单词开始，邦译本的数据开始低于霍译本，但依然高于杨译本，这与邦译本与杨译本整体词汇量大有关。尤其是 15 个字母以上的单词区间里，邦译本与霍译本的差距逐渐拉大。邦译本 15 个字母以上单词数为 211 个，霍译本为 439 个，杨译本为 202 个；邦译本与杨译本基本持平，却仅为霍译本数量的一半。邦译本最长的单词为 19 个字母，仅有 2 个单词。霍译本 20 个字母以上的单词有 17 个，杨译本为 9 个。从超长单词的数量看，邦译本远远不及霍译本与杨译本。

通过对比《红楼梦》三个英文全译本的平均词长与词长分布发现，邦译本单词整体偏短，1~4 个字母的单词占据绝大多数，译本的词汇整体相对简单，译文的单词难度较低。相比而言，霍译本平均词长居中，5 个字母以上的单词数量大于邦译本，且超长词数量较多；杨译本平均词长最长，但由于整体单词数量较之邦、霍译本少了 20 多万，在词长分布数据上与另外两个译本的可比性较低。

第三节 词汇密度

词汇密度(lexical density)指文本中实词与总词数之间的比率。实词主要包括表达信息的词,一般为名词、动词、形容词和副词等开放性词汇。语法功能词类则主要包括诸如助动词、冠词、介词和连词等。词汇密度能够反映文本中实词的频率,从而反映出文本承载信息量的大小及文本的难易度。王家义(2011:130)认为,篇章中的实词越多,篇章的密度越大,其传递的信息也越多。可见,词汇密度可以反映篇章的信息量和难度。词汇密度偏高,说明该篇章的实词比例较大,因而信息量也较大,难度也相应增加。贝克(1995)和比伯等(2000)均认可词汇密度是文本信息量大小的一个衡量标准。贝克发现,英语翻译语料库的词汇密度明显低于英语原创语料库,由此推断这是译者有意识或无意识选择的结果,这种做法使得译语更加容易为读者理解。拉维欧萨(1998)的研究印证了贝克的发现,认为译语具有词汇密度低于原创语的特点,即译文的词汇丰富程度相对原创语而较低。

计算《红楼梦》三个英文全译本的词汇密度,可以考察三位译者实词使用的频次特点,也可以印证贝克等人的发现,考察三个译本是否符合一般英语译语的特点。词汇密度的计算方法是,词汇密度=实词数÷总词数×100%。词汇密度是文本信息量大小的一个衡量标准,本研究统计的实词包括四类:名词、动词、形容词和副词。统计结果详见下表。

表5-8 《红楼梦》三个英文全译本词汇密度统计

考察项	邦译本		霍译本		杨译本	
词 性	形符/个	百分比	形符/个	百分比	形符/个	百分比
名 词	184 949	21.77	173 050	20.67	135 788	21.71
动 词	195 165	22.97	202 136	24.15	151 786	24.27
副 词	61 855	7.28	62 243	7.44	48 985	7.83

续 表

考察项 词 性	邦译本		霍译本		杨译本	
	形符/个	百分比	形符/个	百分比	形符/个	百分比
形容词	40 105	4.72	44 720	5.34	32 008	5.12
总 计	482 074	56.73	482 149	57.59	368 567	58.94

由表5-8可知，杨译本名词、动词总数均高于邦、霍译本；而邦译本形容词和副词密度最高；实词总数中，杨译本最高，霍译本次之，邦译本最低。三译本词汇密度的差异表明：杨译本使用实词的倾向明显高于邦、霍译本，实词比例较高使得译文传达的信息更多，客观上也增加了译文的理解难度。邦、霍译本词汇密度总体接近，相对来说虚词使用更多，实词减少，虚词增加，一定程度上增强了译文的可读性。根据拉维欧萨(Laviosa, 1998)的统计结果：英语译语的词汇密度为52.87%，源语的词汇密度为54.95%。三个译本词汇密度的百分比不仅全部高于英语翻译语料库的密度，也高于英语原创语料库的密度。这一违反常规的现象值得关注，导致反常的原因有几个，一是拉维欧萨统计的译出语多为欧洲语言，汉语译作英语的情况可能有所不同；二是《红楼梦》英译本作为一个译本个体，存在单一个案的特殊性，出现反常也可以理解。要验证汉译英作品的整体词汇密度与原创英语词汇密度的关系是否符合贝克等人的发现，还需要创建规模更大的语料库，也需要纳入除小说以外的其他文本，方能得出更为客观的统计结果。

表5-8较为清晰地显示出三个译本词汇密度信息。问题是，仅凭百分比数据能否反映译者之间词汇密度的差异呢？这些差异是否具有一定的显著性，可以作为评判译者用词风格差异的凭据？如，以邦译本与杨译本名词密度为例，邦译本的21.77%与杨译本的21.71%相差0.06个百分点，这究竟代表什么？0.06的差距能表明两个译本名词密度存在显著性差异么？基于语料库的译者风格研究大多基于百分比数据进行判断，这些看似客观的数据实际存在着问题。单纯的百分比值未必能够证实差距的存在，这种基于绝对差距的判断难免有失偏颇，特别是两个译本的容量大小不一样时，百分比数据就会暴露出可比性较低的弱点。

为进一步验证频数统计差异的显著性,有必要对统计结果进行显著性检验。杨惠中(2002:160—161)详细介绍了关键性与显著性检验的方法和原理。频率显著性程度的检验涉及两种计算方法:一是 x^2,即卡方检验(chi-square test);二是对数似然率(log likelihood)检验。x^2 的计算并不复杂,只要知道四个变量:检索词在文本中的频数、所在文本的长度、该词在参照语料库中的频数和参照语料库的长度,即可算出卡方值和 p 值。一般而言,x^2 在一般统计中只需大于 3.84,即可视为具有显著性意义;而 p 值越低,表明显著性水平越高。一般情况下,p 值小于 0.05 时,即可视为具有显著性意义。在一般关键性的计算中,p 值可以设定得非常小(Wordsmith 工具包中默认最大 p 值是 0.000 001),以确保关键性计算的精确性,避免显著性差异统计的误差。

表 5-9 是邦译本参照霍译本的实词分布显著性检验,表 5-10 是邦译本参照杨译本的实词分布显著性检验,统计数据与结果如下。

表 5-9 邦译本参照霍译本的实词分布显著性检验

	邦译本	霍译本			
容量/个	837 155	849 734			
词 项	邦词频	霍词频	卡方值	p	
名词/个	184 949	173 050	302.057 4	0.000	*** +
动词/个	195 165	202 136	324.905 5	0.000	*** −
副词/个	61 855	62 243	15.004 9	0.000	*** −
形容词/个	40 105	44 720	341.835 7	0.000	*** −

表 5-10 邦译本参照杨译本的实词分布显著性检验

	邦译本	杨译本			
容量/个	837 155	625 329			
词 项	邦词频	杨词频	卡方值	p	
名词/个	184 949	135 788	0.547 8	0.459	+
动词/个	195 165	151 786	341.146 2	0.000	*** −
副词/个	61 855	48 985	159.169 1	0.000	*** −
形容词/个	40 105	32 008	123.258 3	0.000	*** −

根据卡方检验的统计原理，邦译本参照霍译本的卡方值、p 值[①]一目了然。结果显示：

一是，邦译本与霍译本名词频率差异检验的卡方值为 302.057 4、p 值为 0.000，分别远高于 x^2 参考值 3.84 和低于 p 值参考值 0.05；因此，p 值后面出现三个星号，表明差异显著性最强。由此判断，邦译本中名词的使用频率 (21.77%) 与霍译本 (20.67%) 相比差异显著。加之，p 值后面出现加号，这表明邦译本名词的使用频数远超霍译本，且差异极为显著。

邦译本与杨译本名词频率差异检验的卡方值为 0.547 8，p 值为 0.459，分别低于 X^2 参考值 3.84 和高于 p 值参考值 0.05。因此，p 值后面没有星号出现，表明差异显著性不存在。由此判断，邦译本中名词的使用频率 (21.77%) 与杨译本 (21.71%) 相比无显著差异。加之，p 值后面出现依然出现加号，这表明虽然两者频率差异不够显著，但相对而言，邦译本中名词的使用频数相对杨译本依然呈现出高频使用的趋势，但差异的显著性不高。

二是，邦译本与霍译本动词、副词和形容词频率差异检验的卡方值分别为 324.905 5、15.004 9、341.835 7，p 值同为 0.000，分别远高于 x^2 参考值 3.84 和低于 p 值参考值 0.05；因此，p 值后面出现三个星号，表明差异显著性最强。由此判断，邦译本中这三类词的使用频率 (23.31%、7.38%、4.79%) 与霍译本 (23.78%、7.32%、5.26%) 相比差异显著。加之，p 值后面均出现减号，表明邦译本动词、副词和形容词的使用频数远远低于霍译本，且差异极为显著。

三是，邦译本与杨译本动词、副词和形容词频率差异检验的卡方值分别为 341.146 2、159.169 1、123.258 3，p 值同为 0.000，分别远高于 x^2 参考值 3.84 和低于 p 值参考值 0.05；因此，p 值后面出现三个星号，表明差异显著性最强。由此判断，邦译本中这三类词的使用频率 (23.31%、7.38%、4.79%) 与杨译本 (24.27%、7.83%、5.12%) 相比差异显著。加之，p 值后面均出现减号，这表明邦译本动词、副词和形容词的使用频数远远低于杨译本，且差异极为显著。

---

① P值后面的星号"*"表示显著性的强弱度，三个星号表示显著性最强，依次递减，无星号标注没有显著性差异。P值后面出现加号"+"，表示该词相对参照语料库中的频次呈现出"过度使用"；出现减号"−"表示该词相对参照语料库中的频次使用偏低。

通过以上三点分析可知，邦译本相对霍译本名词使用频率差异显著，而相对杨译本的名词频率使用差异则不够显著。值得注意的是，霍、杨译本与邦译本在副词频率卡方值上虽都呈现显著性，但卡方值的差距较大（邦霍为15.004 9、邦杨为159.169 1），这表明邦译本相对霍译本副词频率差距较小，而与杨译本副词使用的频率差距较大。副词频率差距的原因暂且不明，需进一步结合动词与形容词的使用和相关的搭配检索考察。

综上所述，仅从三者的百分比数据来看，邦译本名词频率为21.77%，霍译本为20.67%，杨译本为21.71%。如果仅凭百分比差异得出结论，则邦译本名词使用频率均高于霍、杨译本。然而，进一步的数据检验表明，邦译本与杨译本的频率差异并不显著，也就是说，两者的差异无法成为评判两个译本在名词使用频率方面的差距。卡方检验有助于对数据的精细化解读，特别是语料库容量有差距时，简单的百分比数据对比，容易使对比结果产生偏差。基于语料库的译本分析在必要时需进行卡方检验、对数似然率检验等，确保差异的显著性与统计结果的科学性。

然而，从整体比例很难反映个体译本的细微差异，译者风格正是体现在语言处理的细微之处和独特之处。在统计中发现，尽管邦译本整体词汇密度略低，其动名词的使用比例却最高。详见表5-11所示。

表5-11 《红楼梦》三个英文全译本动名词统计

词 性	邦译本		霍译本		杨译本	
	形符/个	占动词比/%	形符/个	占动词比/%	形符/个	占动词比/%
动名词	12 179	1.43	17 983	2.15	13 304	2.12

单从三个译本中动名词频率百分比看，霍译本使用频率最高，杨译本次之，邦译本最低。根据上文对词汇密度的频率统计可知，单纯的百分比对比不足以证实译本间某一类词使用频率的差异。百分比数据存在的大小差异，并不能客观地反映译本的具体差异，或差异是否具备显著性的问题。表5-12和表5-13是霍译本动名词频率参照邦、杨译本频率的卡方检验统计，可以更为客观地反映出三个译本在动名词使用频率方面的差异。

表 5-12　霍译本参照邦译本的动词、动名词分布显著性检验对比

	霍译本	邦译本				
容量/个	849 734	837 155				
词　项	霍词频	邦词频	卡方值	p		
动词/个	173 050	184 949	302.057	0.000	***	—
动名词/个	17 983	12 179	1 227.094	0.000	***	+

表 5-13　霍译本参照杨译本的动词、动名词分布显著性检验对比

	霍译本	杨译本				
容量/个	849 734	625 329				
词　项	霍词频	杨词频	卡方值	p		
动词/个	173 050	135 788	233.961 0	0.000	***	—
动名词/个	17 983	13 304	0.724 8	0.395		+

由表 5-12 和表 5-13 比对可知，霍译本与邦译本、杨译本在动词使用频率方面的差异均为显著，霍译本均呈现出低于两个参照译本的趋势，且两个显著性（霍邦 302.057、霍杨 233.961 0，p 值均为 0.000）差异不大。然而，霍、邦译本动名词使用频率差异的卡方值高达 1 227.094，p 值为 0.000；霍、杨译本动名词使用频率差异的卡方值为 0.724 8（低于标准参考值 3.84），p 值为 0.395（高于标准参考值 0.05）。两者对比可知，霍译本与邦译本相比，动名词的使用频率极高，卡方值在 1 000 以上，呈现出极高的相对分布律。邦斯尔与霍克思、闵福德母语同为英语，应当可以排除母语差异引起的译本用词差异。两者在动名词使用上的巨大差异，值得进一步研究。而霍译本与杨译本相比，动名词的使用频率差异不具备显著性，霍译本虽分布略高，但与杨译本差异可忽略不计。为进一步呈现霍译本关于动名词使用的特点，选取 having 一词为例，借助 Wordsmith6.0 检索出三个译本的全部使用频次，详见下表。

表 5-14　《红楼梦》三个英文全译本动名词 having 使用频率检索

词　性	邦译本		霍译本		杨译本	
	形符/个	占动词比/%	形符/个	占动词比/%	形符/个	占动词比/%
having	255	0.137	573	0.331	470	0.346

如上表所示，having 在三个译本中的使用频次杨译本最高，霍译本略次之，邦译本最低。鉴于霍译本与杨译本差距较小，需要开卡方验证差距的显著性。卡方检验的结果显示，霍译本相对杨译本的卡方值为 2.264，p 值为 0.132，分别低于标准参考值 3.84 和高于标准 p 值 0.05，表明两者之间的差异不明显，无法作为评判频次高低的标准。考虑到霍译本动名词总体频数较高，需要结合其他方面的统计结果验证三者之间的差距。

研究者发现，本族语者能够准确、流利地说出较为复杂的语句，并非因为他们的心理词库中储存了大量孤立的单词，而是因为他们大脑中储存了大量的多词序列（梁茂成等，2010：14）。由此推断，本族语者在产出话语时，先并非从大脑提取出单个、孤立的词，继而依照语法规则将其组织成句子。研究表明，本族语者往往是整块地提取预先存放在大脑中的多词序列，这样才得以把更多的认知资源用于内容整合、句法加工等方面（梁茂成等，2010：14）。因此，借助语料库工具，提取和分析出现频率高且具有较完整意义的词丛，也可以用来考察译者的用词特点和思维习惯，这是评判译者风格的标准之一。

依然以 having 的频次为例，借助 Wordsmith6.0 统计与 having 一次搭配形成的词丛（word clusters）[①]频次。

表 5-15　邦译本 having 搭配词丛统计

N	Cluster	Freq.	Length
1	having said this	18	3
2	said this she	9	3
3	her mid day	7	3
4	not help having	7	3
5	was having a	7	3
6	could not help	7	3
7	having her mid	7	3

[①] 词丛指两个或两个以上的词形构筑的连续词语序列。词丛又称多词序列（multiword expressions）、多词单位（multiword units）、复现词组（recurrent word combinations）等。类似的说法还有，词块（lexical chunks）、预制语块（prefabricated chunks）、套语（formulaic sequences）和 N 元组（n-grams）等。词丛提取的工作原理参见（梁茂成等，2010：14-16）。

续 表

N	Cluster	Freq.	Length
8	said this he	6	3
9	having a meal	6	3
10	having regard to	5	3
11	mid day sleep	5	3
12	having made up	5	3

表 5-16 霍译本 having 搭配词丛统计

N	Cluster	Freq.	Length
1	and having first	9	3
2	been having a	7	3
3	have been having	6	3
4	were having a	5	3
5	without havng to	5	3
6	of them having	5	3
7	Bao Yu having	5	3
8	having reached this	5	3

表 5-17 杨译本 having 搭配词丛统计

N	Cluster	Freq.	Length
1	was having a	10	3
2	having paid his	7	3
3	having a nap	6	3
4	paid his respects	6	3
5	having meal	5	3
6	the old lady	5	3
7	JiaLian having	5	3
8	having a sieata	5	3
9	having heard that	5	3
10	having read this	5	3

如上三表所示，三译本在以"having"为节点词的词丛频率统计中表现各异。邦译本排在首位的是 having said this，显然是对应了中文原文的"说罢""说完"等，邦斯尔使用 having 组成的过去分词作伴随状语，译文依然呈现出受到原文表达方式影响的痕迹。霍译本和杨译本排在首位的分别是 and having first 和 was having a，均系 having 作为实意动词的进行时态。值得注意的是，霍译本中 having 作为过去分词伴随状语组成部分的词丛频率最低。邦译本中此类结构的频次为 18 次(having said this)，杨译本为 17 次(having paid his 7 次、having heard that 5 次、having read this 5 次)，而霍译本为 14 次(and having first 9 次、having reached 5 次)。前文提到，邦斯尔与霍克思、闵福德皆为本族语译者，不存在母语差异引起的用词差异。由此类推，邦译本与杨译本在 having 一词使用上的共同特点更不可能是母语相同引发。译者使用每类结构和语法应当还同另外两个因素有关，一是译者自身的习惯性和创造性，二是译文表达受到原文表达方式的影响，译本特点是对原文的"模拟"。如果第二点假设属实，则邦译本和杨译本的译者风格特点很有可能会受到原文风格的影响。要证明这一点，还需要结合三个译本在更高语言层面如类联接、语义韵、句法和篇章等的规律性特点考察，以及第九章对译本定性分析的佐证。

另一值得注意的现象是，邦译本中 and 与 having 搭配出现了 16 次，杨译本中该搭配出现 31 次，而霍译本出现次数居然达 63 次之多。这一搭配特点值得关注。表 5-18 是借助 Wordsmith6.0 统计霍译本中以 having 作为节点词的统计结果，其中 and 与 having 的搭配共出现 63 次，排在统计结果的 21—83 项，前 5 项见下表。

表 5-18 霍译本 and 与 having 搭配统计

N	Concordance		
1	then made its way to the carriages,	**and having**	disposed themselves inside them,
2	Cousin Zhen then dismissed Jia Qin,	**and having**	presided over the distribution
3	had been written during her visit,	**and having**	rearranged them in what she consi
4	you.' He took Jia Rui by the arm,	**and having**	first blown the candle out, led
5	help her. Having agreed to do so,	**and having**	rehearsed her line of approach,

注：前 5 项，共 63 项。

表 5-18 63 项检索结果显示，霍译本中 and 与 having 的搭配频次共有 63 项。细读 having 后面所接的成分则发现，霍译本在使用 having 表达的过去分词做伴随状语的频次非常之高，达 54 次之多。凭借这一发现，结合上文中对三译本 having 为节点词的词丛频次统计结果，可以得出的结论是：霍译本在使用 having 构成过去分词做伴随状语时，前面常常出现连词 and 表示几个动作的并列和继起。霍克思在使用这一概念结构时，有自己的表达特点，即霍译本连动概念的表达习惯借助于连词 and，如下例。

例 5-3

原文：(贾蔷)*说*毕，*拉*着贾瑞，仍*息*了灯，*出*至院外，*摸*着大台阶底下，*说*道："……"（《红楼梦》第十二回）

邦译：When he had finished ***speaking***, he ***took*** Chia Jui, ***put*** the lantern out again, and ***went out*** to the outside of the courtyard and ***felt his way*** down to the bottom of the main steps, and ***said***:"…"

霍译：He ***took*** Jia Rui by the arm, and ***having first blown*** the candle out, ***led*** him ***into*** the courtyard and ***groped his way*** round to the underside of the steps which led up to the terrace of the central building.

杨译：He ***blew out*** the light and ***dragged*** Jia Rui out to the foot of some steps in the yard.

如例 5-3 所示，原文是《红楼梦》第十二回中一处生动情节：贾蔷与贾蓉受王熙凤指示，捉弄贾瑞。例中是一连串出房门的动作，描写得惟妙惟肖、生动传神，读后彼时彼刻发生的生动情节便可自然跃入眼帘。然而，三个译文处理原文中连动结构的方式却大不相同。

邦译文明显受到汉语连动结构表达方式的影响，除将第一个动词"说"处理为表示动作先后的时间状语从句外，另外四个动词全都翻译为并列谓语动词，用两个 and 连接；霍译文省去了"说毕"这一概念，在译文中形成一个动作空缺，鉴于前文是一处引述贾蔷说话的直接引语，例中霍译文接下来另起为独立的一段，读者阅读时即使没有"说毕"这一动作的连贯，依然不影响译文阅读。加之，适当的情节跳跃，有助于读者思维活动积极性的调动，阅读过程中读者会自动填充这一动作空缺，译文的情节并不会受到影响。霍译文随后将第一个动词译为谓语动词，将"熄"这一动作表达为 having 构成的过去分词做伴随状语，最后两个动词同邦斯尔一样，处理为 and 连接的并列谓语动词。杨译本在三个译文中最为"简洁"，整句翻译只有两个动词做并列谓语。

相比而言，三个译本中邦译本几乎同原文"亦步亦趋"，动作顺序和处理方式似乎是在"模拟"原文表达；霍译本无论是段落的处理还是动词的省略与转换，都表现出译者尝试结合英语表达习惯与优势的"灵活性"，通过动词译法的变通，再现原文中形象生动的画面；杨译本相对邦、霍译本较显单薄和简单，原文中三个人在漆黑的夜色中"偷偷摸摸、鬼鬼祟祟"的形象有所折损。通过上例所示，结合上文三译本关于动词与动名词使用的频次统计，三个译本中邦译本的动词优势再次得到印证，这与译者紧扣原文动词表达，"模拟"原文风格的处理方式有关；杨译本虽然动名词频次最高，连动句的处理却出现一定程度的简化，说明杨译本动名词使用频次可能与这类连动句的处理关系不大；霍译本动名词绝对数量最大，频次居中，having 使用的频次最高，且 having 与 and 的搭配频率最高。通过上例可知，霍译本在处理连动句时，综合运用了"省略""转换"和"并列"等句法功能，其中使用 and 连接 having 组成的过去分词做状语，用伴随状态将五个连续动作分开，使得译文的节奏感更强；相对而言，邦译本一连串的动作几乎全为并列谓语，且都为 and 连接，加上后面的 and said，连续出现一个主语＋五个谓语，译文略显"单调"。and 作为连词的用法值得关注，至于三译本在句法连接和语篇连贯层面的 and 使用频次与特点，将在本章详加讨论。

综上所述，三个译本的词汇密度存在显著差异，邦译本名词的频次与另外两位译者差距较大。具体而言，邦译本相对霍译本和杨译本的名词密度较高，但就差异显著性而言，邦译本与霍译本存在显著差异，与杨译本虽然绝对名词数相对略高，二者的差异并不显著，不能作为评判名词密度存在差异的证据。邦译本与霍、杨译本相比，动词、副词和形容词的使用频次都略低。虽然霍、杨译本与邦译本在副词频率卡方值上都呈现显著性，但卡方值的差距较大，表明邦译本相对霍译本副词频率差距较小，而与杨译本副词使用的频率差距较大。三译本在动名词的频次上也存在较大差异，动名词使用差异也一定程度上反映出译者翻译策略的差异。其中，邦译本使用 having 表达伴随概念时，更多受到原文表达结构的影响，这一方面杨译本也存在类似特点。霍译本表示伴随概念时，having 引导的过去分词做伴随状语多由连词 and 同前面动作连接。

第四节 高频词

贝克(Baker, 2000: 245)认为，如同用手拿一个物体一定会留下手印，译者完成翻译活动时，也一定会留下个人的"痕迹"。不同文学译者受个人语言习惯、特定时期语言规范、文化因素等制约，即使在忠实原著的基础上，译文表达风格也不尽相同。不同译者还受特定社会文化因素、翻译观、译者性别、翻译取向、文学思潮、译者语言使用偏好等因素的影响，译本难免会打上译者个人的烙印。这种烙印的差异首先表现在词语选择上。通过译本高频词和独特词，能够更进一步揭示译者在选词造句方面的细微差异和语言偏好。所谓高频词就是在一个文本里使用频率特别高的词语(冯庆华，2012: 5)。用一个词语在整个文本中所占的百分比或者该词语在整个词频中所处的前后位置来决定该词语是否为高频词(冯庆华，2012: 5)。对基于同一原作的不同译本进行高频词比较，能够整体反映出译者的用词偏好。由于不同文本的语料容量大小不同，单凭百分比判断高频词使用的比例高低容易产生误判，进一步引入卡方检验能够弥补百分比数据对比的不足。

高频词统计分析属于频次考察。频率(frequency)是语料库语言学中最重要的概念之一。视语料库大小与实际频数多少，可以按照每千、万、十万乃至百万次来统计词汇、短语等语言单位的频数。为了区别标准化前的频数和标准化后的频数，我们常常可将标准化频数译作"频率"(frequency)，将标准化前的频数译作"频数"(frequencies 或 occurrences)(梁茂成等，2010: 10)。语料库语言学最常用的方法便是词频统计，如，杨惠中（2002：43）统计了JDEST、Brown和LOB三个语料库频数最高的10个类符。

表5-19　JDEST、Brown和LOB三语料库中词频位列前十的类符

次序	JDEST 语料库			Brown 语料库			LOB 语料库		
	词	频次	百分比	词	频次	百分比	词	频次	百分比
1	the	274 875	7.46	the	68 366	5.74	the	65 787	5.34
2	of	156 177	4.24	of	35 628	2.99	of	34 735	2.87
3	and	99 029	2.69	and	28 295	2.38	and	26 872	2.22
4	in	87 282	2.37	to	25 593	2.15	to	26 185	2.16
5	to	87 157	2.36	a	23 072	1.94	a	22 225	1.83
6	a	79 605	2.16	in	20 931	1.76	in	20 452	1.69
7	is	61 239	1.66	that	10 403	0.87	that	10 917	0.90
8	that	34 992	0.95	is	9 819	0.82	is	10 430	0.86
9	for	33 806	0.92	was	9 745	0.82	was	10 254	0.85
10	be	32 386	0.88	he	9 745	0.80	is	9 705	0.80

频率研究对语料库语言学统计至关重要，对基于语料库的翻译研究也意义非凡，原文译文对比和多译本对比往往通过频率的对比。词汇频率的差异也成为衡量译者风格差异的重要指标之一。本研究借助Wordsmith6.0统计出《红楼梦》三个英文全译本全部词汇的使用频率，并以降序排列，表5-20是三个译本排列前30的词汇频率。

表5-20　《红楼梦》三个英文全译本词频位列前三十的类符

次序	邦 译 本			霍 译 本			杨 译 本		
	词	频次	百分比	词	频次	百分比	词	频次	百分比
1	the	37 216	4.38	the	36 934	4.41	the	26 846	4.29
2	and	33 255	3.91	to	28 849	3.45	to	21 615	3.46
3	to	26 895	3.17	and	25 260	3.02	and	17 898	2.86
4	of	16 884	1.99	of	19 699	2.35	a	11 368	1.82
5	a	15 965	1.88	a	16 857	2.01	of	10 824	1.73

续 表

次序	邦译本			霍译本			杨译本		
	词	频次	百分比	词	频次	百分比	词	频次	百分比
6	she	13 430	1.58	you	12 662	1.51	you	8 966	1.43
7	that	12 726	1.50	in	11 792	1.41	her	8 706	1.39
8	you	12 227	1.44	her	11 730	1.40	in	8 127	1.30
9	it	12 154	1.43	I	10 286	1.23	she	7 923	1.27
10	is	12 095	1.42	that	10 183	1.22	he	6 347	1.01
11	was	11 218	1.32	she	9 902	1.18	that	6 096	0.97
12	he	10 680	1.26	is	9 749	1.16	I	5 885	0.94
13	said	10 496	1.24	was	9 486	1.13	was	5 771	0.92
14	I	10 108	1.19	fow	7 706	0.92	for	5 612	0.90
15	is	9 992	1.18	he	7 446	0.89	it	5 420	0.87
16	her	8 892	1.05	with	6 849	0.82	with	5 144	0.82
17	not	8 605	1.01	had	6 150	0.73	this	4 967	0.79
18	this	7 441	0.88	on	6 044	0.72	had	4 448	0.71
19	for	6 247	0.74	said	5 830	0.70	on	4 383	0.70
20	they	6 165	0.73	be	5 430	0.65	as	4 290	0.69
21	had	6 161	0.73	his	5 288	0.63	his	4 083	0.65
22	be	5 855	0.69	as	4 998	0.60	but	3 887	0.62
23	on	5 739	0.68	have	4 806	0.57	they	3 304	0.53
24	when	5 721	0.67	this	4 678	0.56	as	3 292	0.53
25	as	5 617	0.66	at	4 477	0.53	be	3 187	0.51
26	have	5 616	0.66	but	4 450	0.53	him	3 063	0.49
27	all	5 573	0.66	is	4 412	0.53	not	3 038	0.49
28	with	5 314	0.63	Jia	4 400	0.53	have	3 006	0.48
29	there	4 914	0.58	all	4 232	0.51	lady	2 957	0.47
30	at	4 707	0.55	they	4 116	0.49	if	2 951	0.47
合 计		337 908	39.81		304 701	36.39		213 404	34.11

  根据英语语料库(Bank of English)1998年的统计，英语作为母语使用中频率最高的前五个词依次为the, of, to, and 和 a(Hunston, 2002: 4)；而在英语

翻译语料库中，前五个出现次数最多的词依次为 the，and，to，of，a(Olohan, 2004：78)。从表 5-20 可知，邦译本前五位高频词排序与奥罗汉的统计结果完全一致；霍、杨译本前五个高频词也同奥罗汉的统计一致，唯一的差别是 5 个词的排列顺序不同。通过观察和对比三译本前 30 个高频词，可以发现邦译本高频词中几个值得注意的现象：

第一，邦译本中连接词 and 的排序同霍、杨译本有所不同，出现在第二位，且无论是绝对数量与百分比数值都远远高于霍、杨译本。当 and 是连接词，出现频次异于其他译本时，表明译者处理文本词语搭配、句法结构和语篇连贯的方式有所不同，是衡量译者风格差异的一个重要指标。

第二，邦译本中代词 she 的频次排序位列第六，绝对数量与所占百分比均远远高于霍、杨译本，she 作为人称代词的大量出现既表明译本作为"小说"的文体特点十分明确，同时也揭示了《红楼梦》女性主题的另一特点。至于另外两个译本中排位略低现象的解释，值得进一步的统计和分析。

第三，邦译本中引述动词 said 的频次排第十三位，绝对数量与比例远超霍、杨译本。said 在小说文体中常常是转述语的标志，基于同一底本的不同译本，转述词频次的差异也是译者风格与文本叙述风格差异的直接体现，值得关注。

第四，邦译本 that 的使用频次也远高于霍、杨译本。that 既可作为指示词、限定词、副词、代词和引导从句的关系词等，其用法和频次也是衡量译本差异的标志之一。对 that 的研究需要借助语料库工具进行更为深入的统计，对语料进行更为细致的分类，深入研究详见后文。

第五，邦译本否定副词 not 排在第十七位，杨译本中 not 出现在第二十七位，而霍译本中 not 并未出现在前 30 个高频词中，这是三位译者另一个值得研究的差异。否定意义处理的方式不同，译本语言特点与表达方式也将存在明显差异。否定意义的翻译方式也能够反映出译者的翻译风格，为解读译者翻译策略与译者风格形成的原因提供一定的文本线索。通过回溯原文可知，邦译本否定词频率相对较高的统计结果与译者坚持的直译策略相关，也即其将原文大量出现的各类否定词均译为 not，而霍、杨译本则采取了其他对应策略。这种与原文"亦步亦趋"的翻译策略，在一定程度上偏离目标语规范，使译文显得生硬，可读性降低。

以上通过观察三译本排列在前 30 位的高频词，总结出五个值得关注的焦点，足见高频词对研究译者词汇特点的重要性。然而，对如此纷繁复杂的词汇表现，研究高频词需要进行更为细致、系统的分类统计。以下将三译本高频词分为名词、动词、副词三类，重点关注上面提到的几个词。同时，为更进一步考察译者高频词的频次特色，本研究通过检索节点词的语境共现搭配与词丛，进行重点词的抽样考察，以更全面地考察邦译本用词特点，及其与霍、杨译本的区别性特征。

一、高频名词

邦译本排列前 100 位的高频词中，名词共有 7 个：Chia、Dowager、Fengchieh、Wang、day、lady 和 madam。前四个皆为表示姓名和称呼的专有名词，最后两个也可作为构成称呼语的一部分，如 madam 常与前面的 Wang 连在一起指称"王夫人"，与 Hsing 连在一起指称"邢夫人"等。高频名词的排序既能显示译者的用词特色，也能起到揭示译文主题的作用，与本章"主题词"研究有一定联系。前四个高频名词显示出《红楼梦》英译本的主要人物，如通过 Chia 一词的高频排列，反映出书中多数人物的姓氏。Dowager、Fengchieh 和 Wang 的出现则表明这部小说中最为活跃的人物类型。问题是，书中其他主要角色如"宝玉""黛玉"和"宝钗"等为何没有出现在前 100 位？原因有以下几点：一是对"宝玉"的称呼呈现多元化，不同身份的人对其称呼也不同。"宝玉"之外的称呼还有"二爷""宝二爷""宝兄弟""玉儿"等，译本中未出现"Baoyu"这一高频词，说明译者对"宝玉"指称翻译存在多元化现象。二是情节发展所致。如黛玉在第九十八回就已"魂归离恨天"，其在后面二十二回中出现的频率自然大幅减低，"Taiyu"在整部作品中出现的频次自然也会受到影响。三是人物被提及的频率原本较低。同宝玉和黛玉相比，宝钗被提及的频次原本较低，邦译本中"Paochai"未能位列前 100 也与原文中人物出现频次有关。

前 100 位高频词中唯一一个普通名词是 day，其主要用于表达时间概念，排在第一位的现象值得关注。通过检索邦译本中 day 与其搭配词的共现语境，对比霍、杨译本中的相关数据，能够考察译者表达时间概念的方式和翻译策略。检索结果表明，day 一词在邦译本中共出现 1 650 次，霍译本中出现 1 187 次，杨译本中出现 1 068 次。根据卡方检验结果，邦译本参照霍译本的卡方值为 69.93，p 值为 0.000，呈现出"过度使用"倾向。邦译本参照杨译本的卡方值为 10.71，p 值为 0.001，也呈现出"过度使用"倾向；但显著程度不及参照霍译本时的情况。这表明，邦译本相对霍译本而言，day 一词的使用频次之高更为显著。通过检索 day 的固定搭配信息，可以进一步揭示邦译本使用 day 表达时间概念的模式和倾向性。借助 Wordsmith6.0 中的 KWIC(语境中的关键词)功能，可以析出 day 前面与后面的高频搭配词，详见表 5 - 21。表 5 - 21 统计范围涉及 day 前后各三个单词，表格中以 day 为中心，分别以 L1 和 R1 表示左 1 和右 1，并以此类推。表 5 - 21 中既显示 day 前后各三个词的出现频率，也显示出各列单词与 day 的搭配紧密度。以 L_1 为例，排在该列的第一个单词是 every，表明 day 左边最常出现的第一个单词是 every，其形成的搭配是 every day，其余五列以此类推。表 5 - 21 统计的是与 day 形成的词丛，即 day 前后出现的单词与 day 形成的组合紧密度，并按照频次高低排列。

表 5 - 21　邦译本中 day 的搭配前二十位统计结果　　　　单位：次

N	L_3	L_2	L_1	centre	R_1	R_2	R_3
1	**on(172)**	**the(458)**	**every(206)**		**when(132)**	**the(131)**	**the(44)**
2	**the(35)**	**on(70)**	**other(180)**		**and(99)**	**was(54)**	**was(44)**
3	**to(33)**	**this(59)**	**the(161)**		**I(74)**	**day(49)**	**to(43)**
4	and(33)	day(54)	next(131)		he(72)	night(44)	and(35)
5	of(26)	for(41)	one(104)		after(60)	I(33)	had(27)
6	for(25)	a(35)	a(101)		she(57)	he(33)	in(25)
7	that(24)	that(32)	that(97)	**day**	of(55)	she(27)	she(24)
8	is(23)	her(25)	particular(56)		the(43)	you(23)	that(21)
9	it(16)	of(23)	all(43)		to(40)	a(20)	a(19)
10	a(14)	said(22)	mid(40)		before(38)	yü(19)	not(18)
11	night(14)	in(20)	this(34)		it(32)	it(18)	you(16)
12	said(13)	and(18)	each(31)		long(31)	there(17)	came(15)
13	was(12)	an(18)	after(30)		you(30)	is(16)	he(15)

续 表

N	L₃	L₂	L₁	centre	R₁	R₂	R₃
14	been(11)	it(12)	auspicious(30)		in(29)	will(16)	of(14)
15	this(11)	twenty(10)	second(29)		was(24)	they(16)	I(13)
16	she(10)	is(10)	another(24)		they(22)	had(15)	it(13)
17	in(10)	night(9)	by(24)	day	pao(21)	two(15)	they(12)
18	came(9)	you(9)	following(21)		there(20)	tomorrow(15)	is(12)
19	come(9)	all(8)	first(19)		Chia(19)	and(14)	on(12)
20	having(8)	very(8)	previous(16)		or(19)	to(12)	't(12)

如表 5-21 所示，L₃、L₂、L₁ 与 R₁、R₂、R₃ 对应列显示的是高频名词 day 左右两侧搭配词。以 L₁ 为例，第一个单词是 every，表明 day 左边第一个单词最常出现 every，构成高频词组 every day。按照频次，day 左侧第二个第三个单词与其构成 the x day 和 on x day 的高频搭配；day 右侧最常出现的第一个单词是 when，表明 day 后面最常接 when 引导的时间状语从句。与霍、杨译本右侧排列第一的 and 相比，搭配结构存在较明显差异。本研究选取 L1 的最高频次词 every，探讨 every day 这一词组的用法。every day 词组既可以做名词表示"每天"的概念，也可以做副词修饰谓语动词和整个句子。

表 5-22 邦、霍、杨译本前十位 day 的 L₁ 与 R₁ 搭配对比　　单位：次

N	L₁			R₁		
	邦译本	霍译本	杨译本	邦译本	霍译本	杨译本
1	**every(206)**	**the(216)**	**other(161)**	**when(132)**	**and(86)**	**and(92)**
2	**other(180)**	**other(114)**	**every(152)**	**and(99)**	**or(67)**	**after(49)**
3	**the(161)**	**a(97)**	**the(114)**	**I(74)**	**of(56)**	**to(49)**
4	next(131)	every(91)	next(111)	he(72)	when(44)	when(48)
5	one(104)	one(89)	one(78)	after(60)	after(41)	she(31)
6	a(101)	next(86)	that(76)	she(57)	to(38)	for(29)
7	that(97)	that(65)	a(57)	of(55)	in(35)	he(25)

续　表

N	L₁			R₁		
	邦译本	霍译本	杨译本	邦译本	霍译本	杨译本
8	particular(56)	all(51)	all(33)	the(43)	before(31)	I(24)
9	all(43)	same(20)	previous(25)	to(40)	she(30)	in(23)
10	mid(40)	another(17)	whole(18)	before(38)	for(29)	the(23)

表 5-22 显示出分别对比三译本中 day 的 L₁ 和 R₁ 位置搭配词的前十位频次。通过全书对比发现，every day 在邦译本中出现 206 次，霍译本 91 次，杨译本 152 次。卡方检验结果显示：邦译本参照霍译本频次的卡方值为 46.27，p 值为 0.000，表明 every day 在邦译本中的使用频次明显高于霍译本，差异显著；邦译本参照杨译本频次的卡方值为 0.006，p 值为 0.98，表明 every day 在邦译本中的使用频次低于杨译本，且差距显著，邦译本相对来说呈现"使用不足"的倾向。这一对比结果并不能说明邦译本使用该词组的特色，需要进一步观察邦译本 206 个检索项中 every day 更多的语境信息，以发现邦译特点。

通过文本细读发现，邦译本中出现了大量 every day 首字母大写位于句首的检索项，共有 53 项，详见表 5-23。

表 5-23　邦译本 Every day 位于句首的检索项

N	Concordance	
1	round this Garden taking our leisure?	Every day　we go off somewhere. How shoul
2	The others all said："Stop it, ladies.	Every day　when you meet you grumble each
3	mine when we are hungry we even eat it.	Every day　in our eyes we see it. In our
4	Which of them is content with her lot?	Every day　, if they are not fighting they
5	called Ho-san. He is really a bad lot.	Every day　he drinks wine and makes troub

注：前 5 项，共 53 项。

为验证这一发现是否为邦译本独有，还需对比霍译本与杨译本同类检索的频次。检索结果显示：霍译本中以 Every day 开头的句子仅有 11 项，且其中仅有 8 项用作时间副词修饰整个句子，其余 4 项均以名词功能出现，如 "Every day of my life..." "Every day of her life..." 及 "Every day was spent..."；杨译本中同类用法的 Every day 仅有 9 项，也远远低于邦译本。通过以上穷尽式检索与个案对照，三译本在翻译原作中 "每日" 这一概念时，虽然都倾向于使用 every day 一词，但具体的分布概率和使用方式存在差异。霍、杨译本除了使用 every day 之外，还有其他类似概念和功能的译法。三译本都使用 every day 时，every day 的出现位置也反映出译者的不同翻译策略。邦译本几乎无一例外地将出现在原文句首的 "每日" 在译文中译为 Every day，也同样放在句首；相对而言，霍、杨译本中 every day 的出现位置相对灵活，且存在相同意义与功能的替换词。

邦译本使用 every day 词组的独特性显而易见。问题是，这种独特的词组风格究竟是译者自己的用词风格还是有意识（也可能是无意识）地 "模仿" 原作用词风格呢？换句话说，需要进一步证明，邦译本中 every day 用法的独特性究竟是译者个人因素所致还是受到原作影响。要证明这一点，既需要对 every day 的语境共现词进行统计分析，更要扩大语境范围，进行个案对比研究。具体方式是：第一，随机抽取五例邦译本中 every day 位于句首的检索项；第二，回溯到中文原文，查看原文中 "每日" 是否位于句首，句法结构与邦译本的契合度；第三，抽取同一原文下霍、杨译本的译文，查看霍、杨处理 "每日" 的方式。

例 5-4

邦译：As for San-chieh, she was indeed a most determined person. ***Every day***, in addition to waiting upon her mother, she was only in the same place as her elder sister doing needlework.

原文：那三姐儿果是个斩钉截铁之人，**每日**侍奉母亲之馀，只和姐姐一处做些活计。（《红楼梦》第六十六回）

霍译：San-jie, too — a young woman who never did anything by halves — had continued as good as her word. When not actually keeping to her own room, she had spent ***the whole of the time*** either ministering to the wants of her mother or sitting and sewing with Er-jie.

杨译①：And Third Sister had proved her iron resolution: apart from waiting on her mother and sister she had kept to herself, doing her share of work ***every day*** and sleeping alone at night on her lonely pillow.

（杨译底本：他小妹子果是个斩钉截铁之人，**每日**侍奉母姊之馀，只安分守已，随分过活。虽是夜晚间孤衾独枕，不惯寂寞，奈一心丢了众人，只念柳湘莲早早回来完了终身大事。）

如例 5-4 所示，邦译本中的 every day 显然对应原文中修饰后半句的时间副词"每日"。邦斯尔将 every day 放置在译文句首，应是受到原文信息结构的影响。对比霍、杨译本可知：霍译本未将"每日"对译为"every day"，而是将其概述为"the whole of the time"，处理方式更为灵活；杨译本②同样使用 every day 翻译"每日"概念，但未将其放置在句首，而是置于所修饰的动词短语的后面。

例 5-5

邦译：Lin-chih-hsiao's wife was just without a clue in this affair. ***Every day*** Fêng-chieh sent P'ing-erh to urge her on.

原文：林之孝家的正因这事没主儿，**每日**凤姐儿使平儿催逼他……

（《红楼梦》第六十一回）

霍译：Ever since the bottle from Lady Wang's cupboard had been found missing, Xi-feng had been sending Patience round ***daily*** to inquire about the progress of her investigations and she was under great pressure to discover the thief.

杨译：Since Xifeng had been sending Pinger ***every day*** to press Mrs. Lin to track down the thief, ...

---

① 此处杨译底本与邦、霍底本内容存在差异，故将杨译底本单独列出，避免因混淆原文误判译文，下同。
② 此处虽然底本不同，杨译底本中同样含有"每日"一词，不影响此例的分析结果。

如例 5-5 所示，邦译本的译文处理方式与译文风格同例 5-4 如出一辙，"每日"的对译词和位置与上例无异。无独有偶，霍译本再次将"每日"一词灵活译为"daily"，且位置置于动词短语之后；杨译本中同样译为"every day"，但出现位置也在动词短语之后，霍、杨译本均有别于邦译本。

例 5-6

邦译：He was however only a newcomer and he could not put in a single word. So he got angry. ***Every day*** when he had eaten he went off to sleep.

原文：奈他是个新来乍到的人，一句话也插不上，他便生气，*每日*吃了就睡。（《红楼梦》第一百七回）

霍译：He had insufficient status among the domestic staff to dare voice his feelings to the offenders, and could only eat his evening meal and take his indignation to bed.

杨译：… but being a newcomer his words carried no weight, so in anger he just went to sleep after supper ***each day***.

如例 5-6 所示：邦译本一如既往地以同样方式处理原文中"每日"一词；霍译本此处省略了时间概念；杨译本将"每日"译为"each day"，且置于句末。

例 5-7

邦译：If Hsi-jên and the others had any plan in mind, they did not dare to go and excite him for fear he got angry. ***Every day*** in the matter of food and drink, if some were brought right in front of him, he would partake of it; if it did not come, he would not demand it.

原文：袭人等怀着鬼胎，又不敢去招惹他，恐他生气。*每天*茶饭，端到面前便吃，不来也不要。（《红楼梦》第九十五回）

霍译：All this time Aroma and his other maids grew more and more guilty and apprehensive. They dared not take him to task, for fear that he might have a tantrum. ***Each day*** he drank his tea and ate his meals, when they were placed before him.

杨译：Xiren and his other maids felt deep misgivings yet dared not take him to task for fear of his anger. ***When*** his meals were set before him he would eat; otherwise he never asked for anything.

如例 5-7 所示，邦译本回溯到的汉语原文依然是位于句首表达"每日"概念的同义词"每天"，译文处理方式同上。霍译本中将"每天"译为"each day"，且放置句首，本例中的霍译本与邦译本处理方式类似。杨译本在此例中将"每天"的概念转换为 when 引导的时间状语从句，以表明宝玉每次用餐时的情景。

例 5-8

邦译："… Who controls anything? ***Every day*** someone or others sends some broken-off branches of the various kinds which the young ladies and the slave-girls in each household must have to wear. In addition there are those for sticking into vases."

原文：(莺儿)"……谁管什么，*每日*谁就把各房里姑娘丫头带的必要各色送些折枝去，另有插瓶的；……"(《红楼梦》第五十九回)

霍译：'… it was agreed that ***daily*** supplies of stuff from it were to be sent to all the apartments. That included, apart from things to eat, flowers for everyone's hair and flowers to put in the vases …'

杨译："… Those in charge have to send some over ***every day*** for the young ladies and maids to wear, as well as to put in their vases …"

如例 5-8 所示，邦译本对应的汉语原文依然是位于句首的"每日"，而霍译本则将"每日"的时间概念处理为名词的前置定语，译法更显灵活多样。杨译本依然将"每日"译为"every day",且习惯性地放置在动词短语之后。

以上通过邦译本中随机抽取的五例 every day 位于句首的译文,在回溯汉语原文后又对比了基于同样原文的霍、杨译本,结果发现:邦译本无一例外地呈现出与原文"趋同"的"模拟"译法。相对而言,杨译本与邦译本在翻译"每日"的对应词时有相似之处,更加倾向译为"every day";不同的是,杨译本习惯于将 every day 放置在句中动词短语之后,更加符合英语表达习惯。"每日"概念译法最灵活多样的是霍译本,不仅有省略,还出现了"the whole of the time""daily""each day"三种不同表达,且两次出现的 daily 词性与用法不同。例 5-5 中为副词修饰动词;例 5-8 中为形容词修饰名词。霍译本中"每日"概念的五种译法各不相同,彰显其译文语言表达的灵活性。杨译本与邦译本用词有类似之处,五个例子中有三处译为 every day,不同的是该词的出现位置与邦译本不同,均被置于动词短语之后而非句首。

总体而言,邦译本忠实于原文几乎"亦步亦趋"。结合上文中的频次统计与语境共现,可以基本判断邦斯尔在处理原文句法结构时的倾向性,即邦斯尔不仅倾向于"模拟"原文的句法结构,甚至将这种"模拟"执行得异常严格,个别地方不惜牺牲译文的"流畅"与"地道"以保持对原文结构的一致性。霍译本最为灵活,译文风格与邦译本迥异;杨译本与邦译本存在一定的相似度,但也有自己的特点,体现出一定的灵活性。

综上所述,针对高频名词 day 的个案研究,引申出其高频搭配 every day。通过 every day 在邦译本中出现的位置,同时揭示出译者在句子翻译层面的结构特点、整体翻译风格与策略特点,也为本章第三节的研究提供了佐证。

高频名词 day 的词丛检索是另一个值得关注的焦点。借助 Wordsmith6.0 中词丛统计工具生成表 5-24 中三个译本围绕 day 形成的词丛频次对比,详见下表。

表 5-24　邦译本中 day 的词丛前二十位统计结果

N	邦译本词丛	频	霍译本词丛	频	杨译本词丛	频
1	the other day	174	the other day	112	the other day	152
2	the next day	130	day or two	63	the next day	107
3	day after day	60	a day or	47	day and night	38

续 表

N	邦译本词丛	频	霍译本词丛	频	杨译本词丛	频
4	this particular day	51	of the day	35	the day after	27
5	on the next	45	the day after	33	the previous day	25
6	day and night	43	on the day	29	other day I	21
7	on this particular	43	the day before	29	every day and	18
8	day of the	41	day of the	25	other day when	17
9	the day before	41	the next day	25	the day before	16
10	day by day	38	the day of	21	day after tomorrow	13
11	other day I	32	day and night	19	an auspicious day	12
12	all day long	30	other day when	17	every day to	12
13	the day after	29	day in the	16	day after day	12
14	the second day	27	day to day	16	day of the	11
15	for a day	25	the following day	16	on the day	11
16	next day he	24	in a day	14	next day he	11
17	on the day	23	the previous day	13	next day when	11
18	other day when	22	for a day	13	all day long	11
19	the following day	21	day before yesterday	13	other day she	10
20	that day when	21	for the day	13	day when I	10

如表 5-24 所示，邦、霍、杨三译本中围绕高频名词 day 形成的词丛频次位列第一的皆为 the other day，三译本在本研究中首次显示出高度的统一性。不同的是，该词丛在邦译本与杨译本中出现的频次远远高于霍译本。继续观察第二位以下的词丛频次发现，the next day 位于邦、杨译本频次的第二位，二者在该词丛的频次上呈现一致性。为进一步考察三译本中 day 形成的词丛，扩大语境与细读文本十分必要。借助语料库语境共现的检索功能，考察 the other day 在三译本中的语境共现检索，以期发现邦译本与霍、杨译本之间的区别性特征，统计结果见表 5-25、表 5-26 和表 5-27。限于篇幅，每个译本仅列举前五项。

第五章 《红楼梦》译者风格定量描写：词汇层面(上) 99

表 5-25　邦译本词丛 the other day 语境共现结果

N	Concordance		
1	and unfortunate which we spoke about	**the other day**	. Today when I heard that I
2	said："With reference to that affair	**the other day**	, you were indeed rather to
3	peak of anything else, take that affair	**the other day**	about Ch'i-kuan and compar
4	she does not count as not being afraid.	**The other day**	we discussed it, but again
5	mention buying things on credit again.	**The other day**	there was an assistant in

注：前 5 项，共 174 项。

表 5-26　霍译本词丛 the other day 语境共现结果

N	Concordance		
1	the medicines in you were talking about	**the other day**	: the Red Flower Poison Dis
2	'That business we were talking about	**the other day**	— have you spoken to him
3	Bao-chai. She won't leave her alone.	**The other day**	, when you sent someone
4	then you're lucky if you can find any.	**The other day**	, when they were making up
5	back, however half — witted he may be. '	**The other day**	Sir Zheng sent a message

注：前 5 项，共 112 项。

表 5-27　杨译本词丛 the other day 语境共现结果

N	Concordance		
1	"Always throwing your weight about.	**The other day**	you even beat Xiren, and
2	You, 'The young man, I told you about	**the other day**	, grandmother, the one my
3	"Very well," said Mrs. Lin, adding, "	**the other day**	we lost something at home
4	know whether Her Ladyship will agree.	**The other day**	she kindly said that as Caixia
5	Bao wants Miss Shi to try them. And	**the other day**	she admired this agate plate

注：前 5 项，共 152 项。

经过进一步检索发现，邦译本中 the other day 位于句首的检索项为 19 项，霍译本 7 项，杨译本 11 项。邦译本是霍译本近三倍，是杨译本近两倍；反之，邦译本 the other day 位于谓语后的检索项为 6 项，霍译本为 19 项，杨译本为

13 项，邦译本仅有霍译本的三分之一，仅有杨译本的二分之一。the other day 在三译本句首与动词前后的出现位置值得关注，能够反映译者处理原文时间信息时的翻译策略，也能由此反映出译文风格与原文风格的关系。细读邦译本并将译文回溯到汉语原文发现，邦译本中高频词丛"the other day"位于句首的译文特点与前文探讨的 every day 位于句首的情况类似，都是"模拟"原文表达时间概念词的意义和位置所致。不同的是，the other day 在汉语原文中的对译词是"那日"和"那天"。这一发现再次印证，邦译本的翻译策略存在"模拟"和"趋同"原文的倾向。相对而言，霍译本的译文则呈现出高度的灵活性和多样性，杨译本既有"趋同"原文的倾向，也有一定的灵活性，处理方法介于邦、霍两者之间。

通过观察表 5-24 还发现，邦译本中排在第三位和第四位的 day after day 和 this particular day 为邦译本所独有，属于邦译本词丛中的独特词。通过回溯原文，发现这两个词丛分别对应汉语原文中的"日日""天天""连日"和"那一日/这一日"等。以下选取检索结果中前 5 例 day after day 位于句首的检索项，采用对比 every day 译文与原文的步骤与方法，考察邦译本中 day after day 体现出的译者风格特点及其形成原因，详见以下 5 例。

例 5-9

邦译： Shin-yin was the first to fall ill, and then his wife Madam Fêng, with thinking of her daughter, was taken sick. ***Day after day*** they called in doctors and consulted fortune-tellers.

原文： 看看一月，士隐已先得病；夫人封氏，也因思女遘疾，<u>日日</u>请医问卦。（《红楼梦》第一回）

霍译： ... and after about a month like this first Shi-yin and then his wife fell ill, so that doctors and diviners were in ***daily*** attendance on them.

杨译： After a month's grief Shi-yin fell ill, and then his wife. ***Every day*** they sent for doctors.

例 5-10

邦译：Aunt Hsüeh signed and said:"He is a horse without a halter. ***Day after day*** he is never finished roaming about …"

原文：薛姨妈叹道："他是'没笼头的马'，**天天**逛不了，那里肯在家一日呢！"（《红楼梦》第八回）

霍译：Aunt Xue sighed. 'Pan is like a riderless horse: ***always*** off enjoying himself somewhere or other. He won't spend a single day at home if he can help it.'

杨译："Ah, he's like a horse without a halter," she sighed. "He's ***forever*** rushing about outside. Not a day does he spend at home."

例 5-11

邦译：Don't you worry. ***Day after day*** there has been this one ill and that one ill, and moreover the Lady Dowager has had no spare time.

原文：你们放心！因**连日**这个病，那个病，再老太太又不得闲，所以我也没有去回。（《红楼梦》第五十八回）

霍译：But don't worry. ***During these last few days*** what with this one ill and that one ill and Her Old Ladyship busy all the time with other matters we haven't had a chance to report anything.

杨译：Well, just you wait! ***These last few days***, with so many people ill and the old lady so busy, I haven't reported this yet.

（杨译本底本：你们放心，因**连日**这个病那个病，老太太又不得闲心，所以我没回。）

例 5-12

邦译：The story tells that Chia Lien himself watched by the coffin in the Pear-Fragrance Court for seven days and nights. ***Day after day***, Buddhist and Taoist priests without interruption performed their ceremonies.

原文：话说贾琏自在梨香院伴宿七日夜，**天天**僧道不断做佛事；……

（《红楼梦》第七十回）

霍译：Each of the seven nights following Er-jie's death were spent by Jia Lian on his own in Pear-tree Court. ***Throughout the whole of*** the seven-day period he had Buddhist monks and Taoist priests chanting arid praying outside for her soul's repose.

杨译：Jia Lian attended the funeral ceremonies at Pear Fragrance Court for seven days and seven nights, ***during which*** monks and priests chanted sutras.

例 5 - 13

邦译：***Day after day***, the wives of Princes of the Blood and the wives of titled officers who came were also not a few.

原文：**连日**王妃诰命也来的不少。凤姐也不能上去照应，只好在底下张罗，……（《红楼梦》第一百十回）

霍译：***Each day*** saw the arrival of princely consorts and ladies of high rank, none of whom Xi-feng could receive in person as she was too busy trying to keep things going below-decks.

杨译：Although titled ladies ***kept*** arriving, Xifeng had no time to attend to them, so busy was she supervising the servants.

上述 5 例的对比分析证明，邦译本的高频词丛 day after day 源于对汉语原文中"日日""天天"及"连日"等词的对译。邦译文不仅词意对应，检索项出现在句子中的位置也几乎完全相同。相反，霍译本依然表现出高度的灵活性，"日日""天天"及"连日"等词的对译既有"daily""always"与"each day"等表示时间的副词，也有联系上下文的灵活处理，如"During these last few days""Throughout the whole of"等处理方式；杨译本的处理方式也极为灵活，既有词汇对译，如"every day"与"forever"，也有"these last few days"

与 "during which" 等使得上下文时间信息更为连贯的灵活处理，最后一例中乃至使用动词 "kept" 表示 "王妃诰命"们 "连日" 到来的情形。三译本对比结果显示，邦译本对原文中表示时间频次的副词不仅意义上对译，句法位置上也呈现出高度一致；霍、杨译本则各有其灵活性，译文的连贯性更好。

然而，当原文中 "日日" 这类表示时间频率的词不在句首时，邦译本又会是什么情况呢？通过进一步的统计显示表明，当这类词出现在句子中间时，邦译本依然呈现出高度的 "位置模拟" 译法，如例 5-14 和例 5-15 所示。

例 5-14

邦译：There is nothing further to relate. But Pao-yü ***day after day*** was moved with grief and thought unceasingly about him.

原文：只有宝玉，**日日**感悼，思念不已，然亦无可如何了，又不知过了几时才罢。（《红楼梦》第十七回）

霍译：He continued in ***daily*** grief for Qin Zhong for a very long time afterwards. But grief cannot mend our losses ….

杨译：Baoyu mourned for his friend and missed him ***every day***, but there was no help for it.

（杨译本底本：只有宝玉**日日**思慕感悼，然亦无可如何了。）

例 5-15

邦译：Madam Wang ***day after day*** was busy and in confusion. It was not until they had got into the tenth month that everything was at last ready.

原文：王夫人**日日**忙乱，直到十月里才全备了：……（《红楼梦》第十八回）

霍译：Lady Wang's business in fact ***continued*** unabated until well into the tenth month.

杨译：For Lady Wang and her helpers ***the days passed*** in a flurry of preparations until, towards the end of the tenth month, all was ready.

（杨译本底本：王夫人等**日日**忙乱，直到十月将尽，幸皆全备……）

通过上述 7 例可知，邦译本中 day after day 同前文探讨的 every day 一样，旨在"模拟"原文中的表达方式，邦译本用以表达时间概念的这一副词用法显然受到原文风格的影响。至于其他层面的风格特点成因，尚需句子与篇章层面的定量研究与第九章的定性研究进行更为全面的验证。

二、高频动词

排列前三十位的高频词中，邦译本动词有 6 个，依次为 was(11 218)、said(10 496)、is(9 992)、had(6 161)、be(5 855)与 have(5 616)；霍译本动词也有 6 个，依次为 was(9 486)、had(6 150)、said(5 830)、be(5 430)、have(4 806)、is(4 412)。相比而言，杨译本仅有 4 个，依次为 was(5 771)、had(4 448)、be(3 187)、have(3 006)。前三十位高频词中，邦、霍译本的"is""said"在杨译本中的排序与频次分别为 is(2 843/33 位)、said(2 131/44 位)。

鉴于三译本动词频次百分比都在 0~0.352 之间，又由于译本容量不同，因此很难直接看出各类动词在译本中使用差异的显著性。本研究以邦译本中前 6 个动词的出现顺序为依据，对比霍、杨译本中同类动词的频次，并对其进行卡方检验。卡方值与 P 值详见表 5-28 与表 5-29 所示。

表 5-28　邦译本参照霍译本《红楼梦》高频动词差别显著性对比

词项	容量				
	邦译本/次 837 155	霍译本/次 849 734			
	邦词频/次	霍词频/次	卡方值	p	
was	11 218	9 486	174.018 4	0.000	*** +
said	10 496	5 830	1 417.847 2	0.000	*** +
is	9 992	4 412	2 265.136 2	0.000	*** +
had	6 161	6 150	0.864 8	0.352	+
be	5 855	5 430	23.127 7	0.000	*** +
have	5 616	4 806	76.087 4	0.000	*** +

表 5-29 邦译本参照杨译本《红楼梦》高频动词差别显著性对比

词 项	容 量					
	邦译本/次	杨译本/次				
	837 155	625 329				
	邦词频/次	杨词频/次	卡方值	p		
was	11 218	5 771	499.459 0	0.000	***	+
said	10 496	2 131	3 395.605 9	0.000	***	+
is	9 992	2 843	2 172.555 7	0.000	***	+
had	6 161	4 448	0.953 1	0.329		+
be	5 855	3 187	190.274 9	0.000	***	+
have	5 616	3 006	201.310 7	0.000	***	+

如表 5-28 与表 5-29 所示，邦译本参照霍、杨译本的高频动词对比有三点一致性。一是邦译本 said 一词的频次极高。参照霍、杨译本的卡方值分别为 1 417.847 2 与 3 395.605 9，p 值均为 0.000，表明邦译本相对霍、杨译本呈现极高的"过度使用"倾向；特别是相对杨译本，"过度"的显著性更强。二是邦译本 is 一词的频次极高。参照霍、杨译本的卡方值分别为 2 265.136 2 与 2 172.555 7，p 值均为 0.000，表明邦译本呈现极高的"过度使用"倾向，且相对霍、杨译本的"过度"显著性接近。三是邦译本 had 一词尽管频次接近霍译本，其高于杨译本；但参照霍、杨译本的卡方值均小于 3.84，p 值均大于 0.05。表明这一项的差异对比不够显著，三者关于 had 一词的使用频次相似。为进一步考察三者区别，本研究选取 be 动词变体形式之一的 is 作为个案对比研究，深入挖掘邦译本与霍、杨译本的区别性特征，以期能够通过该词考察邦斯尔高频动词的使用特点。转述动词 said 的研究将归入第八章第三节探讨。

鉴于《红楼梦》为第三人称叙事，整体叙述时态为一般过去时。be 动词 is 的分布范围显然是在直接引语中，即第三人称叙事者对文中人物自述话语的直接引用。夸克等（Quirk et al.，1985：173-193）把 be 动词区分为三类：一是具有联系动词功能的主动词；二是具有主动词功能的进行体主动词和被动语态助动词；三是具有情态或者进行体的意义，由 be 引导的动词习语。比伯等（Biber et al.，2000：428-429）也认为，作为主动词，be 是英语中最重要的系动词；作为系动词的 be 有截然不同的两大功能：标记进行体和被动语态；be 也属于半情态动词 be going to 的组成部分。be 动词的复杂句法功能使其成为语言学与二语习得研究的焦点，具有重要的理论价值与应用价值。be 动词的变体之一 is 也具有主动词功能，常用来作为连系动词连接主语与表语，或者连接主语与补语。用于存现句的 be 动词则被赋予一定语义，表示存在。本研究抽取出邦译本高频动词 is，旨在通过 is 的搭配、类联接与词丛等方面的频次表现与语境共现，参照霍、杨译本，考察邦斯尔在使用该词时的具体特点，以期能够以小见大，揭示邦译本的整体动词特点。

邦译本中 is 的高频使用相对霍、杨译本究竟有何特点？is 的前后搭配词有无自身规律与特色？进一步的搭配与词丛检索将会解答这些疑问。经 Wordsmith6.0 工具包中节点词语境共现、搭配检索和词丛检索结果显示，邦译本中 is 的使用频次与规律如表 5-30、表 5-31、表 5-32、表 5-33 和表 5-34 所示。

表 5-30　邦译本以 is 为中心的前十位搭配类型

N	L_5	L_4	L_3	L_2	L_1	中心	R_1	R_2	R_3	R_4	R_5
1	the	the	the	said	it	is	not	to	to	the	the
2	and	and	and	the	there	is	no	that	the	you	to
3	to	is	said	and	she	is	a	the	of	to	is
4	is	to	of	that	that	is	the	need	you	is	and
5	a	said	a	if	what	is	it	and	for	it	of
6	said	of	to	this	this	is	to	a	I	and	you
7	of	smiled	that	what	he	is	that	you	and	it	it
8	it	in	is	best	how	is	there	good	in	I	that
9	in	that	this	her	who	is	all	I	is	that	I
10	you	a	what	of	thing	is	very	in	a	a	not

如表 5-30 所示，邦译本中以 is 为中心的最高频词汇表明，is 的 L_1 位置最常出现的词是 it，次于 it 的词为 there，第三位是 she；加之，is 的 R_1 位置最常出现的词是 not，次于 not 的是 no，第三位是 a。这表明，邦译本中 is 用法最频繁是的 it is 与 there is 的系表句与存现句。其中，搭配排列在第一位的是"it is not"这个结构。这一发现进一步表明，邦译本中出现了大量(210 次)

it 作为主语的否定系表结构。出现这一高频结构的原因可能有两个：一是原文中存在大量类似英语系表结构的汉语表达，译者受到原文影响，进行了直接转换，如汉语中"……有……"与"……是/系/乃/为……"等结构的出现；二是译者将原文中其他结构译为英语的系表结构或存现结构。不管原因如何，大量系表与存现结构的出现表明译文句法结构有简单化的倾向。总体而言，英语系表结构与存现结构是较为简单也是较为容易习得的句法行为，译本中这类结构的高频出现，是译本通俗化的表征。

然而，邦译本中系表结构的具体特点与形成这一特点的原因，不仅需要结合语境共现检索进行文本细读和详细分析，还需要参照、对比霍、杨译文进行基于同一原文的不同译本分析，才能更为全面地认识邦译本使用 is 一词的特点。为进一步认识三译本在使用 is 时的不同特点，本研究将三者以 is 为中心的 L_1 和 R_1 搭配词对比列举如下，详见表 5-31。

表 5-31　邦、霍、杨译本 is 的 L_1 与 R_1 搭配前十位统计对比

N	L_1 邦译本 词项	频次	L_1 霍译本 词项	频次	L_1 杨译本 词项	频次	R_1 邦译本 词项	频次	R_1 霍译本 词项	频次	R_1 杨译本 词项	频次
1	**It**	1 921	it	482	this	370	**not**	603	a	303	the	166
2	**there**	1 336	this	279	it	120	**no**	576	the	256	a	142
3	**she**	596	there	267	there	82	**a**	570	that	177	it	122
4	**that**	532	she	234	what	72	**the**	530	to	160	to	97
5	**what**	452	he	170	she	60	**it**	426	not	132	that	93
6	**this**	420	that	143	how	52	**to**	300	it	123	this	72
7	**he**	385	what	107	he	51	**that**	220	no	113	no	66
8	**how**	268	who	68	where	45	**there**	220	so	86	so	52
9	**who**	198	which	53	who	41	**all**	199	in	58	there	50
10	**thing**	197	do	47	mistress	36	**very**	194	this	56	your	48

如表 5-31 所示，邦、霍、杨三译本 L_1 位置前十位中均出现了 it、there、she、what、this、he、who，但出现的频次差距较大。邦译本中 it、there、she

的频次都远远高于霍、杨译本。三译本 R₁ 位置前十位中均出现了 no、a、the、it、to、that。在 R₁ 位置邦译本中排在首位的 not 未出现在杨译本前十位；邦译本中出现了程度副词 very，而霍、杨译本同在第八位出现了程度副词 so；杨译本第十位出现了人称代词所有格 your。值得注意的是，邦译本中 not 与 no 两个否定词分列第一、第二位，远远超出霍、杨译本的频次，这是本研究中值得关注的另一个焦点。

通过三个译本的相似之处能够发现以下几点：一是 she 与 he 的高频出现表明译文作为小说的文体特点比较明显；she 的大量出现也印证了文本的女性主题，表明女性人物的数量优势；二是 it 与 there 的高频出现，表明三者都习惯于使用系表结构与存现句；三是三位译者前十个高频词中词类出现的相似率在 60%～70% 左右，表明三者有一定的相似性。然而，三者的差异依然不容忽略。首先，邦译本 L₁ 位置 it is 和 there is 远远高于霍、杨译本；其次，邦译本 R₁ 位置连续出现两个否定词 not 和 no，且频次远高于霍、杨译本；第三，邦译本 R₁ 位置不定冠词 a 排在第三位，霍、杨译本分别排在第一和第二位。这些差异的存在，足以证明三者在使用动词 is 时的显著差异，具体的规律性特征还需结合其他指标进一步验证。我们首先结合 is 的词丛频次，将研究的视野进一步扩大，查看以 is 为中心形成的三词词丛频次，详见表 5-32。

表 5-32　邦、霍、杨译本 is 的前二十位词丛统计对比

N	邦译本词丛	频	霍译本词丛	频	杨译本词丛	频
1	there is no	542	there is no	67	this is the	55
2	is no need	329	this is the	50	this is a	42
3	smiled and said	313	is to be	42	the old lady	35
4	is it that	278	Bao Yu is	41	how is it	29
5	how is it	254	is going to	39	there is no	28
6	said it is	211	this is a	39	is bound to	24
7	it is not	210	there is a	38	what is it	23
8	no need to	191	what is it	32	this is just	20

第五章　《红楼梦》译者风格定量描写：词汇层面(上)　109

续 表

N	邦译本词丛	频	霍译本词丛	频	杨译本词丛	频
9	the best thing	152	what it is	31	is it that	19
10	said there is	149	it is not	29	this is all	18
11	there is nothing	140	is no need	28	how it is	18
12	there is a	137	that she is	27	this is no	17
13	said that is	133	this is what	27	is going to	16
14	no need for	132	is a very	27	the mistress is	15
15	said this is	130	as it is	26	what is this	15
16	best thing is	129	the trouble is	26	old lady is	15
17	it is a	120	to do is	26	with a smile	15
18	if there is	115	it is a	26	is to be	14
19	and there is	114	if there is	25	but this is	14
20	for you to	110	is such a	25	the fact is	14
总计:		3 389		671		446

如表 5-32 所示，词丛 there is no 在邦译本与霍译本中均位列第一，邦译本远高于霍译本；杨译本中 there is no 排在第五位，仅有 28 例。邦译本中 is no need 排在第二位，霍译本位列第十一，仅有 28 例，杨译本中这一结构未出现在前二十位。霍、杨词丛中 is going to 分列第五位和第十三位，邦译本中却未见进入前二十位。总体而论，邦译本中围绕 is 形成的前二十个高频词丛共有 3 389 个，霍译本 671 个，杨译本 446 个。即使不经过卡方检验，也能直观判断出三者的显著差异。仅从前二十位的词丛频次就能证明，邦译本围绕 is 形成了大量的固定结构，且分布极广。我们由此可以判断，is 不仅是邦译本中一个极为重要的动词，还以其为焦点形成大量有特点的词丛。通过考察这些词丛，可以进一步验证对邦译本的基本假设：译本的表达受到原文词汇与句法结构的影响。为实现更为细微与具体的观察，我们选取高频词丛 there is no need，对比考察三个译本的异同，进一步观察邦译本特点。there is no need 的语境共现检索详见表 5-33。

表5-33 邦译本《红楼梦》there is no need 语境共现检索前五项

N	Concordance		
1	Fêng-chieh to go and buy accordingly.	**There is no need**	to speak of this in detail
2	now another unnecessary thorn was added.	**There is no need**	to say that she refrain
3	among themselves. All outside affairs	**there is no need**	to relate in detail. But
4	And I know about your former affairs.	**There is no need**	for you to be vague. No
5	tercourse with every kind of affection.	**There is no need**	to speak of it in detail

经过检索发现，there is no need 在邦译本中共出现320次之多。进一步观察其搭配信息，发现这320例中最常见的两个搭配是 there is no need to …与 there is no need for …；再将检索结构向右拓展，发现上述两个结构的搭配词分别为 speak 和 you，形成了两个超长的6词词丛 there is no need to speak …（28次）和 there is no need for you …（90次）；there is no need for you …还可以拓展为 there is no need for you to …（84次），to 后面显然是接动词原形。鉴于邦译本倾向于"模拟"原文词汇与句法风格，这两例是否依旧呢？为证实这一假设，我们分别列出了 There is no need to speak 全部28项检索结果与 there is no need for you to 的前五项检索结果，以进行更为细致的文本观察，详见表5-34与表5-35。

表5-34 邦译本 there is no need to speak 语境共现检索

N	Concordance		
1	Fêng-chieh to go and buy accordingly.	**There is no need to speak**	of this in detail
2	tercourse with every kind of affection.	**There is no need to speak**	of it in detail
3	and told him to bring her back again.	**There is no need to speak**	in detail about
4	ought to have been like this long ago.	**There is no need to speak**	of that child'
5	they brought out in their frolics. And	**There is no need to speak**	of this now in

注：前5项，共28项。

如表5-34所示，there is no need to speak 共出现28次。根据前文对 every day 与 day after day 的研究发现，there is no need to speak 的高频出现是否也

是译者"模拟"原文表达风格的结果呢？由此，我们随机抽取出这 28 项检索结果的前五个，对文本进行更为详细的观察，以期能发现这一搭配的规律性特征。观察方法依然是根据邦译本检索项"按图索骥"，回溯到汉语原文；然后再抽取霍、杨对应的译文，经过邦译文—原文、邦译文—霍译文、邦译文—杨译文的对比，发现邦译本译文的特点与 there is no need to speak 与原文表达风格的关系。详见例 5-16 至例 5-20。

例 5-16

邦译：Of each class of thing there was only a half which were useable. They made a list of the other half for Fêng-chieh to go and buy accordingly. ***There is no need to speak*** of this in detail.

原文：各色东西，可用的只有一半；将那一半开了单子，给凤姐去照样置买，**不必细说**。（《红楼梦》第四十五回）

霍译：... only about half the things they wanted, and made a list of the other half which they gave to Xi-feng to have bought. ***But these are matters about which it is not necessary to go into detail.***

杨译：... only half what they wanted. They made out a list of the other things they needed for Xifeng to purchase. ***But no more of this***.

例 5-17

邦译：... helped her into the bridal chamber. That night Chia Lien and she indulged themselves in sexual intercourse with every kind of affection. ***There is no need to speak*** of it in detail.

原文：……搀入洞房。是夜贾琏和他（尤二姐）颠鸾倒凤，百般恩爱，**不消细说**。（《红楼梦》第六十五回）

霍译：... conducted her heavily-veiled daughter into the marriage-chamber, ... The phoenix-gambollings of the nuptial couch and the mutual delight and cherishing which they engendered are here passed over.

杨译：The bride was helped into the bridal chamber, where that night she and Jia Lian enjoyed the transports of love.

例 5 - 18

邦译：And so the Dowager decided that she could have Chia Lien act as her escort and told him to bring her back again. **_There is no need to speak_** in detail about the arrangements for presents and expenses on the journey. Of course all this had to be satisfactorily provided for.

原文：于是贾母定要贾琏送他去，仍叫带回来；一应土仪盘费，<u>不消絮说</u>，自然要妥帖的。(《红楼梦》第十二回)

霍译：Grandmother Jia insisted that Jia Lian should accompany Dai-yu and see her safely there and back. The various gifts to be taken and the journey-money were, **_it goes without saying_**, duly prepared.

杨译：The Lady Dowager decided that Jia Lian should accompany her granddaughter and bring her safely back. **_We need not dwell on_** the presents and arrangements for the journey, which naturally left nothing to be desired.

例 5 - 19

邦译：Aunt Hsüeh said: "It ought to have been like this long ago. **_There is no need to speak_** of that child's demeanour. Only in that important detail of the way she does her work, I have seen how in the affability of her speech there is a firmness and strength such as is indeed very hard to get."

原文：薛姨妈道："早就该这么着。那孩子模样儿<u>不用说</u>，只是他那行事儿的大方，见人说话儿的和气里头带着刚硬要强，倒实在难得的。"(《红楼梦》第三十六回)

霍译：'And so it should,' said Aunt Xue warmly. 'It should have been done long ago. She's a lovely girl—and ***it isn't only*** her looks I'm referring to, either. She has such a generous, open way of doing things, and she is so polite and friendly to talk to. There's a strong little will there, though—plenty of determination underneath it all. Oh, I think she's a real treasure.'

杨译："This should have been done long ago," was Aunt Xue's comment. "***Quite apart from*** the girl's looks where would you find another with such ladylike manners, so polite and yet so firm and principled? She really is a treasure."

例 5-20

邦译：And ***there is no need to speak*** of this now in detail. But the story tells that from that day when she "shut up" Pao-yü onwards, Hsiang-ling herself considered that Pao-yü had it in mind to be rude to her.

原文：……如今且<u>不消细说</u>。

且说香菱自那日抢白了宝玉之后，自为宝玉有意唐突……（《红楼梦》第七十九回）

霍译：***We will not tax*** the reader's credulity by attempting ***to describe*** them. After delivering her snub for what she mistakenly believed to be a deliberate rudeness, Caltrop decided that in future it would be best to keep away from Bao-yu as much as possible, even to the extent of avoiding visits to the Garden altogether.

杨译：***We can draw a veil over the details***.

Xiangling after scolding Baoyu that day decided that he had been deliberately rude to her.

She thought, "No wonder Miss Baochai dared not get too close to him. I lacked her foresight.

如上 5 例所示，邦译本 there is no need to speak 回溯原文后对应的表达法分别为"不必细说""不消细说""不消絮说""不用说"与"不消细说"。汉语原文除例 5-19 是薛姨妈的话语内容外，另外 4 例均为篇章叙事的"套语"。这类表达法在《红楼梦》中大量存在，是这部作品"说书体"的主要标志，陈琳(2012)曾针对霍译本与杨译本有过相关深入研究。值得注意的是，there is no need to speak of this in detail 出现多达 11 次，经过回溯原文均对应上述例文中"不消细说""不必细说"等套语。这表明，邦译本中存在大量"模拟"原文套语所形成的"固定套语"。反观霍、杨译本基于同样原文的 5 个例子，霍、杨译文的 5 个译法各不相同。例 5-17 中，霍、杨译本均采取省略"套语"的策略，另外 4 例两者译文虽各不相同，也都带有起到连贯上下文的"套语"性质，但译文的表达方式更为多样化。

然而，霍译文与杨译文中是否也有针对"不必细说""不消细说"与"不用说"这类套语的固定表达呢？以例 5-18 霍译本的 it goes without saying 与杨译本的 we need not dwell on 为例，经过检索该表达在两译本中分别仅出现 6 次与 9 次，其他例文中的译法均不超过 5 次。这一发现表明，邦译本针对原文中的说书人"套语"形成了自己的固定表达法，且这种表达是译者"模拟"原文表达的结果。邦译本另一高频词丛是 there is no need for you to，其频次达到 84 次之多，详见表 5-35 所列的语境共现检索。

表 5-35　邦译本 there is no need for you to 检索结果

N	Concordance		
1	And I know about your former affairs.	**There is no need for you to**	be vague. No
2	said: "You are not able to do it. And	**there is no need for you to**	do it. You
3	sister, was only some silly talk and	**there is no need for you to**	be sad. When
4	days to come you will know yourself. And	**there is no need for you to**	say much."
5	herself again. She cried and said: "And	**there is no need for you to**	come and

注：前 5 项，共 84 项。

如表 5-35 所示，词丛 there is no need for you to 后面自然全部接动词原形，形成一种 there is no need for you ＋to do 的结构模式。依据上文中我们对

邦译本处理原文中高频"套语"的惯例，there is no need for you to do 也应该是译者"模拟"原文套语的结果。为验证假设，同样抽取前5例检索项，通过回溯与参照霍、杨译本，尝试发现邦译本的规律，详见例5-21至例5-25所示。

例5-21

邦译：Chia Lien heard this, he smiled and said: "Don't you worry. I am not one of those jealous people. And I know about your former affairs. **There is no need for you to** be vague. Now you have come with me. In great elder brother's presence of course, you must observe the proprieties."

原文：贾琏听了，笑道："你放心，我不是那拈酸吃醋的人。你前头的事，我也知道，<u>你倒不用</u>含糊着。如今你跟了我来，大哥跟前自然倒要拘起形迹来了。……"（《红楼梦》第六十五回）

霍译：Jia Lian laughed reassuringly.

'Look, I'm not a jealous man. I know about your past and it doesn't bother me. **You really mustn't** worry. I realize that now we are married you must feel awkward about Cousin Zhen being here, ...?'

杨译："Don't worry," chuckled Jia Lian. "I'm not the jealous type. I know all that happened in the past, **you don't have to** be afraid. As your brother-in-law is my cousin, you naturally don't like to broach the subject...."

例5-22

邦译：T'an-ch'un smiled and said: "You are not able to do it. And **there is no need for you to** do it. You only superintend, if there is any shirker or dawdler among us, how that person ought to be fined. That's all."

原文：探春笑道："你不会做，也<u>不用你</u>做；你只监察着我们里头有

偷安怠惰的，该怎么罚他就是了。"（《红楼梦》第四十五回）

霍译："**You wouldn't have to** compose poems," said Tan-chum. "That's not what we want you for. All you have to do is keep an eye on the rest of us, and if you find anyone slacking or playing truant, decide how they ought to be punished."

杨译："**You wouldn't have to** write anything," said Tanchun. "Your job would simply be to watch out for truants or slackers and punish the offenders as you think fit."

例 5-23

邦译：Pao-yü saw it and said: "What I said just now, little sister, was only some silly talk and **there is no need for you to** be sad...."

原文：宝玉看见，道："妹妹，我刚才说的不过是些呆话，**你也不用**伤心了。……"（《红楼梦》第八十一回）

霍译：'I got a bit carried away, coz,' he said. '**Please don't** take it to heart so....'

杨译："Cousin, I was only talking nonsense just now. **Don't** let it upset you," he pleaded.

例 5-24

邦译：Miao-yü said: "In days to come you will know yourself. And **there is no need for you to** say much." Then she walked straight off.

原文：妙玉道："日后自知，**你也不必**多说。"竟自走了。（《红楼梦》第八十七回）

霍译：'You will find out in time. **Please don't** say anything about this.' She walked off, ...

杨译："You'll know later; **don't** talk about it." With that she left, ...

例 5 - 25

邦译：And so he lost control of herself again. She cried and said: "And **there is no need for you to** come and deceive me. From now onwards I will not venture to have any close connection with you, Êrh-yeh. Pretend that I have gone away."

原文：(黛玉)因又掌不住，便哭道："**你也不用**来哄我！从今已后，我也不敢亲近二爷，权当我去了！"（《红楼梦》第三十回）

霍译：… and she was unable to maintain her silence. '**You don't have to** treat me like a child,' she blurted out tearfully. 'From now on I shall make no further claims on you. You can behave exactly as if I had gone away.'

杨译：… made her break down again. "**You needn't** flatter me," she sobbed. "I shall never dare be friends with you again. Behave as if I'd gone."

如上 5 例所示，邦译本中的高频词丛 there is no need for you to 是汉语原文中"你倒不用""不用你""你也不用"与"你也不必"的对译。邦译文对这类套语翻译的策略与风格显然受到原文套语语义与结构的影响，是对原文套语的高度"模拟"。例 5 - 22 中的霍、杨译文表现出异常一致的处理方式。然而，在霍、杨译本中进一步检索 you wouldn't have to 这一结构，除例 5 - 22 一项外再无其他频次出现。霍、杨译本对原文中这类否定套语的翻译表现得及其灵活，结合后面的动词与前面的主语处理为形式多样的否定结构，译文总体而言看不出套语的特点。邦译文将套语"原封不动"地"搬迁"到译文中，而霍、杨译文则将原文套语"消融"到语境中去。这是两种截然不同的处理方式。两种不同的处理方式使得译文呈现出不同的阅读效果。邦译本大量套语的出现，使得译文呈现出更强烈的"异质性"，多少带有一些"翻译腔"。值得肯定的是，汉语原文中一些篇章套语得以由此进入英译本，为英语读者所知。然而，过度的"模拟"难免造成译文的"程式化"与"僵化"，这又在多大程度上影响到译文的可读性与译本的接受度也是不容忽视的问题。霍、杨译本的灵活处理无疑使得译文的可读性更强,减少了译文读者的负担;然而,常常出现在如《红楼梦》这类章回小说中的各类说书人"套语"与叙事者"套语"则在译文中难觅踪迹,原文的文体特征在一定程度上被"消解"。

综上所述,邦译本依然直译甚而硬译原文,在套语的翻译上更是将这种"模拟"行为发挥到极致。邦译本中 320 次 there is no need 的出现,回溯到原文基本全部对应汉语中的"不用""不必""不消"等否定词。更大范围的搭配如 there is no need to speak 与 there is no need for you to do 也表现出同样的原文"模拟"。相对而言,霍、杨译本则表现出极大的灵活性。二者往往通过上下文联系与篇章连贯,灵活处理原文套语,表达形式不仅多样化,也不时出现省略套语的处理方法。邦译本在套语翻译上与霍、杨译本出现较大分歧,借此评判译文的整体效果尚为时过早。语料库统计分析的要点是通过译本规律性特征来呈现译文特点,探究译者的翻译策略与风格,考察译文风格与原文风格的关系,并尝试进一步挖掘译者形成这一风格的原因。因此,基于语料库的译者风格研究以译本、译者的风格描写为主,价值评判为次。

以上是对 there is no need 词丛向右拓展的深入检索。同理,我们还可以再将 there is no need 的语境向左拓展一个词,查看是否会有新的发现。经过检索,我们发现在 there is no need 左侧语境共现频率最高的搭配词是连接词 and,共有 48 项之多,详见表 5-36。

表 5-36 邦译本 and there is no need 语境共现检索

N	Concordance		
1	authority and turn the whole lot of us out.	And there is no need	for you to worried
2	entertain them at home and that will do.	And there is no need	for you to send me
3	thing just take this and go and get it.	And there is no need	to ask me. I only
4	"That will do!" He has already come.	And there is no need	for a lot of talk.
5	nodded her head, smiled coldly, and said: "	And there is no need	for you to get angry

注:前 5 项,共 48 项。

经过全部 48 个检索项的文本细读发现，其与表 5-35 中的检索项重合率较高，表明 there is no need 向右语境拓展的特点更为明显。经过原文回溯发现，and there is no need 对应的几乎全部是"也不必""也不用""也不消"等动词前的否定语。同理，霍、杨译本在处理这类否定词时，依然呈现出极高的灵活性，译文表达形式极为多元化。总之，邦译本在套语翻译时几乎无一例外地"模拟"原文套语，译文中出现大量套语式的表达；霍、杨译本则将原文套语融入到语境中去，译文更为灵活。

综上所述，我们以邦译本高频动词"is"为例，通过其高频搭配词与高频词丛的考察，对三个译本有了更为全面、深刻的认识。简言之，邦译本中的动词倾向简单化，不仅"is"出现频率高，"go""come"这类简单动词出现频率也极高；加之，邦译本"is"的大量出现，表明邦译本中系表结构与存现句的大量存在，这本身就是译本简单化与通俗化的直接表征；此外，邦译本在翻译原文套语时，呈现出高度一致的"模拟"形式，无论是较短的时间副词"每天""每日""日日""天天"，否定副词"不必""不用"，还是较长篇章叙事套语"不消细说""不必絮说""不必赘述"等，均极力模仿原文的表达，以致译文中形成大量的固定表达结构。由此可见，邦译本在很大程度上受到原文表达风格的影响。相对而言，霍、杨译本的高频词与邦译本差距较大。通过抽取的例证可见，霍、杨译本的翻译方法相对而言更为灵活，译本也呈现更大的多样化。霍、杨译本整体而言受到原文风格的影响更小，而霍译本较之杨译本则受到原文风格的影响最小。

三、高频副词

否定副词 not 的词频在英语文本中的频次通常位列副词首位。邦译本排列前 100 位的高频词中，副词 not 排在第 17 位(8 605 次)，霍、杨译本中的 not 分别排在 37 位(3 393)与 27 位(3 038)。三译本 not 频次的具体差异可通过卡方检验获取。结果显示：邦译本参照霍译本的卡方值为 2 202.848 3，p 值为 0.000，表明二者差异极其显著，邦译本相对霍译本使用 not 的频次倾向于"过度使用"；邦译本参照杨译本的卡方值为 1 276.835 5，p 值为 0.000，这表明二者差异也极为显著,邦译本相对杨译本使用 not 的频次同样存在"过度使用"倾向;相对杨译本而言,邦译本较之霍译本的 not 频次差别更为悬殊。针对这一统计结果产生以下问题:1. 邦译本为何存在数量如此庞大的否定副词"not"?2. 邦斯尔与霍克思、闵福德同以英语为母语,差距为何如此之大?3. 这一差距是否也是区分译者词汇风格的标准?这些问题的澄清需要借助语料库工具进一步挖掘译本信息。

然而,单纯观察 not 的频次不足以解答上述问题。我们依然需要借助 Wordsmith6.0 工具包的词汇搭配与词丛搭配检索,更为深入、具体地观察 not 在译本中的搭配习惯。检索结果详见表 5-37 至表 5-40。

表 5-37 邦译本以高频副词 not 为中心的前十位搭配类型

N	L₅	L₄	L₃	L₂	L₁	中	R₁	R₂	R₃	R₄	R₅
1	the	and	and	she	did		know	to	to	the	the
2	and	the	that	I	could		to	the	the	and	and
3	to	that	if	he	do		be	what	it	to	to
4	of	said	the	you	was		dare	it	and	she	she
5	a	of	but	it	is	not	come	her	of	it	of
6	in	to	said	they	does		help	that	she	of	he
7	is	this	this	and	had		been	and	he	I	it
8	was	her	of	we	will		a	a	you	a	in
9	that	a	so	who	would		very	any	a	in	I
10	I	it	pao	yü	have		go	of	in	that	you

如表 5-37 所示,邦译本中以 not 为中心的最高频搭配为 did not know,高达 296 次之多。通过向左拓展,可以发现这一高频搭配的最常见主语是代词 she,构成一个四词的高频词丛 she did not know。单纯观察邦译本未必能够看出译者风格特点,基于同一原文的多译本研究,需要对比其他译本以"放大"目标译本的区别性特征。为此,我们进一步生成霍、杨译本的 not 搭配表,并分别选取三者节点词 not 的 L₁ 与 R₁ 的高频搭配词,详见表 5-38。

如表 5-38 所示,三译本节点词 not 的 L₁ 搭配词绝大多数为动词与助动

表 5-38　邦、霍、杨译本高频副词 not 的 L_1 与 R_1 搭配前十位统计对比

N	L_1 邦译本 词项	频次	L_1 霍译本 词项	频次	L_1 杨译本 词项	频次	R_1 邦译本 词项	频次	R_1 霍译本 词项	频次	R_1 杨译本 词项	频次
1	**did**	1 558	did	247	could	264	**know**	599	to	340	to	260
2	**could**	951	could	206	did	243	**to**	436	a	115	a	83
3	**do**	665	was	190	i'm	128	**be**	380	be	105	even	66
4	**was**	611	had	156	it's	123	**dare**	268	the	78	be	62
5	**is**	603	is	132	why	121	**come**	178	going	71	only	60
6	**does**	409	and	126	or	107	**help**	167	only	66	the	53
7	**had**	344	i'm	108	was	104	**been**	153	been	62	like	52
8	**will**	271	or	105	and	96	**a**	152	in	55	yet	52
9	**would**	268	are	93	dared	94	**very**	146	so	52	knowing	49
10	**have**	256	why	83	had	94	**go**	129	have	51	know	46

词；三译本节点词 not 的 R_1 搭配词呈现多元化分布。就 L_1 而言，三译本排在前两位的均为 did 与 could，这是三译本趋同之处。不同的是，邦译本中 did 与 could 的频次远高于霍、杨译本，即使不使用卡方检验，差异的显著性也不言而喻。就 R_1 而言，邦译本依然是动词居多，共有七个（know、be、dare、come、help、been 与 go）。霍、杨译本都是四个，分别为 be、going、been、have 和 be、like、knowing、know。需要注意的是，霍译本中的 going 既可能是动词进行时，也可能是 be going to 结构表示将来；通过进一步检索发现，霍译本出现了大量 be going to（476 次）的结构，相对而言邦译本（372 词）少于霍译本。通过表 5-38 可知，霍译本中 not going 的搭配出现 71 次，而检索邦译本发现这一结构仅出现 28 次，杨译本也只出现 18 次。造成这一差异的原因，也值得关注。

除动词外，霍、杨译本中不定冠词 a 与副词 only 排名远高于邦译本（60次）。邦译本中 a 的绝对数远超霍、杨译本，only 的绝对频次与霍、杨译本基本持平，但排位却低于霍、杨译本。另外，霍、杨译本前十位中还出现介词 in 与副词 yet 等邦译本前十位中未出现的词。总体而言，邦译本前十位中 R_1 的几

个特色动词搭配 know、dare、come、help 值得关注。邦译本中这四种动词的大量涌现是译者"直译"或"模拟"原文表达的结果么?为回答这个问题,我们需要进一步检索节点词 not 与这些词语境共现的信息,结合原文回溯确定假设是否正确。

在此之前,我们有必要先观察三个译本以节点词 not 为中心形成的高频词丛,查看译文中超出"单词"这一语言单位之上的三词词丛乃至四词词丛。卫乃兴(2011:53)指出,词语搭配是词语学的基础所在。搭配不仅是一种语言现象和语言实体,更是一种重要的意义单位。译本中高频词中的词汇搭配关系不仅仅是一种简单的词汇并置,还体现了共现词之间的相互期待与相互预见。译本中的高频词丛既有为数不少的目标语类熟语搭配,也有译者受到原文表达影响而形成的非"目标语类熟语"搭配。这类搭配前文已经述及,最为典型的表示"模拟"原文表达的"there is no need to speak …"。由此,通过词丛的考察可以反映译文与原文的关系,探究译本中这类高频结构是原文结构影响的结果,还是译者熟练使用目标语中固定搭配与熟语的结果,从而考察译者词汇风格形成的原因。表 5-39 对比显示了《红楼梦》三个英文全译本高频副词 not 的词丛统计对比。

表 5-39　邦、霍、杨译本高频副词 not 的前十位词丛统计对比

N	邦译本	频次	霍译本	频次	杨译本	频次
1	do not know	296	not going to	57	she could not	61
2	she did not	282	not to be	50	he could not	42
3	he did not	268	it was not	47	did not know	37
4	she could not	265	he could not	44	she did not	36
5	not dare to	256	she could not	42	he did not	34
6	did not know	250	I m not	40	the old lady	32
7	did not dare	227	she did not	39	but could not	25
8	I do not	211	he did not	37	not to be	25
9	you do not	201	it s not	34	not one of	25
10	it is not	198	you re not	33	may not be	25

如表 5-39 所示，邦译本排名前十位的词丛频次均在 200 次以上，而霍、杨译本中的词丛频次未有一例超过 61 次。这表明，邦译本中围绕副词 not 形成了大量独具特色的高频否定结构。这类结构的前十位频次的总和接近 2 500 次，远远高于霍译本的 423 次与杨译本的 342 次。巨大的悬殊表明，邦译本副词 not 的使用极为独特，而其形成这一特点的原因将是我们继续探讨的话题。

邦译本中有两个值得注意的高频词丛 not dare to 与 did not dare。我们由此推断，四词词丛 did not dare to 在邦译本中频次一定很高。检索发现，这一推断符合译本事实，did not dare to 在邦译本中共出现 214 次。除此之外，还包括 do not dare to(23 次)、does not dare to(5 次)、will not dare to(10 次)与 would not dare to(4 次)。相对而言，霍译本中 did not dare to 的频次仅为 7 次，杨译本仅为 3 次。相反，词丛 not daring to 在霍译本中出现 29 次，杨译本中出现 20 次，而邦译本中仅出现 4 次。为进一步考察邦译本使用 did not dare to 的用法风格，我们将检索范围进一步缩小。通过将搜索范围向右拓展一个词，我们发现与 did not dare to 搭配最多的 R_1 词为 say，共 30 项，详见表 5-40 所示。

表 5-40　邦译本 did not dare to say 语境共现检索

N	Concordance		
1	stressed. Fêng-chieh also	**did not dare to say**	anything. But they heard it said outside
2	then, too, Hsiao-ch'an	**did not dare to say**	all that she wanted to say and at once w
3	t servant came back and	**did not dare to say**	anything for fear of causing trouble aga
4	red all over his face and	**did not dare to say**	a single word. It was Chia Lien who too
5	went red in the face and	**did not dare to say**	anything. He stood up and did not dare t

注：前 5 项，共 30 项。

表 5-40 30 项检索结果中，邦译本中 did not dare to day 共出现 30 次。say 之后所接宾语有 anything(17 次)、a (single) word(5 次)、much(3 次)、that 从句(3 次)、any more(1 次)与 a thing(1 次)。我们随机抽取出前五个检索项进行原文回溯，并对比霍、杨译本，以期发现邦译本的规律性特征，例文如下。

例 5 - 26

邦译：Hsi-ch'un was afraid that he might say what she had heard him say and felt very distressed. Fêng-chieh also ***did not dare to say anything***. But they heard it said outside: "Hu-p'o and the other elder sister have come back."

原文：惜春恐他说出那话，心下着急。凤姐也**不敢言语**。只见外头说："琥珀姐姐们回来了。"（《红楼梦》第一百十二回）

霍译：Xi-chun was terrified that he was going to open his mouth and start abusing Adamantina. Xi-feng ***maintained an apprehensive silence***. It was reported meanwhile that Amber and the other maids had arrived from the temple, …

杨译：… while Xichun was on tenterhooks for fear lest he mention Miaoyu. Xifeng ***did not dare to speak*** either. Then someone outside announced the return of Hupo.

例 5 - 27

邦译：Ssǔ-ch'i threw them all on the floor. That servant came back and ***did not dare to say anything*** for fear of causing trouble again.

原文：司棋全泼了地下。那人回来，也**不敢说**，恐又生事。（《红楼梦》第六十一回）

霍译：When this was in due course delivered to her, Chess promptly emptied it on the ground, but the woman who had taken it ***prudently refrained from reporting this fact*** on her return for fear of provoking further unpleasantness.

杨译：Siqi emptied it on the ground. However, the maid who had taken it ***kept silent about this*** on her return, for fear of causing fresh trouble.

例 5 - 28

邦译：Hsi-jên did not understand what her meaning was and **did not dare to say anything**. Tai-yü however took no notice but herself walked into the room.

原文：袭人不解何意，也**不敢言语**。黛玉却也不理会，自己走进房来；……（《红楼梦》第九十六回）

霍译：Aroma had no idea what she meant and **dared not ask**. Undeterred, Dai-yu walked on into Baoyu's room.

杨译：Xiren was **too puzzled** by this **to say any more**. Daiyu, disregarding her, went on into the inner room where Baoyu was sitting.

例 5 - 29

邦译：Chia Chên was still staring at him. That servant then asked Chia Jung:"His Honour is not afraid of the heat. Why. Elder brother, do you go first to get cool?"Chia Jung held down his hands at his side and **did not dare to say a single word**.

原文：贾珍还瞪着他。那小厮便问贾蓉："爷还不怕热，哥儿怎么先凉快去了？"贾蓉垂着手，**一声不敢言语**。（《红楼梦》第二十九回）

霍译：… then, as Cousin Zhen continued to glare at him, he rebuked Jia Rong for presuming to be cool while his father was still sweating outside in the sun. Jia Rong was obliged to stand with his arms hanging submissively at his sides throughout this public humiliation, **not daring to utter a word**.

杨译："Ask him what he means by it," ordered Jia Zhen. So the page asked Jia Rong, "If His Lordship can stand the heat, why should you go to cool off?" Jia Rong, his arms at his sides, **dared not utter a word**.

（杨译本底本：贾珍又道："问着他！"那小厮便问贾蓉道："爷还不怕热，哥儿怎么先乘凉去了？"贾蓉托着手，**一声不敢说**。）

例 5 - 30

邦译：Chia Lien went red in the face and **did not dare to say anything**. He stood up and did not dare to make a move.

原文：贾琏红了脸，**不敢言语**，站起来也不敢动。(《红楼梦》第一百十二回)

霍译：Jia Lian blushed and **said nothing further**. He stood up but dared not move.

杨译：Jia Lian flushed but **dared not argue**, and stood up but dared not leave.

进一步细察文本发现，邦译本在处理上述同一类原文时，译文表达的细微差异也因原文差异而呈现规律性特征。如例 5 - 31 至例 5 - 33 所示。

例 5 - 31

邦译：Chia Lien said:"Ch'in-êrh, you hear. Doesn't Lai Ta accuse you?" Chia Ch'in at this time had gone red all over his face and **did not dare to say a single word**.

原文：贾琏道："芹儿，你听！赖大还赖你不成？"贾芹此时红涨了脸，**一句也不敢言语**。(《红楼梦》第九十三回)

霍译：'Do you hear that, Qin?' said Jia Lian. 'Is Lai Da maligning you too?' Jia Qin was by now puce in the face and **speechless** with embarrassment.

杨译："Hear that, Qin?" said Jia Lian. "Lai Da wouldn't make that up, would he?"Jia Qin blushed and **dared not say a word**.

例 5 - 32

邦译：Chia Chêng **did not dare to say much**. He could only come out and make arrangements for his brother's and his nephew's journeys.

原文：贾母道："你们各自出去，等一会子再进来，我还有话说。"贾

第五章 《红楼梦》译者风格定量描写：词汇层面(上) 127

政**不敢多言**，只得出来料理兄侄起身的事，又叫贾琏挑人跟去。(《红楼梦》第一百七回)

霍译：'You may all leave now,' ordered Lady Jia. 'Come back a little later. There are still a few things I want to say.' Jia Zheng, his attempt at filial consolation having been thus peremptorily crushed, **did not venture to say any more**. He went out to superintend the practical arrangements for the convicts' departure and instructed Jia Lian to choose some servants to accompany them.

杨译："You're all to leave now and come back presently — I've more to say to you." **Not venturing to raise any further objections**, Jia Zheng went to help prepare for his brother's and nephew's journeys, instructing Jia Lian to choose servants to accompany them.

例 5-33

邦译：Here, Chin-ch'uan-êrh, one side of her face as hot as fire, **did not dare to say a word**. When the slave-girls heard that Madam Wang had wakened up, they all came at once hurrying in.

原文：这里金钏儿半边脸火热，**一声不敢言语**。登时众丫头听见王夫人醒了，都忙进来。(《红楼梦》第三十回)

霍译：Golden, one of whose cheeks was now burning a fiery red, **was left without a word to say**. The other maids, hearing that their mistress was awake, came hurrying into the room.

杨译：Jinchuan's cheek was tingling but she **dared say nothing** and the other maids, hearing their mistress's voice, hurried in.

又由上述 3 例可知，汉语原文中凡有修饰语"多"出现之处，邦译文则多为 did not dare to say much；汉语原文中凡有"一声""一言"等限定词时，邦译本则相应添加 a word 或 a single word，以示强调。同理，那些占据多数且不带修饰与限定语的"不敢言语""不敢说",邦译本皆为 did not dare to say anything。

由此可见,邦译本以 not 为中心形成的高频词丛具有独特的译者风格。译文在整体上依然呈现出对原文表达方式的"模拟"。邦斯尔模拟原文的严格程度甚至精确到单个的修饰语,如上述的"多"与"一言""一声"等。邦译文风格在很大程度上受到原文表达方式的影响。相对而言,霍、杨译本在处理高频副词 not 形成的词丛时则表现为极大的灵活性与多样性。二者译文中以 not 为中心的词丛总数远远不及邦译本。造成这一结果的原因有二:一是汉语原文是带有明显说书体的章回小说,叙事方式存在大量俗语与套语。这类词语的不断重复具有一定的语篇功能,既使得文本通俗易懂,又能起到对语篇的衔接与连贯。二是英汉语语篇连贯的方式存在明显差异。汉语中反复出现的成分,在英语中倾向用替代与复现的方式出现,由此起到语篇连贯的作用。邦译本通过模拟汉语原文形成的大量重复表达,未必能够起到良好的语篇连贯。

除 not 外,高频搭配如副词 very 与 be 动词 is 的搭配在邦译本中共出现 194 次之多;相对而言,霍译本中 is very 搭配仅出现 33 例,杨译本较之更少,仅出现 17 例。经过回溯原文发现,邦译本 is very 主要对应原文中类似"极""很""太""过"与"尤"等程度副词修饰形容词;霍、杨译本对这类副词的处理更为灵活,既有诸如 so 之类的近义词替换,也有通过词性转换将形容词转化为动词乃至名词表示,并非如邦译本直接而单一地对应"very"这一概念。三者在这一类原文词汇的处理方式上,与前文探讨的基础高频搭配词处理风格类似。

总之,译者每类词汇都具有一定的频次与搭配特征,限于篇幅无法进行穷尽式考察。本节研究的目标是通过三类分布与频次最高的名词、动词和副词个案研究,对比霍、杨译本,发现和归纳邦译本的用词特点与翻译特点,进而揭示其译文风格与原文风格的关系。以上三类研究已经明确显示邦译本的高频词译法特点,其他词类如形容词、介词、助词等的研究此节不再赘述。针对邦译本高频连词的研究,将在第八章第二节语篇衔接中作专门的探讨。

本章小结

词汇层面的研究显示，邦译本用词整体相对较易，词汇语义的选择受到原文词汇语义的影响较大，译文的语义选择与表达结构受到原文风格影响的程度很高，词汇语义的选择未能充分考虑语境需要与交际效果，译文存在过度直译的倾向。除高频词外，译文主题词与独特词也是反映译者风格的有力证据。综合考察与对比三译本的主题词与独特词，有助于更为全面和系统地表征三位译者的不同风格，为考察译者风格形成的原因提供更为有利的证据。

第六章 《红楼梦》译者风格定量描写：
　　　　词汇层面（下）

本章为第五章的姊妹篇，关注与词汇相关的三类译者风格信息：主题词与独特词、固定搭配及语义韵，统计方法和基本范式与上一章同。因此，严格来说，本章关于固定搭配及语义韵研究所探讨的范围已经超出词汇层面，上升到由其构成的更大语言单位：词组。

第一节　主题词与独特词

主题词（keyword）是指某一观察语料库（observed corpus）与另一参照语料库（reference corpus）相比，前者中出现频率偏高或偏低的词汇。出现频率偏高的词被称为观察语料库的主题词，出现频率偏低的被称为参照语料库的主题词。文本词汇偏高与偏低的程度被称为主题词的关键性（keyness）。通过观察主题词，可以发现某一给定文本或主题文本的词语特征（梁茂成等，2010：86）。同理，主题词的研究结果能够反映出译文的主题内容以及译者使用词汇的独特性。译本主题词是与参照语料库相比时译文中出现频率偏高或偏低的词，当偏离程度达到一定的显著性时，还可称作译本的特色词。可以认定，在一个含有核心主题词的主题词表中，主题词与核心主题词，以及主题词与主题词之间构成了围绕某一主题表达而触发的复杂的词语网络（卫乃兴、李文中、濮建中，等,2005:169)。

独特词(unique word)则是指某一个观察语料库中有,而参照语料库中出现频率为0的词。这类词为某个译本或译者所独有,故而称作独特词。受个人语言风格、语言规范、地域方言等因素影响,译者之间的语言运用特征会有差异。通过对这些独特词的分布和使用情况进行考察,可以揭示译者的翻译策略和语言使用偏好,更能够进一步发现译者在译文中留下的种种"痕迹",由此描写译者风格。

WordSmith6.0工具包中提供生成词表的功能,通过目标译本词表与参照译本词表的匹配,可以生成目标译本的主题词,再根据参照词表的频次与相对关键性,抽取出目标译本的独特词。译本对比出参照基于同一原文的不同译本外,还可以选取同样文体的原创作品作为参照。英语翻译文本与原创英语文本的对比,有助于考察翻译语言与原创语言的差异性。然而,由于翻译原文与原创作品的主题差异与时代差异,以及原作者语言风格的差异,翻译文本与原创文本的对比结果带有一定的局限性。本研究仍以基于同一原文的霍、杨译本对比为主,同时参照几部文体较为接近的原创作品[①]。表6-1、表6-2与表6-3分别列举出邦译本参照霍译本、杨译本与原创文本的主题词表前30位。本研究将关键性的标准值设置为24,即:关键性达到24以上,就视为具有关键性[②]。

表6-1 邦译本主题词统计(参照霍译本)

N	邦译本主题词	频次	百分比	霍译本频次	百分比	关键性	*p*
1	PaoYü	3 803	0.45	0		3 753.18	0.000 0
2	Chia	3 395	0.40	0		3 349.50	0.000 0
3	dowager	2 579	0.30	13		2 504.16	0.000 0
4	not	8 605	1.01	3 388	0.40	2 207.24	0.000 0

---

① 本研究共选取三部作品,分别为 Gone with the Wind (Margaret Mitchell)、Jane Eyre (Charlotte Bront)、Pride and Prejudice (Jane Austen)。三部小说的总词数约为74万。
② WordSmith6.0工具包中关键性的默认统计值是对数似然率(log-likelihood ratio,常简写为LL)。LL与卡方值x^2的检验原理类似,此处不再赘述。一般而言,该值大于临界值3.84、6.64与10.83,则表明*p*值0.05、0.01与0.001在显著水平上是有意义的,即可视为具有关键性。本研究使用WordSmith6.0将统计范围控制在对数似然比值大于24的范围内,*p*值默认为0.001,所统计出的关键词与独特词均具有极高的可比性。

续 表

N	邦译本主题词	频次	百分比	霍译本频次	百分比	关键性	p
5	is	9 992	1.18	4 412	0.53	2 096.49	0.000 0
6	smiled	2 429	0.29	265	0.03	1 707.38	0.000 0
7	also	2 493	0.29	304	0.04	1 682.01	0.000 0
8	FêngChieh	1 670	0.20	0		1 644.92	0.000 0
9	saw	2 676	0.31	550	0.07	1 370.95	0.000 0
10	said	10 496	1.24	5 830	0.70	1 276.74	0.000 0
11	TaiYü	1 294	0.15			1 273.84	0.000 0
12	madam	1 463	0.17	92	0.01	1 187.82	0.000 0
13	HsiJên	1 108	0.13	0		1 090.33	0.000 0
14	paochai	1 047	0.12			1 030.16	0.000 0
15	and	33 255	3.91	25 260	3.02	1 011.26	0.000 0
16	Chêng	965	0.11	0		949.27	0.000 0
17	heard	2 539	0.30	775	0.09	913.63	0.000 0
18	't	3 880	0.46	1 614	0.19	903.30	0.000 0
19	Hsüeh	890	0.10	0		875.30	0.000 0
20	hastily	961	0.11	28		865.00	0.000 0

注：前20项，共442项。

如表6-1所示，Wordsmith6.0生成的参照霍译本的邦译本主题词表中，既含有邦、霍译本中均有出现而邦译本频次远高于霍译本的邦译本主题词（这类词也可称为邦译本的特色词），也含有仅在邦译本中出现，霍译本中频次为0的邦译本独特词。表中显示，邦译本独特词全部是直译姓名形成的专有名词，由于邦斯尔与霍克思和闵福德所用的姓名翻译策略与汉语拼音拼写方式不同，必然造成大量邦译本独有的词汇。为进一步观察邦译本特色词的分布范围，我们将邦译本主题词表前100位中霍译本频次为0的单词检索项去除，仅抽取、观察邦译本远高于霍译本频次的特色词，以在更大范围内观察邦译本的用词特色，抽取结果详见表6-2①。我们采取同样的关键词生成方法，分别参照杨译

---

① 为保证数据代表性，抽取范围控制在邦译本参照霍译本生成主题词表的前100位单词。

本词表与原创文本词表,生成邦译本参照杨译本、原创文本词表的主题词。结果显示,邦译本参照杨译本主题词为499个,参照原创文本主题词为804个。同理,为更进一步考察邦译本特色,我们将主题词范围缩小到邦译本特色词的考察,即抽取出邦译本与参照本均出现,但邦译本频次相对较高的特色词,抽取范围为主题词表前100位。限于篇幅,这类表格不再一一例举。

表6-2 邦译本前三十位特色词参照霍、杨与原创文本对比

N	邦译本特色词					
	参照霍译本		参照杨译本		参照原创文本	
	特色词	关键性	特色词	关键性	特色词	关键性
1	Dowager	2 504.16	's	4 199.53	said	4 338.59
2	not	2 207.24	't	4 175.61	Dowager	3 185.84
3	is	2 096.49	said	3 801.01	is	2 921.40
4	smiled	1 707.38	is	2 345.91	also	2 407.60
5	also	1 682.01	don	1 703.90	this	2 249.41
6	saw	1 370.95	also	1 560.58	smiled	2 149.05
7	said	1 276.74	smiled	1 510.93	madam	1 453.83
8	madam	1 187.82	not	1 349.46	has	1 149.69
9	and	1 011.26	and	1 212.20	come	1 142.20
10	heard	913.63	PaoChai	1 141.26	heard	1 124.72
11	't	903.30	it	1 005.65	elder	1 104.41
12	hastily	865.00	there	998.29	go	1 038.14
13	elder	777.59	saw	882.36	saw	1 005.05
14	there	660.25	Dowager	849.71	when	978.07
15	come	645.37	will	820.49	Li	807.68
16	this	593.25	that	803.92	although	757.55
17	don	558.33	heard	699.95	someone	728.63
18	when	555.71	very	645.80	hastily	719.47
19	he	535.22	say	637.14	came	690.96
20	sister	511.95	am	532.20	then	644.38
21	say	491.61	has	531.39	that	619.83

续　表

<table>
<tr><td colspan="7">邦译本特色词</td></tr>
<tr><td rowspan="2">N</td><td colspan="2">参照霍译本</td><td colspan="2">参照杨译本</td><td colspan="2">参照原创文本</td></tr>
<tr><td>特色词</td><td>关键性</td><td>特色词</td><td>关键性</td><td>特色词</td><td>关键性</td></tr>
<tr><td>22</td><td>she</td><td>488.64</td><td>was</td><td>510.91</td><td>there</td><td>616.46</td></tr>
<tr><td>23</td><td>has</td><td>462.56</td><td>great</td><td>502.02</td><td>say</td><td>605.52</td></tr>
<tr><td>24</td><td>will</td><td>460.69</td><td>when</td><td>485.48</td><td>outside</td><td>596.30</td></tr>
<tr><td>25</td><td>came</td><td>459.91</td><td>Pao</td><td>465.29</td><td>two</td><td>580.05</td></tr>
<tr><td>26</td><td>'s</td><td>405.81</td><td>elder</td><td>443.75</td><td>others</td><td>554.38</td></tr>
<tr><td>27</td><td>slavegirl</td><td>394.24</td><td>across</td><td>443.35</td><td>all</td><td>525.83</td></tr>
<tr><td>28</td><td>did</td><td>389.60</td><td>come</td><td>423.49</td><td>lady</td><td>516.86</td></tr>
<tr><td>29</td><td>although</td><td>384.78</td><td>Jung</td><td>406.41</td><td>went</td><td>513.84</td></tr>
<tr><td>30</td><td>they</td><td>380.33</td><td>came</td><td>390.71</td><td>saying</td><td>499.75</td></tr>
</table>

邦译本参照霍、杨与原创文本分别生成大量主题词与特色词。针对三个参照语料库生成的词表既有重合部分，也有独属一域的独特词，参照标准不同，词表的特点与分布也不相同。邦译本参照霍、杨译本属于基于同一原作的平行语料库对比，邦译本参照原创文本是译文与原创文本的可比语料库对比。二者的差异显而易见，参照原创文本的词表由于文本内容差异，主题词表明显多于平行语料库参照。为增强可比性并进一步放大邦译本特点，我们将邦译本三个特色词表的前30位提取出来并置于表6-2，以便更为直观地观察三者的异同。

如表6-2所示，邦译本三个特色词表中重合的词主要有：Dowager、is、smiled、also、saw、said、heard、elder、come、say与has等。

邦译本参照霍译本的特色词中排列靠前的几个如not、is、smiled、said等已在前文述及。这些词的特点与前文高频词对比的结果一致，不再赘述。需注意的是，Dowager在邦译本中用于称呼贾母，可谓邦译本一大特色。相比而言，Dowager在霍译本中出现13次，杨译本中出现568次，原创文本中也出现5次。邦译本、杨译本中频率较高的原因是二者使用该词对译原文中"贾母"一词的翻译；杨译本低于霍译本是因杨译本中除将"贾母"对译为 the

Lady Dowager 外，还常将其译为 the old lady；霍译本频次最低是因霍译本中"贾母"一词常被对译为 Grandmother Jia，频次高达 1 240 次之多。相比之下，邦译本中该词的出现频率为 0 次。这一现象绝对偶然，处理差异同三位译者整体翻译策略有关，也反映出译文较之原文叙述视角的改变。

除这类用于称呼语的名词外，邦译本较之霍译本的另一大特点是几个副词与形容词的高频使用，如 also、hastily、elder 等。经过文本细读与原文回溯发现，邦译本中这类词的高频显现与其极端的直译策略有关，即邦斯尔竭力"模拟"原文中的表达方式与结构，在语义与结构方面皆是如此。also 的大量出现是源于汉语原文中叙述连接词"又""也"等的大量分布。邦译本对原文亦步亦趋式的翻译策略，必然导致译文中表达"又"这一概念的副词大量出现，also 便是"又"对应的结果。其中，我们以转述动词 said 为例，证明邦译本中 also 出现频率高的原因。said 是邦译本中的高频词之一，其高频分布是邦译文对于原文中高频词"说"和"道"直译的结果。以此类推，also said 是邦译本中对译"又道"与"又说道"的结果。经过语境共现检索，also said 在邦译本中共出现 170 次，霍译本中仅有二例，杨译本中为三例。

表 6-3　邦译本前五项 also said 语境共现检索

N		Concordance	
1	pen and wrote that after it. Pao-ch'ai	also said	:"In composing a poem, no matt
2	thing to say about that. Here Pao-ch'ai	also said	to Hsiang-yün:"And don't make
3	know what she is doing." Hsiao-ch'an	also said	:"That is so. Yesterday, elder
4	hsiao hastily answered that he knew and	also said	:"Yes, Yes." A few times, Chia
5	Pao-ch'ai came behind Hsiang-yün and	also said	with a smile:"I urge you all to

如表 6-3 所示，经过文本细读与原文回溯，我们发现邦译本特色词 also 的形成与邦斯尔的整体翻译策略有关。除此之外，hastily、elder 二词的高频显现也与译者翻译策略有关，确切地说是与译文受到原文表达风格的影响有关。单凭频次较难看出其独特性，结合语境共现便可发现邦译本异于霍、杨

译本的风格特点。我们以 hastily 为例，通过语境共现检索出其排列前 10 项的频次，通过语境共现内容进一步观察 hastily 的语境搭配信息，并通过回溯到汉语原文解析原文影响邦译本的具体例证。检索发现，邦译本 961 例 hastily 的 L₁ 位置基本是人称代词与人物姓名做主语，L₁ 位置出现的主要是其修饰的动词，其中前十位分别是：said(137 次)、smiled(71 次)、asked(67 次)、came(39 次)、answered(29 次)、went(25 次)、stood(20 次)、took(20 次)、gave(19 次)与 responded(16 次)。通过回溯原文发现，这类动词分别与 hastily 搭配对译汉语原文中的动词偏正结构，以报道动词为例，汉语原文中的对应词组为：忙道(100 次)、忙说(37 次)、忙问(47 次)、忙笑道(67 次)、忙问道(20 次)、忙劝道(12 次)、忙说道(11 次)、忙回道(7 次)、忙答道(6 次)、忙笑说(6 次)。相对而言，霍、杨译本中直接使用 hastily 翻译报道动词的案例都较少。

另外，邦译本还出现 hastily 的名词形式 haste。该词在邦译本共出现 212 次，主要搭配类型有：in great haste(68 次)、made haste to(54 次)、with the utmost haste (20 次)、in great haste and(17 次)、in all haste(14 次)与 with all haste(11 次)。我们分别检索上述搭配发现，haste 在译文中与介词和动词搭配依然对译原文中各种类型的"忙……"。我们以 hastily smiled and said 与 with the utmost haste 为节点词组，列举出前五位的语境共现项，以近距离观察译本特点，检索结果如下。

表 6-4　邦译本 hastily smiled and said 语境共现检索

N	Concordance		
1	Pao-ch'in also	**hastily smiled and said**	: "The moon-cave turns back the silver
2	Madam Wang also	**hastily smiled and said**	: "The Lady Dowager also frequently
3	Hsüeh P'an	**hastily smiled and said**	: "And I am not a fool. How should I
4	her meaning and	**hastily smiled and said**	: "Then wrap it up and take it away."
5	Fêng-chieh	**hastily smiled and said**	: "Oh! I understand. It is not in fact

注：前 5 项，共 55 项。

表 6-5　邦译本 with the utmost haste 语境共现检索

N	Concordance
1	on as they saw Pao-yü, they all　**with the utmost haste**　hung down their hands and
2	ten cups of wine." Hsüeh P'an　**with the utmost haste**　slapped himself in the mouth
3	him to come out. Hsüeh P'an　**with the utmost haste**　made a profound obeisance
4	him." Chia Jung answered and　**with the utmost haste**　came across to this side and
5	hat you say is reasonable." And　**with the utmost haste**　he got down from his horse

注：前5项，共20项。

如上所示，hastily smiled and said 与 with the utmost haste 在邦译本出现频次远远高于霍、杨译本，属于邦译本的特色词组。通过回溯汉语原文发现，译文中这两个词组分别对译原文的"忙笑道"（67次）和"急忙"（30次），其他 haste 组成的动词与介词词组主要对译原文中的"连忙"（83次）和"慌忙"（8次）等副词词组。无论是副词 hastily 还是名词 haste，都能直接在汉语原文中找到其"源头"。

显而易见，邦斯尔在处理原文中的动词修饰成分时，译文呈现出极高的直译倾向。其中较为经典的例证是"忙道"一词的翻译。邦译本中忙道通常直译为"hastily said"，副词位于动词之前。霍、杨译本的处理方式表现出极大的灵活性。杨译本除了大量省略修饰语"忙"外，还将这一概念用动词词组更为生动地表达出来，如原文第七回："周瑞家的忙道：'嗳哟哟！'"杨译本为"Aiya！" broke in Mrs. Zhou。动词词组 broke in 是杨译本灵活处理"忙道"的一个经典例子，译者并未大量重复原文中的报道动词，而是将修饰语"忙"融入到上下文与动词表达中去。无独有偶，霍译本处理方式与杨译本类似，除大量省略修饰语"忙"外，霍译本报道动词后出现多种与 hastily 语义接近的副词，且全部位于报道动词之后，如 flatly、impatiently、indignantly、hurriedly、testily 等。

除副词外，邦译本特色词中排名靠前的两个形容词 elder 与 younger 也值得我们关注。这两个词看似简单、普通，通过检索与原文回溯却能发现其高频次背后隐藏的译者词汇风格与翻译策略。检索结果显示，邦译本中同 elder 搭配形成的几个亲属关系名词词组有：elder brother（431次）、elder brothers（7

次)、elder sister(501 次)、elder sisters(24 次);词丛中搭配频次最高的有:elder sister Pao(宝姐姐,出现 79 次)、great elder brother(大哥哥指贾珍,55 次)、your elder brother(你哥哥,44 次)、your elder sister(你妹妹,38 次)、my elder brother(我哥哥,35 次)、good elder sister(好姐姐,37 次)、her elder brother(她哥哥,32 次)、second elder brother(二哥哥,20 次)、elder brother number ××(×× 哥哥,24 次)、elder sister number ××(×× 姐姐,24 次);同 younger 搭配形成的几个亲属关系名词词组有:younger brother(135 次)、younger brothers(8 次)、younger sister(266 次)、younger sisters(15 次),词丛中搭配频次最高的有:younger sister Lin(林妹妹,40 次)、your younger sister(你妹妹,39 次)、your younger brother(你兄弟,35 次)、younger sister number three(三妹妹,20 次),以及更具体的 younger brother Pao(宝兄弟,27 次)。

通过上述与 elder 及 younger 的搭配词可知,邦译本在处理原文称呼语时基本保持了汉语原文中称呼语的特色。《红楼梦》中的称呼语是中国社会文化领域表达亲属关系的典型例证。称呼语体现了封建社会"长幼有序""尊卑有别"的伦理观念与家族等级体系。原文中大量"哥哥""弟弟""姐姐""妹妹"等称呼语在邦译本中被直接通过这些词的字面意思对应为"elder brother""younger brother""elder sister""yougner sister",几乎无一例外。相比而言,霍译本中处理同辈间亲属称谓时的特点是在人物姓名前添加 cousin 一词(参见表 6-6),这也是该词在霍译本中频次(857 次)相对较高的原因。霍译本中除使用 cousin 表达亲属关系外,原文中大多表示"长幼"的称谓语都直接使用人物名称表达,只有在必须标明人物年龄大小时才偶尔使用 elder 与 younger 这类词表示长幼。杨译本中同辈间的亲属称谓语与霍译本有类似之处,使用 cousin 一词的频次(477 次)虽不及霍译本,相对邦译本依然呈现出较高的频率与显著性;除此之外,杨译本中出现大量的称谓语省略,直接以人物名称代替原文中"哥哥""弟弟""姐姐""妹妹"等称呼。

霍、杨译本对同辈间亲属称谓语的处理方式更加符合英美人的习惯,不以称呼对方"elder brother""elder sister"为表示对长者的尊敬,也不以称呼对方"younger brother""younger sister"为表示对年幼者的疼爱。中国传统文化中"父慈子孝、兄友弟恭"等人伦价值在英语译本中被消解，译文更加符合目标语读者的期待，转换为他们所习惯接受的称谓，一定程度也消解了原文的陌生化程度。反之，邦译本则极力保留原文中的称谓语特点，通过英语中区分同辈长幼的关系词 elder brother 与 elder sister 等词表达汉语原文中幼者对长者的"尊敬"及长者对幼者的"疼爱"。然而，这种原本仅是表达亲属关系的词，被用作表达"尊敬"和"友爱"的称谓语时，能够为目标语读者所接受的现象依然值得进一步探讨。邦斯尔努力保持原文称谓语特色的努力，能够反映出其尊重源语文化的态度。译者过度的直译向来容易遭受苛责，但如果没有译者坚持直译，西方文化中的许多观念也未必能够为中国读者所接受。

我们通过考察邦斯尔特色词的使用发现，邦译本中的特色词也是其翻译策略的最直接体现。邦斯尔极端的直译在译本中形成大量有异于目标语之文化的词汇与概念。这些种类繁多的特色词还反映出译者对待源语文化的态度，表明其维护与保持原文中承载的文化信息的努力程度。语料库翻译学的译本通过考察译者高频词与特色词，以及下文即将探讨的独特词，能够将译本特点与译者对待原作的态度联系起来。译者对待原作的态度是影响译者策略选择与形成译者风格的译者主体性因素之一，本节的研究为第六章分析译者风格形成机制奠定基础。

同时，我们通过反向操作，使用 Wordsmith6.0 的主题词统计工具，分别统计出霍、杨译本相对邦译本的主题词。不同的是，在不改变霍、杨译本作为参考库的情况下，二者相对邦译本的主题词关键性表示为负数，负值越小表明霍、杨译本对应的主题词频次高于邦译本的程度越强，详见下表。

表6-6　参照邦译本，霍、杨译本前三十位主题词统计

N	霍译本主题词				杨译本主题词			
	主题词	霍频次	邦频次	关键性	主题词	杨频次	邦频次	关键性
1	grandmother	1 683	40	−1 591.11	Lian	723	4	−1 196.22
2	Lian	1 090	4	−1 093.09	lady ship	2 957	1 588	−948.01
3	cousin	857	27	−790.29	maids	707	89	−754.37
4	maids	795	89	−573.14	too	1 747	771	−747.93
5	her	11 730	8 892	−439.14	master	759	120	−734.77

续 表

N	霍译本主题词				杨译本主题词		
	主题词	霍频次	邦频次	关键性	主题词	杨频次	邦频次	关键性
6	by	3 024	1 668	−412.95	but	3 887	2 808	−665.37
7	but	4 450	2 808	−397.63	cousin	477	27	−638.11
8	oh	445	23	−385.15	maid	456	42	−541.07
9	ve	455	30	−377.15	mistress	507	74	−508.88
10	ladyship	443	32	−360.16	old	2 031	1 305	−461.07
11	maid	450	42	−342.90	Yuanyang	316	12	−452.74
12	though	502	66	−339.80	though	434	66	−427.67
13	seemed	444	58	−301.15	fetch	257	4	−404.21
14	from	3 285	2 086	−286.31	started	270	11	−382.76
15	re	298	6	−282.98	why	1 163	625	−371.72
16	find	581	136	−281.74	by	2 271	1 668	−370.82
17	ll	352	32	−269.86	her	8 706	8 892	−361.37
18	of	19 699	16 884	−266.25	instead	297	27	−353.74
19	moment	423	68	−260.62	exclaimed	257	17	−332.47
20	found	556	138	−256.94	better	717	314	−309.74
21	master	515	120	−250.49	find	453	136	−291.10
22	should	1 272	616	−237.39	remarked	185	3	−290.09
23	must	1 244	601	−233.34	till	258	29	−286.95
24	bit	516	132	−232.22	girls	517	193	−269.58
25	his	5 288	3 906	−229.81	found	434	138	−265.13
26	better	815	314	−229.12	me	2 734	2 396	−246.93
27	arrived	429	92	−221.81	his	4 083	3 906	−246.62
28	Mr	294	29	−219.79	must	973	601	−239.95
29	with	6 849	5 314	−218.61	after	1 676	1 295	−235.88
30	own	1 166	564	−218.08	Lian	634	317	−227.34

如表 6-6 所示，霍、杨译本前三十位主题词中有 13 个一样的词，表明二者参照邦译本时呈现出较高一致性。结合文献综述可知，前期的全译本研究多

以霍、杨译本的对比研究为主。研究者从不同角度发现霍、杨译本在各个层面的巨大差异。然而，参照译本不同时，二者还可能表现出较大的一致性。就三者特色词的对比而言，邦译本与霍、杨译本存在较大差距，而后二者则相对呈现出较大的一致性。本研究关注的焦点是邦译本风格，对霍、杨译本的特色词不做过多探讨。

特色词考察的是译者之间针对同一类词汇的使用差异，能够反映译者用词的倾向性与偏好。如果需要考察译者针对同一原文使用完全不同的词汇的情况，就需要统计出译者的独特词，即基于同一原文内容时，译者高频使用而参照库中频次为0的词汇。由于独特词为邦译本所独有，在参照语料库中的频次为0，因此不需要统计参照库中相对的频次与关键性，仅凭邦译本中频次就能考察邦译本特点。邦译本独特词的统计详见表6-7所示。

表6-7 邦译本前三十个独特词统计

N	邦译本独特词					
	参照霍译本（共302个）		参照杨译本（共194个）		参照原创文本（共307个）	
	独特词	频次	独特词	频次	独特词	频次
1	Paoyü	3 618	Paoyü	3 618	Paoyü	3 618
2	Chia	3 393	Chia	3 393	Chia	3 393
3	FêngChieh	1 576	Fêngchieh	1 576	Fêngchieh	1 576
4	TaiYü	1 207	Taiyü	1 207	Wang	1 255
5	Hsijên	1 081	Hsijên	1 081	Taiyü	1 207
6	Paochai	1 003	Paochai	1 003	Hsijên	1 081
7	Chêng	938	Chêng	938	Paochai	1 003
8	Hsüeh	859	Hsüeh	859	Chêng	938
9	Lien	777	Lien	777	Hsüeh	859
10	Taitai	647	Taitai	647	Lien	777
11	Pingêrh	545	Pingêrh	545	Taitai	647
12	Laoyeh	511	Laoyeh	511	Pingêrh	545
13	Chên	504	Chên	504	Huan	528
14	Nainai	496	Nainai	496	Laoyeh	511

续 表

N	邦译本独特词					
	参照霍译本（共 302 个）		参照杨译本（共 194 个）		参照原创文本（共 307 个）	
	独特词	频次	独特词	频次	独特词	频次
15	Êrhyeh	416	Êrhyeh	416	Chên	504
16	Pao	401	Pao	401	Nainai	496
17	Hsing	374	Hsing	374	Lin	430
18	Yüanyang	357	Yüanyang	357	Êrhyeh	416
19	Jung	355	Jung	355	slavegirl	411
20	slavegirls	349	Slavegirls	349	Pao	401
21	Hsiangyün	346	Hsiangyün	346	Tanchun	388
22	Dowager's	328	Dowager's	328	Liu	383
23	Chingwên	324	Chingwên	324	Hsing	374
24	Tzŭchüan	282	Tzŭchüan	282	Yüanyang	357
25	Yushih	268	Yushih	268	Jung	355
26	Yün	244	Yün	244	Slavegirls	349
27	Hsiangling	220	Hsiangling	220	Hsiangyün	346
28	Fêng	205	Fêng	205	Chingwên	324
29	Shê	191	Shê	191	ounces	284
30	ShêYÜeh	186	Shêyüeh	186	Tzŭchüan	282

如表 6-7 所示，邦译本参照霍、杨译本的前三十个独特词中无一例外皆是人物姓名，同时也含有少数如"Tai-tai""Nai-nai""Laoyeh"之类的称谓语。值得注意的是，这前三十词在参照霍、杨译本时的排序高度一致，表明邦译本在姓名拼写与人物称谓方面独具个性，与霍、杨译本相异甚疏。造成这一结果的重要原因是邦译本独特的人物姓名拼写方式及人物称谓语的翻译策略。邦译本相对原创小说文本的独特词与参照霍、杨译本时较为一致，除出现"Wang""ounces"由于原文内容引起的独特之处外，其余独特词全是人物姓名与称谓语差异引起的。

然而，仅仅观察前三十个独特词很难清晰地考察邦译本的独特词风格。为了进一步深入了解邦译本独特词，我们对邦译本参照另外三个语料库的全部独特词进行人工干预，剔除已经分析过的人物姓名，但保留人物称谓，以便更直观地观察译本在处理称谓语、动词、副词、普通名词、介词等方面的独特性，以期更为全面地解读该译本的独特性，详见表6-8。

表6-8 邦译本独特词表

N	邦译本独特词					
	参照霍译本(共298个)		参照杨译本(共190个)		参照原创文本(共303个)	
	独特词	频次	独特词	频次	独特词	频次
1	Taitai	647	Taitai	647	Taitai	647
2	Laoyeh	511	Laoyeh	511	Laoyeh	511
3	Nainai	496	Nainai	496	Nainai	496
4	êrhyeh	416	êrhyeh	416	êrhyeh	416
5	slavegirls	349	slavegirls	349	slavegirl	411
6	Dowager's	328	Dowager's	328	slavegirls	349
7	Êrhnainai	174	Êrhnainai	174	ounces	284
8	Tayeh	123	Tayeh	123	taoist	204
9	ancestress	82	ancestress	82	sisterinlaw	178
10	Taitai's	79	Taitai's	79	Êrhnainai	174
11	Ta	76	Ta	76	concubine	174
12	Tai	58	Tai	58	enquire	167
13	favor	48	favor	48	nannie	162
14	purposely	48	purposely	48	Kang	156
15	deepred	43	deepred	43	womenservants	128
16	Nainai's	41	Nainai's	41	Tayeh	123
17	Taitai's	41	Laoyeh's	40	monk	119
18	Laoyeh's	40	maze	38	palace	116
19	maze	38	tenths	37	buddhist	112
20	tenths	37	êrhyeh's	36	enquired	94

注：前20项，去除专有名词。

邦译本参照霍、杨译本与原创文本的独特词剔除掉人名后分别剩下88词、46词与136词。为缩小观察范围，我们将排名前50位的词并列进行对比观察。如表6-8所示，剔除人物姓名后的邦译本独特词表前50个词中（邦译本参照杨译本独特词剔除人名后为46个）多数为名词，也含有少量动词形容词，不含一例动词。其中最具特色的依然是邦译本中用于翻译原文中诸如"老祖宗""太太""奶奶""老爷""二爷"等称呼语的音译词。这类称呼语的翻译方式及含义，邦斯尔在正文之前的体例介绍中曾有专门说明，文中也有针对这类称呼语的独特体例，即在"Tai-tai""Nai-nai"等词下面添加了下画线。

需注意的是，邦译本中"老祖宗"这一称谓语并非音译，而是选用"ancestress"一词。我们通过原文回溯发现，邦译本中的ancestress对应的汉语原文为"老祖宗"，该词是专门用于贾母的敬称，属于称呼语的范畴，具体的使用语境详见表6-9所列。

表6-9　邦译本ancestress语境共现检索

N	Concordance		
1	lanterns and watch the plays. And you,	**Aged Ancestress**	, please allow these two relat
2	day, this time of the day. Once the	**Aged Ancestress**	opens her mouth, she talks on
3	The wine has got cold. Let the	**Aged Ancestress**	drink a mouthful to moisten
4	their stage adornments and get the	**Aged Ancestress**	to laugh. I here with no little
5	Wên-kuan smiled and said: "What the	**Aged Ancestress**	says is right. Our plays of

注：前5项，共82项。

如表6-9所示，ancestress在邦译本中跟aged搭配，形成Aged Ancestress称呼语，专用于称呼贾母。ancestress的语境共现检索共有82项，另外52项中与ancestress搭配的前置修饰语还有venerable（37次）、good（2次）、aunt（1次）与old（1次）。这一现象表明，邦斯尔极为尊重源语文化，试图将其"复制"到译文中去。问题是，邦译本将Aged Ancestress或Venerable Ancestress用于翻译表达对长辈尊敬的称呼语究竟效果如何？目标语读者会认可和接受这种表达法吗？我们借助英语在线词典，查询ancestress的词义与用法，以期借此评判邦译本的有效性。

　　检索显示，牛津在线英语词典(Oxford English Dictionary)[①]与柯林斯在线英语词典(Collins Online Dictionary)[②]对 ancestress 的解释分别为：1. Noun. a female ancestor，2. Noun. (genealogy, old-fashioned) a female ancestor。我们同时检索了容量 1 亿词的英国国家语料库(British National Corpus，BNC)[③]与容量 4.5 亿词的美国当代英语语料库(Corpus of Contemporary American English，COCA)[④]，分别发现 9 例与 28 例包含该词的检索项。然而，所有 37 例 ancestress 的检索中，全部用作表示"女性祖先"的名词，而没有 1 例将其用作表达尊敬的称呼语。两个语料库中均不存在 Aged Ancestress 或 Venerable Ancestress 的检索项，表明本族语语料库中不存在相关表达法。鉴于两个语料库的库容与代表性，我们的检索证实邦译本中这类翻译法属于极端的异化策略，译文读者将会遭遇强烈的"陌生化"效应。

　　继续观察邦译本的独特词还可以发现，独特名词主要涉及的是称呼语与表达中国文化特色的词项。尤其是邦译本参照原创文本的独特词，除称呼语外大多为表达中国文化独特性的名词，如 taoist、buddhist、bamboo、emperor、yamen、gauze、pavilion、eunuch、cassia、lute、railing 等，均带有中国传统文化特点。同时，邦译本中普通名词、副词、动词、介词几乎出现在独特词范围内的频次极低。这表明邦译本中的用词呈现出两个极端：一是普通词汇的"大众化"，即高频普通词与三个参照语料库几乎全部重合，没有独特性可言；二是文化词汇的"异化"，即从人名拼写、人物称谓的独特处理方式，到文化特色词的独特性对应项，均表现出邦译本词汇特点的两个极端。同时，特色词的考察也印证了本章中对邦译本类符/形符比、词汇密度、高频词等的研究发现。邦译本整体而言词汇量较小，词汇密度较低，高频普通词的复现程度高，而特色词的总量也相对较小。

---

① 检索网址，http://oxforddictionaries.com/definition/english/ancestress?q=ancestress。
② 检索网址，http://www.collinsdictionary.com/dictionary/english/ancestress?showCookiePolicy=true。
③ 检索网址：http://corpus2.byu.edu/bnc/。
④ 检索网址：http://corpus2.byu.edu/coca/。

为增强对比度，我们继而生成了霍、杨译本参照邦译本的独特词表，其中霍译本独特词为 240 个，杨译本 260 个，详见表 6-10 所示。

表 6-10 霍、杨译本前三十位独特词统计

N	霍译本独特词(共 240 个)			杨译本独特词(共 260 个)		
	独特词	频次	关键性	独特词	频次	关键性
1	Jia	4 400	6 134.63	Baoyu	2 552	4 357.89
2	Baoyu	3 225	4 494.13	Jia	2 546	4 347.63
3	Xifeng	1 641	2 285.22	Xifeng	1 448	2 471.19
4	Daiyu	1 199	1 669.38	Daiyu	1 043	1 779.62
5	Zheng	965	1 343.44	Xiren	823	1 404.08
6	Xue	962	1 339.27	Xue	791	1 349.46
7	Zhen	602	837.96	Zheng	629	1 072.99
8	Bao	480	668.10	Zhen	468	798.28
9	've	455	633.30	Xiangyun	384	654.97
10	Xiangyun	448	623.55	Rong	344	586.73
11	Nightingale	412	573.44	Bao	326	556.02
12	Xing	403	560.91	Zijuan	313	533.85
13	Grannie	371	516.36	Xing	299	509.96
14	Li	352	489.91	I'd	285	486.08
15	Skybright	337	469.03	Qingwen	276	470.73
16	Youshi	325	452.33	You'd	255	434.91
17	Rong	318	442.59	Granny	247	421.26
18	Baoyu's	271	377.17	Baoyu's	238	405.91
19	caltrop	267	371.60	Zhou	229	390.56
20	Zhou	264	367.42	taels	223	380.33
21	Qin	248	345.15	We're	214	364.97
22	taels	232	322.88	Xiangling	213	363.27
23	Xichun	230	320.10	Xichun	195	332.57
24	Jia's	211	293.65	Sheyue	191	325.74

续 表

N	霍译本独特词(共240个)			杨译本独特词(共260个)		
	独特词	频次	关键性	独特词	频次	关键性
25	presently	200	278.34	Qin	181	308.69
26	Zhao	186	258.86	presently	168	286.51
27	I'd	182	253.29	Baoqin	161	274.58
28	Erjie	180	250.51	chuckled	161	274.58
29	You'd	179	249.11	Zhang	152	259.23
30	Yucun	178	247.72	Yucun	146	248.99

邦译本排列前三十位的独特词以人物名称为主，造成这一结果的原因是邦译本与霍、杨译本采用的人名翻译策略与汉语发音拼写差异所致。霍、杨译本中排列前三十位的特色词也主要以人物名称为主。然而，霍、杨译本独特词较邦译本的一大特点是，二者含有大量诸如Baoyu's(霍271次、杨238次)、you'd(霍179次、杨255次)，排列三十位以外的Daiyu's(霍114次、杨110次)等。

除此之外，VE、LL与I'D等缩略语也是两者的独特表达方式，且总体频次较为显著。三译本缩略语的频次也是反映译者策略的重要指标之一。结合文献综述中贝克关于译文缩略语的研究结论，我们可以判定霍、杨译本中缩略成分远超邦译本。这一现象表明，二者的译文较之邦译本的显化程度较低；反之，邦译本较之霍、杨译本译文的显化程度要高，译文相对霍、杨译本更为通俗易懂。

综上所述，邦译本主题词、特色词与独特词呈现出不同特点。主题词既包含译者的特色词也包含独特词。我们通过不同译本、原创文本参照，借助主题词表、特色词表和独特词表考察了邦译本的用词特点，也进而揭示出译者对待原作的态度以及译者所持的翻译观，为后续的译者风格研究奠定基础。然而，词汇层面的考察具有一定的局限性，译者风格的考察必须扩大到更大的语言单位。上文研究中的词丛与搭配都是高于词汇层面的探讨，我们还将专门研究邦译本中既高频出现又呈现其独特性的固定搭配研究，以期更为深入和全面地考察译者用词风格。

第二节　固定搭配

词语的固定搭配任何语种中都存在。固定搭配的熟练运用也是增强译文表达力与可读性的语言能力。译本中的高频固定搭配既能用于考察译本的词汇特点，又能够考察译者本身的搭配习惯与特点，并进一步考察译本搭配风格与原作中固定搭配的关系。一般而言，译者会发挥母语优势，将原文中出现的"习语""熟语""固定搭配"等频频出现的规律性表达，转化为符合目标语读者期待的英文表达。然而，译文搭配风格很大程度上既取决于译者对待原文的态度，也取决于译者的翻译观。假设译者尊重原作，尝试努力保持原作的表达风格与特点。这时的译者将会面临两种选择：一是采取异化策略，"模拟"原作表达的特点和结构。这种策略做到极致就会形成大量的死译与硬译，不利于目标语读者阅读。二是采取归化策略，"消解"与"转化"原作表达的特点与结构。这种策略做到极致将使得原文中的语言特色与文化因素消失殆尽，不利于源语文化的传播。

假设译者尊重源语文化并尽力保持，决定其采取上述归化还是异化策略的关键将不再是对待原作的态度，而是译者所持的翻译观，即译者究竟将翻译这一"语言转换"活动视为何物？是实现语言与结构层面的对应，还是实现意义表达层面的对应。这是译者受其翻译观影响的一种主体性选择。当然，多数译者会两者兼顾并有所侧重；然而，也不排除有译者坚持较为极端的直译与异化策略，尝试将原文中语言表层信息与结构形式"拷贝"到译文中。通过大量文本观察与数据统计，我们发现邦译本中存在大量"模拟"原文的固定搭配。这些高频搭配的出现，既能揭示邦译本风格特点，也能揭示邦译本风格与原作风格的关系，同时还可以由此窥测出译者的翻译观与对待原作的态度，从而为第六章探讨译者风格形成因素间的相互制约关系提供文本支持。

我们尝试通过邦译本中两个较为特殊的高频固定搭配 so saying 与 you don't mean to say that 的语境共现信息来证明上述假设，检索结果详见下表。

表 6-11 邦译本 so saying 语境共现检索结果

N	Concordance
1	away. Don't let them knock it about." **So saying**, he got up and went out. Fêng-
2	What are you still interfering about?" **So saying**, she hurried on to strike. Hsi-
3	my grandmother will be coming across." **So saying**, he at once presented the letter
4	That will be the end of the affair." **So saying**, he tucked it in the side of his
5	I am off to attend to my own affairs." **So saying**, she went out. Chia Jung hastily

注：前5项，共392项。

检索发现，so saying 在邦译本中出现高达 392 次之多。我们通过对 392 个检索项中的前二十例观察发现，so saying 几乎无一例外地接在标志直接引语结束的后双引号之后，显然为表示一种继起与伴随状态，即承接前文中的直接引语内容，又承接起下一句的内容，如表 6-11 所示。同时，我们通过原文回溯发现，so saying 对应汉语原文中的"说着"（887 次）、"说毕"（105 次）、"说完"（2 次）、"说罢"（5 次）等表示衔接的短语动词。对比霍、杨译本的检索结果显示，霍译本中 so saying 出现 7 次，杨译本中出现 15 次，语义与功能与邦译本相同，但频次远远低于邦译本。由此可见，so saying 是邦译本中一个颇具特色的高频固定搭配，其语义与结构都受到原作表达形式的影响。为了进一步证明这一推断，我们随机抽取邦译本中前五例，通过回溯原文与对比霍、杨译文，证实邦译本受到原文表达结构影响的推断，抽取结果详见例 6-1 至例 6-5 所示。

例 6-1

邦译：Chia Jung was so pleased that his eyebrows opened and his eyes smiled. He said hastily: "I will bring men myself to take it away. Don't let them knock it about." ***So saying***, he got up and went out. Fêng-chieh suddenly thought of something and called through the window: "Jung-êrh, come back."

原文：贾蓉喜的眉开眼笑，忙说："我亲自带人拿去，别叫他们乱

碰。"*说着*，便起身出去了。这凤姐忽然想起一件事来，便向窗外叫："蓉儿，回来。"(《红楼梦》第六回)

霍译：Delighted with his good luck, Jia Rong hurriedly forestalled her. 'I'll get some of my own people to carry it. Don't put yours to a lot of trouble!' **and** he hurried out. Xi-feng suddenly seemed to remember something, and called to him through the window, 'Rong, come back!'

杨译："I've brought men to carry it." Jia Rong's face lit up, his eyes twinkled. "I'll see that they're careful." He had barely left when she suddenly called him back.

例 6-2

邦译：So she said: "You don't understand, Miss. Don't interfere in our affairs. It is all because you all been too lenient. What are you still interfering about?" **So saying**, she hurried on to strike. Hsi-jên in her anger turned round and came in.

原文：这婆子……便说道："姑娘，你不知道，别管我们的闲事。都是你们纵的，还管什么？"*说着*，便又赶着打。(《红楼梦》第五十九回)

霍译：'I should mind your own business, if I was you, miss,' she (Swallow's mother) said rudely. 'You know nothing about these matters. It's because you're all so soft with the girl that she's got so out of hand.' She darted after Swallow again, her hand upraised to strike her.

杨译："You don't understand, miss, so don't meddle in our affairs," she retorted. "You're the ones who spoil them. Just mind your own business."

She chased after Chunyan **then** to beat her again.

(杨译本底本：这婆子……便说道："姑娘你不知道，别管我们闲事！都是你们纵的，这会子还管什么？"*说着*，便又赶着打。)

第六章 《红楼梦》译者风格定量描写：词汇层面(下) 151

例 6-3

邦译:"… She also says that my grandmother will be coming across." **So saying**, he at once presented the letter. Madam Wang took the letter and as she did so she asked:"What has your grandmother come for?"

原文:贾兰……回道:"……还说我老娘要过来呢。"**说着**,一面把书子呈上。王夫人一面接书,一面问道:"你老娘来作什么?"
(《红楼梦》第一百十八回)

霍译:Jia Lan … '… and bringing my Grandmother Li.'
He handed Lady Wang the letter. Lady Wang asked him, as she took it from him:
'Why is your grandmother here?'

杨译:Jia Lan … "… and so will my grand-aunt, she says." He presented the letter.
"What has your grand-aunt come for?" asked Lady Wang.

例 6-4

邦译:He smiled and said:"It wasn't really good of you to take it. The best thing is for me to burn it. That will be the end of the affair." **So saying**, he tucked it in the side of his boot.

原文:(贾琏)笑道:"你拿着到底不好,不如我烧了,就完了事了。"
一面说,一面掖在靴掖子内……(《红楼梦》第二十一回)

霍译:'Perhaps you'd better not have it, after all,' he said with a grin of triumph. 'If I have it I can burn it, and then it's all over and done with.' He stowed the hair in the side of his boot **as he said this**.

杨译:"I don't trust you with it," he chortled. "I'd better burn it and be done with it." He stuffed the hair into his boot.
〔杨译本底本:(贾琏)笑道:"你拿着终是祸患,不如我烧了他完事了。"**一面说着**,一面便塞于靴掖内。〕

例 6-5

邦译：Fêng-chieh said:"Don't forget them. I am off to attend to my own affairs." ***So saying***, she went out.

原文：凤姐道："可别忘了。我干我的去了。"<u>说着</u>便出去了。(《红楼梦》第十六回)

霍译：'Mind you don't forget!' said Xi-feng. 'Now I'm off to see to my own affairs.' ***And*** she left the room.

杨译："Don't forget," Xifeng cautioned Jia Qiang. "Now I must get back to my duties." ***With that*** she left.

如以上 5 例所示，邦译本中的高频固定搭配 so saying 主要对应原文中的"说着"，也有如"一面说"等类似概念。原文中这类词的主要功能是动作的衔接与语义的连贯。"说着"含有明显的说书体特点，这类套语既有文内衔接套语如"列位看官""话说""暂且不提"，也有最典型的章回衔接套语"上回说到""且听下回分解"等，都是《红楼梦》这类章回体小说的共同特点。章回衔接套语与文本内衔接套语一样，起到连接前后章节，使故事情节更为紧凑、连贯的作用。这类词的频繁出现是原文本一大特点。

通过观察邦译本中 so saying 的检索项即通过原文回溯抽取的上述 5 例，我们发现邦译本的最大特点是借助英语表达规则"再现"或是"模拟"了原文中的套语。通过多译本对比发现，霍译本处理的方式更加符合英语语篇连贯的习惯，对原文"说着"的处理既有如例 6-2、例 6-3 的省略，也有以 and 作为连接词的替代，还有通过 as 引导的伴随状语从句 as he said this 的直译，方式极为灵活。霍译本将原文浓重的"说书人"痕迹以英文特色的连贯方式表达出来，原文特点与风格被"消解"并"转化"为译语特点。杨译本既有如例 6-1、例 6-3、例 6-4 中的省略不译，也有使用 then 与 with that 的替代方式。杨译文省略的不仅仅是"说着"这类套语，文中的直接引语也简化为第三人称叙述，如例 6-1 中的"<u>说着</u>，便起身出去了。这凤姐忽然想起一件事来，便向窗外叫：'蓉儿，回来。'"在杨译文中简化为"He had barely left when she suddenly called him back."这也从一定程度上解释了杨译本的形符总数为何远远低于邦、霍译本的原因。

总体而言,邦译本对"说着"的处理方式极力保持原文风格。一是将 so saying 置于与原文中"说着"所在的类似位置;二是几乎无一例外地将二者对应起来,在译文中形成大量用于动作连贯的套语,使得原文风格得到一定程度的保留。相对而言,霍、杨译本则通过灵活的方式处理"说着"套语,既有省略也有英语同类功能词的替换。

除了 so saying 外,邦译本中还存在更长的高频固定搭配结构,由 7 个单词构成的 you don't mean to say that 便是其中一例,详见表 6-12。

表 6-12　邦译本 you don't mean to say that 语境共现检索

N	Concordance		
1	self such a nuisance again.	**You don't mean to say that**	respect for these people
2	it over you can recite it all'.	**You don't mean to say that**	I can do 'ten lines after
3	does not do it for amusement?	**You don't mean to say that**	we compose poetry as a
4	the child I myself bore. And	**you don't mean to say that**	I daren't control you.
5	si-jên's hand and asked:"	**You don't mean to say that**	Pao-yü has been acting

注:前 5 项,共 82 项。

邦译本中 you don't mean to say that 共出现 82 次,上表列举出了检索项的前 5 项。邦译文套语 you don't mean to say that 大多出现在句首,这同该词组在原文中出现的位置有关。至于该套语的含义,我们需要通过原文回溯得知。我们在表 6-12 中随机抽取检索结果的前五项,回溯汉语原文后对比参照霍、杨译本的译文,得到如下 5 例。

例 6-6

邦译:Shê-yüeh said to the old woman:"Don't you make yourself such a nuisance again. ***You don't mean to say that*** respect for these people makes no appeal to your feelings."

原文:麝月向婆子道:"你再略煞一煞气儿。**难道**这些人的脸面,和

你讨一个情还讨不出来不成?"(《红楼梦》第五十九回)

霍译: 'Why don't you calm down a bit?' Musk said to the woman. '**<u>Surely you're not going to</u>** set yourself up against the whole apartment?'

杨译: She-yue urged the woman, "Steady on. Do us a favour, won't you, and calm down."

例 6 - 7

邦译: Tai-yü smiled and said: "You say that 'when you have glanced it over you can recite it all'. **<u>You don't mean to say that</u>** I can do 'ten lines after a glance at them'."

原文: 黛玉笑道:"你说你会过目成诵,<u>难道</u>我就不能一目十行了?" (《红楼梦》第二十三回)

霍译: 'You needn't imagine you're the only one with a good memory,' said Dai-yu haughtily. '**<u>I suppose</u>** I'm allowed to remember lines too if I like.'

杨译: "You boast that you can 'memorize a passage with one reading.' **<u>Why can't</u>** I 'learn ten lines at a glance'?"

例 6 - 8

邦译: T'an-ch'un and Tai-yü both smiled and said: "Who does not do it for amusement? **<u>You don't mean to say that</u>** we compose poetry as a serious business! If you are going to say that we really compose poetry, when you go outside this Garden, you will make people's teeth drop out with laughing."

原文: 探春、黛玉都笑道:"谁不是顽?<u>难道</u>我们是认真做诗呢?要说我们真成了诗,出了这园子,把人的牙还笑掉了呢!"(《红楼梦》第四十八回)

霍译: 'Good heavens! We only write for the fun of it ourselves,' said

Tan-chun. '**You surely don't imagine** that what we write is good poetry? If we set ourselves up to be real poets, people outside this Garden who got to hear of it would laugh so loud that their teeth would drop out!'

杨译："Who's not doing it for fun," countered Tanchun and Daiyu. "We **don't** write seriously either. If we really set up as poets, people outside the Garden would split their sides laughing."

例 6-9

邦译："... How is it that we must not control you? Dry up about 'I mustn't control you.' You are the child I myself bore. And **you don't mean to say that** I daren't control you."

原文："……怎么就管不得你们了？干的我管不得！你是我自己生出来的，**难道**也不敢管你不成？……"（《红楼梦》第五十九回）

霍译：'... But don't you go thinking I can't lay my hands on you any more. A foster-daughter's one thing, but you are my own flesh and blood. I can still look after you **when** I feel like it.'

杨译："... and you imitate the ways of those loose women. I'll have to teach you a lesson. I may not be able to control my foster-child but you're my own spawn. I'm **not** afraid of you!"

（杨译本底本：怎么就管不得你们了？干的我管不得，你是我肚里掉出来的，**难道**也不敢管你不成！）

例 6-10

邦译：When Madam Wang heard this she was greatly alarmed and hurriedly took hold of Hsi-jên's hand and asked: "**You don't mean to say that** Pao-yü has been acting strangely with someone?"

原文：王夫人听了，吃一大惊，忙拉了袭人的手，问道："宝玉**难道**

和谁作怪了不成？"（《红楼梦》第三十四回）

霍译：Lady Wang looked startled and clutched Aroma's hand in some alarm. 'I hope Bao-yu **hasn't** been doing something dreadful with one of the girls?'

杨译：Lady Wang was shocked. She caught hold of Xiren's hand. "Has Baoyu been up to anything improper?"

由上例可知，"难道"在文中充当语气副词，通常用来加强反问的语气，句末常有"吗"或"不成"相呼应。李宇凤（2011：51）从历时和事理的角度研究表明，"难道"是来源于回声评价语境的反问标记。"难道"标记推论性的间接回声反问，具有辩论性，常用于书面语体、间距反问和测度功能。从功能上来看，"难道"主要表达三种意义：第一，反问；第二，猜测；第三，是非问句。随着研究深入，又有学者对此提出质疑，解释了"难道"的多义性特点，认为"难道"除了表示反诘外，还有表示推测、否定、不满等语气的功能（孙菊芬，2007：48）。

《红楼梦》汉语原文中"难道"的用法涵盖了上述几种语气与用语类型，主要表现为反问、猜测、否定与不满等语气。邦译本中 82 例 you don't mean to say that 全部用于对译原文中的"难道"。除此之外，邦斯尔还在次固定表达中加入副词 surely 以示强调，由此形成 you surely don't mean to say that（40次）的语气"加强版"，如例 5-44 所示。

例 6-11

邦译：Now you are scolding again. **You surely don't mean to say that** you are still telling me to kneel down to you before you will be satisfied.

原文：这会子还唠叨，**难道**你还叫我替你跪下才罢？（《红楼梦》第四十四回）

霍译：'… So what are you yammering at me now for? Do you want me to kneel down again? Here? ….'

杨译："… so stop nagging now. Do you expect me to kneel to you again? …."

以上6例原文回溯及多译本对比表明，邦译本翻译"难道"的时候，无一例外地将其对译为 you don't mean to say that 或 you surely don't mean to say that，以问号标记判断，句子类型既有疑问句也有陈述句。邦译本中的这种处理方法使得英文译本出现"增生"现象，一个原本两个汉字的"难道"，在译文中成为七词与八词固定结构。这又从一个侧面解释了邦译本形符总数最高的原因。邦译本的处理方式看似整齐划一，这类模拟原文形成的固定结构是否能起到转述"难道"的语义与语用功能，依然值得进一步探讨。相对而言，霍译本在例6-6中使用 Surely you're not going to 是唯一一个与邦译本较为接近的表达形式。除此之外，霍、杨译本均采取较为一致的处理方式：以一般疑问句的形式对译原文中的"难道"。当然，霍、杨译本并非只有一种处理方式。在例6-7中霍译本使用肯定陈述句翻译原文中略带挑衅口气的反问句，在例6-8和例6-9中杨译本使用否定陈述句翻译原文中表达质问与不满的反问句。总体而言，邦译本几乎无一例外地使用上述两个固定结构来翻译"难道"一词；霍、杨译本在处理原文"难道"一词时主要以一般疑问句为主，兼辅以肯定、否定陈述句，结合上下文语境转述原文中表达的反诘、质问、推测、不满等语气。

通过邦译本中两例高频固定结构的对比分析，我们发现邦译本受到原文表达影响的程度远远高于霍、杨译本。同时，这一发现也表明，邦斯尔尽最大努力尝试在译本中"保留"或"再造"原文中的表达风格。这种翻译策略体现了译者对待原文的态度与其基本的翻译观。就译文的效果而论，译者努力保持原文特色的初衷与译文的实际效果并非成正比关系。译者尽力保持原文的努力值得肯定；但如果译文的异质性与陌生化程度过高，脱离目标语读者的阅读习惯与接受范围，译文的可读性与接受度都要大打折扣，译者努力保持译文风格的初衷也无法实现，反倒会影响译本的传播。

当然，除上述两个高频固定搭配外，邦译本中有诸如 the story tells that（165次）、see the explanation in the next chapter（115次）、day and night（41次）、that will be the end of it（25次）、high and low（15次）等。检索发现，霍、杨译本均未出现类似邦译本这类高频固定搭配，就套语与原文中固定结构翻译而言，霍、杨译文的灵活性与多样性相对更高。

本章及上章研究既有针对译文的各项词汇指标，如类符/形符比、词长、词汇密度、高频词、词丛、主题词、特色词及独特词的对比研究，也有更大单位范围的词组类型、词丛、搭配与固定结构的对比研究。上述词汇与搭配结构的研究，对于考察邦译本的风格有着重要的意义；然而，译者使用词汇表达意义的研究及所用词汇在译文中的实际语义效果更值得我们关注。语义韵的研究将在另一个层面揭示译者的词汇语义风格。

第三节　语义韵[①]

语义韵(semantic prosody)这一术语由比尔·洛(Louw, 1993)首次提出。所谓语义韵，是一种语境意义，是节点词与周围相关搭配词的语义特征交互影响产生出来的意义(卫乃兴，2011：87)。研究发现，有些节点词总是习惯性地吸引某一类具有相同或相似语义特点的搭配词，其语义相互感染，相互渗透，在语境内形成一种语义氛围(卫乃兴，2002)。语义韵既是意义的，又是功能的。在意义层面，语义韵揭示了语境中弥漫的意义氛围以及词语选择的语义倾向；在功能层面，语义韵揭示了说话者的交际意图与态度，将处于文本深层的暗藏意义发掘出来。语义韵控制着交际过程中的词语和结构选择，将形式、意义和功能紧密地连为一体(卫乃兴，2011：82)。目前，一般将语义韵分为三类：消极语义韵(negative prosody)、中性语义韵(neutral prosody)和积极语义韵(positive prosody)(Stubbs, 1996：176)。然而，中性语义韵中的关键词既吸引消极含义的词项，也可能吸引积极含义的词项，因此形成一种错综语义韵(mixed prosody)。一些词具有强烈的积极语义韵，一些词具有明显的消极语义韵，但绝大多数英语词汇的搭配行为呈现出错综语义韵现象。

一般而言，在消极语义韵里，节点词吸引的几乎全是具有明显消极语义特点

[①] 本节内容曾以《基于汉英平行语料库的翻译语义韵研究——以〈红楼梦〉"忙××"结构的英译为例》为题，发表于《外语教学理论与实践》2014年第4期，辑入本书时有较大改动。

的搭配词，语境内因此弥漫着一种强烈的消极语义氛围，如 cause、commit 等词的搭配行为。在积极语义韵里，节点词的搭配词几乎都具有积极语义特点，由此形成一种积极语义氛围，如 provide、career 等词的搭配行为；在错综语义韵里，节点词既吸引一些消极涵义的搭配词，又吸引一些中性涵义和积极涵义的搭配词，由此呈现一种错综复杂的语义氛围，如 effect 等诸多词汇的搭配行为（卫乃兴，2006：50）。以 cause 为例，其作为动词本来并不带有褒贬色彩，很多词典在解释该词时也并未考虑其褒贬。然而，通过按频次高低顺序检索英国国家语料库与美国当代英语语料库发现，cause 后接的宾语几乎全表示消极意义。

英国国家语料库检索结果：problems（353 次）、damage（350 次）、death（182 次）、concern（127 次）、trouble（112 次）、diseases（102 次）、loss（81 次）、distress（77 次）、fall（68 次）、controversy（62 次）、difficulties（57 次）、crime（57 次）等。

美国当代英语语料库检索结果：problems（996 次）、damage（822 次）、death（750 次）、disease（588 次）、pain（521 次）、cancer（474 次）、deaths（297 次）、stir（283 次）、AIDS（264 次）、failure（221 次）、stress（218 次）等。

通过以上两次检索发现，原本没有明显感情色彩的 cause 一旦后接宾语，往往产生一种不良的联想意义，这就是我们本节将要探讨的语义韵。

然而，译本的语义韵研究有别于一般语料库语言学语义韵研究的内容与范围。一般的语义韵研究通过语言中词汇间互相影响而产生的语义韵，发现词汇的语义与线性组合特点，用于指导词典编纂、二语教学乃至翻译实践等。译本语义韵研究还涉及两种语言：原文与译文的关系问题。这种关系研究主要是源于翻译中原文对译文的渗透效应、词汇搭配偏差、译者的积极调和（李华勇，2019）。按理说，译文是对原文语言、语义及风格等因素的再现，与之相关的语义韵研究就涉及原文与译文的对比及对应问题。然而，以 cause 为例，汉语中表达致使类的引导动词包括"导致""引起""使得""引发"等等；英语中同类功能的词包括 cause、result in、lead to、triger 等。研究表明，中国学生在使用 cause 一词表达"致使"概念时，往往忽略其"消极意义"语义韵，导致该词使用不规范乃至错误。同理，译者在使用译语词汇对译源语表达时，通常也会犯类似的错误。原文与译文词汇的语义韵并不同步，原本积极的语义韵在译本中可能由于某个词的使用不当而逆转为消极；原本没有明显语义韵的词汇在译本中也可能由于某个词的使用而带有明显的积极、消极语义韵。因此，语义韵研究既是考察译者与译本风格的一个重要指标，也是评判译本质量与指导翻译实践的重要参照标准。

近年来，语义韵的研究成果开始应用于译本研究领域。胡显耀（2006：197-203）借助汉英小说语料库研究了英语被动句在转译为汉语译本中的语义韵特点。结果显示，汉语翻译小说被动式的使用频率比汉语小说和汉语总体更低，结构更明确，语义韵的否定和消极含义比例更大。唐义均（2012：109）通过对政府白皮书英译文中 persistent/persist in 的抽样调查，发现汉英翻译人员在这两个词的使用上产生了严重的语义韵冲突。由此可知，语义韵冲突部分是母语使用者为了说反话而故意为之，部分是由非母语使用者对目标语语义韵的无知而造成的。刘克强（2013）自建《水浒传》平行语料库考察动词的英译，研究显示，能从语篇语境意义和功能意义展开翻译的译者，其译文方能够充分表达潜藏的语义韵，译文也将因此显得准确、得体。语义韵是表意义的，又是具功能的。在意义轴上，语义韵揭示了语境中弥漫的意义氛围；在功能轴上，语义韵发掘出文本的暗含意义。因此，语义韵是意义与功能的高度统一，由于语义韵的考量范围是整个语篇，因而可以作为译本评析的一个切入点。此外，最新研究表明，语义常模在翻译过程中起到统领作用，制约着译者的词汇、语法选择（高歌、卫乃兴，2019）。

本研究拟借助邦译本高频副词 hastily 为例，通过其在原文中的对译项"忙××"，来具体考察邦译本使用该词的语义韵特点。《红楼梦》汉语原文中出现大量的"忙××"表达，通过大量的数据检索与文本分析，我们发现这一结构主要用于说话人对听话人的一种"敬意"，多数情况下也是话语双方身份与地位的标志。我们借助 Antconc3.35w 的语境共现检索功能，统计海南出版社亚东本《红楼梦》中"忙"字的频次为 1 252 次，其中有少量"忙"字作为形容词的检索项，绝大多数为"忙"字作为副词修饰动词的检索项，如"忙道"（75 次）、"忙问"（63 次）、"忙说"（38 次）、"忙命"（48 次）、"忙笑道"（55 次）、"忙答应"（22 次）、"忙问道"（15 次）等。除去这类引述动词外，"忙"字还常用来修饰其他移动类的动词，如"忙起身"（25 次）、"忙上来"（25 次）、"忙拉"（17 次）、

"忙迎"(15次)、"忙去"(15次)、"忙进来"(12次)、"忙出来"(11次)等。

通过考察《红楼梦》中"忙"＋"动词"构成的动词词组语义特点，我们发现"忙"字呈现出错综语义韵的特点：一是用于表示动作急迫性时的中性语义韵，二是表示动作发出者敬意的积极语义韵。"忙××"的错综语义韵首先同搭配动词有关，报道与转述动词"说""道""问""命"等大多表示中性语义韵；移动类动词"上来""拉""迎""去""进来"等动词则带有明显的积极语义韵。同时，"忙××"的错综语义韵特点也同原作中人物间的身份与地位有关。一般而言，当地位、辈分较高的人物（或同等身份、地位的人物间）发出该动作时，"忙××"往往表达一种单纯的紧迫性，但偶尔也含有相互间的敬意。尤其当地位、辈分均低的人物发出该动作时，"忙××"往往表达出一种"自下而上"的"尊敬"。我们以《红楼梦》前几回中"忙"＋移动动词为例，尝试进一步认识这类结构的语义韵特点。

例6-12

原文：却说封肃听见公差传唤，*忙出来*陪笑启问。那些人只嚷："快请出甄爷来！"（《红楼梦》第二回）

例6-13

原文：黛玉*忙起身*迎上来见礼，互相厮认，归了坐位，丫鬟送上茶来。（《红楼梦》第三回）

例6-14

原文：门子*忙上前*请安，笑问："老爷一向加官进禄，八九年来，就忘了我了！"（《红楼梦》第四回）

例6-15

原文：宝玉见是一个仙姑，喜的*忙来*作揖，笑问道："神仙姐姐，不知从那里来，如今要往那里去？我也不知这里是何处，望乞携

带携带。"(《红楼梦》第五回)

例 6-16

原文：贾蓉**忙回来**，满脸笑容的瞅着凤姐，听何指示。(《红楼梦》第六回)

由以上例子可知，当"忙"＋"移动动词"时，常常表达出一种为向对方表达"敬意"而产生的一种紧迫与急切感。显而易见，这类表达结构的急切感源于"忙"字的本义，而其中暗含的"敬意"则是一种词汇搭配时交互产生的积极语义韵。问题是，这种原本不属于词汇语义范畴的语义韵在译为英语时能够为译者及时识别并正确传达吗？

上述研究表明，邦译本中绝大多数情况下以副词 hastily 及名词 haste 构成的介词短语直接对译原文中"忙"字传达的意义。然而，hastily 与 haste 介词词组在意义与功能方面是否对应原作中的"忙××"结构，值得进一步探讨。我们以邦译本高频副词 hastily 为例考察该词语原文对译项"忙××"语义韵是否一致。首先，我们需要考察 hastily 作为副词修饰动词时的语义特点及语义韵规律。通过查阅柯林斯在线英语词典①，该词的释义如下：

hastily：adverb

1. *hurriedly*，He hastily changed the subject.

2. *quickly and thoughtlessly*，If they hadn't acted so hastily in the first place, we wouldn't be in this mess now.

通过上述两项释义可知，hastily 主要表达一种"匆忙"与"轻率"的动作行为，往往暗含动作的"冒失""缺乏准备"与"思虑不周"等概念，词义本身含有消极意义。如前文所述，邦译本中 hastily 试图表达的是原文中交际一方通过"匆忙""急切"等概念表达出"敬意"的功能。然而，英语中的副词

---

① 检索网址：http://www.collinsdictionary.com/dictionary/english/hastily?showCookiePolicy=true.

hastily是否具同样的感情色彩呢？为确保词义及语义韵考证的严谨性，我们检索了该词在美国当代英语语料库中的语境共现信息，统计出与其左右跨距为5且MI值[①]大于3的搭配词信息，结果如下：

美国当代英语语料库：

hastily左侧1～5跨距内搭配词：added（31次）、acted（8次）、troops（7次）、buried（6次）、replied（6次）、acting（6次）、agreed（6次）、stepped（6次）。

hastily右侧1～5跨距内搭配词：arranged（64次）、assembled（42次）、called（40次）、together（31次）、constructed（30次）、conference（29次）、erected（22次）、written（20次）、built（18次）、prepared（17次）等。

通过对比检索结果可知，hastily在原创语言语境中的用法同邦译本中的用法大相径庭。首先，hastily左侧的搭配词虽然也出现类似的引述类动词added、replied、agreed等；但副词hastily的位置均在被修饰动词的右侧，而邦译本中的hastily却几乎全部位于被修饰动词的左侧。其次，右侧跨距内的搭配动词均以组织、聚集、召集、建设、设立和准备等为主，均含有"组织""筹备"等含义，与hastily搭配时含有"仓促"与"准备欠妥"的意思，尤其常用于突发事件后"仓促"组织、召开的新闻发布会等，带有明显的消极语义韵特点；原创语言中的语义韵与邦译本中hastily与引述动词及移动类动词搭配表达"急切"与"敬意"的意义有较大差距。为进一步观察hastily在原创语言中的语境意义，我们以搭配频次最高的hastily arranged为节点词组，检索出前5项。

表6-13 节点词组hastily arranged语境共现检索

N	Concordance		
1	said a shy bearded scientist at a	**hastily arranged**	press conference, now infamous.
2	to a small group of reporters in a	**hastily arranged**	news conference. Most of the members
3	fifteen or twenty beds had been	**hastily arranged**	at one end along with some cabinets.

[①] MI是该语料库检测节点词与搭配词之间相互吸引强度的标准，MI为互信信息，体现节点词（此处为hastily）和搭配词之间的相互吸引关系。互信值的临界值为3，大于3的搭配词可视为强搭配词。

续　表

N	Concordance		
4	June is likely to be a time of	**hastily arranged**	meetings and heated discussions.
5	doing a photo layout of our	**hastily arranged**	"Welcome Penny Pizza Party," at

注：前5项，共64项。

如上表所示，hastily arranged 在语境中的意义大多表示"匆忙""仓促""准备不足"等含义，具有明显的消极语义韵倾向，没有一项含有对交际对象的"敬意"。这一检索结果与邦译本中 hastily 的语义与交际功能出现明显差距。hastily 在译本语义韵与原创语言语义韵上存在严重冲突。这一结果表明，邦斯尔试图通过 hastily "模拟"原文中"忙××"结构，尤其是"忙＋移动动词"类结构的努力将难以被目标语读者所接受。

为进一步增强对比显著性，我们还需要参照霍、杨译本中对译"忙××"的检索项进行多译本对比，以考察不同译者处理同一语义韵时的差异性。具体操作方法是，以"忙迎××"为例，考察三个译本对应同样原文时的不同译文。

如表6-14所示，《红楼梦》原文中15项"忙迎××"均带有积极的语义韵特征，表达了动作发出者对交际对象的一种"尊敬"。

表6-14　《红楼梦》"忙迎××"语境共现检索结果

N	检　索　项		
1	有个老奶奶子找你呢。"周瑞家的在内	**忙迎**	*出来*，问："是那位？"刘老老迎上来
2	裳，趔趔趄趄泼泼撒撒的。那丫头便	**忙迎**	*出去接*。秋纹、碧痕，一个抱怨
3	众多丫环媳妇走进院来。宝钗、黛玉等	**忙迎**	*至阶下相见*。青年妹妹经月不
4	听见宝玉捱了打，也都进来。袭人	**忙迎**	*出来*，悄悄的笑道："姊娘们略来
5	只见贾母已带了一群人进来了，李纨	**忙迎**	*上去*，笑道："老太太高兴，倒进来
6	丫头回说："大太太来了。"王夫人	**忙迎**	*出去*。要知端底，下回分解。
7	丫鬟跑进来道："老太太来了。"众人	**忙迎**	*出来*，大家又笑道："怎么这等高兴
8	宝琴、岫烟、惜春也都来了。宝玉	**忙迎**	*出来*，笑说："不敢起动。快预备好
9	平儿也打扮的花枝招展的来了。宝玉	**忙迎**	*出来*，笑说："我方才到凤姐姐门上
10	正在新房中，闻湘莲来了，喜之不尽，	**忙迎**	*出来*，让在内堂，尤老娘相见。

续 表

N	检 索 项		
11	瑞旺儿的二女人搀进院来。二姐陪笑，	忙迎	*上来拜见*，张口便叫"姐姐"，说：
12	话之间，贾琏已走至堂屋门口，平儿	忙迎	*出来*。贾琏见平儿在东屋里，便也过
13	姐听了诧异，不知何事，遂与平儿等	忙迎	*出来*。只见王夫人气色更变，只带一
14	不多时又见平儿同着丰儿过来，岫烟	忙迎	*着问了好*，让了坐。平儿笑说道：
15	厮出去请了，冯紫英走进门来，贾政	忙迎	*着*。冯紫英进来，在书房中坐下，见

注：共15项。

如表6-15所示，邦译本翻译表6-14中的15例"忙迎××"结构时，使用带有消极语义韵的hastily多达11次之多，占到总体样本的73%。霍译本主要使用hurry一词的各类变体来对译"忙迎××"结构的语义与交际含义。柯林斯英语在线词典①对hurry的释义为：1. verb. (intransitive; often foll by up) to hasten (to do something); rush... 2. noun. haste, urgency or eagerness...。据此可知，hurry一词的确带有紧迫、急切的含义。进一步通过英国国家语料库与美国当代英语语料库验证其语义韵特点发现，该词并不带有明显的积极或消极语义韵，属于中性语义韵。杨译本同霍译本相似，大多也以hurry的各类变体对译"忙迎××"结构，但有一例中使用了hastily修饰动词。这是否意味着杨译本中对"忙迎××"结构的英译也存在一定的语义韵冲突？我们通过检索hastily在三个译本中的频次发现，杨译本中hastily总体频次为200次，霍译本仅为28次，邦译本多达961次。

表6-15 《红楼梦》"忙迎××"英译文三译本对比

原文	译本	译 文	语义韵特点
忙迎××	邦译本	came hurrying out to greet, went hurrying to meet, *hastily* went to meet, came out **hastily** to receive, hurriedly went up to greet, went out **hastily** to receive, **hastily** came out to receive(2), **hastily** went out to greet(2), **hastily** came out to greet, **hastily** welcomed (2), **hastily** received, made haste to welcome	共12种表达法，hastily出现11次，占到总样本的73%，译文带有明显的消极语义韵

① 检索网址：http://www.collinsdictionary.com/dictionary/english/hurry?showCookiePolicy=true.

续 表

原文	译本	译 文	语义韵特点
忙迎××	霍译本	came hurrying out, hurried out to relieve, hurried out to welcome (2), came out to welcome, hurried forwad to greet, hurried out to meet(2), hurried out to greet (3), hurry out to greet, hurrying out to meet, advanced to meet, hurried out to receive	共11种表达法，hastily 未出现1例，译文以 hurry 的各种变体为主
	杨译本	hurried out to see, hurried out to relieve, hurried to, be greeted by, hurried out to greet, hurrying to meet, went out to greet, hurried out to meet, **hastily** went out to greet, hurried out to welcome (2), go to meet, welcomed, rose to welcome, (例11省译)	共13种表达法，有1例省译，hastily 出现1次，译文以 hurry 的各种变体为主

表 6-16 霍译本 hastily 语境共现检索

N	Concordance		
1	But Abbot Zhang thought otherwise and	**hastily**	inter-vened：'I'm sure it does
2	leared away the remains of the meal and	**hastily**	relaid a table for Li Wan and Xi
3	the Edict with tears of gratitude, and	**hastily**	kowtowed, first in the direction
4	a Mr Wang on an official call. Yu-cun	**hastily**	donned the hat and robe of offic
5	gerated reaction to her words, Faithful	**hastily**	ulled her to her feet. 'Well,

注：前5项，共28项。

通过观察霍译本中的28例 hastily 可知，霍克思与闵福德在使用 hastily 时遵循了该词在原创语言中的语义韵特点，主要用于表达"匆忙""慌乱""仓促"与"措手不及"等情况。因此，霍译本的 hastily 使用呈现出语义韵和谐。相对而言，杨译本使用 hastily 时呈现出一定的语义韵冲突，属于和谐与冲突并存；而邦译本则呈现出严重的语义韵冲突。我们进一步检索邦译本961例 hastily 与杨译本228例 hastily 语境共现信息，发现与该词搭配的主要动词如下：

邦译本：said(137次)、smiled(71次)、asked(67次)、came(39次)、answered(29次)、went(25次)、stood(20次)、took(20次)、gave(19次)、

responded(16次)、called(15次)、knelt(15次)、ordered(15次)、turned(15次)、got(14次)、invited(14次)、put(14次)、replied(14次)、rose(14次)、commanded(13次)、followed(11次)、told(11次)、stopped(10次)等。

杨译本：put(9次)、rose(8次)、stopped(8次)、asked(6次)、stepped(6次)、got(4次)、took(4次)、wiped(4次)、changged(3次)、made(3次)、offered(3次)、opened(3次)、picked(3次)、raised(3次)、straightened(3次)、washed(3次)、went(3次)等。

通过邦、杨译本中hastily搭配词频次统计可见，邦译本中hastily使用与原创语言中语义韵存在严重冲突，杨译本相对次之。杨译本中与hastily搭配的动词与邦译本存在较大类似之处，表明邦、杨译本在该词的使用及语义韵冲突方面存在一致性。这也从一个侧面表明，邦译本与杨译本风格在词汇使用与语义韵方面存在一致之处。

通过考察hastily在"忙迎××"结构中的语义韵，我们发现邦译本与杨译本均同原创语言存在一定冲突，霍译本则呈现较为明显的语义韵和谐。除此之外，若将考察范围拓展至"忙××"，即所有与"忙"搭配的动词结构，我们依然可以发现，邦、杨译本中这类结构同"忙迎××"一样，均同原创语言存在语义韵冲突。关于这一点，我们已经在邦译本特色词研究中通过考察hastily smiled and said得到印证。不同的是，相对"忙迎××"这类移动类动词词组而言，"忙道""忙说""忙问""忙答"这类引述与应答类动词的语义韵特点为错综语义韵，既有中性语义韵也有积极语义韵。邦译文与杨译文同原创语言的主要语义韵冲突类型表现为"错综语义韵←→消极语义韵"；而"忙迎××"结构在邦、杨译本中的语义韵同原创语言的语义韵冲突类型则主要变为"积极语义韵←→消极语义韵"。通过对三者语义韵冲突程度的考察，我们可以基本断定：霍译本最为符合英语原创语言语义韵；杨译本相对次之；邦译本最低，表现为较为严重的语义韵冲突。三者的译者风格与译文质量也由此可见一斑。

综上，翻译文本由于译者用词风格不同、译本受到原文表达方式的影响、译者语言水平的限制等因素，可能出现译本与本族语文本语义韵冲突的发生。由此，译本语义韵与本族语语言语义韵的和谐与冲突程度可以作为衡量译者风格与评判译文质量的标准。这类研究的成果则可以用于指导翻译实践，通过提高语义韵和谐、避免语义韵冲突，提高翻译质量。

本章小结

上述两章词汇层面的研究，涉及类符/形符比、平均词长、词汇密度、高频词、主题词、固定搭配、语义韵共七个方面的特点。词汇层面的研究与三译本对比显示：邦译本形符数最多，类符数最少，类符/形符比最低。这表明邦译本整体用词相对简单，译本词汇量较小，词汇丰富程度和变化度低于霍、杨译本，译本的整体用词难度低于参照译本。平均词长的研究显示，邦译本词长较短，从分布看5个字母以下的单词占据绝对多数，平均用词较为简单化。词汇密度的研究显示，邦译本词汇密度整体低于两个参照译本；但名词密度略高于霍译本，动名词密度较之霍、杨译本均较高。进一步的研究表明，邦译本存在较为明显的直译倾向，"模拟"原文表达的现场较为常见。高频词的个案研究分为高频名词、高频动词与高频副词三块。结果显示，邦译本高频词特色明显，无论是高频名词、高频动词还是高频副词，都与译者独特的翻译策略与风格有关。换言之，高频词的研究直接揭示出邦译本的翻译策略与译者风格：翻译策略既受到原文词义的影响，也受到原文表达方式与结构的影响；译文风格受到原文风格的影响十分明显，译者乃至不惜牺牲译文的流畅与地道，以保持对原文的"忠实度"。

主题词依据译本偏离参照语料库的程度可以细分为特色词与独特词。研究显示，邦译本特色词与独特词的形成均与译者风格有关，是原作风格直接影响译作风格的有力证据。固定搭配是邦译本中较为独特的一种译文特点，由于受到原文影响程度较高，邦译本中形成大量明显带有原文语义与结构特点的固定搭配。这类表达法相对原创英语带有明显的异质性，也带有明显的"翻译腔"。由于个别搭配频次较高，形成邦译本固定搭配不同于霍、杨译本的重要特点。语义韵是词汇搭配产生的一种语境意义。通过hastily个案研究显示，邦译本由于极力"模拟"原文的语义与表达结构,译文语义韵不仅与原文语义韵存在冲突,也与译文原创语言存在语义韵冲突。译文的语义韵冲突并非源于译者无意识的语言水平问题,而是译者翻译策略与译者风格有意选择的结果。这表明译者极力尊崇原作,尝试保持原作的表达习惯。

第七章 《红楼梦》译者风格定量描写：句子层面

句子是翻译的主要转换单位。通过平均句长、标点符号、句法结构、关系词频次等句子结构中的语言特点进行考察，对比分析三个译本在句子层面的语言使用特色，并由此反映出其各自在句子层面的译者风格。

第一节 平均句长

平均句长指文本中句子的平均长度。虽然句子的长度与句子的复杂程度并非一回事（如简单句也可写得很长），但就整个文本而言，句子的长短在一定程度上反映了句子的复杂程度（杨惠中，2002：135）。奥罗汉（Olohan，2004）研究表明，平均句长与类符/形符比一样，也是译者风格的一般标记。巴特勒（Butler，1985：121）按长度把句子分为三类：短句（1～9 词）、中等长度句（10～25 词）和长句（25 词以上）。拉维欧萨（Laviosa，1998：8）通过对比英语原创文本与英语翻译文本可比语料库，得出了译语的平均句长明显高于原创语言的结论。

王克非（2003）和王克非和秦洪武（2009）研究了英汉双语平行语料库中不同译本词汇数量的变化。结果发现，不管是英译汉还是汉译英，译语文本较之源语文本均呈现出字数增生的现象。由于汉英两种语言在句法结构方面存在较大差异性，无论英译汉还是汉译英，译语均会较原文出现较大的句法调整。《红楼梦》三个英文全译本的句子信息也可以作为考察译者风格的指标。

我们借助 Wordsmith6.0 工具包统计出三译本的句数、平均句长及平均句长标准差，借此考察三者在句子层面的差异，统计结果见表 7-1。

表 7-1 《红楼梦》三个英文全译本句长统计

译 本	考 察 项		
	句 数	平均句长	平均句长标准差
邦译本	60 604	14.59	3.49
霍译本	54 374	15.75	3.74
杨译本	46 293	13.58	3.01
总 体	161 271	14.69	3.44

如表 7-1 所示，《红楼梦》三个英文全译本中平均句长霍译本（15.75）最长，邦译本（14.59）次之，杨译本（13.58）最短。拉维欧萨（Laviosa，1998）指出，翻译叙事文体译本的句子明显长于源语文本，英语译语语料库与源语文本语料库平均句长的统计结果分别是 24.1 与 15.6 个单词。显而易见，三个译本均大幅偏离英语译语平均句长 24.1，而相对更加接近其源语平均句长 15.6。我们进一步对比了三译本平均句长同本族语作者与本族语受教育者的平均句长。[①] 结果发现，三译本平均句长不仅低于英语译语平均句长，也低于本族语作者与本族语受教育者的平均句长。考虑到英语译语语料库大多译自印欧语系的源语文本，译语句长容易受到源语类型特征的影响，这一对比并不具有特别重要的参考价值。然而，译语一般会受源语影响的现象不容忽视，具体的影响程度因译者而异。译语风格与原作风格的关系正是本研究关注的焦点之一。

《红楼梦》成书于 18 世纪末期，是一部介于文言与白话之间的"半文半白"小说。文中句子短小精悍，多为口语化的叙述与直接引语，不时夹以文言与诗歌内容。总体而言，汉语句法多呈现意合、动态、流散等特点，加之《红楼梦》本身的平均句子较短，整部原作句子以"简、短"为主；反之，英语句法则多呈现形合、静态、聚集的特点，英语译本句子长度势必出现一定程度的增益。然而，译作毕竟是基于原作的"重述"，作为形式与内容两方面参照的原作难免在一

[①] 连淑能（2010：89）研究证实，专业作者写的英语句子平均长度为 20 个词，受过教育的人写的英语句子平均长度为 25 个词。

定程度上影响译作的句法表达。译者在翻译中通常有两种途径可供选择：一是译者尽量保持原文的形式，以直译为主，句子较短；二是译者有意识地忽略原文的形式，更重视信息的传达，抑或在原文的基础上补充信息使译文更明确，因而句子较长（霍跃红，2010：14）。因此，译文句长与原文句长的关系受到译者翻译策略的直接影响。我们将借助语料库软件分析三译本中各类长度句子的具体数量和使用情况，以说明三者在句法层面和句型结构方面的风格差异。

具体操作方式：首先，将三译本分别依据句末标点符号切分为单独成段的句子，句中如有引号则要求左右匹配；其次，对切分后的句子按长度降序排列，并在每行句子前添加序号；最后，统计各译本句长频次，按照频次降序输出结果。鉴于统计软件的句子容量（最大值为 10 000 句）与研究目的（主要考察三者句长比例与句子转换类型），我们未统计全部一百二十回，仅抽取前十五回作为统计样本，以反映译本的总体句子特征，结果见表 7-2。

表 7-2　邦、霍、杨译本前十五回句长分布取样比较

句长分布	邦译本（共 7 147 句） 频次	邦译本 百分比	霍译本（共 6 265 句） 频次	霍译本 百分比	杨译本（共 5 594 句） 频次	杨译本 百分比
超长句≥50 词	168	2.35	264	4.21	59	1.05
词 50＞长句≥25 词	1 258	17.60	1 468	23.43	1 038	18.56
词 24＞中长句≥15 词	1 811	25.34	1 341	21.40	1 320	23.60
词 15＞中句≥9 词	2 060	28.82	1 558	24.87	1 586	28.35
词 9＞短句≤5 词	1 265	17.70	980	15.64	1 036	18.52
词 5＞超短句≤1 词	585	8.19	654	10.44	555	9.92

如表 7-2 所示，三译本在前十五回中的句长分布信息呈现明显差异。第一，邦译本总句数最多，比霍译本多出 882 句，比杨译本多出 1 553 句。由于译本容量大小有差异，且句长分布可能不同，单凭句数与平均句长依然不能判断译本的句长特点。第二，霍译本超长句最多，达到 264 句；邦译本居中；杨译本最少。这表明霍译本相对原文句法特点对译文的句法有较大的调整。第三，霍译本长句依然最多，达 1 468 句，比邦译本多近 6 个百分点，比杨译本多出近 5 个百分点；从霍译本超长句与长句总体比例来看，霍译文更为接近英

语译语特点，24词以上的句子占到45.29%。第四，邦译本中长句与中句百分比之和为54.16%，位列三译本之首；杨译本为51.95%，位于中间；霍译本为46.27%，排在最后。这表明邦译本9词至24词之间的句长最多，译本多数句子为中句与中长句。第五，杨译本9词以下的短句与超短句比例为28.44%，数量最多；其次是霍译本的26.08%；再次是邦译本的25.89%。这表明，杨译本短句数量最多。最后，霍译本超短句所占比例最高，表明霍译本句长分布特色最明显，超长句与超短句比例均最高。相对而言，邦译本比例最高的句长主要集中在中句与中长句；杨译本也呈现出与邦译本类似的特点。

就短句比例而言，杨译本短句与超短句之和的比例最高。如果单凭句长判断，杨译本相对而言应该更加通俗易懂。然而，判定译文难度的指标较为复杂，单凭词长与句长均不能断定译本难度；用词简单、句子较短但因过度异化而带有严重"翻译腔"的译文并不符合目标语读者的期待，译文反倒更加晦涩难懂。反之，用词较长、句子较长但译文通过一定归化处理更加靠近译语读者，译文的可读性反倒更高。仅凭句长信息尚不足以判断译文的难度与可读性，必须结合句子结构、形合手段、翻译策略标准加以综合评判。我们以三译本前十五回中各自最长的句子为例，尝试对照原文考察其各自处理长句的特点，并借此窥测三译本句子翻译层面的风格特点，详见例7-1、例7-2、例7-3。

例7-1

邦译文超长句： From the time *that* Ch'in *and* Pao, the two of them, came both looking like flower buds *and* it was seen *that* Ch'in Chung was bashful *and* gentle, *that* he blushed before he spoke, all nervous *and* shy, with the temperament of a girl, *and that* Pao-yü was by nature *and* custom able to act in a subservient manner *and* to attach himself to someone else in a lowly spirit, *that* there was a close sympathy between their temperaments *and that* in speech they were bound up together, *because* they two were so closely connected, the other boys at the school were not to be blamed *because* they became suspicious of them *and* talked to each other about them behind their backs, ***reviling and slandering*** them, ***spreading*** it about in ***and*** out of the school.(1 句，135 词)

如上例所示，邦译本前十五回中最长的句子出现在第九回。这一超长句共有 135 个单词(含标点)组成，也是三译本前十五回中最长的超长句。该句使用大量的连接词，其中 and 5 次作为连接副词(另有 5 次作为介词)，that 6 次(5 次作为引导表语从句的先行词，1 次作为时间状语 time 的先行词)，原因状语从句 because 2 次。除此之外，邦译本还用到三个并列现在分词"reviling" "slandering" "spreading" 做伴随状语，由此组成的这一超长句尤为独特。为了进一步考察邦译本的译文特点，我们将译文回溯到了汉语原文，并通过霍、杨译文基于同样原文的不同处理方式，尝试考察邦译本超长句形成的原因与特点。

原文：原来这学中虽都是本族子弟与些亲戚家的子侄，俗语说的好，"一龙九种，种种各别"，未免人多了，就有龙蛇混杂，下流人物在内。<u>自秦宝二人来了，都生的花朵儿一般的模样；又见秦钟腼腆温柔，未语先红，怯怯羞羞，有女儿之风；宝玉又是天生成惯能作小服低，赔身下气，性情体贴，话语缠绵；因他二人又这般亲厚，也怨不得那起同窗人起了嫌疑之念，背地里你言我语，诟谇谣诼，布满书房内外</u>。(《红楼梦》第九回)

通过原文回溯发现，邦译本依据的原文本身为两句(分号";"不视为结句标志)。前面两个分句从内容来看是一个整体，均为形容秦钟与宝玉容貌、姿态与秉性的内容；后面一句为二人在书房内外造成的影响极其原因。前后两句存在明显的意义与因果联系。从邦斯尔译文处理方式看，译者将前因后果视为不可分割的整体，前半部分以"and""that … and"等连词、关系词连接，后半部分以 because 引导的两个原因状语从句连接，由此形成一个超长句。对于同样的内容，霍、杨译本又作何处理呢？

霍译：The two new boys, Qin Zhong and Bao-yu, were both as beautiful as flowers; // the other scholars observed how shrinking and gentle Qin Zhong was, blushing almost before you spoke to him and timid and bashful as a girl; // they saw in Bao-yu one whom nature and habit had made humble and accommodating in spite of his social position, always willing to defer to others in the interest of harmony; // they observed his affectionate disposition and familiar manner of speech; // and they could see that the two friends were devoted to each other. // Perhaps it is not to be wondered at that these observations should have given rise to certain suspicions in the minds of those ill-bred persons, and that both in school and out of it all kinds of ugly rumours should have circulated behind their backs. //（两句，138 词；// 为引者所加，下同）

显然，单就句子结构而言，霍译文与邦译本存在类似之处，二者都将前半部分描写秦钟与宝玉的内容视为一个整体。不同的是，霍译本仅用一次连词 and，且连用了四个分号。这些句子均有独立的主谓宾，因句群内存在紧密的并列关系而未单独成句。从信息分布角度看，邦、霍译本存在一点相似之处，但二者处理句子连接手段的方式存在显著差异；且霍译本叙述角度与邦译本有所不同，译文叙述视角缩小为学中子弟，而非邦译文中的 it was seen 为客观视角。

杨译：These two new arrivals were both remarkably handsome. // Qin Zhong was bashful and gentle, so shy that he blushed like a girl before he spoke, while Baoyu was naturally self effacing and modest, considerate to others and pleasant in his speech. // And they were on such intimate terms, it was no wonder that their schoolmates suspected the worst. // They began to talk about the pair behind their backs, spreading ugly rumours inside the school and out. （4 句，76 词）

杨译文将原文信息分为三部分：前两句是形容、姿态、秉赋；第三句为二人相处关系；最后一句是由此造成的影响。杨译本的叙述视角与邦译本相同，均为直接以第三人称叙事方式描述秦、宝二人。从句子处理方式看，杨译本将信息一分为三，前后逻辑联系似乎不如邦、霍译本，且译文有简化的倾向，总体字数仅为邦、霍译文的一半略强，描述的人物形象不如邦、霍二人丰满。然而，邦译本中过度使用 and 与 that，译文虽连接紧凑，但可读性略差。总体而言，霍译文无论在信息分布还是句法结构乃至译文可读性上，均在邦、杨译文之上。

通过以上对比可知，邦译文句子结构最为复杂，人物描写也较为丰满详实，但由于过度使用连接词，译文略显生硬。霍译文句子在信息分布与逻辑关系上与邦译文类似，但叙事视角不同于邦译文。杨译文断句"泾渭分明"，同样的内容处理为四个独立的句子，人物描述略显简化，句子信息间的联系不同邦、霍译文。

例 7-2

霍译文超长句：At first they were rather slow and ceremonious; but gradually, as the conversation grew more animated, their potations too became more reckless and uninhibited. *The sounds of music and singing which could now be heard from every house in the neighbourhood and the full moon which shone with cold brilliance overhead seemed to increase their elation, so that the cups were emptied almost as soon as they touched their lips, and Yu-cun, who was already a sheet or so in the wind, was seized with an irrepressible excitement to which he presently gave expression in the form of a quatrain, ostensibly on the subject of the moon, but really about the ambition he had hitherto been at some pains to conceal*：（1 句，97 词）

'In thrice five nights her perfect O is made,
Whose cold light bathes each marble balustrade.
As her bright wheel starts on its starry ways,
On earth ten thousand heads look up and gaze.'

原文: 二人归坐,先是款酌慢饮,渐次谈至兴浓,不觉飞觥献起来。**当时街坊上家家箫管,户户笙歌,当头一轮明月,飞彩凝辉。二人愈添豪兴,酒到杯干。雨村此时已有七八分酒意,狂兴不禁,乃对月寓怀,口占一绝云:**

时逢三五便团圆,满把清光护玉栏。

天上一轮才捧出,人间万姓仰头看!

(《红楼梦》第一回)

邦译文: At first the wine was poured out slowly and slipped leisurely. Gradually the conversation became more animated, without their being aware of it, the cups began to fly and the goblets to be offered. *At the same time on the street in every house, there was the playing of pipes and flutes, at every door the sound of mouth-organ and song.// Above them was the bright circle of the moon-flying colour and fixed brightness.// The two men became more and more exhilarated.// They drank until the cups were dry.// Yü-ts'un by this time was already seven or eight tenths drunk.// He was wildly roused and could not restrain himself.// And so he allegorized his love to the moon and chanted a four-line stanza://*(7句,90词)

"When the season comes to the fifteenth the circle is complete.

In its fullness, it casts a clear light on the marble balustrade.

In the heaven above a disc has just been brought forth.

The ten thousand families of mankind lift up their heads to look."

杨译: At first they sipped slowly, but their spirits rose as they talked and they began to drink more recklessly. *The sound of flutes and strings could be heard from all the houses in the neighbourhood; everywhere was singing; and overhead the bright moon shone in full splendour.// The two men be came very merry and drained cup after cup.// Yucun, eight-tenths drunk, could not suppress his elation.// He* *improvised a quatrain to the moon and declaimed it***:**// （4句，57词）

"On the fifteenth the moon is full,

Bathing jade balustrades with her pure light;

As her bright orb sails up the sky,

All men on earth gaze upwards at the sight."

如例7-2所示，霍译本最长句出现在第一回中，描写的是元宵佳节之时甄士隐设宴款待贾雨村的情景。长句以冒号结束，后面是一首七言绝句。为提高观察语境的丰富性，我们将这首诗的原文与译文均列在例中。对照原文发现，霍译文处理该句原文的手法极为复杂，两个情景意象词组 the sounds of music and singing 和 the full moon 并列做主语，且各自带有一个 which 引导的定语从句；其后是 so that 引导的一个结果状语从句修饰主句；其后是 as soon as 引导的一个时间状语从句，从句后还有一个 who 引导的定语从句修饰贾雨村。该从句中还包含另一个 which 引导的定语从句，而定语从句中还有一个 but 连接的转折句。

通过以上分析可知，霍译文通过这些先行词与连接词将原文信息连接为一个整体，句子结构虽然复杂但读来浑然一体，给人以层层递进的真实感，使二人对酒吟诗的情景跃然纸上。相对而言，邦、杨译文处理的方式较为简单，直接将原文中的描写拆为七句和四句，均以人称代词与人物名称作为主语，句子结构较为简单，句子信息间的整体性与情景描写的紧凑感均有所减弱。

例7-3

杨译文超长句：*"**In this land of peace and empire ruled according to the will of Heaven, in the centre of the four continents, we, Chief Buddhist Abbot Wan Xu, Controller of the School of the Void and Asceticism, and Chief Taoist Abbot Ye Sheng, Controller of the Primordial School of the Trinity, having reverently purified ourselves raise our eyes to Heaven and kowtow to Buddha.*** We humbly invoke all divinities to show their divine compassion and display their spiritual majesty afar in these forty-nine days of grand sacrifice, that the departed may be delivered from sins and absolved from retribution...."（1句，63词）

原文：榜上大书："世袭宁国公冢孙妇防护内廷御前侍卫龙禁尉贾门秦氏宜人之丧，**四大部洲至中之地，奉天永建太平之国，总理虚无寂静沙门僧录司正堂万、总理元始正一教门道纪司正堂叶等敬谨修斋，朝天叩佛**"，以及"恭请诸伽蓝、揭谛、功曹等神，圣恩普锡，神威远振，四十九日消灾洗业平安水陆道场"等语，亦不及繁记。（《红楼梦》第十三回）

杨译本中的超长句译自第十三回，内容为宁国府为秦可卿办理丧事时祷文牌匾上的文字。原文涉及宗教内容，且属于特殊文体，属丧仪上的匾牌铭文，极为严肃、正式。原文的主谓结构带有明显"头重尾轻"的特点，主语前既有较长定语也有地点状语，谓语部分仅有"敬谨修斋，朝天叩佛"八字。杨译文用介词 in 将地点状语前置，主语 we 后紧跟两个后置插入式定语，其后还有一个 having 引导的伴随状语。这个超长句的结构与信息分布基本上紧扣原文，主语的定语按照英语表达习惯予以后置，但整体而言句子结构依然带有原文痕迹。相对邦、霍译文的超长句，杨译文仅有 63 词，不及邦、霍超长句的一半，足见杨译本超长句数量之少。

霍译：

FUNERAL OBSEQUIES
OF
THE LADY QIN-SHI

Senior great-great-granddaughter-in-law of *Jia Yan, Hereditary Duke of Ning-guo*, and wife of the *Right Honourable Jia Rong*, Captain *in* the Imperial Bodyguard Inner Palace:

WHEREAS

in this favoured Country, situate in the centre-most part of the four continents of the earth, on which it has pleased Heaven to bestow the blessings of everlasting prosperity and peace,

WE,

the Very Reverend Wan-xu, Co-President of the Board of Commissioners having authority over all monks and clergy of the Incorporeal, Ever-tranquil Church of the Lord Buddha,

and

the Venerable Ye-sheng, Co-President of the Board of Commissioners having authority over all priests and practitioners of the Primordial, All-unifying Church of the Heavenly Tao,

HAVE,

with all due reverence and care, prepared offices for the salvation of all departed souls, supplicating Heaven and calling upon the Name of the Lord Buddha. （故意"缩排"，116 词）

NOW,

earnestly praying and beseeching the Eighteen Guardians of the Sangha, the Warlike Guardians of the Law, and the Twelve Guardians of the Months mercifully to extend their holy compassion towards us, butterribly to blaze forth in divine majesty against the powers of evil, we do solemnly perform for nine and forty days the Great Mass for the purification, deliverance and salvation of all souls on land and on sea …

— and a great deal more on those lines which it would be tedious to repeat.

邦译： … On it was written in large characters:

"The funeral of the wife of the eldest grandson of the duke of Ning-guo of hereditary rank, Ch'in-shih the wife of an officer in the Chia clan, an officer of the Imperial Bodyguard in the presence of the Emperor guarding the Inner Court. ***The abbot Wan, the Superintendent*** *of the Buddhist Order, in Charge of the perfect quiet of empty nothingness in the innermost region of the four great continents, the eternally established peaceful kingdom received from Heaven, and the Taoist Superior the abbot Yeh in charge of the original one true school of doctrine reverently supplicate, worshipping Heaven and calling on Buddha.*" Also: "We respectfully ask the Chieh-ti and Kung-ts'ao Spirits in all the monasteries to bestow everywhere their divine favour and exert their spiritual majesty far and wide and for forty-nine days dissipate calamities and give peace on water and on land" —all of which there is no need to record in detail. (1句，60词)

通过对比可知，邦、霍译本基于同样原文的译文字数存在较大差异；邦译本与杨译本几乎没有差异；而霍译本是邦、杨译本的近一倍，译文信息量最大。加之霍译文的处理方式最独特，将匾牌铭文以英文诗体的格式呈现出来，试图通过译文体例的特殊处理来表达原文文体的特殊性。如果以结句标点来看，无论是霍译文还是邦译文，其实都只是一个超长句。霍译文格式最特殊，译文虽人为单独分行处理，但依然只是一个长句。仅从句法结构来讲，三位译者的结构一致，都是一句话，均只有一个主谓宾结构。但从译文信息分布与译文体例来看，三者差异十分明显。杨译本基本遵循原文信息分布，中间根据英语表达习惯有所调整；邦译文将地点状语后置，似乎更加符合英语表达习惯；唯有霍译文处理方式最为特殊，以四行诗体的形式呈现匾牌铭文内容，充分展示文体特性与文本语境的特殊性：丧事的宗教元素。

综上所述，就超长句处理方式来看，邦译本与杨译本受到原文影响的程度更高，译文的灵活性与可读性相对较低；霍译本无论是信息分布还是句法结构，都体现出高度的译者主体性，信息分布灵活多样，句子结构极为复杂多变，乃至出现改变原文体例形式的情况。

我们通过平均句长统计数据与超长句取样的对比，考察了三位译者句子翻译的不同特点。在霍、杨译本对比下，邦译本的特点逐渐呈现出来。邦译本句子受到原文的影响较大，句法结构相对简单。为进一步考察译者句子翻译的特点，我们还需要考察原文句子与译文句子的对应程度，以此反映译者句子翻译的个体风格。王克非(2003：411)研究认为，1∶1(一句汉语对应一句英语)的语句对应比例在汉英、英汉对译文本中都呈现出高频特点，从大约60%的比例到90%以上的比例不等，并与汉英、英汉翻译方向和文学、非文学文本类型有很大关系。在汉译英文学语料中，1∶1对应比例为54%～82%，平均63.3%；从翻译方向看，英译汉时语句一一对应的比例高于汉译英。句子是翻译的一个主要转换单位，文学作品英译1∶1的句子对应虽不及非文学作品，依然有63.3%左右的句对比例。这一研究结果无论在翻译教学、自动翻译还是译本评析上都应引起重视。

刘泽权(2011)通过创建《红楼梦》平行语料库，考察了乔译本、邦译本、霍译本与杨译本在平行语料库中的句子对应比例，结果发现：

表7-3 《红楼梦》四译本汉英句子主要翻译对应类型百分比

句　对[①]	乔译	邦译	霍译	杨译
1—1	56.11	56.83	53.64	59.23
1—2	23.36	25.62	25.34	22.79
1—3	5.31	8.77	7.46	3.57
1—4[+]	1.34	4.22	2.55	0.69
2—1	7.48	1.21	5.41	7.53
2—2	3.00	0.78	2.65	3.36
2—3[+]	1.33	0.69	1.42	0.99
3—1	1.01	0.06	0.62	0.94
3—2	0.37	0.05	0.37	0.40

注：刘泽权，2011：62。

如表7-3所示，《红楼梦》四个英译本中一对一的汉英句对类型均最多，达到53%以上；第二位的一句汉语对应两句英语的句对比例均在22%以上，其中邦译本最高，表明邦译本将汉语中很多由逗号分开的流散句译为独立的英

[①] 该列中两个数字前者为汉语句数，后者为英语句数。

语句子比例略高于其他译本。值得注意的是，杨、邦译本一对一的汉英句对类型比例最高，表明两者在句子翻译方面灵活性最小，更容易受到汉语句子的影响。这不仅表明杨宪益夫妇与邦斯尔对原作更为尊崇，也表明二者翻译策略存在一致性，都倾向于异化翻译策略，受到原文叙述方式与语篇结构的约束最大。刘泽权(2011)据此推断，杨译本"翻译腔"最明显，阅读难度也较高。中英文句子在断句、标点上的差异是影响1∶1对应比例以及导致中文一句对两句甚至多句英文现象多发的主要原因。英文在句法上比较严格，一句话用逗号还是句号标记，形式上有所限制，很难随意处理。中文则不同，本来就多流水句，加上断句多凭语意，甚至凭喜好，以句号断句的完整句子中就常常含有多个小句，转换成英文时只得以多句与之对应。邦译本在一对一句对比上与杨译本相差不多，如果结合前文中对邦译本高频词、独特词、搭配、词丛等指标的考察，我们可以基本判定，邦译本虽然词汇与句法较为简单，但句子结构的表达受到原文句子结构的影响最严重，译本的"翻译腔"有可能比杨译本更为突出。

第二节　句子类型

句子是语言符号系统中一个重要的层级，也是翻译转换的主要单位之一。无论是翻译实践还是译文评析，句子都是不容忽略的重要单位。总体而言，汉语句子更为强调语义，具有明显的意合性，句法表达带有"以意统形"的特点；英语句子强调形式和语法结构。潘文国(1997∶197)曾借助"树式结构"与"竹式结构"的形象比喻来描述英汉语句子结构差异，并指出树式结构的背后是以整驭零的封闭性结构，竹式结构的背后是以零聚整的开放性结构。陈宏薇(2009∶130)则将英汉语句子的差别归结为：汉语句子构建在意念轴(thought-pivot)上，英语句子构建在主谓轴(subjuect-predicate-pivot)上；英语谓语是句义的核心，要求单复数、时态、语态与"一句之主"的主语保持一致。也有研究者将英汉语句子差异归结为"主谓结构"与"话题结构"的差异(参见邵志洪，2005∶87-96)。总之，汉语与英语的句子结构存在较大差异，汉英语言转换(特别是长句)时,译文往往需要较大的调整,乃至重新断句。

我们通过上节内容已经证实,汉英翻译句对比例大多为一对一,这表明多数译文的句子都是依据原文的短句单位来组织译文。然而,译文中那些不是一对一的译文句子又是如何组织的;就算是一对一的译文对句,是否都是按照句子原来的类型(陈述对陈述、疑问与疑问、感叹对感叹等)翻译的;因为句子能表达一个完整的意思,能传达陈述、疑问、祈使、感叹等语气,句子末端有句号、问号或感叹号作为形态标志,句子还是使词语意义能得以推导的重要语境(陈宏薇,2009:129)。译者在翻译过程中出于信息结构调整、语义及语用表达等需要,势必改变句子的类型。因此,借助语料库工具统计原文与译文的句末标志符号,也可以作为译者句子翻译风格特点的一个标准,统计结果见表7-4。

表7-4 《红楼梦》原作与三译本句末标点对比[①]

文本句末标点	汉语原文		邦译本		霍译本		杨译本	
	频次	百分比	频次	百分比	频次	百分比	频次	百分比
。(汉)/.(英)	27 530	3.25	53 746	**6.33**	44 820	**5.35**	39 323	**6.29**
?	4 948	0.58	5 713	**0.67**	4 861	**0.58**	5 014	**0.80**
!	2 531	0.30	1 261	**0.15**	5 516	**0.66**	2 560	**0.41**
;	676	0.08	422	**0.05**	1 947	**0.23**	1 894	**0.30**
——(汉)/—(英)	30	0.00	453	**0.05**	1 882	**0.22**	/	/
……(汉)/…(英)	53	0.01	5	**0.00**	325	**0.04**	116	**0.02**

如表7-4所示,三个译本句子类型呈现较大的差异性。第一,句号在《红楼梦》原作中的频次为27 530,占据全文词频的3.25%。然而,三个英文全译本中结句点号"."的频次与比例较之原文均有较大的增生:邦译本最高为6.33%;杨译本次之为6.29%;霍译本最低为5.35%。这表明,三位译者在翻译句子时均对原文的句子结构做出了较为明显的调整,使得英译本的句子总数大大多于原

[①] 标点符号百分比的计算方式为:标点频次÷译本总词数×100。需注意的是,《红楼梦》原著本身并没有句逗符号,新式的标点为后人所添加,断句因校注人不同、版本不同而有所差异。鉴于此,原文标点与译文标点的比例对比不能作为直接判定译本风格的依据,主要还是要对比三个译本间的差异,尤其是同时基于程乙本的邦、霍译本。

作。第二，就问句而言，霍译本与原作中问句比例保持一致，均为 0.58%；邦译本略高于原作；而杨译本则有较为明显的增幅。这表明杨译本中问句最多，也说明原作中非问句转化为问句的比例最高。第三，霍译本感叹号使用比例最高，远远高出原作与邦、杨译本。由于感叹号主要用于文中的直接引语，这表明霍译本中人物对话的内容与方式特色更明显，人物语气变化最大。第四，邦译本中分号的使用频次最低，仅为 0.05%，甚至低于原作中的 0.08%；相对而言，霍、杨译本比原作都有较大的增幅。鉴于分号是一种隐性连接手段，常用来并列两个关系紧密的独立句，表明相对于汉语原作，霍、杨译本中除了增加显性连接词外，更增加了";"作为隐性连接手段来连接两个独立句；而邦译本则没有这一特点。第五，汉语原作中破折号比例原本较低，仅有 30 例；邦译本虽出现较大增幅但仍远不及霍译本多，仅为霍译本的四分之一左右；杨译本中未曾使用破折号。第六，省略号在原作中使用频次也不高；邦、杨译本在省略号的使用频次上明显受到原作频次影响，译文中的频次远远不及霍译本。

同时，标点符号的使用偏好传达出重要的译者风格信息。省略号、破折号的使用，使得文本更为意味深长；句号、感叹号的大量使用，使得文本干净利落、富含激情；问号的使用，使得文本引人深思，充分调动起读者的积极思维；而逗号的大量使用，则使句子结构更为复杂，文本思想内涵更为丰富。基于语料库的译本标点符号统计，可以直观地考察译者使用符号的偏好，不仅能够反映其译文句子类型的转换倾向，也能考察译者句子结构的特点与表达偏好。

然而，仅凭句子类型百分比只能考察译本的总体句子类型，无法详细观察三位译者处理句子的具体操作性特点。我们将以汉语中较为典型的流水句（也称为竹式句）为例，借文本详细考察邦译本长句翻译风格及其与霍、杨译本的差异。关于英汉语句子的差异性前文曾有论述。汉语中存在大量"竹式结构"的句子，即"一个语音语义团块加上一个语音语义团块，再加上一个语音语义团块，一直加到说话人或写作人意思尽了，便加上一个句号，算作一个句子"（潘文国，1997：286），如例 7-4 与例 7-5 所示。

例 7-4

原文：（垂花门前）早有众小厮拉过一辆翠幄青油车来。……邢夫人携了黛玉<u>坐上</u>。众老婆们<u>放下</u>车帘，方<u>命</u>小厮们<u>抬起</u>，<u>拉至</u>宽处，<u>驾上</u>驯骡，<u>出了</u>西角门，<u>往东过</u>荣府正门，<u>入</u>一黑油漆大门内，<u>至</u>仪门前，方<u>下了</u>车。（《红楼梦》第三回）

例7-4是汉语中典型的竹式结构流水句，每个小句类似一节竹子，每一节为一个语音语义团块，团块间的联系可以靠连接词也可以完全靠意合，总体来讲主要靠意合。这句话若从邢夫人的第一个动作"携了"算起，到句号为止共有一连串的13个动作，其中既有邢夫人和黛玉做出的动作，也有婆子与小斯的动作，更有所有一行人一起做出的动作；虽然动作前主语是隐形的，语义的连贯主要依靠无形的意义连贯，读来并不觉混乱、困惑，这便是汉语意合性的最大特点。然而，汉语的意合句转换为英语时必须进行较大的调整，需要确定主谓宾及其时态、单复数等一致性问题，需要添加适当的连接词与关系词，使之成为依靠有形的连接手段组织起来的一个既能表达原文语意又要符合译文句法的句子。以下是三位译者对同一流水句的不同翻译方法，我们从中可以察觉到译者句子翻译的不同风格特点。

邦译：Madam Hsing took Tai-yü by the hand *and* sat in it with her. // The women-servants let down the screen of the litter *and then* orders were given to the servants to lift it up *and* take it to an open space *and* yoke it to some quiet mules. // They went out at the side-door on the West *and then* went eastwards past the main entrance of the Jung Mansion *and* entered at a big door varnished black. // When they got in front of the ceremonial gate the litter was put down. // （4句）

霍译：Into this Aunt Xing ascended hand in hand with Dai-yu. // The old women pulled down the carriage blind *and* ordered the pages to take up the shafts, the pages drew the carriage into an open space *and* harnessed mules to it, *and* Dai-yu and her aunt were driven out of the west gate, *eastwards* past the main gate of the Rong mansion, *in* again *through* a big black-acquered gate, *and up* to an inner gate, *where* they were set down again. // (2句)

杨译：… into which Lady Xing and her niece entered. // Maids let down the curtains *and* told the bearers to start. // They bore the carriage to an open space *and* harnessed a docile mule to it. // They left by the west side gate, proceeded east past the main entrance of the Rong Mansion, entered a large black-lacquered gate *and* drew up in front of a ceremonial gate. // (4句)

通过比对三译文可知，三者的共同点是：都将原文中隐形主语的流散句处理为带有主谓结构的独立句子，且句子间添加了数量不等的连接词。不同的是，邦译文使用的 and(4次)和 and then(2次)最多，处理方式较简单，直接将原文中的流水、连动句处理为含有两个并列动作的主谓结构句子。霍译文 and(4次)的使用频次也较高，除此外霍译文还通过将原文中动词转化为译文带有动作意义的副词(eastwards、in、through、up)并使用了 where 引导的定语从句，使得译语特点更为明显，更加符合译语读者的阅读习惯。杨译文前三句使用两个 and 连接的并列动词做谓语的句子。第四句中模拟原文句法形式，将原文最后几个动作译成一个英语连动句，最后两个动词词组由 and 连接，前面三个动词无连接词。从句数看，邦、杨译文均为四句，霍译本为两句。

总体而言，邦译本尝试通过化整为零，将汉语作为一个整体的流水、连动句分解为四个含有多个并列谓语动词的独立句子，汉语中的长句被消解。这也是邦译本句子数量最多，平均句长最短的原因。杨译本与邦译本有类似之处，均倾向于使用并列谓语作为连动句，表明二者均不同程度受到原文表达方式的影响。霍译本相对而言最为灵活，除了用 and 连接的并列谓语外，还发挥英语句法特点，将英语动词灵活处理为带有动作的英语副词，避免因谓语动词过多而影响译文的表达，同时也更加彰显出译文的地道性与可读性。如果按照英语句子特点判断，霍译本更加接近英语的表达习惯，邦、杨译本则次之。

汉语中的流水与连动句中还有比上例更为复杂的表达方式：总分句与并列

句，即大量的句子围绕一个主题反复出现，意思未完也可以不断接续，由此产生一个庞大的意群，如例 7-5 所示。

例 7-5

原文：及至**进来一看**，**却是**位青年公子，① 头上**戴着**束发嵌宝紫金冠，齐眉**勒着**二龙戏珠金抹额；一件二色金百蝶穿花大红箭袖，**束着**五彩丝攒花结长穗宫绦，**外罩**石青起花八团倭缎排穗褂；**登着**青缎粉底小朝靴；**面若**中秋之月，**色如**春晓之花；**鬓若**刀裁，**眉如**墨画，**鼻如**悬胆，**睛若**秋波；虽怒时而**似笑**，即瞋视而**有情**；项上金螭璎珞，又**有**一根五色丝绦，**系着**一块美玉。

（《红楼梦》第三回）

例 7-5 是第三回中"宝黛初会"时叙述者借助黛玉的视角对宝玉的描述，可谓衣着容貌、形神举止无所不包。这句原文含标点共有 161 字，属于一个超长句。句中含有 17 个由逗号与分号隔开的短句，第三、第四个分号将整个描述分为三个意群：穿戴、容貌与美玉。我们试图通过这个超长句在三个译本中的不同处理方式，来进一步考察三位译者处理长句的风格特点。

邦译：But when he came in and she had a look at him he was a young gentleman in the springtime of life. // On his head he wore a gold cap inlaid with gems to bind his hair. // Level with his eyebrows was tied a metal forehead-band in the form of two dragons playing with a pearl. // He had a robe with deep-red narrow sleeves ornamented with a hundred butterflies among flowers of gold and silver, bound with a Palace girdle of five-colors silk flowers collected into clusters, and tied with long tassels, and outside, a dark green jacket made with eight large round designs of flowers made of Japanese silk and

---

① 此处应为冒号。（——编者注）

edged with a fringe. // He was shod with green satin small court coots with powdered soles. // His face was like the mid-autumn moon. // His complexion was like the fresh flowers of Spring. // His hair was as if out with a knife. // His eyebrows were as if drawn in ink. // His nose denoted courage. // The pupils of his eyes were like the Autumn waves. // Even when he was angry it was as if he smiled. // In his frowns there was affection. // On his neck there was a metal hornless dragon necklace and fastened to this with a five-colored silken cord was a piece of very fine jade. //（14 句）

霍译：The young gentleman who entered in answer to her unspoken question had a small jewel-encrusted gold coronet on the top of his head and a golden headband low down over his brow in the form of two dragons playing with a large pearl. //

He was wearing a narrow-sleeved, full-skirted robe of dark red material with a pattern of flowers and butterflies in two shades of gold. // It was confined at the waist with a court girdle of coloured silks braided at regular intervals into elaborate clusters of knotwork and terminating in long tassels. //

Over the upper part of his robe he wore a jacket of slate-blue Japanese silk damask with a raised pattern of eight large medallions on the front and with tasselled borders. //

On his feet he had half-ength dress boots of black satin with thick white soles. //

As to his person, he had:

a face like the moon of Mid-Autumn,

a complexion like flowers at dawn,

a hairline straight as a knife-cut,

eyebrows that might have been painted by an artist's brush,

a shapely nose, and eyes clear as limpid pools,

that even in anger seemed to smile,

and, as they glared, beamed tenderness the while. //

Around his neck he wore a golden torque in the likeness of a dragon and a woven cord of coloured silks to which the famous jade was attached. // (7 句)

杨译：... even as the maid announced him, in he walked. //

He had on a golden coronet studded with jewels and a golden chaplet in the form of two dragons fighting for a pearl. // His red archer's jacket, embroidered with golden butterflies and flowers, was tied with a coloured tasselled palace sash. // Over this he wore a turquoise fringed coat of Japanese satin with a raised pattern of flowers in eight bunches. // His court boots were of black satin with white soles. // His face was as radiant as the mid-autumn moon, his complexion fresh as spring flowers at down. // The hair above his temples was as sharply outlined as if cut with a knife. // His eyebrows were as black as if painted with ink, his cheeks as red as peach-blossom, his eyes bright as autumn ripples. // Even when angry he seemed to smile, and there was warmth in his glance even when he frowned. // Round his neck he had a golden torque in the likeness of a dragon, and a silk cord of five colours, on which hung a beautiful piece of jade. // (10 句)

〔杨译本底本：心中想着，**忽见丫鬟话未报完，已进来了一位年轻的公子**：……（后文无较大差异——引者注）〕

如例 7-5 所示，三译本均将原文的一句分为多句，其中邦译本最多，为 14 句。邦译本沿袭其一贯风格，将原文长句中的分句转换为具有独立主谓结构的英语句子，一句一句分别描述。霍译本句子最少，仅有 7 句，且将原文中的一段分为 6 段描写；尤其将原文中容貌描写意群以独特的体例呈现，通过诗体形式将每个容貌特点单独成行，以突显黛玉眼中宝玉形容之聪灵、俊逸，由此

第七章 《红楼梦》译者风格定量描写：句子层面　191

产生一种"似曾相识"的感觉。总之，无论形式与内容，霍译本的处理方式均在邦、杨译本之上。杨译本的最大特点是句子的主语均为 he 与 his××，表明译者潜意识中将原文中隐形的主语补充到译文中。杨译本对叙述的方式与结构未做明显调整，基本按照原文的信息分布安排句子。不同的是，杨译本将整个长句分为 4 句，尤其是依据原文中对宝玉描述的 3 个意群，分别由 3 个段落译出，相比之下比邦译本的表达更为清晰，人物形象的描述与塑造效果更好。

总体而言，邦译本最为通俗易懂，句子信息分布与结构形式也相对简单；杨译本与邦译本有较大相似之处，但段落排布优于邦译本；霍译本不论形式还是内容都最为灵活，人物塑造相对效果更佳。

通过以上分析可知，邦译本在句子类型的转换处理上点号多，问号居中，其余符号均明显较少。这表明邦译本倾向于将原文中以逗号分隔的流散长句转换为以点号结句的独立句，且比例较高。邦译本中分号较少，我们通过文本检索项的观察发现，邦译本除了部分替换为分号外，另外的分号均做独立句处理，抑或将分号隐形连接的句子处理为用连词实现显性连接的句子。总体而言，邦译本除了将汉语中长句、超长句分割为英语独立的短句外，其余句子类型的处理方式均受到原文句子类型的影响较大。相比之下，霍译本句子类型的处理最为灵活，汉语长句、超长句被其处理为英语独立短句的比例相对较低，其他句子类型的翻译极其灵动，译本句子的处理方式最灵活。杨译本长句、超长句的处理方式与邦译本类似，对原文省略号、破折号的处理方式也同样受到原文风格的影响。

何刚强（2009：26）指出，谈论翻译，一个无法回避的话题是：原文的形式，特别是其句法结构乃至语序要不要得到尊重和保留？西方语言间的翻译由于其语言在构架上有较大的共同之处，在保留原文结构形态上比较容易取得共识。然而，英汉两种语言在行文结构上存在极大的差异；因此，翻译过程中句子结构的转换、语序的重新调整等断难避免。由此可知，过度地保留或"模拟"原文的句法结构，势必造成英语译文的"翻译腔"，由此影响译文的可读性。

诚然，句子类型的对比能够直接反映译者句子翻译的策略与风格，是研究译者风格的一个重要依据；然而，单纯的符号与句子类型不是译者句子翻译策略的全部，句子意义表达的方式与风格值得更进一步研究。只有形式与内容的结合，方能更为全面地考察句子的翻译风格。比如，我们拟借助 that 作为引导宾语从句的转述词，在三个译本的差异性以及 which 作为引导定语从句先行词的频次，更进一步考察三译本的转述特点与句子复杂程度等。

第三节　关系词

关系词是英语句法特征的重要表现形式之一。译本中可选性转述词 that （optional reporting "that"）在 say 与 tell 之后的省略情况，以及定语从句先行词 which 的统计分析，也是描写译文风格的一个重要参照标准。

可选性语法成分曾受到奥罗汉和贝克（2000）与奥罗汉（2003，2004）的持续关注。奥罗汉的研究结果显示，英语译作与非译作相比更加倾向使用可选性成分，例如补语 to、(after/while)+V-ing 结构、(in order) to/for/that 等。显而易见，保留这些可选性成分，可以使译文句法关系更为清晰明确，译文也将会相对更加易读。奥罗汉和贝克（2000：141-158）借助 TEC 与 BNC 两个语料库对比研究了 say 和 tell 后面使用 that 的情况，结果发现 TEC 中译者在 say 和 tell 后面添加 that 的频次要远远高于 BNC 语料库。这表明，翻译英语带有明显的"明晰化"倾向，比原创语言更为遵循英语语法形式的固有要求。

本研究尝试借鉴奥罗汉和贝克（2000）的实证研究方法与成果，采用同样的方式统计分析 say 和 tell 后面关系词 that 的省略情况。具体方式是，首先借助 Wordsmith6.0 的索引与语境共现工具，提取出三个英文全译本中 say 和 tell（含各种变体形式）的全部索引行，筛选统计出省略 that 与没有省略 that 的检索项，并将三译本进行列表对比，统计结果见表 7-5。

表 7-5　邦、霍、杨译本可选性转述词 that 统计结果　　　　单位：次

动词形式	邦译本		霍译本		杨译本	
	有 that	无 that	有 that	无 that	有 that	无 that
say	**683**	58	**215**	129	**43**	194
said	**420**	16	**122**	204	**53**	183

续表

动词形式	邦译本 有that	邦译本 无that	霍译本 有that	霍译本 无that	杨译本 有that	杨译本 无that
says	111	14	41	114	17	110
saying	48	1	48	13	40	45
tell	39	2	148	115	71	99
told	16	3	137	78	102	119
tells	191	2	5	3	0	2
telling	3	0	21	17	20	11
总计	1 466	96	735	674	347	763

如表 7-5 所示，邦译本中使用不同时态的 say 和 tell＋that 结构的频次是霍译本的近两倍，是杨译本四倍多；然而，邦译本中不同时态的 say、tell 后省略 that 的情况仅有 96 次，是霍译本的七分之一，是杨译本的近八分之一。由于汉语原文中不存在与 that 对应的功能词，我们可以排除译文中 that 使用情况受原文影响的可能性。译文中转述动词＋that 的结构是译者句子层面表述风格的显著标志。

英语关系词 that 在转述动词之后时属于非强制性关系词，可以使用也可以省略。省略 that 的句子使得原本的有形连接手段变为"隐形"连接。一般认为，带有关系词的句子相对省略关系词的句子更为通俗易懂。因此，关系词 that 的省略与否可以作为判断译文句法关系是否"明确化"或"明晰化"的标志。如果译文中存在大量关系词 that，则表明译文句子结构关系更为明晰。根据文献综述可知，"简化""显化"与"明晰化"都是翻译文本共有的语言特征。

统计结果表明，关系词 that 共在邦译本中出现 12 587 次，霍译本 10 184 次，杨译本 6 099 次。邦译本 that 频次最高，排除 that 作为指示代词、限定词与引导各类从句的先行词，that 作为转述动词关系词的比例依然很高。结合上表判断，三译本中邦译本存在极为明显的"明晰化"倾向，仅有 96 例省略 that 的情况，表明邦译本比霍、杨译本的"明晰化"程度要高得多。就霍、杨译本对比来看，杨译本中省略 that 的情况高于霍译本；而霍译本使用 that 的情况则是杨译本的两倍多，表明霍译本"明晰化"程度高于杨译本。综合来看，邦、霍译本使用 that 的案例均多于杨译本，表明两位本族语译者更加倾向于将含有转述动词的句子结构关系明确化。我们也可以由此判断，邦、霍译本的显化程度也更为明显。

需要注意的是，say 与 tell 的不同形式后接 that 与省略 that 的情况并不对称。第一，三译本 saying 后接 that 的频次存在一致性。邦、霍译本为 48 次；杨译本为 40 次；鉴于杨译文整体容量小于前两者，三者频次比例基本一致。第二，邦译本中 tells 接 that 的频次远高于霍译本；而杨译本中未有一例 tells that 结构出现。这一巨大反差无疑体现了译本风格的巨大差异。我们经过文本细读发现，邦译本 tells that 结构绝大多数频次存在于 the story(also)tells that (187 次)，全部对应原文中的章回衔接套语"话说""却说""且说"等。这些套语大多出现在章回首句，也有部分出现在情节转换较为明显的章回中间。这是邦译本对这一套语的独特处理方式。相比之下，霍、杨译本对这类套语基本采取省去不译的策略，主要依靠情节实现上下文的衔接与连贯，译本基本消解了"说书人"的痕迹。第三，邦译本中 told 接 that 的结构相对较少。这与译者处理转述动词的方式有直接关系。邦译本中 told 共出现 866 次，tell 出现 870 次，tells 出现 219 次，telling 出现 77 次，各类形式共计出现 1 599 次。然而，邦译本中除了 tells 因为对应章回衔接套语而出现大量接续 that 的情况，其他形式很少与 that 连用。

邦译本中 tell 的各列形式主要用于 tell sb. to do sth. 这一结构，其中 told sb. to do sth. 出现 510 次，tell sb. to do sth. 出现 350 次，telling sb. to do sth. 出现 35 次，tells sb. to do sth. 出现 15 次。相比而言，霍译本与杨译本中 told 主要用于 be told that/to 结构，与邦译本存在明显差异。

综上所述，通过统计转述动词 say 与 tell 后面的可选性关系词 that 在三个译本中的频次，我们发现三译本的句子结构均存在一定程度的"明晰化"倾向。其中邦译本"明晰化"倾向最为明显，表明邦译本在一贯尝试"模拟"原文表达的同时，也尽力使译文句子表达更加符合英语语法规范的要求。我们在研究三译本平均句长、超长句处理、句对类型、句子类型转换、连动句处理与可选关系词频次等时，进一步考察了邦译本在句子层面的风格特点及其与霍、杨译本的区别性特征。通过下章语篇与叙述层面的考察，邦译本的风格将从词汇、句子拓展至更高一级，译者风格也将通过各层级的定量统计与分析呈现得更加清晰、完整。

本章小结

　　句子层面的研究分为平均句长、句子类型与关系词三块。平均句长的研究显示：邦译本句子数量最多，平均句长高于杨译本；但低于霍译本。从句长分布来看，邦译本 25 词以上的长句明显少于霍、杨译本，译本的句长分布趋中，9~24 词的句子占据多数，且超短句也相对较少。这表明，邦译本超长句与超短句均少于霍、杨译本，句子长度的变化程度较低，句长灵活性较小。

　　句子类型的考察借助标点符号实现。统计与对比结果显示，邦译本受到原文连动与流水短句的影响，句子类型与结构相对单一，点号结句的频次占据多数，句子类型相对不如霍、杨译本丰富、灵活。

　　关系词的个案研究表明，邦译本除了句子表达受到原文句法结构的影响外，译文的转述结构存在明显的句法关系"明晰化"倾向，译文句法结构在可选性上遵循了英语语法要求。

　　句子层面的研究表明，邦译本处理原文句子的方式相对单一，句子结构相对简单，难度较低；然而，邦译本句法结构中关系词却出现"明晰化"倾向。这表明，译本一方面对原文结构"亦步亦趋"；另一方面又尽力使译文句法符合目标语的基本规范。

第八章 《红楼梦》译者风格定量描写：篇章层面

英语单词是可以独立使用的最小语言单位，词汇特色是译者风格的最直观体现；句子是由词或词组构成且能表达一个完整意思的语言单位，句子特点是译者表达习惯、语言组织、翻译策略等方面的重要体现；篇章则是译者文体风格的整体表现形式。基于语料库的译者词汇与句子研究是揭示译者风格的两个重要指标。然而，基于语料库的译者风格研究不能仅仅停留在词、句层面，必须将研究范围拓展至宏观的篇章层面，以避免"只见树木不见森林"的研究视角。基于语料库的篇章描写，可以通过如平均段落长度、语篇衔接、叙事视角、风格及主题等方面展开。

鉴于邦译本中段落的划分极不规整，有些章回甚至根本没有划分段落[①]，因此平均段落长度的研究没有实际参照价值。本节将通过章回套语、语篇衔接与叙述风格三个方面，对邦译本开展基于语料库的语篇风格考察，同时比照霍、杨译本，进一步揭示三个英语全译本的风格特征。严格来说，叙述风格并非篇章层面，但涉及叙述方式的语言单位多已超出词汇与句子结构的范畴，因此暂且将这一节的讨论放在篇章层面。

[①] 如第二十七回，通篇只有三个段落。造成邦译本段落划分不明的原因尚不清楚，这可能是译者翻译过程中段落意识不强疏忽所致，也可能是翻译时参照了刻板印刷的古本《红楼梦》底本。因古本底本无段落划分与标点符号，也有可能造成译文段落不明确。

第一节　章回套语

《红楼梦》的字里行间、段里层间存在大量起到转折、过渡、衔接等作用的整合性陈述语言，形成一整套章回套语。梁扬、谢仁敏(2006：126)认为，整合语主要负责将作品的各个部分充实、连接和组织成一个有机的艺术整体，其最大的特点是起到黏合作用。《红楼梦》作为带有明显"说书人"痕迹的章回体小说，章回间与章回内部都会使用一些特定的习惯套语。

> 所谓章回套语，指表示一个章回开始或结束的习套式表达，可细分为回首套语和回末套语两个次类。回首套语主要标示一个章回开始，常位于该章回最前部，主要有"话说"和"却说"等"说"类套语承担。回末套语主要标示一个章回结束，常位于该章回尾部。(陈琳，2012：25)

章回小说均带有明显的"说书人"痕迹。章回套语的使用是中国古典章回小说的传统叙述模式，成书于明清之际的章回小说仍然沿用章回套语的叙事方式。如，《三国演义》每个章回均无一例外地使用"且听下文分解"结束；《水浒传》与《西游记》每个章回均以"且听下回分解"结束；而《儒林外史》每个章回均以"话说"开始和以"且听下回分解"结束。《红楼梦》无疑也带有上述特点，部分地沿用了说书人的套语特点。不同的是，《红楼梦》中模拟说书人的套语不再以整齐划一的形式出现，章回套语逐渐呈现出灵活多样的特点。

陈琳(2012)以《红楼梦》说书套语的具体文本形态为分析对象，以杨、霍译本为研究对象，对原著章回套语、分述套语、称呼套语、诗赞套语等典型说书套语的英译进行全方位探究。结果发现，杨、霍译本中，存在大量说书套语脱译现象。陈琳(2012：iii)认为无论显性脱译，抑或隐性脱译，均在很大程度上影响了原著拟书场叙述风格再现，并最终导致原著章回体白话小说体裁淡化和叙述风格变异，从而遮蔽乃至抹杀古典白话小说独具的叙述特征。然而，如果译者能够尽力将章回套语译出，译文是否能够传递出原著章回体小说的叙事风格呢？由于霍、杨底本中回末的套语存在较大差异，对比研究时需进行必要的筛选与取舍。鉴于此，考察邦译本套语翻译的风格，主要对比霍译文在翻译章回套语英译时的风格差异，适当参照杨译本的翻译。

本研究将《红楼梦》中的章回套语分为章回间套语与章回内套语，首先统计出原文中套语的频次，然后再通过译文比照与多译本对比来考察邦译本套语翻译的风格特点。

一、章回间衔接套语

章回间的套语在于提醒听众一个叙事单元的结束与开始，不仅能起到前后章回的衔接，还可以埋下伏笔刺激听众的好奇心。由于版本差异，《红楼梦》章回间套语存在一定差异。我们借助语料库工具 Antconc3.3.5w，统计出海南出版社 1995 年版《红楼梦》（亚东本）章回间套语的类型、频次与分布，结果见表 8-1。

表 8-1 《红楼梦》章回间套语类型、频次与分布

套语类型		频次	回　　数
章回首套语	话说	97次	七、八、九、十、十一、十二、十三、十四、十五、十七、十八、十九、二十、二十一、二十二、二十三、二十四、二十五、二十六、二十七、二十八、二十九、三十、三十一、三十二、三十四、三十五、三十六、三十七、三十八、三十九、四十、四十一、四十二、四十三、四十四、四十五、四十六、四十七、四十八、四十九、五十、五十一、五十二、五十三、五十六、五十七、五十八、五十九、六十、六十一、六十二、六十三、六十四、六十五、六十六、六十七、六十八、六十九、七十、七十一、七十二、七十三、七十四、七十五、七十六、七十七、七十八、七十九、八十、八十二、八十三、八十五、八十六、八十八、九十一、九十二、九十四、九十五、九十六、九十七、九十八、九十九、一百、一百二、一百三、一百四、一百五、一百六、一百七、一百九、一百十、一百十一、一百十二、一百十三、一百十五、一百十六、一百十七、一百十八、一百十九、一百二十

续 表

套语类型		频次	回　　数
章回首套语	却说	14次	二、三、四、六、三十三、五十四、八十四、八十七、八十九、九十、九十三、一百一、一百八、一百十四
	且说	3次	十六、五十五、八十一
章回末套语	下回分解	73次	三、四、五、七、八、九、十八、十九、二十三、二十四、二十五、二十六、二十七、二十八、二十九、三十、三十一、三十二、三十七、三十九、四十二、四十三、四十六、五十四、五十九、六十、六十一、六十二、六十三、六十四、六十五、六十六、六十七、六十九、七十、七十一、七十二、七十三、七十五、七十六、七十七、七十八、八十、八十二、八十三、八十四、八十五、八十六、八十七、八十八、九十、九十一、九十二、九十四、九十五、九十八、一百、一百一、一百二、一百三、一百四、一百五、一百六、一百八、一百九、一百十、一百十一、一百十二、一百十三、一百十四、一百十五、一百十六、一百十七
	且听下回分解	34次	一、二、六、十、十一、十二、十三、十四、十五、十六、十七、二十、二十一、二十二、三十三、三十四、三十八、四十、五十、五十一、五十三、五十五、五十六、五十七、六十八、七十四、七十九、八十一、九十三、九十六、九十九、一百七、一百十八、一百十九
	且看下回分解	12次	三十五、三十六、四十一、四十四、四十五、四十七、四十八、四十九、五十二、五十八、八十九、九十七

如表 8-1 所示，《红楼梦》章回首套语共有三类：话说(97 次)、却说(14 次)、且说(3 次)，共计 118 次，其中占绝大多数的"话说"是最经典的章回起始套语。《红楼梦》章回末套语也有三类：下回分解(73 次)、且听下回分解(34 次)、且看下回分解(12 次)，共计 119 次[1]；用于章回末的三类套语均含有"下回分解"四个字，所不同的是，"且听下回分解"带有最明显的"说书体"性质，故事叙述的对象不是"读者"而是"听众"。

通过检索发现，邦译本对"章回末套语(××)下回分解"的英译竟然无一例外全部对照翻译为 see the explanation in the next chapter(119 次)；对章回首套语"话说""且说""却说"的英译则全部为 the story tells that(118 次)（除

---

[1] 《红楼梦》(亚东本)一百二十回中除第一百二十回以一首诗结尾外，前一百十九回均为"下回分解"或"且听/看下回分解"。

去第一回与第五回），相比而言，霍、杨译本在章回之首则几乎全部省略了套语的翻译。邦译本与霍、杨译本回首套语翻译策略截然相反：邦译本全力保留原文套语风格，并形成自己的固定套语模式；而霍、杨译本则基本省去套语，仅凭情节重复实现章回间的连贯。进一步的检索与观察表明，邦、霍、杨三译本在章回末套语的翻译存在较大的共性，均存在保留套语的倾向，这给我们进一步研究三者处理同类套语的不同策略提供机会。

鉴于三类章回末套语的同质性，我们在对比译文时将其作为一个大类分析，以便保持统计分析的连贯性与一致性。为考察邦译本章回末套语英译的风格特点，我们选取最为典型、数量最多的"（××）下回分解"为例，通过译文对照与多译本翻译策略对比来实现研究目标。其中，由于邦、霍译本底本与杨译本底本存在频次差异[①]，我们进行三译本对比时只侧重统计译者翻译策略的差异性，忽略具体翻译方法的频次。

如表8-2所示，邦译本中对译"（××）下回分解"套语的英译文十分规整，全部译为 see the explanation in the next chapter。仔细观察检索项左侧语境，发现内容各不相同，基本上也是直接对译原文内容所致。我们经过原文文本观察发现，"（××）下回分解"前面主要有两类表达法：一是以具体情节内容承接前文

表8-2 邦译本"（××）下回分解"对译项检索

N	Concordance	Chap.
1	If you do not know what evil had befallen him,	see the explanation in the next chapter. （ii）
2	when he hastily turned his head round to look,	see the explanation in the next chapter. （iii）
3	summoned to the Capital. For how it all ended	see the explanation in the next chapter. （iv）
4	For what happened afterwards	see the explanation in the next chapter. （v）
5	If you do not know what is to tell from then	see the explanation in the next chapter. （vi）

注：前5项，共119项。

---

① 杨译本底本前八十回为基于脂本系统的人文本，后四十回为程乙本系统。因此，三者底本的差异主要集中在前八十回。杨译本底本前八十回中章回末套语的频次为：且听下回分解(37次)、下回分解(7次)、再听下回(1次)、后回再见(1次)、后回便见(1次)、且见下回(1次)、再看下回便知(1次)、再听下回分解(1次)、且看下回(1次)、下回便见(1次)、再看下回分解(1次)、诗句结尾(7次)、无套语(17次)。

情节发展，设置伏笔、留下悬念，如（第二回）"雨村忙回头看时——要知是谁，且听下回分解"，（第六回）"刘老老感谢不尽，仍从后门去了。未知去后如何，且听下回分解"，（第九回）"未知金荣从也不从，下回分解"；二是，以不带具体情节的概述引导语衔接前后，设置悬念，如（第三回）"毕竟怎的，下回分解"，（第五回）"未知何因，下回分解"，（第七回）"要知端的，下回分解"，（第八回）"未知如何，下回分解"，等。为更详细地观察译文及译者风格差异性，我们将这两类表达法各选 3 例，对比三家译文，详见如下 6 例。

例 8-1

原文：贾瑞只要暂息此事，又悄悄的劝金荣说："俗语说的：'忍得一时忿，终身无恼闷。'"

<u>未知金荣从也不从，下回分解</u>。（《红楼梦》第九回）

邦译：He too urged Chin Jung on the quiet, saying: "The proverb says: 'If you endure the danger of the moment, all your life you will have no grief'." *<u>If you do not know whether Chin Jung agreed or not, see the explanation in the next chapter.</u>*

霍译：Jia Rui, whose only concern now was to get the matter over with as quickly as possible, quietly urged him to comply:

'You know what the proverb says:

He who can check the moment's rage

Shall calm and carefree end his days.'

<u>Did Jokey Jin comply? The following chapter will reveal.</u>

杨译：Jia Rui, anxious to smooth things over, urged Jin Rong softly, "Remember the proverb 'A murderer can only lose his head.' Since you began this you must humble yourself a little. Once you've kowtowed, that will be the end of it."

So at last Jin Rong stepped forward and kowtowed to Qin Zhong.

<u>To know what followed, read the next chapter.</u>

（杨译本底本：贾瑞只要暂息此事，又悄悄的劝金荣说："俗语说的好，'杀人不过头点地'。你既惹出事来，少不得下点气儿，磕个头就完事了。"金荣无奈，只得进前来与秦钟磕头。**且听下回分解**。)

例 8 - 2

原文：(黛玉)笑道："姐姐也自己保重些儿。就是哭出两缸泪来，也医不好棒疮！"

不知宝钗如何答对，且听下回分解。(《红楼梦》第三十四回）

邦译：... she said from behind with a smile: "Elder sister, you too should take more care of yourself. Even if you cry out two jars of tears they will heal the marks of the rod." ***If you do not know what answer Pao-ch'ai gave, see the explanation in the next chapter.***

霍译：'Don't make yourself ill, coz,' she called out, almost gleefully, to the retreating back. 'Even a cistern full of tears won't heal the smart of a beating!'
The nature of Bao-chai's reply will be revealed in the following chapter.

杨译：She called mischievously after her, "Cousin, look after your health! Even if you fill two vats with tears that won't cure his welts."
To know how Baochai replied you must read the next chapter.

例 8 - 3

原文：只这一句话没说完，只见黛玉身子往前一栽，哇的一声，一口血直吐出来。

未知性命如何，且听下回分解。(《红楼梦》第九十六回）

邦译：But before she had finished saying this, she saw Tai-yü give a lurch forward. There was a sound of retching, and she vomited straight out a mouthful of blood. ***If you do not know how it was with her***

第八章 《红楼梦》译者风格定量描写：篇章层面　203

life, see the explanation in the next chapter.

霍译：She had no sooner uttered these words when she saw Dai-yu stumble forwards onto the ground, and give a loud cry. A stream of blood came gushing from her mouth.

To learn if she survived this crisis, please read the next chapter.

杨译：But the words were still on her lips when Daiyu staggered and fell, vomiting blood. ***To know what became of her, read the next chapter.***

例 8 - 4

原文：然后听宝玉拣的好日子一同入塾。塾中从此闹起事来。

未知如何，下回分解。(《红楼梦》第八回)

邦译：Afterwards he heard that Pao-yü had selected an auspicious day for them to enter the school together. From this time disturbances began to arise in the school. ***If you do not know how, see the explanation in the next chapter.***

霍译：Nothing now remained but for Bao-yu to choose an auspicious day on which the two of them could begin school together.

Their entry into the school was the occasion of a tumultuous incident of which an account will be given in the following chapter.

杨译：(因底本差异，以诗歌结尾，此处略)

例 8 - 5

原文：李纨道："我不大会做诗，我只起三句罢；然后谁先得了谁先联。"宝钗道："到底分个次序。"

要知端底，且看下回分解。(《红楼梦》第四十九回)

邦译：Li Huan said: "I am not very good at composing poetry. I will only begin with three words. Afterwards, let whoever first gets it be the first to connect it." Pao-ch'ai said: "We must arrange the order for them." ***If*** *you want to know the details, see the explanation in the next chapter.*

霍译：'I'm not much good at poetry myself,' said Li Wan, 'so I shall merely start you off by giving you the first three lines. After that, whoever is the first to think of a good following line can carry on.'
'I think we ought to have a fixed order,' said Bao-chai. ***As to whether or not her advice was taken, that will be made clear in the following chapter.***

杨译：Li Wan proposed, "As I'm a poor hand at versifying, let me just do the first three lines. Whoever's quickest can go on from there."
"We should arrange some sort of order," protested Baochai.
If you want to know the upshot, read the next chapter.

例 8 - 6

原文：那人还等着呢；① 半日不见人来，正在那里心里发虚，只见贾琏气忿忿走出来了。

未知如何，下回分解。（《红楼梦》第九十五回）

邦译：That man was still waiting. For a long time he did not see anyone come. Just as he was there feeling dispirited, he saw Chia Lien come out foaming with rage. ***If you do not what*** ② ***what happened see the explanation in the next chapter.***

霍译：The impostor had been waiting in the study, and as time went by and no one returned, had already begun to lose his nerve. Now he saw the irate figure of Jia Lian advancing into the room. ***For the outcome of their subsequent interview, please read the next chapter.***

杨译：The man after his long wait was already somewhat apprehensive, and now he saw Jia Lian come out in a towering rage. ***But to know***

---

① 此处宜用逗号。（——编者注）
② 此处为邦斯尔笔误，应是 know。

what happened next, read the following chapter.

如上述 6 个例句所示，邦译本对原文中的章回末套语进行了直译，不仅"下回分解"无一例外地译为 see the explanation in the next chapter，就连前面用于情节衔接的提示语与概述语也形成自己的表达风格，如"要知"译为 if you want to know，"未知"与"不知"统一译为 if you do not know，其后的内容则根据具体情节进行直译。总之，邦译本对章回末套语的翻译十分整齐划一，在译文中形成一套独具特色的"套语"，原作章回体小说的"说书人"套语特色也因此在邦译本中以另一种语言形式得以呈现。章回套语是《红楼梦》的一大文体特点，也是明清时期中国古典章回小说所共有的文体特点，邦译本尝试保留原作文体标识语的努力值得肯定。

同样，霍、杨译本对同类套语的英译也呈现出类似特点，二者均努力保留了原作的套语特点。经过统计发现：霍译本中使用 the following chapter 达 46 次之多，使用 the next chapter 达 53 次之多。杨译本大多使用 the next chapter，达 91 次之多；使用 the following chapter 与 the chapter which follows 分别为 11 次和 5 次。由此可见，三位译者均通过不同方式尝试保留原作的套语特点。不同的是，邦译本的套语格式更加统一、固定，译文个性特点十分明显；相比之下，霍、杨译本的套语更为灵活，与上下文语境的结合度更强。为进一步考察三者的差异性，我们选取三译本底本较为统一的后四十回中的例句，进行一个穷尽式的统计，查看三译本在 the following chaper 与 the next chapter 前面动词的使用差异，即聚焦原作中"下回分解"中"分解"一词的英译情况，结果见表 8-3。

表 8-3　邦、霍、杨译本章回末套语"下回分解"英译差异统计

原文	译本	译　　文	备注
下回分解	邦译本	See the explanation in the next chapter（39 次）	1 种
	霍译本	must read（4 次），please read（9 次），must turn to（11 次），please turn to（9 次），will have to turn to（2 次），will be related（1 次），will be revealed（1 次），will be told（1 次）	8 种
	杨译本	read（26 次），read on（3 次），must read（8 次），turn to（1 次），be recored（1 次）	5 种

由此可见，邦译本后四十回套语翻译具有整齐划一、格式固定的特点；霍译本表达最为灵活多样；杨译本比邦译本表达方式灵活，但不及霍译本。总体而言，三译本均对原文章回末尾的套语进行转译，努力将原文文体风格再现于译文中。然而，霍、杨译本均未形成固定的表达方法。

需注意的是，霍译本后四十回为闵福德所译，为考察霍克思与闵福德套语翻译的风格差异，我们进一步抽取出霍译本前八十回中"下回分解"的翻译。结果发现，霍译文中动词的使用比闵福德更为丰富，一共使用多达 32 个不同的表达法(未注次数者系 1 次)，后文同：

will be told（14 次），will have to read（10 次），will be revealed（8 次），will be related（6 次），will be dealt with（4 次），is recorded（4 次），read（4 次），will have to wait（4 次），must read（3 次），continue（2 次），will be given，will reveal，may learn，will be disclosed，will be discussed，will be shown，must turn to，be referred to，shall hear more，must await，will be available，will be examined，must refer to，please consult，will show，must wait for，more of，shall learn，please see，be made clear，will have to look at，will have to look into。

由此可知，霍克思处理章回末尾套语的手法极其灵活，译文承上启下的功能尚在；但译法没有像邦译本一样形成较为统一、固定的译文套语，原作套语文体在霍译文与杨译文中均有较大的消解与损失。

综上所述，三译本在翻译章回开始套语与末尾套语时风格差异明显：邦译本无论首末均将原文套语转译为固定的译文套语；而霍、杨译本基本省略了章回开始套语。霍、杨译本同邦译本一样，对末尾套语一一进行对译，且译文呈现出灵活多样的特点；但二者译文均未形成类似原文套语的固定表达，原文说书体的文体风格有所消解。

二、章回内衔接套语

章回内的套语则在于提醒听众一个章回的开始或一个叙事情节的结束与开始，主要起到情节连贯的作用。《红楼梦》用于章回内的套语包括章回之首提示叙述单元开始的"话说",章回内用于情节转换与衔接的"话说""且说""原来",以及用于情节结束与停顿的"不提"等。我们借助语料库工具 Antconc3.3.5w,统计出章回内套语的类型、频次与分布,结果见表 8-4,回数后未注次数者计 1 次。

表 8-4 《红楼梦》章回内套语类型、频次与分布

套语类型		频次	回 数
章回内套语	却说	51	一(2次)、二、三(2次)、八、十八、十九、二十五(2次)、二十六、三十、三十四、三十六、五十九、六十四(3次)、六十五、六十六、六十七(4次)、七十二、七十三、七十七(2次)、八十二、八十四(3次)、八十五、八十七、八十八(3次)、九十三、九十七、九十八、九十九、一百、一百一(2次)、一百二、一百七、一百九(2次)、一百十一、一百十二、一百十八
	且说 如今 且说	130 + 12	二、三、四、六、八、十(2次)、十一、十三、十五(4次)、十六(2次)、十八、十九(2次)、二十、二十二、二十三、二十四(4次)、二十六、二十七、二十九(3次)、三十、三十五(2次)、三十七(2次)、四十一(2次)、四十二、四十四、四十六、四十八(2次)、五十三(2次)、五十四、五十七、五十八、六十三、六十六(2次)、六十七(6次)、六十八(3次)、六十九(2次)、七十一(2次)、七十二、七十五、七十六、七十九、八十一、八十二(2次)、八十三(4次)、八十四、八十五(2次)、八十七、九十(2次)、九十一(2次)、九十二、九十三(3次)、九十四(2次)、九十五(3次)、九十六、九十七(3次)、九十九、一百、一百一、一百三、一百四、一百五、一百六(2次)、一百七、一百八、一百九(3次)、一百十、一百十一(2次)、一百十二(4次)、一百十三(2次)、一百十五(2次)、一百十六(2次)、一百十七、一百十九(3次)、一百二十(3次) + 四、五、十、十四、二十三、二十六、二十七、三十六、四十二、四十六、五十五、七十七
	原来 (句首)	102次	一(2次)、二(3次)、三(2次)、四(3次)、六、七(2次)、八、九(5次)、十二、十四、十五(2次)、十六、十七(4次)、十八(2次)、十九、二十一(2次)、二十三、二十四(4次)、二十五(2次)、二十六(2次)、二十七、二十九、三十、三十三、三十四、三十六、三十七、三十八、三十九、四十一、四十三、四十四、四十八、四十九、五十、五十七、六十(2次)、六十一、六十二(2次)、六十三(3次)、六十四、六十五、六十八、七十(2次)、七十一、七十三、七十四、七十五、七十六、七十七(2次)、七十九(2次)、八十、八十三(3次)、八十五、八十七、八十九、九十、九十一(3次)、九十五、九十六、九十七(2次)、一百一、一百四、一百九、一百十五、一百十九、一百二十(2次)

续 表

套语类型		频次	回 数
章回内套语	不提	64次	六、二十三、三十四、三十七、四十、五十三、五十八、六十、六十二、六十四(2次)、六十七(2次)、六十八、七十一、七十二(2次)、七十四、七十六、八十一、八十二、八十三(3次)、八十四、八十五、八十七、八十九(3次)、九十一、九十二、九十三(3次)、九十四(2次)、九十五(4次)、九十六、九十七、九十九、一百一、一百三、一百四、一百六、一百八(2次)、一百九(2次)、一百十、一百十一(2次)、一百十二(2次)、一百十三、一百十四、一百十五、一百十六、一百十九(2次)、一百二十
	不在话下	61次	三、七、十(2次)、十三、十四、十五(2次)、十九(2次)、二十、二十二、二十三、二十四(4次)、二十五、二十六(3次)、二十七、二十九(2次)、三十、三十一、三十四、三十五(2次)、三十六、三十七、四十一(2次)、四十二(2次)、四十四、四十五、四十七、四十八(2次)、五十一、五十二、五十三(2次)、五十四、五十七、六十二、七十一(2次)、七十三(2次)、七十五(2次)、七十六(4次)、九十、九十九、一百一(2次)
	(一夜、一宿、暂且、当下等)无话	31次	二、七(2次)、十六(4次)、二十、二十三、二十四、二十七、三十七(2次)、三十八、四十、四十五、四十六、四十七、四十九、五十、五十二、五十三、五十七、五十九、八十五、八十九、九十二、一百六、一百八、一百十二(2次)

　　如上表所示，邦译本底本中章回内套语主要存在以上几种，其中既有用于表示情节开始的"××说""原来"类套语，也有用以提示情节结束的"不提""不在话下""××无话"等套语。提示情节结束、开始的套语还有成对出现的倾向，如"……，不在话下。且说……"(24次)、"……，不在话下。这里……"(14次)、"……，不在话下。却说……"(8次)等。这又是章回体小说的另一个"说书体"特点。除此之外，用于章回语篇衔接的固定表达还有很多，这类词语虽无明显的章回套语特点，但在情节与叙事的连贯性上的作用不可小觑，如"一语未(了、完、终、尽)"(42次)"说毕""说着""只见""忽见""只听""忽听""可巧"等，其中"说着"一词已经在"固定搭配"一节有较为详细的研究。

　　关于《红楼梦》前八十回与后四十回出自不同作者之手的说法，章回内套语的分布也有所体现，尤其是用于提示情节结束的套语"不提""不在话下"。"不提"在前八十回中出现19次，而后四十回中则出现45次；"不在话下"在前八十回中出现 57 次，而后四十回中则仅出现 4 次。如果后四十回为高鹗等人续书的说法成立，这就意味着曹雪芹更倾向于使用"不在话下"，而高鹗等人则喜欢使用"不提"。原本考证不是本研究重点，对此不加赘述。

经过检索统计发现，邦译本翻译章回内套语的方法也存在明显的"统一化"与"固化"倾向。如"××说"类套语对译为 the story tells that（47 次）、the story also tells that（17 次）、the story goes on to（33 次）、the story proceeds that（2 次）、the story relates that（4 次）、the story merely tells that（1 次）、the story passes on to relate that（1 次）、the story passes over that（1 次）、the story moreover relates that（1 次）等；"原来"几乎无一例外对译为 as a matter of fact（126 次）；"不提""不在话下"与"××无话"则对译为 there is no need to ×× (say、speak、mention、write、relate、tell、describe、talk 等) in detail（136 次）。

相对而言，霍、杨译本处理章回内套语的方法与邦译本既有类似之处，也有明显差异。霍、杨译本对提示情节开始的套语基本省略不译，霍译本仅在第八十一回开始处使用 to continue our stroy 这一类似章回起始套语。对于提示情节结束的套语，霍、杨译本均有部分对应译文，也有省去不译的情况。以"不在话下"为例，霍、杨译本在全部一百二十回中的译法分别有：

霍译本：不在话下（62 次）。But it is not with details such as these that our narrative is concerned, where our story leaves …（2 次），At this point our story leaves them and turns to other matters, Our narrative does not follow …, But that is no part of our story（3 次），for the time being, no more, But of that no more, where we must now leave them（2 次），But that part of … is omitted from our story, for the time being, we shall leave him, And there we must leave him, our narrative does not disclose, We pass from this to other matters, Our narrative leaves them at this point and passes to other matters, At this point our narrative abandons … and returns to …, And there we leave …, Our record omits any description of …, … does not concern us, But of … no more, At this point our narrative leaves …, at which point our narrative leaves …, At which point we leave …, The details of her expedition are unrecorded, And at this point she departs for a little while from our narrative, But that is enough of …, And so we leave them, Our narrative leaves them at this point, But of her and them no more, No more of this(2 次)(省略 28 次)。

杨译本：不在话下(65 次)。but no more of this(8 次), but enough of this (1 次), no more of this(1 次)(省略 55 次)。

对于提示情节结束的"不提"与"不在话下"类套语译法，霍、杨译本基本均有对应的过渡表达出现。不同的是，邦译本的译文更加符合套语的特点，基本以 there is no need to do 结构出现，后面动词虽有不同，但基本均为 say/tell/speak/describe/relate 等表达"讲述"与"叙述"类的字，与原文"提"与"话"对应；霍、杨译本的译法相对灵活。其中，杨译本倾向于省略不译，或偶有提及；霍译本译法既体现出灵活性，又体现出译者对情节和衔接的周密考虑。"不在话下"在译出的案例中，均于上文中的情节融合在一起，出现多达 29 种不同的结构。霍译本另一个特色是，此类套语多以 we 和 our 视角译出，译文同读者的关系被拉近，读来既有亲切感，也不容易由于简单的重复产生枯燥感，可读性与语篇衔接效果更好。简言之，邦译本更好地传递出原文说书体的文体特点，最大程度地保留了原文文体；霍译本套语的衔接功能和人际功能相对更强。

为进一步对比三者差异并确保对比的有效性，我们依然以原作后四十回为统计范围，以章回内套语"原来"为节点词，重点统计"原来"位于句首时的频次，并对比邦译本与霍、杨译本的译文差异，如例 8-7 至例 8-12 所示。

例 8-7

原文：<u>原来</u>黛玉住在大观园中，虽靠着贾母疼爱，然在别人身上，[①]

[①] 此处海南出版社 1995 版亚东图书馆本原无逗号，参照人民文学出版社启动注释纪念版（2018 年第 4 版）第 1121 页增加。（——编者注）

凡事终是寸步留心。(《红楼梦》第八十三回)

邦译: **As a matter of fact**, Tai-yü, as she lived in the Great View Garden, although she relied on the Dowager's tender affection, yet with respect to other people she was in all things very careful in every step she took.

霍译: **The truth is that** after all this time, despite Grand-mother Jia's constant love and protection, Dai-yu still suffered from an acute sense of insecurity, of being an 'outsider in the Garden'.

杨译: **For ever since** moving into Grand View Garden, though able to rely on her grandmother's partiality Daiyu had always watched her step with other people.

例 8-8

原文: **原来**黛玉立定主意，自此以后，有意遭塌身子，茶饭无心，每日渐减下来。(《红楼梦》第八十九回)

邦译: **As a matter of fact**, Tai-yü had made up her mind from this time onwards purposely to ill-treat her body. She had no heart for food or for drink.

霍译: Dai-yu was resolved that from this day forward she would deliberately destroy her health. She soon lost her appetite, and gradually began to waste away.

杨译: **Now that** Daiyu had made up her mind to ruin her health, she wanted no nourishment and ate less every day.

例 8-9

原文: **原来**方才大家正说着，见宝玉进来，都掩住了。(《红楼梦》第九十一回)

邦译: **As a matter of fact**, just as they were all talking, when they saw

Pao-yü come in, they had all stopped.

霍译：Bao-yu noticed that his arrival had caused a sudden lull in the conversation.

杨译：As their conversation had stopped at his arrival, and as Aunt Xue seemed less cordial to him than before, Baoyu felt mystified.

例 8 - 10

原文：**原来**紫鹃想起李宫裁是个孀居，今日宝玉结亲，他自然回避；……（《红楼梦》第九十七回）

邦译：*As a matter of fact*, Tzǔ-chüan recollected that Li Kung-ts'ai was living as a widow. Today Pao-yü was getting married. She would of course keep out of the way.

霍译：… but Nightingale reasoned that as a widow, Li Wan would certainly be excluded from Bao-yu's wedding festivities.

杨译：Li Wan. As a widow, it was out of the question for her to attend Baoyu's wedding;

例 8 - 11

原文：**原来**宝钗、① 袭人因昨夜不曾睡，又兼日间劳乏了一天，所以睡去……。（《红楼梦》第一百九回）

邦译：*As a matter of fact*, because they had not slept the night before and moreover they had an exhausting day. Pao-ch'ai and Hsi-jên had gone to sleep ….

霍译：*In fact,* earlier that evening, both Bao-chai and Aroma had gone straight to sleep, exhausted after their previous sleepless night and the day's exertions, and both of them had slept soundly …

杨译：*Actually*, because Baochai and Xiren had not slept the night before

---

① 此处原无顿号，系本书著者加。（——编者注）

and today had been a busy day for them both, they had slept ...

例 8 - 12

原文：**原来**当初只知是贾母的侍儿，益想不到是袭人。(《红楼梦》第一百二十回)

邦译：***As a matter of fact***, he only at first knew that she was one of the Dowager's attendants. He had never gone so far as think that she was Hsi-jên.

霍译：Earlier he had thought that his bride was just one of Grandmother Jia's maids; he had certainly never dreamed that he was marrying Aroma.

杨译：At first he had thought her one of the old lady's attendants, never dreaming that she was Xiren.

以上 6 例说明，邦译本只要遇到"原来"一词，皆以 as a matter of fact 对译，兼用逗号与后句隔开。"原来"在原作中的用法有两种，一是功能意义，用于提示情节发展的章回内套语；二是实际语义，表示"原先、先前"与"居然、竟然"等概念。检索发现，邦译本中 as a matter of fact 共出现 236 次之多。经过原文与译文对比发现，邦斯尔不仅将位于句首、提示情节发展的功能词"原来"对译为 as a matter of fact，而且将其他用于表示"原先、先前"与"居然、竟然"等实意词也对译为 as a matter of fact。

相比之下，霍、杨译本的译法更为灵活。上述 6 例中，霍译本仅有 2 例明显译出原文"原来"之功能意义，另外 4 例均省去不译；杨译本则有 3 例译出，以"原来"的实际语义代替其语篇衔接的功能意义。

例 8 - 13

原文 1：说着，走到凤姐站的地方，细看起来，并不是凤姐，**原来**却是贾蓉的前妻秦氏。(《红楼梦》第一百十六回)

原文2：宝玉笑道："你们这些人，**原来**重玉不重人哪。(《红楼梦》第一百十七回)

原文3：袭人看了，方知这姓蒋的**原来**就是蒋玉菡，始信姻缘前定。(《红楼梦》第一百二十回)

为进一步对比三者处理这一章回内衔接套语的方法，我们以后四十回为范围，对三者处理"原来"套语的方式进行穷尽式统计，结果见表8-5。

表8-5 邦、霍、杨译本后四十回章回内套语"原来"英译对比

原文	译本	译 文	备注
原来	邦译本	as a matter of fact（20次）	1种
	霍译本	the truth is that, in fact, 时态功能替代(4次)，省略(12次)，now, earlier, in fact,	7种
	杨译本	for ever since, because, 时态功能替代(4次)，now that, now(2次)，evidently, for, moreover, 省略(6次)，but, actually,	11种

作为提示情节发展的套语"原来"在后四十回中共出现20次，邦译本全部以英语固有词组 as a matter of fact 对译，译文套语特点最为明显。霍、杨译本的翻译方法分为三类：同义词/词组替换、时态功能替代、省略不译。霍译本更倾向于省略不译，杨译本则倾向于用同义词或词组替代。霍、杨译本看似省略不译的案例实际并非如此。细读文本发现，译者实际尝试通过语法与时态手段来弥补省去"原来"这一衔接套语的不足，通过时态增强情节的连贯性，如例8-14与例8-15所示。

例8-14

原文：**原来**袭人来时，要探探口气，坐了一回，无处入话；……(《红楼梦》第八十五回)

霍译：Aroma's intention in coming **had been** to sound them out; but somehow amid all these medical ministrations an easy opening failed

原文：to present itself, ...

杨译：Xiren **had come** to size up the situation. But although she sat there for a while she found it impossible to approach the subject; ...

例 8-15

原文：**原来**晾衣裳时，从箱中捡出，紫鹃恐怕遗失了，遂夹在毡包里的。(《红楼梦》第八十七回)

霍译：Nightingale, in sorting out the clothes for airing, ***must have come across*** these mementos in one of the chests, and slipped them into this bundle for safety.

杨译：These ***had been*** in the chest when it was opened to sun the clothes, and Zijuan for fear that they might get mislaid had put them in the bundle.

如上例所示，我们细读原文与译文可以发现，霍、杨译本中所用的完成时与虚拟语气结构并非仅是依据原文内容翻译。这类时态与语态的用法，实际上依然受到句首套语功能词"原来"的影响，但译文更倾向于传达出"原来"原本的语义特点，而非作为套语的纯衔接功能，这也是邦译本与霍、杨译本的最大差异。如表 8-5 所示，霍、杨译本虽然也使用了很多替代词与词组，但其语义主要是表达"原来"这一词组的本义，而非其用作套语的功能意义。

综上所述，我们通过章回套语的翻译，考察了邦译本的翻译特点及其与霍、杨译本的对比。结果发现：第一，邦译本更加倾向于在译文中形成具有独特风格的译文"套语"，频率最高的有 see explanation in the next chapter、as a matter of fact、there is no need to do 等；霍、杨译本则倾向于用灵活多样的表达手法传递原文中套语的实际语义，忽略其固定形式与功能型用法。第二，邦译本与霍、杨译本的相似之处：三者对章回末套语与表示情节结束的章回内套语均有对应译文，只是表达方式有异；不同之处：邦译本对章回之首套语"×说"套语也一一译出，而霍、杨译本基本全部省去不译。第三，就提示情节发展套语

"原来"的翻译看，邦译本有固定的译文套语对应；而霍、杨译本倾向于使用"原来"的本义而非功能意义来翻译，且不同程度出现省略不译的倾向。

第二节　语篇衔接

根据前文所述，英、汉语语法结构与语篇衔接、连贯的手段均存在较大差异。从语言形态学分类看，汉语是分析型（analytic）为主的语言，英语是从综合型（synthetic）向分析型发展的语言（邵志洪，2005：7）。从语言组织与语篇衔接、连贯手段看，英语与汉语又有形合与意合之别。意合指词语或语句间的连接主要凭借语义或语句间的逻辑关系来实现，而形合则是指词语或语句间的连接主要依仗连接词或语言形态手段来实现（邵志洪，2005：11）。著名翻译家尤金·奈达（1982：16）指出：从语言学角度看，汉、英语之间最重要的区别特征莫过于意合与形合的区分（contrast between hypotaxis and parataxis）。

> 总之，汉语重意合，句中各成分之间或句子之间的结合多依靠语义的贯通，少用连接语，所以句法结构形式短小精悍。英语则重形合，语句各成分的相互结合常用适当的连接词语或各种语言连接手段，以表示其结构关系。（冯庆华、陈科芳，2008：170）

英、汉语语言类型差异与形合、意合的语言组织手段差异均构成语篇衔接与连贯手段的特点。语篇衔接也是词汇、句子与段落间的连接，是将词、句、段组织在一起的语法及词汇手段的统称，也是一个语篇内语言单位之间实现意义连贯的有形、无形的连接手段。语篇衔接的手段呈现多样化，具体包括照应、替代、省略、连接、重复、同义词、反义词、上下义关系、搭配，乃至修辞手段等（朱永生、郑立信、苗兴伟，2001）。语篇的连贯是指以信息发出者和接受者双方共同了解的情景为基础，通过逻辑推理来达到的语义的连贯，这是语篇的无形网络。语篇连贯是词语、分句、句子、句群在概念、逻辑上合理、恰当地连为一体的语篇特征。衔接与连贯功能多由词语完成，表示时间、空间、因果、推论、转折、对比和照应等，也可以利用重复、回环、平行结构等修辞手法来实现，还可以利用词的搭配和语义联想来实现(冯庆华、陈科芳，2008：262)。由于汉、英语衔接手段存在较大差异，翻译过程中必须进行衔接手段的合理转换，否则可能导致译文地道性与可读性欠佳。鉴于此，衔接手段与语篇连贯性的考察，也可以作为译者风格考察的标准。

我们尝试以人称代词替代、连接词与介词词组的使用为例，考察邦译本中语篇衔接与连贯的特点。

一、代词

首先，以替代为例，潘文国(1997：350)指出英语倾向于使用代词等替代手段，而汉语倾向于使用原词复现等重复手段，如例8-16所示。

例8-16

原文：**黛玉**嗑着瓜子儿，（**黛玉**）只抿着嘴儿笑。可巧**黛玉**的丫鬟雪雁走来给**黛玉**送小手炉儿。(《红楼梦》第八回)

邦译：*Tai-yü* was cracking and eating melon-seeds. *She* merely pursed up *her* lips and smiled. It so happened that just then *Tai-yü's* maid Hsüeh-yen walked in to give *Tai-yü* a small hand-stove.

霍译：*Dai-yu*, *who* sat cracking melon-seeds between *her* teeth throughout this homily, smiled ironically. Just at that moment *her* maid Snowgoose came hurrying in with a little hand-warmer for *her*.

杨译：*Dai-yu* had been smiling rather cryptically as *she* cracked melon-seeds. Now *her* maid Xueyan brought in *her* little hand-stove.

原作中同一个情节中的两句话中"黛玉"重复出现3次，且有一次省略。邦译文中Tai-yü出现3次，一次是作为所有格形式，另外分别有一次作主语、一次作宾语；人称代词主格 she 与所有格 her 各一次。显然，邦译文中主语与宾语人称用法受到原文影响。汉语中的人物名称倾向于重复与省略（如上例），而英语中人物名称则倾向于使用人称代词替代，如霍、杨译文所示。霍、杨译文中 Dai-yu 仅出现一次，其余指称皆以 she 及宾格、所有格 her 替代，译文符合典型的英语语篇连贯特点。为进一步考察邦译本代词使用的整体特点，我们统计出三译本第三人称代词的所有形式（含所有格），结果见表 8-6。

表 8-6 邦、霍、杨译本代词使用频次对比

代词	邦译本频次	霍译本频次	杨译本频次	参照霍译本 卡方值	p 值	频度	参照杨译本 卡方值	p 值	频度
he	12 235	8 114	6 818	784	0.000***	+	345	0.000***	+
his	4 409	5 731	4 564	194	0.000***	—	265	0.000***	—
she	15 419	10 724	8 472	787	0.000***	+	478	0.000***	+
her	10 285	13 689	10 270	543	0.000***	—	489	0.000***	—
they	6 881	4 374	3 501	525	0.000***	+	322	0.000***	+
their	1 711	2 243	1 744	80	0.000***	—	93	0.000***	—
it	13 028	10 407	5 833	259	0.000***	+	1 029	0.000***	+
its	236	445	254	67	0.000***	—	18	0.000***	—

我们通过译本代词的频次发现，三译本均符合英语语篇特点，倾向于通过代词替换实现语篇的衔接。邦译本所有格的使用相对偏低，表明译者存在使用人物名称取代代词所有格的倾向，这显然是受到原文中所有格表达形式的影响。如表 8-6 所示。

结果显示，三译本中代词使用均呈现出一定的替代倾向，译文呈现出高频词的各类代词，表明原文中大量的人物名称在译文中被相应代词替换。邦译本参照霍、杨译本时的对比结果也趋向一致：一是邦译本四类主格代词较之霍、杨译本均呈现出较大的增溢，尤其以 it 为最。二是邦译本中四类所有格代词频次均低于霍、杨译本，这与例 8-16 中显示的特点一致，表明邦译本倾向于使用"人物名称＋'s"的形式表示所有关系；而霍、杨译本则倾向使用代词所有

格。三是三个译本中 she 或 her 的频次在主格与所有格中均分别排第一，也进一步印证译作中作为女性主题小说的文本特性十分明显。

二、连词

英语译文语篇衔接的显化是相对汉语语篇的隐形衔接特点而言的。根据克劳迪(Klaudy,1998:80-84)的研究，衔接显化分为强制性显化与非强制性显化。前者是由源语与目的语在语法或语义上的结构差异造成；后者是由不用语言之间谋篇布局的策略与文体偏好差异所致。我们拟以非强制性语篇衔接显化为目标，统计出原邦译本中显性连接词的使用频次，并通过对比霍、杨译本考察邦译本显化程度及三者差异。基于同一原作的三种译文可以通过对比发现其显化程度差异，也可以揭示译文显化究竟是译者偏好还是译语总体趋势。我们考察的重点有二：一是邦译本的相对显化程度如何；二是三译本显化方式有何差异。

经过统计发现，《红楼梦》（亚东本）连词总数约为 10 445 个[①]，邦译本连词总数为 56 820 个，霍译本为 44 678 个，杨译本为 34 645 个。显而易见，三译本连词数都远远超过原文，表明译本语句之间的语法关系与结构关系更为清晰明确，符合英语语篇衔接特点；然而，单纯的连词绝对频次难以说明译本全部衔接特点与形合度。以邦、霍译本为例，邦译本受到原文句子结构的影响较大，流散的短句多译为独立的主谓句或由 and 连接的英语分句；而霍译本则具有倾向于使用各列从句与伴随状语表达原文中连动与流水的特点。这也是三者连词 and 使用差异较大的原因，and 在三译本中的频次为邦译本 33 266 次、霍译本 25 299 次、杨译本 17 929 次。

由于英、汉语对连词分类存在差异，汉语一般将连词按意义分为联合连词与偏正连词两大类。前者又可细分为并列、连贯、递进、选择等，后者又可细分为因果、转折、条件、假设、让步、目的关系等（胡显耀、曾佳，2009:72-79）。韩礼德和哈桑(Halliday & Hasan,1976)将英语表达连接关系的词分为四类：并

[①] 汉语词性标注软件的准确率仅为 87% 左右，即使经过人工校对，依然不能保证 100% 的正确率。

列、转折、因果和时间，其连接关系可以通过连词、连接副词与介词短语等标志出来。本研究将以汉语原作中的连接类型为基础，考察译文在表达连贯、递进、因果、转折、条件、假设、让步、目的关系时连词在原文与译文中的频次差异。①

由于原作中连词数量巨大，平行语料库也很难实现原文与译文连词翻译的一一对应，所以只能通过总体频次来显示统计结构；但依然能够反映各类别的连词在译文中频次与译者语篇衔接风格的差异。统计结果见表8-7。

表8-7 邦、霍、杨译本连词使用频次对比

关系/原文频次	连词	邦译频次	霍译频次	杨译频次	参照霍译本 卡方值	参照霍译本 p值		参照杨译本 卡方值	参照杨译本 p值	
承接/245	after that	29	58	24	10	0.001**	—	0	0.670	—
递进/361	not only	97	66	60	5	0.020*	+	1	0.290	+
因果/1 876	because	1 357	559	429	321	0.000***	+	247	0.000***	+
	since	459	387	372	5	0.024*	+	2	0.166	—
	so	1 262	331	350	531	0.000***	+	283	0.000***	+
	that's why	0	65	57	66	0.000***	—	77	*	0.000***
转折/1 821	but	2 809	4 381	3 895	369	0.000***	—	680	0.000***	—
	while	1 149	259	228	550	0.000***	+	377	0.000***	+
	yet	553	148	271	228	0.000***	+	31	0.000***	+
	although	740	146	231	390	0.000***	+	138	0.000***	+
	though	66	417	389	260	0.000***	—	346	0.000***	—
条件/155	as long as	10	60	21	36	0.000***	—	8	0.004**	+
	so long as	5	3	19	0	0.493	+	13	0.000***	—
	provided	2	15	18	10	0.001**	—	19	0.000***	—
	whether	396	174	194	83	0.000***	+	22	0.000***	+
	unless	15	28	39	4	0.042*	—	20	0.000***	—

---

① 本研究未将并列、选择连词纳入研究范围，原因是汉语并列与选择关系属于非强制性的隐性连接，而英语是强制性的显性连接，如and与or在英语中基本是一种强制性的语法要求，并不真正构成译文的语篇显化特点。

续表

关系/原文频次	连词	邦译频次	霍译频次	杨译频次	参照霍译本 卡方值	参照霍译本 p 值		参照杨译本 卡方值	参照杨译本 p 值	
假设/1 073	if	3 361	3 149	2 625	4	0.042*	+	5	0.022*	—
让步/105	even if	129	184	223	11	0.001**	—	63	0.000***	
	even though	18	38	22	7	0.006**		3	0.107	—
目的/32	so that	4	281	238	273	0.000***	—	310	0.000***	
	so as to	37	12	45	12	0.000***	+	5	0.022**	
	in order to	36	91	22	25	0.000***	—	0	0.492	+
	so as not to	5	10	15	2	0.187	—	9	0.003**	
	in order not to	0	2	7	2	0.154		10	0.002**	

如上表所示，三译本连词使用的总频次，除"承接"与"递进"两类译文连词低于原文，其余均高于汉语原文。原因是译文中表达这两类关系的还有"介词+副词"模式，如 afterwards、and then、moreover、futhermore 等，全部加起来依然高于汉语原文。连接词在原文与译文中绝对频次的差异可以反映译文显化的程度，绝对差异越大，译文的显化程度则越高。统计表明：第一，三位译者均倾向于强调"转折"关系的显化。其中 but、though 的使用尤以霍译本为最；邦译本频次相对霍、杨译本呈现出低频特点。而 while、yet、although 的频次，邦译本则远远高于二者。第二，邦译本表示"因果"类的连接词除 that's why 低于霍、杨译本外，because 与 so 的频次均远高于霍、杨译本。经过进一步文本细读发现，because 的高频与邦译本过度直译的策略有关。以"因说"为例，邦译本在出现"因"字处均对译为 because，而此处的"因"字并不完全表示明显的因果关系。霍、杨译本则基本省略"因说"中的"因"字。第三，邦译本表示"目的""让步"的连词除 so as to 外均低于霍译本，除 in order to 外均低于杨译本。这与邦译本句法关系简单，较少使用复杂从句的特点有关。

总体而言，三译本相对原文均呈现出明显的语篇衔接显化趋势。邦译本使用的连词多用于连接简单句，且与译文的整体直译风格有关；而霍、杨译本则更多使用各种从句表达较为复杂的句法概念，如以下 5 例所示。

例 8-17

原文：这政老爷的夫人王氏，头胎生的公子名叫贾珠，十四岁进学，后来娶了妻，生了子，不到二十岁，一病就死了……（《红楼梦》第二回）

邦译：Chêng Lao-yeh's wife, whose maiden name was Wang, first bore a son called Chia Chu. He passed his first examination when he was fourteen years old. ***Afterwards*** he married and a son was born. ***But before*** he was twenty years of age he fell ill ***and*** died.

霍译：Sir Zheng's lady was formerly a Miss Wang. Her first child was a boy called Jia Zhu. He was already a Licensed Scholar at the age of fourteen. ***Then*** he married ***and*** had a son. ***But*** he died of an illness ***before*** he was twenty.

杨译：Jia Zheng's wife, Lady Wang, bore him a son called Jia Zhu who passed the district examination at fourteen, married ***before*** be was twenty and had a son, ***but then*** fell ill and died.

例 8-18

原文：只是一件不足：年过半百，膝下无儿；只有一女，乳名英莲，年方三岁。（《红楼梦》第一回）

邦译：There was only one lack. He was more than half a hundred years old ***but*** he had no son at his knees. He had only a daughter. Her baby name was Ying-lien. She was just three years old.

霍译：The flaw was that, ***although*** already past fifty, he had no son, only a little girl, just two[①] years old, whose name was Ying-lian.

杨译：One thing alone was lacking: he was now over fifty ***but*** had no son, only a three-year-old daughter named Yinglian.

---

① 应为 three，此系译者笔误。

例 8 - 19

原文：不信时你回去细访可知。(《红楼梦》第二回)

邦译：*If* you do not believe me, when you go back make careful enquiries and you will know that it is so.

霍译：*If* you don't believe me, you make a few inquiries when you get home and you'll find it is so.

杨译：*If* you don't believe me, check up when you go back.

例 8 - 20

原文：你妹妹远路才来，身子又弱，也才劝住了，快别再提了。(《红楼梦》第三回)

邦译：Your little sister has just come from a long way off. She is not strong and we have just finished consoling her. *Be* quick and don't mention it again.

霍译：Besides, your little cousin is not very strong, and we've only just managed to get her cheered up. *So* let's have no more of this!

杨译：Your young cousin's had a long journey and she's delicate. We've just got her to stop crying. *So* don't reopen that subject.

例 8 - 21

原文：昨儿晚上我原想着今日要和我们姨太太借一天园子，摆两桌粗酒，请老太太赏雪的……(《红楼梦》第五十回)

邦译：Yesterday evening I was in fact thinking that today I would, along with our Lady Aunt, borrow the Garden for a day to spread two tables of course wine, and invite the Lady Dowager *to* enjoy the snow.

霍译：Yesterday evening I was intending to ask if my sister and I could have the use of the Garden today *so that* we might arrange a little snow-viewing party for you,...

杨译：Last night I was thinking of asking my sister for the use of the Garden for one day, to invite you to a simple meal ***so as to*** enjoy the snow.

通过以上 5 例可知，三译本均通过在译文中添加 but、and、although、if、so that、so as to 等连词与介词短语使译文逻辑关系更加明晰化。然而，整体而言，邦译本连词的使用不及霍、杨译本丰富，句法关系也相对简单，语篇衔接的显化程度不如霍、杨译本高。以最后一例看，原文中目的关系在邦译本仅通过不定式 to 表达，没有连接词出现。原文是薛姨妈所言的直接引语，文中称呼语"老太太"在霍、杨译本中均以 you 替代，而邦译本依然重复使用人称称呼语 Lady Dowager 而不使用代词。这进一步印证我们前文得出的结论，即邦译本更大程度受到原文影响，使用代词表达语篇衔接的程度不及霍、杨译本，更喜欢名称重复而非介词替代。

在英译文中，介词与副词也常用于表达句子间的逻辑关系。本研究除统计连词频次外，还统计了三译本连接副词与介词短语的相对使用频次，并通过频次比的卡方值与 p 值显示对比结果的显著性，详见表 8-8。

表 8-8 邦、霍、杨译本连接副词使用频次对比

关系	连接副词	邦译本频次	霍译本频次	杨译本频次	参照霍译本 卡方值	参照霍译本 p 值		参照杨译本 卡方值	参照杨译本 p 值	
连贯	afterwards	369	107	14	140	0.000***	+	235	0.000***	+
	then	3 216	1 959	2 455	288	0.000***	+	2	0.171	−
	and then	1 068	391	152	304	0.000***	+	448	0.000***	+
	again	1 453	1 037	810	64	0.000***	+	40	0.000***	+
递进	besides	83	97	201	1	2.53	−	94	0.000***	−
	moreover	347	21	36	284	0.000***	+	171	0.000***	+
	furthermore	0	4	0	4	0.044*	−			
	otherwise	50	64	64	2	0.000***	−	9	0.003**	−
转折	however	174	255	287	17	0.000***	−	74	0.000***	−
	nevertheless	49	28	0	5	0.020*	+	36	0.000***	+
	instead	27	172	297	108	0.000***	−	322	0.000***	−

续 表

关系	连接副词	邦译本频次	霍译本频次	杨译本频次	参照霍译本 卡方值	参照霍译本 p 值		参照杨译本 卡方值	参照杨译本 p 值	
因果	therefore	130	111	48	1	0.268	+	17	0.000***	+
	accordingly	25	30	27	1	0.466	—	2	0.164	—
	consequently	0	14	0	14	0.000***	—			
	thus	10	47	48	25	0.000***	—	39	0.000***	—
	hence	4	7	14	1	0.353	—	9	0.002**	—

三、介词短语

如表8-7至表8-9所示，邦译本无论是连接副词还是介词短语的频次，同霍、杨译本均存在显著差异。第一，邦译本表达"承接"的连接副词频次均高于霍、杨译本。第二，邦译本表示"递进"关系时，尤其偏爱使用moreover一词，频次远超霍、杨译本。经过文本细读发现，这与邦译本直译原文中高频副词"又"的原因有关。第三，邦译本表示"转折"关系的instead使用频次相对较低，这与邦译本句法关系简单，多倾向使用but有关。第四，邦译本介词短语中because of、as a matter of fact、in fact使用频次相对较高，这与邦斯尔直译原文中高频"因"，而霍、杨译文倾向省略有关；而后两个词组则是邦译本直译章回间套语"原来"所导致，对此上文已有详细论述。

表8-9 邦、霍、杨译本介词短语使用频次对比

关系	介词词组	邦译本频次	霍译本频次	杨译本频次	参照霍译本 卡方值	参照霍译本 p 值		参照杨译本 卡方值	参照杨译本 p 值	
递进	In addition to	11	15	19	1	0.411	—	5	0.020*	—
	let alone	0	15	10	15	0.000***	—	14	0.000***	—
因果	because of	**386**	117	84	140	0.000***	+	116	0.000***	+
	due to	26	25	18	0	0.931	+	0	0.842	+
	owing to	3	12	13	6	0.019*	—	10	0.002**	—

续 表

关系	介词词组	邦译本频次	霍译本频次	杨译本频次	参照霍译本 卡方值	参照霍译本 p 值		参照杨译本 卡方值	参照杨译本 p 值	
因果	as a result of	7	15	4	3	0.082	—	0	0.686	+
	thanks to	37	42	43	0	0.529	—	4	0.040*	
	on account of	16	16	17	0	0.966	—	1	0.289	—
	as a matter of fact	**236**	39	3	138	0.000***	+	166	0.000***	+
	in fact	**419**	130	47	148	0.000***	+	199	0.000***	+
转折	rather than	6	19	14	7	0.008		6	0.012*	
	instead of	18	75	186	36	0.000***		199	0.000***	
让步	in spite of	16	43	13	13	0.000***		0	0.791	
	despite	0	30	6	30	0.000***		8	0.004**	

总体而言，邦译本更加倾向于使用较为简单的句法，同时关系词也倾向于使用 and、then、because of 之类的简单关系词或词组，且介词词组的使用风格与其套语翻译策略有直接的关系。为进一步考察三译本作为译语的连词使用特点，我们将其与 BNC 原创语料进行对比，结果见表 8-10。

表 8-10　邦、霍、杨译本常用连词、介词与原创语对比[①]　　　单位：次

连　词	邦译本	霍译本	杨译本	BNC
and	**39 149**	28 982	27 795	26 878
but	3 306	5 081	6 039	4 596
so	1 485	2 494	3 348	**790**
if	3 955	3 548	3 882	2 611
as	6 611	3 773	3 356	3 642
then	3 785	2 340	3 930	1 532
or	1 834	2 140	2 221	3 738

[①] 表 8-10 显示的频次为相对频次，即均以 100 万词作为对比基数，将绝对频次进行比例转换，以便更加直观地观察对比结果。

第八章　《红楼梦》译者风格定量描写：篇章层面　　227

续表

连词	邦译本	霍译本	杨译本	BNC
while	1 352	1 170	1 342	505
because	**1 597**	**772**	**759**	**1 030**
though	**78**	**576**	**685**	**348**
although	871	169	347	436
therefore	**153**	**123**	**70**	**232**

介词	邦译本	霍译本	杨译本	BNC
because of	454	117	80	174
thanks to	44	27	30	21
apart from	76	71	66	63
due to	**31**	**25**	**18**	**104**
in spite of	**19**	**42**	**13**	**27**
despite	**0**	**31**	**6**	**141**
rather than	**7**	**19**	**14**	**210**
as a result of	**8**	**15**	**4**	**51**
as a matter of fact	278	47	5	4
in fact	493	155	75	161

如表 8-10 所示，三译本连词每百万词中的频次，绝大多数明显高于非翻译小说语料库 BNC 中的频次。这是译文呈现语篇衔接关系明确化的倾向，也印证了翻译文本具有显化特征的普遍性。同时，邦译本中 and、because 等连接词的频次高于对比译本与原创文本，进一步印证了邦斯尔的句法关系简单的特点与受到原文结构形式影响多用并列结构的翻译风格。邦译本介词词组除 because of、thanks to、apart from、as a matter of fact、in fact、due to 因受原文影响而频次较高外，其他的要么低于霍译本与原创文本(in spite of、as a result of)，要么低于两者；而常用介词 despite 更是一次也未使用。这一现象表明邦译本介词词组的翻译也受到原文影响，且丰富程度相对较低，反映出语篇连接的方式较为单一，语篇衔接结构相对简单。这也是邦译本译文的整体特点。

由此可见，无论是代词、连词、连接副词还是介词词组，邦译本与对比译本及原创文本均存在显著差异。这既与翻译文本的显化普遍特征有关，也与译者的翻译策略和译文风格有关。通过下文中的例 8-22，我们可以再次详细观察邦译本的特点及其与霍、杨译本的语篇连接特点。

例 8-22

原文：（垂花门前）早有众小厮拉过一辆翠幄清油车来。邢夫人**携了**黛玉**坐上**。众老婆们**放下**车帘，方**命**小厮们**抬起**。**拉至**宽处，**驾上**驯骡，**出了**西角门，**往东过**荣府正门，**入**一黑油漆大门内，**至**仪门前，方**下了**车。（《红楼梦》第三回）

邦译：... Madam Hsing took Tai-yü by the hand *and* sat in it with her. // The women-servants let down the screen of the litter *and then* orders were given to the servants to lift it up *and* take it to an open space *and* yoke *it* to some quiet mules. // *They* went out at the side-door on the West *and then* went eastwards past the main entrance of the Jung Mansion *and* entered at a big door varnished black. // When *they* got in front of the ceremonial gate the litter was put down. //（4 句）

霍译：... Into this Aunt Xing ascended hand in hand with Dai-yu. // The old women pulled down the carriage blind *and* ordered the pages to take up the shafts, the pages drew the carriage into an open space *and* harnessed mules to *it*, *and* Dai-yu and *her* aunt were driven out of the west gate, *eastwards* past the main gate of the Rong mansion, *in* again *through* a big black-acquered gate, *and up* to an inner gate, *where they* were set down again. //（2 句）

杨译：... into which Lady Xing and her niece entered. // Maids let down the curtains *and* told the bearers to start. // *They* bore the carriage to an open space *and* harnessed a docile mule to *it*. // *They* left by the west side gate, proceeded east past the main entrance of the Rong

Mansion, entered a large black-lacquered gate ***and*** drew up in front of a ceremonial gate. // （4句）

通过对比原文可见，上例中三译本代词、连词、介词与从句关系词的使用均呈现英语语篇衔接与连贯的特点。其中，邦译本整体而言关系词的类别相对单一，句法较简单，原文表达受到原文结构的影响较为明显。

综上所述，就语篇衔接关系来看，汉语句法的特征是意合（parataxis），强调逻辑关联与意义关联而不在意词语之间和句法之间的形式连接；英语句法的特征是形合（hypotaxis），即句子成分之间的关系要求用形式标记加以明确。三译本存在不同程度的语篇衔接显化倾向。衔接显化是翻译文本显化的表现方式之一，指原文中隐含的逻辑关系在译文中得到显化，具体表现为以文本通过添加有形的连接成分，使得词、句、语篇之间的逻辑关系更加明晰。

第三节 叙述风格

传统文学批评中，研究者对小说人物语言的研究主要专注于人物话语本身，即人物话语的身份特点、个性特征及刻画人物形象的功能等方面。20世纪60年代以来，随着文体学与叙述学的兴起，西方批评家愈来愈关注表达人物话语的不同方式（申丹，1999：33）。小说中往往含有大量人物对话，直接引语的叙述方式直接体现了作品的叙述风格与语言风格，其中读者习以为常的报道动词一直以来鲜有人关注，翻译作品报道动词的研究更是少人问津。然而，翻译作品的叙述风格，既与原作风格有关，又与译者风格有关，是研究、评判译者风格与翻译策略的有效标准之一。

刘泽权和闫继苗（2010）对乔译本、霍译本与杨译本《红楼梦》前五十六回中的报道动词进行描述性研究。结果证实，译者对报道动词的选择受到报道方式和话语内容等多方面的影响，统计数据印证了报道动词反映译者风格、翻译策略呈显化趋势的假设。然而，我们通过对邦译本的观察，发现该译本中报道动词的翻译受到原文表达方式影响，整体呈现出一种"单一性"与"隐含性"而非"显化"。正如贝克(2000：245)所言，风格是一种语言习惯的偏好，是不断重复出现，而并非偶然出现一次或几次的语言现象。既然风格是一种偏好，基于同一原文的译本报道动词的翻译，一定带有译者个人特色。多个译本可能具有译语的普遍性，也可能有独特个性，甚至可能出现违背翻译文本普遍特征的独特风格。因此，译本的显化特征也应该是一个连续现象而非一种偶然现象。

本研究尝试通过统计三个译本报道小句类型与位置和它们使用报道动词"笑道"的叙事方式差异，考察邦译本《红楼梦》在直接引语叙述风格上的风格特点及其与霍、杨译本的差异性，从而进一步验证与修改有关译本显化普遍性的假设。

一、报道小句

按照系统功能语言学理论，复句小句之间的逻辑语义关系主要有扩展和投射两个类型。投射指第二个小句通过主句(第一个小句)得到投射，把它投射为话语或者思想(胡壮麟、朱永生、张德禄等，2005：200)。在投射句中，引导出话语或思想的动词叫作"报道动词"。报道动词所在的小句称为"报道小句"，报道动词引出的话语或思想称为"被报道句"。报道小句对被报道句有引导作用，甚至直接进行说明、阐释等(贾中恒，2000：36)。

古代小说中并没有现代意义上的标点符号，为了将不同人物的话语间隔开来，小说作者常用"道""说""笑道""说道"等报道动词引出人物的语言(叶常青，2003：42)。章回体小说《红楼梦》报道方式比较单调，由于人物众多，对话语言丰富，少有间接引语出现，人物话语与叙述语需要频频借助"××说/道"引述，以区别话语的内容发出者及语气等。由于《红楼梦》等白话小说行文中不得不在每一句人物话语、每一段人物对话之前加上引导性词句，这也成为白话小说与现当代小说最大的风格区别特征之一(卢惠惠，2007：243)。

《红楼梦》人物对话时，报道小句的位置一般位于直接引语之前，特点是："××道：'×××。'"然而，英语小说中的报道小句位置非常灵活，多出现在句尾，也可能出现在句首与句中，且有省略报道小句的情况。英语中报道小句不是内容的重点,只是作为引述语出现,朗读文本时报道小句一般也不会重读。报道小句在句尾和句首时会有扩展现象。在句尾时,会通过诸如时间状语、方式状语、添加特定的受话者及分词结构的方式进行扩展。而在小说中分词结构这种形式更为常见。在句首或代词做主语的报道小句多采用正常语序;在句尾时,正常语序和倒装现象普遍存在。当有具体受话者时,只出现正常语序,分词结构似乎对语序没有影响。

刘泽权和闫继苗(2010:90-91)以译本中高频报道动词 said 为例,统计出 said someone 与 someone said 两种报道小句的频次与位置分布,结果发现,大部分报道小句译文出现在句末,多采用倒装语序(与《红楼梦》原文相反)。这与"英语小说中报道动词在句尾时正常语序与倒装现象各占一半"(Biber D, Johansson S, Leech G et al., 2000:921)的结论有所不同。由此说明,译文在很大程度上受到译语表达风格的影响。问题是:译者对报道动词的选择是译者风格的彰显,还是翻译共性的体现呢?所有译者均会向译语靠拢吗?本研究通过高频报道小句 sb. said 与 said sb. 在三个译本中的频次与位置分布,尝试考察邦译本报道小句的特点,进一步揭示邦译本风格与原文风格的关系及译者风格与翻译共性的关系。

我们首先借助 Wordsmith6.0 的语境共现检索工具,通过 sb. said 与 said sb.同直接引语标点符号的搭配,分别检索出 sb. said 结构在句首与句中、句后的频次,然后检索出 said sb.在这三处的频次;其次,借助语料库工具包中节点词左右搭配统计,检索出报道动词 said 的主语频次。统计结果见表 8-11。

表 8-11 邦、霍、杨译本报道小句 sb. said/said sb.风格差异

报道类型	邦译本(共 8 501 次)		霍译本(共 3 160 次)		杨译本(共 985 次)	
	频次	主语(前 5 位)	频次	主语(前 5 位)	频次	主语(前 5 位)
sb. said	句首 8 501 次 100%	sb.××and said (3 453 次) Yü said (635 次) She said (459 次) He said (247 次) Fêng-Chieh said (243 次)	句首 133 次 4.2%	sb.×and said (64 次) He said (18 次) She said (14 次) Sb. merely said (4 次) It said (3 次)	句首 49 次 5%	She said (14 次) He (6 次) Ancients (3 次) Sb.×and said (3 次) Lady said (2 次)

续 表

报道类型	邦译本(共 8 501 次)		霍译本(共 3 160 次)		杨译本(共 985 次)	
	频次	主语(前 5 位)	频次	主语(前 5 位)	频次	主语(前 5 位)
sb. said	句中句末 0	无	句中句末 605 次 19%	she said (292 次) he said (178 次) they said (36 次) I said (9 次) Bao-yu said (8次)	句中句末 193 次 19.6%	she said (100 次) he said (43 次) they said (18 次) this said (9 次) I said (3 次)
said sb.	0	无	句中句末 2 423 次 76.7%	said Bao× (368 次) said Jia× (234 次) said Xi-feng (226 次) said the ×× (174 次) said grandmother (143 次)	句中句末 743 次 75.4%	said the× (146 次) said Jia× (63 次) said Bao-yu (61 次) said Xi-feng (55 次) said Lady× (28 次)

表 8-11 列出了全部检索项最高之前 5 项，总频次则显示，邦译本中报道小句"××说/道"(原文中××道出现 6 621 次，××说 1 594 次)的英译文几乎全部为 sb. said 结构，而且 100% 出现在句首，译文报道小句的结构与位置与汉语原文严格一致。霍译本中 sb. said 位于句首的频次占总频次的 4.2%，位于句中和句末的频次占总频次的 19%，两个之和约为 23.2%；霍译本中倒装报道小句 said sb.在句中与句末出现的比例为 76.7%，占到大多数。杨译本中 sb. said 位于句首的频次占总频次的 5%，位于句中和句末的频次占总频次的 19.6%，两个之和约为 24.6%，与霍译本基本持平；杨译本中倒装报道小句 said sb.在句中与句末出现的比例为 75.4%，占到大多数，也与霍译本基本持平。由此可见，霍、杨译本在处理含报道动词 said 的报道小句时，结构类型与小句位置趋于一致。

然而，杨译本中这类报道小句的总频次远远低于邦、霍译本，即使考虑到译本容量差异，杨译本这一结构的频次依然远远低于邦、霍译本。经过进一步的观察和统计，我们发现杨译本中报道小句"××说/道"的英译呈现出区别于邦、霍译本的独特性：一是杨译本报道动词的英译呈现多样化与语境显化；二是杨译本报道动词极具独特性；三是杨译本大量省略了不带话语方式的报道动词。杨译文一般根据"说"与"道"前面的实际内容与方式选择不同的动词，这一特点霍译文也同样具备，两者译文都带有明显的显化特点。除高频报道动词 said 外，杨译本与霍译本主要用到的替代类报道动词还有：explained、sugguested、asked、protested、shouted、replied、told、chuckled、smiled、laughed 等，这是二者报道动词多样化的交集。然而，杨译本除上述动词外，还有一些独特报道动词，如：agreed、answered、continued、demanded、exclaimed、objected、observed、put in、remarked、replied、retorted 等；而霍译本 90% 以上的报道动词均为 said 与 asked，虽有几个独特动词，但频次都较低。霍译本报道动词在结构与分布上与杨译本趋向一致，均以倒装居多，以句中与句末为主；同时霍、杨译本中报道小句均有省略现象，尤其以杨译本为最。然而，霍译本替代类动词的使用高于邦译本，但远远不及杨译本。

邦译本报道动词小句的翻译极为独特，这与译者一贯奉行的翻译策略有关，即：在内容与结构上尽力保持原作的语言表达特点。然而，邦译本报道动词小句中动词的翻译并非只有千篇一律的"said"，邦译本是严格遵循原作表达形式与内容的翻译，译文宁可牺牲一定的可读性与语言丰富性，也坚持遵守原文的表达习惯。我们以原文中"哭道"（49 次）和"啐道"（34 次）为例，经过译文比对，发现邦译本将绝大多数的"哭道"译为 cried and said（41 次）、"啐道"译为 spat and said（33 次），其余则译为 wept and said（3 次）、sobbed and said（2 次）、said（3 次）。

如表 8-12 和表 8-13 所示，邦译本将"啐道"无一例外地译为 spat and said。译文检索项中多出一项是译文原文中有一处（第二十四回：秋纹兜脸啐了一口道："没脸面的下流东西！……"）"啐道"的用法为"啐了一口"，检索项中未能显示。通过对比霍、杨译本发现，二者对这类"哭道""啐道""喊道"乃至"笑道"的英译均以翻译"道"字前面的动词为主，直接将话语方式用动词译出，忽略"说/道"作为报道动词的形式作用。因此，邦译本报道小句的翻译基本是"拷贝"了原文的表达方式，译文相对霍、杨译本较为明显的动词显化趋势却呈现出相反的动作意义"隐含化"特点。

表 8-12　邦译本"啐道"语境共现检索

N	检索项		
1	大阵仗儿，婶子见了，没的生气。"凤姐	**啐道**：	"呸，扯臊！他是哪吒我也要见见
2	个帐儿带去，按着置办了来。"凤姐笑着	**啐道**：	"别放你娘的屁！你拿东西换我的
3	我的钱；宝玉哥哥撵了我来了。"赵姨娘	**啐道**：	"谁叫你上高台盘了？下流没脸的
4	得诺诺的说道："输了一二百钱。"凤姐	**啐道**：	"亏了你还是个爷，输了一二百钱就
5	来的，岂有个为他远你的呢？"黛玉	**啐道**：	"我难道叫你远他？我成了什么人

注：前 5 项，共 34 项。

表 8-13　邦译本 spat and said 语境共现检索

N	Concordance		
1	Fêng-chieh with a smile	**spat and said**：	"Don't give yourself airs. Are you
2	Aunt Chao	**spat and said**：	"Who told you to climb on to a high
3	Fêng-chieh	**spat and said**：	"To think that you are a gentleman
4	Tai-yü	**spat and said**：	"You don't mean to say that I told
5	She	**spat and said**：	"You are all of you not good folk.

注：前 5 项，共 33 项。

通过以上统计分析可知：第一，邦译本报道小句的翻译受到原文表达方式的严重影响，译文风格更为接近译出语而非译语，这与刘泽权和闫继苗（2010）的研究结果有所出入，表明译本风格不仅受到源语语言表达风格与译语语言表达风格的影响，也受到译者本身翻译风格或译者主体性的影响。它究竟是向源语靠拢还是向译语靠拢，则是译者自己的风格选择，并非所有译文都符合翻译语言的普遍性。第二，就报道小句的翻译来看，霍、杨译本均呈现出一定的显化特点，通过解释性报道动词对译文的报道小句进行明晰化处理，译文中原文隐含的报道方式和话语人的态度与情绪等在译文中被"明示"出来。总体来说，杨译本的显化程度高于霍译本，表明霍译本受到原文表达方式的影响更多。第三，通过不同译者对同一类型报道动词小句的翻译可知，译者的选择不仅受到源语和译语风格的影响，还体现了译者的独特风格。译出语与译语风格对译文的影响不仅仅是潜在的，也可以是译者主体性选择的结果。第四，译文显化的表现方式多种多样，同样存在显化趋势的译文在某个方面可能存在截然相反的情况。如邦译文在引述结构 say＋可选性关系词 that 的结构上，译文呈现出较为明显的句法结构"明晰化"倾向；而在报道动词小句的翻译上，则未有任何显化与明晰化的表现。霍、杨译本在上述两方面均与邦译本相反。

二、叙述方式——以"笑道"为例

中国古典章回小说具有明显模拟书场的性质，小说叙述方式多带有"说书人"的痕迹，也是一种固定化的修辞模式。《红楼梦》中的"××笑道"是上述报道动词小句的一种，出现频次极高。根据本研究对《红楼梦》（亚东本）统计，"笑道"一共出现 2 391 次之多，属于高频词组。"笑道"的大量使用不仅推动了小说情节的发展，亦在一定程度上反映、刻画了小说人物的性格特征。

冯全功（2011a）选取《红楼梦》前八回中的 222 个"笑道"作为语料，对比分析了杨译和霍译的处理情况，结果发现杨译的处理更加灵活，语言更加多样化，行文更具文学性与可读性。"笑道"作为报道动词（刘泽权、闫继苗，2010：87）可引出寒暄、叙述、争辩、询问、评论、感叹、建议等人物话语，在不同的语境中具有不同的意义和功能，故翻译时不可一概而论。从某种程度上说，中国古典小说中的"笑道"其实不仅仅留于字面，而是成为了小说人物语言的一种程式、一种默认的符号（肖维青，2006：44）。"笑道"作为小说中引入人物话语的程式化修辞模式在《红楼梦》中表现得淋漓尽致。它具有两层基本语义：一为笑，二为道。但到底怎样笑、怎样道，重于道还是重于笑，即具体的意义和功能，要根据具体的语境而定（冯全功，2011a：31）。由此可见，"笑道"既是一种语篇连贯手段，也是一种叙事风格。译者对这一高频报道动词结构的翻译，既能体现译文的语篇叙事风格，也能反映译者的翻译策略与风格。

为了进一步考察邦译本在叙述方式上的风格特点，我们拟选"笑道"为研究对象，考察邦译本叙述方式的风格表现及其与霍、杨译本的区别。本研究旨在通过一定数量的语料样本考察译者翻译风格的倾向性，同时考虑"笑道"检索项过于繁杂反倒不利于统计与分类，也为了尽力规避三译本底本差异对研究结构的影响，故而选取底本较同一的后四十回作为初步统计范围。其步骤为：第一，统计出后四十回中"笑道"共出现226次;第二,进一步缩小统计与观察范围,选取226个检索项中的前100个作为分类统计对象;第三,对三译本中前100个"笑道"的译文进行分类整理,将每个译者不同的译法按照先后顺序归类,结果见表8-14。

表8-14 邦、霍、杨译本"笑道"译文种类对比

原文	译本	译文	特点
××笑道	邦译本	smiled and said (74次), said with a smile (6次), also smiled and said (5次), smiled and asked (3次), smiled again and said (2次), smiled slightly and said (3次), smiled coldly and said, smiled in return and said, smiled and scolded, smiled slightly and asked, smiled to sb. and said, smiled with an abstract expression and said, smiled in response and said	13种
	霍译本	came a laugh, beaming, said with a grin (2次), laughed (12次), laughed and said, commented with a dry smile, said with his most ingenious smile, laughed as continued, said with a smile (6次), trying to laugh the whole thing off, announced cheerfully, registered a cold smile, replied cheerfully, smiled kindly, replied with a knowledgeable smile, lit up with a smile, replied with a sarcastic smile, said with a crushing smile, said with a malicious smile, affected a dutiful smile, replied swiftly, went on mischievously, said with a rather unconvincing smile, with a peculiar smile, chided with a laugh, gave an ingratiating smile, grinning sheepishly, protested with a smug smile, replied with a polite smile, halting ... with a smile, with a smile and said, replied with a hint of a smile, observed sarcastically, laughed out loud, said with a slightly puzzled smile, smiled (7次), returning his smile, laughed at, exclaimed with a laugh (2次), smiling, retorted with a crushing smile, said with a charming smile, gave a little laugh, detected the note of sarcasm in her voice and laughed, replied with a smile (3次), smiling rather sheepishly, said with an anxious smile, returned with a scornful sniff, said coolly, burst out laughing and cried, 省略(23次)	50种
	杨译本	laughed (6次), laughingly, chuckled (7次), said with a smile (6次), asked with a twinkle, crowed with a laughter, smiled (7次), objected with a smile, remarked with a smile, forced a smile, asked with a smile (2次), remarked cheerfully, smiled at, laughed scornfully, agreed with smile, answered with a smile (3次), with a deferential smile ... answered, said with a twinkle, said cheerfully, said respectfully, smiling (3次), teased (2次), asked archly, burst out laughing (2次), rejoined gaily, warned with a smile, said with a conciliatory smile, said with a grin, smiled and said, answered teasingly, sniggered, 省略(39次)	31种

如表8-14所示，三译本中"笑道"的英译主要有五种基本模式：第一，译"笑"又译"道"；第二，译"笑"不译"道"；第三，译"道"不译"笑"；第四，译为其他；第五，省略不译。需注意的是，上表中统计的译法以对应原文中"笑"这一概念为主，凡是译文中不含"笑"这一语义概念的均归为"省略"类。因此，"省略"类别中主要包含两类：其一，将"笑道"只译了"道"而没有译"笑"的情况；其二，直接省略报道动词小句"笑道"。

具体而言，邦、霍、杨三译本处理"笑道"的方式特点总结如下。

邦译本翻译模式：译"笑"又译"道"。表示"笑"的词类（原形）仅有1种：smile；副词与形容词修饰语8种：hastily、hurriedly、quickly、coldly、slightly、again、also、abstract；与"笑"搭配的各类动词3种：said、asked、scolded。

霍译本翻译模式：第一，译"笑"又译"道"；第二，译"笑"不译"道"；第三，译"道"不译"笑"；第四，译为其他；第五，省略不译。表示"笑"的词类（原形）有4种：smile、laugh、beam、grin；副词与形容词修饰语26种：dry、ingenious、cheerfully、cold、kindly、knowledgeable、sarcastic、crushing、malicious、dutiful、swiftly、mischievously、unconvincing、peculiar、ingratiating、sheepishly、smug、polite、sarcastically、slightly、puzzled、charming、little、anxious、scornful、coolly；与"笑"搭配的各类动词20种：said、came、commented、continued、try、announced、registered、replied、lit up、affected、went on、chided、gave、pretested、observed、returned、exclaimed、retorted、detected、cried。

杨译本翻译模式：第一，译"笑"又译"道"；第二，译"笑"不译"道"；第三，译"道"不译"笑"；第四，译为其他；第五，省略不译。表示"笑"的词类（原形）有7种：laugh、chuckled、twinkle、laughter、grin、tease、snigger；副词与形容词修饰语8种：laughingly、cheerfully、scornfully、deferential、respectfully、archly、gaily、conciliatory；与"笑"搭配的各类动词11种：said、asked、crowed、objected、remarked、forced、agreed、answered、burst out、rejoined、warned。

由统计结果可知，邦译本"笑道"（后四十回）的英译模式最为单一，基本遵循了"笑""道"皆译的原则，且绝大部分译为 smiled and said 并辅以 said with a smile，译法基本紧扣原文的表达方式。即使是后面几类带有副词修饰语的译文，邦译本依然没有改变这一基本模式，区别仅仅是在其中加入表示动作行为方式的副词。纵观邦译本整个一百二十回中"笑道"的翻译，smiled and said 的基本模式一直没有改变，唯一的变通之处是通过添加副词以表达原文中"冷笑道"（smiled coldly and said，91 次）、"忙笑道"（hastily smiled and said，77 次）、"也笑道"（smiled and said again，32 次）、"陪笑道"（also smiled and said，64 次）等概念。邦译本中 smiled and said 全部一百二十回中共出现 1 996 次，另一个表达模式 said with a smile 出现 140 次。邦译本对原文中报道动词小句的结构采取高度模拟的策略，这一点除了上述"副词+笑道"的译文模式可以证明外，"动词+笑道"的结构模式更加清楚地展现了邦译本的模式特点。我们以原文中"拍手笑道"（17 次）为例，通过检索译文，发现这一结构在邦译本中基本全部译为 clapped one's hands，smiled and said。通过以上统计分析可知，邦译本对报道小句"笑道"的英译模式较为固定，较为严格地模拟了原文章回小说报道小句"单一化""模式化"的特点，译文风格受到原文风格的较大影响，译文的显化程度相对较低，叙述方式也相对单一。

相比之下，霍、杨译本中报道小句"笑道"的英译则呈现出灵活多样的特点，译文也不同程度受到原文表达结构的影响，其中霍译文受到的影响程度略微高于杨译本。整体来看，霍、杨译本均呈现出较强的显化趋势，倾向于将原文中"笑道"相对隐含的态度、方式意义通过副词、形容词以及动词等一一显现出来。不仅"笑"如此，"道"的译文也不像邦译本一样仅仅局限于 said 与 asked，而是结合语境、情节与人物性格，对"道"进行灵活的动词替代翻译，出现 commented、answered、replied、rejoined、warned、crowed、objected、remarked 等大量意义更加具体的动词，使得原文情节与人物个性在译文中跃然纸上，译文的表现力相对邦译本更强。霍、杨译本叙述方式灵活多样，译文围绕"笑"的语义概念，形成多样性的同义与近义表达形式，译文不仅叙述方式灵活多样，同义反复的特点也极其明显。语篇照应与连贯性也因为这类同义反复现象的频繁出现而得到增强。

需注意的是，"笑道"在整个《红楼梦》（亚东本）中共出现 2 036 次，后四十回中仅出现226次,我们选取的是后四十回中前100次"笑道"的英译文进行统计分析。后四十回占据全部作品的三分之一,"笑道"的频次却只有全部频次的十分之一,这种不均衡的频次分布与故事情节的发展有关。前八十回中欢乐、喜庆、祥和、打趣的情节居多,后四十回里悲伤、死亡、别离、哀叹的情节居多,"笑道"的分布自然也以前八十回为主。最典型的一个案例是笑道的一种——"拍手笑道"。显而易见,这个报道小句描述的是一种极其欢快愉悦、兴致高涨的人物情感。根据统计,"拍手笑道"共出现17次,且全部出现在前八十回,后四十回一次未见,情节内容对报道小句"笑道"频次分布的影响可见一斑。为更进一步扩大研究范围,在更为丰富的上下文中观察"笑道"的原文与译文,我们选取第四十五回中的一段话为例,以便更为直观地显示三译本的差异性,详见例8-23所示。

例8-23

原文:话说凤姐儿正抚恤平儿,忽见众姐妹进来,忙让了坐,平儿斟上茶来。凤姐儿**笑道**:"今儿来的这些人,倒像下帖子请了来的。"探春先**笑道**:"我们有两件事:一件是我的;一件是四妹妹的,还夹着老太太的话。"凤姐儿**笑道**:"有什么事,这么要紧?"探春**笑道**:"我们起了个诗社,头一社就不齐全,众人脸软,所以就乱了例了。……"凤姐儿**笑道**:"我又不会做什么'湿'咧'干'的,叫我吃东西去倒会。"探春**笑道**:"你不会做,也不用你做;你只监察着我们里头有偷安怠惰的,该怎么罚他就是了。"凤姐儿**笑道**:"你们别哄我,我早猜着了。……"说的众人都**笑道**:"你猜着了。"李纨**笑道**:"真真你是个水晶心肝玻璃人儿!"凤姐**笑道**:"亏了你是个大嫂子呢!姑娘们原是叫你带着念书,学规矩,学针线哪。……"(《红楼梦》第四十五回)

这是第四十五回"金兰契互剖金兰语 风雨夕闷制风雨词"中的第一段话,讲的是探春等人借邀请王熙凤担任"监社御史"之职向其索要"资助"的情节。文中对话丰富，人物性格各异，妙趣横生。

邦译：The story tells that just as Fêng-chieh-êrh was comforting P'ing-êrh they suddenly saw all the sisters come in. She hastily invited them to be seated. P'ing-êrh served up tea. Fêng-chieh *smiled and said*: "These people who have come now are as if invitations had been sent for them to come." T'an-ch'un first *smiled and said*: "We have two matters. One is mine. The other is younger sister number four's. And in between is a message from the Lady Dowager." Fêng-chieh *smiled and said*: "What matters are they as important as all this?" T'an-ch'un *smiled and said*: "We have founded a poetry club. The first meeting was not well arranged. They were all soft-hearted and so they threw the rules into confusion...." Fêng-chieh *smiled and said*: "I cannot do anything 'moist' or 'dry'. Tell me to go and eat things and I can." T'an-ch'un *smiled and said*: "You are not able to do it. And there is no need for you to do it. You only superintend, if there is any shirker or dawdler among us, how that person ought to be fined. That's all." Fêng-chieh *smiled and said*: "Don't you deceive me. I soon guessed it...." By saying this she made them all *laugh and say*: "You have guessed it." Li Huan *smiled and said*: "You are indeed made of glass with a heart and liver of crystal." Fêng-chieh *smile and said*: "Thanks to your being the wife of an elder brother, the young ladies have in fact been led on by you to read books, to learn the rules of behaviour, and to learn needlework...."

邦译文将原文中 10 个"笑道"中的 9 个译为 smiled and said，报道小句的模式为"sb. smiled and said"且全部位于句首，这与前文中报道小句类型与位置的研究结构一致。仅有一个"众人都笑道"邦译文译为 made them all laugh and say。译文模式与表 8 - 14 中的统计结果一致。译文报道动词小句呈现"单一化""模式化"特点。

霍译: As we were saying at the end of the last chapter, Xi-feng had just begun expressing her concern for Patience when Li Wan and the cousins walked in. She broke off and invited them to be seated, and Patience went round and served them all with tea.

'What a crowd!' *said* Xi-feng. 'Anyone would think I'd sent out an invitation for something!'

'There are two things we wanted to see you about,' *said* Tan-chun.

'One is my affair; the other concerns Xi-chun but also includes instructions from Grandmother.'

'They must be very important things for a turn-out like this,' *said* Xi-feng.

'We started a poetry club recently,' *said* Tan-chun, 'and the very first time we had a regular meeting, somebody didn't turn up....'

'I know nothing about poetry,' *said* Xi-feng. 'I couldn't compose a poem to save my life. I could come along to eat and drink with you if you like.'

'You wouldn't have to compose poems,' *said* Tan-chum 'That's not what we want you for. All you have to do is keep an eye on the rest of us, and if you find anyone slacking or playing truant, decide how they ought to be punished.'

'Don't try to fool me,' *said* Xi-feng. 'I've already guessed....'

The others *laughed*.

'Too bad! You've guessed.'

'You're like the original Crystal Man, Feng,' *said* Li Wan.

'A heart of crystal in a body of glass.

You can see through everything!'

'Fancy!' *said* Xi-feng, ***mockingly***. 'The respected elder sister-in-law! The one who's put in charge of these young ladies to guide their studies and teach them needlework and good manners!...'

霍译文中有八处省略了原文"笑"的语义概念，直接简化为 said。有两例译出"笑"的概念：一例使用动词 laughed；另一例则通过副词 mockingly 表达，将"笑道"中暗含凤姐"嘲笑、打趣"李纨的口气明示出来。同时，霍译文报道小句有九例采取倒装模式"said sb."，仅有一例采取正常语序 the others laughed。十个报道小句中有七例位于句中，两例位于句末，仅有一例正常语序的小句位于句首，这与上文中关于三译本报道小句类型与位置的研究结果一致。

杨译：As Xifeng was comforting Pinger the young people called. They were offered seats and Pinger handed round tea.

"Well, you've come in force," ***chuckled*** Xifeng. "Anyone would think we'd issued invitations."

"We've come about two things," Tanchun ***announced***. "One is Xichun's business; and we've also brought you a message from the old lady."

"What is it that's so urgent?" ***demanded*** Xifeng.

"We've started a poetry club," Tanchun ***explained***, "but not even the first meeting was fully attended all because we're too soft to keep order...."

"I'm no hand at versifying," Xifeng ***answered***. "All I can do is come and join in the eating."

"You wouldn't have to write anything," ***said*** Tanchun. "Your job would simply be to watch out for truants or slackers and punish the offenders as you think fit."

"Don't try to fool me." Xifeng ***laughed***. "I can guess what you're after...."

The others ***laughed***.

第八章 《红楼梦》译者风格定量描写：篇章层面　243

"There's true perspicacity for you!" ***cried*** Li Wan.
"What an elder sister-in-law you are!" ***scolded*** Xifeng. "You're supposed to be in charge of these girls' studies and of teaching them good manners and needlework...."

杨译文的表达形式最为多样化，仅仅十例"笑道"就使用了九个不同的动词，其中既有表达"笑"语义概念的 chuckled、laughed，也有忽略"笑"而主要表达"道"的 announced、demanded、explained、answered、said、cried、scolded。显而易见，杨译文通过丰富的动词用法，将原文"笑道"中隐含的动作、方式、情绪，乃至人物个性等一一明示出来。就报道小句类型与位置而言，杨译文有五例正常语序、五例倒装语序，位置有七例句中、两例句末、一例句首。整体来看，杨译文叙述的方式更加灵活，译本的显化程度更高。

综上所述，我们通过对"报道小句"的英译统计与分析，研究了邦译本在译文引语类型与叙述方式上的风格特点及其与霍、杨译本的差异。研究结果显示，三译本均不同程度受到原文报道小句结构与分布的影响。其中，邦译文基本"模拟"了原文报道小句的结构类型，译文较为完整地保留了原文章回体小说的叙述方式与文体风格；相对而言，霍、杨译本的译文更为灵活多样，无论是小句类型、位置还是叙述方式，均倾向于译语的表达习惯，译文的显化程度明显高于邦译文。

本章小结

语篇层面的研究通过章回套语、语篇衔接与叙述风格三个方面展开。邦译本章回套语的英译独具特色，最大程度地"复制"与保留了原文中的章回套语，是三个译本中章回体小说说书人痕迹保留最为完整的一个。译文中看似单调与枯燥的套语一定程度上影响了译文的可读性与地道性，但却有助于保持原文最重要的文体特点：章回体。语篇衔接的统计结果显示，三译本语篇衔接较之原文均呈现出明显的显化连接特点。其中，邦译本受原文风格影响，语篇衔接方式相对单一，且语篇衔接的显化程度相对较低。叙述风格的统计主要通过报道小句展开。研究显示，邦译本的叙述风格实际是"复制"了原文的叙述风格。尤其是报道小句的翻译，邦译本无论在小句结构还是位置上，均与原文保持高度一致，且引述动词的翻译偏离了翻译文本普遍性中的"显化"倾向，反倒呈现出与原文一致的"隐含化"。原文动词中的行为动作的方式、态度和情感在译文中呈现出"隐化"特点，而霍、杨译本报道小句的翻译则存在明显的"显化"趋势，尤以杨译本为最。

语篇层面的研究表明，邦译本在文体、衔接与叙述三个方面均与原文保持一致。译本较为完整地保持了原文的章回体特点，衔接方式的显化不足与叙述方式的隐含化，均使得译本呈现出有别于一般译本具有的翻译普遍性。

定量研究小结

本篇通过词汇、句子、语篇三个层面的系统研究与个案研究，较为全面地考察了邦译本的总体风格特点。邦译本在遣词造语、布局谋篇上均带有独特的译者风格，译文的个性特点是译者有意识选择的结果。基于语料库的量化研究，既揭示了邦译本风格考察中原文与译文的关系，也体现出译者对待原作的态度，更是呈现出译者所持的基本翻译观与翻译策略的倾向性。同时，邦译本风格的量化考察还表明，翻译普遍性也存在"非连贯性"的特点，译文可能在某个方面呈现出"显化"特点，某个方面却呈现出"隐化"特点。单就明晰化而言，邦译本在转述动词的可选性关系词上，呈现"明晰化"倾向；而报道小句中报道动词的语义，则呈现"隐含化"倾向。这种冲突既反映出翻译活动本身的复杂性，也揭示了翻译普遍性本身的复杂性，还反映出译者风格中译者主体性因素对翻译策略与译文风格有意选择的结果。

第三篇
定性描写

第九章 《红楼梦》译者风格定性研究的方法与路径

近三十年来,《红楼梦》英译研究日趋成熟,研究范围更为广泛,研究方法从最初的定性研究占据统治地位,到定量研究的日渐繁盛,"红楼译评"的方法也逐渐呈现出多元化趋势。不可否认,定量研究与定性研究的结合是全面、系统、客观地进行译者风格研究的必经之路。本书第二篇第四章至第八章借助语料库统计软件,从词汇、句子与篇章三个层面对邦译本《红楼梦》译者风格进行量化分析,较系统地描写了邦译本特点及其与霍、杨译本的差异。为更全面考察三个全译本的风格,我们在作为主体部分的定量描写之外,对三个译本进行定性描写,以更加充分地实现定量描写与定性描写的结合。本篇选取四个较具代表性的视角——章回体例、修辞格、社会文化及误解/误译,继而从中抽取出更具代表性的个案,进行定性描写研究。通过第三篇的定量描写与本篇定性个案研究的有机结合,《红楼梦》三个英文全译本的译者风格将更加完整地呈现出来。

第一节 研究目标与范围

语料库翻译学定量研究的目标是通过数据统计、概率分布与差异显著性等量化手段来描写译本特点及多译本区别,借此表征译文特征及译者风格。陈向明(1996:93)认为:定性研究是在研究者和被研究者的互动关系中,通过深入、细致、长期的体验、调查和分析，对事物获得一个比较全面深刻的认识；而定量研究则依靠对事物可以量化的部分进行测量和计算，并对变量之间的相关关系进行分析以达到对事物的把握。因此，翻译定性研究的目标是以研究者为参与主体，通过分析真实文本，借助现象观察、文献分析、译本对比、个案调查等归纳法为主要方法，通过一手资料对翻译现象、文本和译者进行质性方面的考察。

定量与定性研究并非相互对立；翻译学中的定量与定性研究是相互补充、相辅相成的关系。定量研究通过数据统计、概率分布反映译本与译者风格的整体趋向性，大量的数据表征有利于摆脱主观判断的不足，为研究结论提供客观的量化依据；定性研究则通过具体、典型的个案研究，无限扩大语料库检索与数据统计无法企及的语境信息，包括社会文化语境和译本之外的信息等，为客观数据提供更为详实的质性分析。尤其对于文学翻译研究而言，单纯的量化分析存在弊端，文学作品需依赖文学、文化、美学、修辞等理论来阐释文本特征。定量与定性研究在语料库翻译学的领域内缺一不可，即使是单纯的量化研究，也离不开对研究结果的定性分析，否则量化研究就会变成抽象数据的堆砌，无法满足文学翻译研究中独特的审美需要。

本部分的研究目标旨在借助文体学、修辞学、语用与社会文化等方面的理论知识，选取邦译本中具有代表性的体例翻译、修辞格翻译、社会文化翻译等方面，考察译者在处理章回体例、修辞和社会文化方面的翻译策略，通过误解与误译的分析，透析译者谙熟汉语与中华文化的程度，最后结合定量分析的结果来考察译者整体风格及其形成译者风格因素间相互影响、相互制约的工作机理，以达到进一步探索译者风格的形成机制之目的。

为实现上述目标，我们将个案研究的范围确定为三个方面：一是能够反映译者处理原作文本体例信息的章回目录英译，借此考察译者对古典章回小说文体特征的翻译策略。文本格式、体例方面的翻译策略，既能够反映译者的翻译观，也能反映译者对待原作及源语文化的态度。二是能够反映译者处理文学修辞方式的几种代表性修辞格。限于篇幅，我们不做穷尽式研究，仅选取之前研究相对较少且较具代表性的委婉语、双关语、飞白、歇后语和俗语五种，并借此考察译者处理文学作品中修辞性语言的方式。大量修辞格的使用是原作语言的一大魅力，研究译者的翻译策略，不仅能反映译本风格与原作风格的关系，同时还有助于考察译者综合驾驭目标语的能力与文学修养等。三是能够反映译者综合翻译能力的误解与误译。译本中对原文信息的误解能够综合反映译者的语言功底、文化认知能力与博学程度。邦译本作为手稿的特殊性，使得我们能够通过考察译者的修改、校正痕迹，在一定程度上推演译者翻译过程中的思维过程和认知过程，为考察译者风格形成机制提供一手资料。

通过上述三个方面的考察，本研究将实现对三个英文全译本更为全面、系统的描写。第二篇的定量研究与定性分析，为整个研究提供了整体性、客观性和趋向性的量化结果，为定性研究提供宏观指向。本部分定性研究以经典的个案入手，为量化研究提供更为详实、具体的案例作证。两者的结合为本研究建构成一个更为全面、更为客观的视角，我们借此得以更为真实地对三个译本进行全方位描写，从而实现进一步考察译者风格形成机制的目标。

第二节　语料筛选

定性研究以个案调查为主，语料的选取均为能够代表译者翻译策略、反映译者风格的典型案例。因此，本章节的语料选取为非穷尽式，仅选取最具代表性的案例作为研究目标。选取标准有三：一是汉语原文中较为经典且传颂较广的语言现象；二是译文翻译方法较为典型，尤其是在参照霍、杨译本时，能够反映译者风格的区别性特征；三是该类案例的研究目前相对较少，以修辞格翻译为例，对如比喻、拟人等常见修辞格且已有较多研究的领域不做讨论。

定性研究的语料选择，既要保证代表性，又要保证经济性；同时也要坚持一定的随机性的原则。语料的选择不以特例为主，必须能够反映译者的策略倾向和整体风格。同时，由于涉及多译本对比，原文语料的选择还必须顾及中文底本的差异。在译本语料足够大的前提下，定量研究的统计结果可以忽略个别底本差异造成的影响，统计结果一般不会改变数据的倾向性。然而，定性研究的分析结果以个案为主，对底本差异的忽略更容易造成分析结果与译本真实情况大相径庭，因此必须确认每个例证的底本是否一致。

第三节 研究方法与步骤

定性研究首先采取自下而上的归纳法，通过个案研究的若干例证推导出译者的翻译策略与风格特点；其次，通过对比法，考察基于同一底本的不同译本翻译策略与风格，考察邦译本与霍、杨译本的区别性特征，为进一步考察译者风格形成机制奠定基础；最后，结合定量研究形成的结论，以助于更为全面地考察邦译本风格与译者风格形成原因。

个案研究是定性描述研究的主要方法之一。姜秋霞和刘全国(2012：347)将个案研究视为"在质化数据分析的基础上，以单项或多项案例为研究对象，集中深入探讨考察研究对象及与之相关的问题"。译者个案研究是翻译个案研究的重要组成部分，采用个案研究方法探讨译者的翻译思想及其变化，翻译过程中译者的主体性、翻译策略、翻译方法，以及译者与文本、读者、社会文化语境的互动等问题，是翻译译者个案研究的主要范畴。本研究是基于多项个案群的共时个案研究。文本个案研究是翻译个案中最常见的研究方法之一。经典文本的选择、透视和分析能够揭示出翻译转换过程中的规则性特点，呈现出译者翻译过程中的痕迹，以呈现译本的整体风格特点。翻译中的文本个案研究可以是单个个案分析，也可通过多个个案进行对比分析。

本部分研究主要采取以下步骤：第一，在汉语原文中抽选出能够达到研究目的的个案，并选取足够数量的典型例证，以便确立研究目标和范围；第二，通过语料库检索出每种个案对应的英语译文，并且总结、归纳出译者的翻译策略与译者风格特点；第三，进行基于同样原文的多译本对比，通过不同译者的译文，考察译者间的区别性特征，以此反映出译者风格形成的差异性因素；第四，结合定量研究的分析结果，更为全面地表征译者风格特点；第五，进一步剖析形成译者翻译策略与形成译者风格的因素，考察范围包括：社会文化因素、实际翻译环境、译者主体性因素等。

译者个案研究的具体操作方法和步骤为：提出研究问题—选择个案—收集

案例—确立分析思路—整理、分类、分析和推导—得出结论—提炼理论观点。

  翻译个案研究分析需遵循历史辨证的原则，不仅应该揭示和描写翻译转换过程中具有代表意义的形式逻辑和普遍规律，运用相关理论对其进行理论阐释，而且应动态考察研究问题发生的社会文化语境以及特定语境下译者、读者、原文文本、译文文本、翻译目的、翻译行为、翻译策略等因素间的相互作用，从互动整合的视角求证研究问题，得出研究结论（姜秋霞、刘全国，2012：347）。

由此可知，针对译者的个案研究具有深刻性、充分性和人文性的特点。个案研究是基于质化研究的研究方法，具有有效描述和阐释译者、译作、翻译行为和翻译过程中人文因素的方法论功效。与语料库翻译研究、翻译实验研究等实证方法相比，个案研究将研究对象确定为译者或与之相关的译作或翻译过程，为研究者和研究对象的深度交流搭建了平台（姜秋霞、刘全国，2012：348）。定性个案研究通过译者访谈、文本分析、翻译行为、过程的描写等，能够深度揭示翻译行为本身所蕴含的人文因素与主体性因素并对其进行阐释，以进一步揭示译者风格形成的原因。然而，定性的个案研究也有自身弊端，作为典型案例的深度分析方法，个案研究的广泛程度不及量化研究，研究结果的代表性也较为有限。因此，只有通过定量研究与定性个案研究的有机结合，才能走出上述困境，更加全面、客观、系统地实现对译本与译者风格的描写。

本章小结

本章首先规划了定性研究的基本方法、路径，确立了研究的目标范围，界定了语料选取的原则和标准，并最终设计出适合定性研究的方法和步骤：提出研究问题—选择个案—收集案例—确立分析思路—整理、分类、分析和推导—得出结论—提炼理论观点。

第十章 《红楼梦》文本体例英译：章回目录

　　章回目录在古典小说中所占篇幅比重虽小，作用却不可小觑，实可谓"滴水藏海"，起到提纲挈领、环环相扣、引人入胜、统领全书的功能。近三十年来的《红楼梦》回目英译研究多以"霍译本"和"杨译本"为对比参照，针对回目词句、修辞和总体策略进行研究，从各个侧面一定程度揭示出回目翻译的策略和风格。然而，针对三个英文全译本回目翻译的讨论并不多见。本研究通过三译本对比的方法考察《红楼梦》英文全译本的回目翻译，尝试更加全面和系统地探讨三位译者的翻译风格，以期借此考察邦译本的体例英译风格，并获得对章回目录这种特殊文体体例的翻译和评析更深的认识。

第一节 《红楼梦》章回目录结构特点

　　章回小说由宋元话本发展而来，是"中国古典长篇小说的主要形式"（马文熙，2004：748）。回目是中国古典章回小说内容的重要信息来源之一，也是古典小说区别于现代小说的一大文体特征。章回目录具有独特的美感，多以对偶句合成，犹似对联，整齐明晰、朗朗上口。李小龙（2012：270）认为，曹雪芹以其旷世的才力与对章回小说体制的心领神会，确定了八言回目在中国古典小说回目形态中可与七言回目分庭抗礼的地位，因而再造了古典小说回目新的审美形态。《红楼梦》八言回目的确立，在古典小说史上有重要意义，也是中国古典小说走向巅峰的重要标志。《红楼梦》八言回目每回两句成对出现，共120对240句，主要特点如表10－1：

表10－1 《红楼梦》章回目录结构特点

八言格式	语言结构	对数	例子
3＋2＋1＋2	主语＋状语＋谓语＋宾语	12	甄士隐梦幻识通灵 贾雨村风尘怀闺秀
3＋2＋1＋2	伴随状语＋主语＋谓语＋宾语	24	托内兄如海荐西宾 接外孙贾母惜孤女
3＋2＋3	主语＋谓语＋宾语	22	贾夫人仙逝扬州城 冷子兴演说荣国府
3＋1＋1＋1＋2	主语＋谓语＋宾语＋谓语＋宾语	10	金寡妇贪利权受辱 张太医论病细穷源

回目既备八字对句整齐划一的形式美、叠词押韵的音韵美、情景交融的意境美，也有作者言简意赅、字字蕴意的风格美，更有一句一个故事、步步引人入胜的叙事效果。一部好的译作，不仅要能充分转译回目中所含情节信息，起到提示主题、吸引读者的目的，也要能努力再现章回小说语言艺术的特色，带给译文读者与原文读者一样的美的享受。

第二节 《红楼梦》三译本章回目录英译对比

《红楼梦》原文共一百二十回，章回目录每回2句、每句8个字，共计240句1 920个字。在现代横版印刷体版本中，正文中的回目多以上下两句平行居中的形式出现。这240句章回目录的翻译在三个英译本的体例格式大不相同。我们以原文第十三回为例，三译本英文回目的具体区别可概括如下：

例10－1

原文：第十三回 秦可卿死封龙禁尉　王熙凤协理宁国府

邦译：Chapter xiii

Ch'in K'o-ch'ing dies. An officer of the Imperial Guard is appointed.

Wang His-fēng helps in the management of the Ning-kuo-fu.

霍译：Chapter 13

Qinshi posthumously acquires the status of a Noble Dame;

And Xifeng takes on the management of a neighbouring establishment

杨译：Chapter 13

Keqing Dies and a Captain of the Imperial Guard Is Appointed

Xifeng Helps to Manage Affairs in the Ning Mansion

邦译本回目体例：章节编号采用罗马数字。人名地名全部采用威氏拼音音译，仅句首字母和专有名词首字母大写。每回两句上下平行排列，自动换行；每句以句号结句。个别回目出现分句译法，即240句回目中的某一句，译成由英文句号结尾的两个句子，英译文中回目句数为281个，比原文多出41句。

霍译本回目体例：章节编号采用阿拉伯数字。人名地名汉语拼音方案音译和意译结合，仅句首字母和专有名词首字母大写。每回两句上下平行、居中对齐排列，采取人工换行处理，前后句中间由分号隔开，后句结尾没有句号。译文句子数量同原文保持一致，共有240句，没有将句子分开翻译。

杨译本回目体例：章节编号采用阿拉伯数字。人名地名采用汉语拼音方案音译，句中每个实词首字母均为大写。每回上下两句平行、居中对齐排列，采取人工换行处理；前后句中间没有标点符号，后句结尾也没有标点符号。译文句子数量同原文保持一致，共有240句，也没有将句子分开翻译。

由以上对比可知，相对邦译本而言，霍译本和杨译本的回目版式大体较为相似，仅存在标点符号和大小写差别，霍译本在前句后使用分号，杨译本实词首字母大写。邦译本与霍、杨译本在章节编号、音译拼法、首字母大小写、对齐位置、换行干预、句子数量四个方面均存在差异，在三个译本中较为特别。需要注意的是，邦译本未能正式出版，自然也未经过出版社正式编辑，如今仅以手稿形式传世。这或许也是邦译本在版式上与另外两个译本存在较大差异的原因之一。手稿形式的文本相比正式出版物少了外部影响因素：出版社/赞助人。作为原始状态的手稿，更能直接反映译者风格最为原始的面貌。因此，未经出版加工也是邦译本的一个特点，同邦译本目前反映出的译者风格有一定关系。

为进一步细察邦译本回目英译的细节，我们抽取出邦译本有异于霍、杨译本的一种独特处理方式：having 做伴随状语。如表 10-2 所示，原文回目有较为典型的"主语＋状语＋谓语＋宾语""伴随状语＋主语＋谓语＋宾语"及"主语＋谓语＋宾语＋谓语＋宾语"，邦译本中对于伴随动作＋谓语动作以及连续两个谓语动词的情况作了较为有特色的处理，有些表示伴随状态或并列谓语，在邦译本中被处理为 having 引导的现在分词完成体作状语，以表示动作的先后、因果等逻辑关系。这一译法在霍、杨译本中均未出现过一例。

表 10-2　邦译本回目 having 做伴随状语

回目原文	邦　译　本	用　法
第二十五回 通灵玉蒙蔽遇双真	The Spiritual Intelligence jade, **having become dulled**, meets the two Pure Men.	现在分词完成体作状语
第四十八回 滥情人情误思游艺	A man of irregular affections, his affection **having been mistaken**, thinks to go forth on a trading expedition.	现在分词完成体作状语
第七十五回 开夜宴异兆发悲音	While they are **having a banquet** in the night, a strange omen utters a sorrowful sound.	现在分词作谓语成分
第八十五回 贾存周报升郎中任	Chia Ts'un-chou is reported as **having been promoted** to the position of senior secretary.	现在分词完成体作介词宾语
第一百十四回 王熙凤历幻返金陵	Wang Hsi-fêng, **having experienced apparitions**, returns to Chin-ling.	现在分词完成体作状语
第一百十四回 甄应嘉蒙恩还玉阙	Chên Ying-chia, **having received favour**, comes back to the Capital.	现在分词完成体作状语
第一百十五回 证同类宝玉失相知	**Having had evidence** of one of his own class, Pao-yü loses a kindred spirit.	现在分词完成体作状语
第一百十九回 中乡魁宝玉却尘缘	**Having passed high** in the Provincial examination, Pao-yü renounces connection with the dust.	现在分词完成体作状语
第一百十九回 沐皇恩贾家延世泽	**Having received the Imperial favour**, the Chia family prolongs its hereditary blessings.	现在分词完成体作状语

由表 10-2 可知，邦译本出现 9 例含有 having 的动词短语，其中除了第七十五回的 having a banquet 是现在分词作谓语，以及第八十五回为现在分词完

成体作介词宾语外，其余 7 例均为现在分词完成体作状语，都表示一个先于谓语动词完成的动作，并且强调该动作对后面谓语动作的影响。这 9 例的原文有一个共同特点，即每句包含两个逻辑关系密切的动词。为了表达这种继起的动作关系，邦斯尔将前一个动作译作现在分词完成体作状语，以突显前一动作对后一动作的影响。这种处理方法为邦译本所独有，特色明显。经过对比发现，霍、杨译本的对应处理方法是将两个动词译作并列谓语，将相应动词译作含有动作含义的介词，如第一百十九回。

例 10 - 2

原文：中乡魁宝玉却尘缘　沐皇恩贾家延世泽（《红楼梦》第一百十九回）

霍译：Baoyu *becomes* a Provincial Graduate and *severs* worldly ties;
　　　The House of Jia *receives* Imperial favour and *renews* ancestral glory

杨译：Baoyu *Passes* the Examination with *Honours* and Severs Earthly Ties
　　　The Jia Family *Retains* Its Wealth and Titles *Thanks to* Imperial Favour

正如黄立波（2012：71）所言，译文分析"应该将源语文本考虑进来，考察的对象是译者对于源语言中特定语言现象在其所有译本中的规律性处理方式"。因此，要想更加客观地考察译者风格，应当比对源语，在更大范围内考察译者规律性的处理方式。霍译将两句动词均译为并列谓语，而杨译本则将第二句第二个动词译作带动作意义的介词。进一步的观察发现，霍译本回目中连接词 and 数量高达 138 个之多，而相比之下邦译本仅为 42，杨译本 36。这与三者处理原文中两个继起动词的手法不无关系。

英文回目的长度也是考察译者回目体例翻译的一个指标。由于回目翻译在体制上受到原文字数限定，因此译文句长的变数不会很大。

第一，从句子体例来看，邦译本并未严格遵循英文标题的规则，在两句后面均使用点号结句，翻译方法存在一句分为两句的断句现象，句子数量比另外两个译本多出 41 句，如：皇恩重元妃省父母　天伦乐宝玉呈才藻（第十八回）The Emperor's favour is great. The Imperial Concubine visits her father and mother. The heavenly relations are joyous. Pao-yü presents his skill in composition. 第十八回原本的两句，邦译本中译为四句。这种处理方法虽然缩短了句子长度，当将原本关系紧密的一个句子，人为分作两个，一定程度上割裂了原句逻辑关系，对目标语读者的理解产生一定影响。从揭示主题和意义传达的角度来看，不如霍译和杨译处理成由状语连接的一个复合句的效果更好。

第二，从句子数量和句子长度来看，邦译本句子数量虽然比霍译和杨译多出 41 句，句子长度自然不如霍译长，但依然超出杨译很多。三个译本的句长分别是 10.34、11.08 和 9.25。如果去除人为分句处理方法，将邦译也按照 240 句计算平均句长，其数值达到 12.31，高出另外两个译本，这也一定程度表明邦译本句子较长的特征十分明显。这种巨大的差异表明，邦译本所付诸的显化努力更强，尝试通过增加词汇和句长来更加详尽地传递原文信息。

第三，就汉英句子类型翻译策略而言，邦译本直译倾向十分明显，有时甚至达到亦步亦趋的程度。它们不仅在个别带有中国语言文化特色词语的翻译上多采用直译策略，就连句法结构也深受原文影响，在每个句子的信息分布和对称性上紧跟原文，如第十九回。

例 10-3

原文：情切切良宵花解语　意绵绵静日玉生香（《红楼梦》第十九回）

邦译：Feelings very ardent. On a fine night a flower gives an explanation.
　　　　Thoughts continuous. On a quiet day a jade produces fragrance.

霍译：A very earnest young woman offers counsel by night;
　　　　And a very endearing one is found to be a source of fragrance by day

杨译：An Eloquent Maid Offers Earnest Advice One Fine Night
　　　　A Sweet Girl Shows Deep Feeling One Quiet Day

由例 10-3 可见，邦译本将"情切切"和"意绵绵"分别对应译为 feelings very ardent 和 thoughts continuous；将"良宵"和"静日"分别对应译为 on a fine night 和 on a quiet day；又将"花解语"和"玉生香"分别对应译为 a flower gives an explanation 和 a jade produces fragrance，对齐程度之高，令人称奇。如果列表更能体现这种整饬的对应。

表 10-3　邦译本回目英译对称结构例析

情切切	良宵	花	解	语
Feelings very ardent	on a fine night	a flower	gives	an explanation
意绵绵	静日	玉	生	香
Thoughts continuous	on a quiet day	a jade	produces	fragrance

由表 10-3 可见，邦译本在句子结构上，同原文保持高度一致，即使是名词"宵"和"日"前面两个形容词修饰语也分别单个译出来，以求对应。相比而言，霍译本和杨译本在句子结构上都有一定程度的变化，而且人为显化了回目中的隐含信息，将"花"和"玉"分别译为 young woman、maid 和 one、girl，使得回目译文在解释本章节隐含信息和吸引读者方面，更加显化，也更易于译语读者理解。对于并不熟悉中国语言文化的目标语读者而言，即使细读本回正文，也未必能和回目所指产生直接联想，其难度相对较大。而相对霍译本而言，邦译本和杨译本又更加相似。在句子结构上，杨译本也是基本按照原文信息顺序排布，直译程度虽不及邦译，但相对霍译而言，依然十分明显。通过比对三个译本可知，邦译本对原文几乎亦步亦趋，由此也造成个别句子读来有硬译、死译的味道。虽然用词多、句子长、词汇丰富，但译文可读性未必更强。

我们结合中国古典小说回目的文体特点可以得出如下结论：整体而言，邦译本采用直译手法，译文句义和结构紧跟原文，用词较为丰富，句子较长。仅就回目体例的英译标准来说，译文较大程度地改变了原文的体例风格，也改变了汉语古典章回小说回目格式的典型特点——**对称性**。霍译本译法相对灵活，直译和意译结合，译文更加贴近目的语读者，用词也较为丰富，句子相对较长，且难词较多。就回目英译体例的特点而言，通过人工对齐与换行，一定程度上弥补了原文文体特点的损失，译文体例的特点保存更为完好。杨译本也基本采用直译手法，但比邦译本略显灵活，句长最短。总体词汇难度较低，但词汇密度最大。从回目英译体例角度来看，译者也进行了人工对齐处理与换行干预，译文特点与邦译文类似，译文作为回目体例的特征较为明显；然而，由于过于直译，文本可读性整体而言虽略高于邦译本，但低于霍译本。

综上所述，邦译本在原文回目体例作为一种特殊文体格式的转换上显然不及霍、杨译本。首先，邦译本对成对的回目做了断句分译处理，使得个别回目上下句子不对称，打破了回目体例的对称性；其次，邦译本回目处于自然分行状态，也未居中处理，在体例上相距原文更远；最后，邦译本对原文中伴随与并列谓语的处理较为特殊，充分发挥目的语优势采用了现在完成分词做状语的形式。诚然，邦译本在体例上的"不规范"并非译者有意为之。我们如今能够研究的译本仅为邦斯尔手稿。如前文所述，体例看似不规范的缺憾与邦译本作为手稿形式存在有较大关系。正式出版的译本一般经过专业出版人士的编辑、校对处理，文体体例自然更加规范。霍、杨译本中的回目符合一般英语标题的特点，在体例上更加接近原文。

本章小结

本章主要针对译本的体例格式进行考察，通过对邦译本章回目录英译体例的考察和对比分析，发现邦译本回目的英译特色明显，译文内容倾向直译，句子较长，整体阅读难度较低，颇为通俗；但就回目文体格式而言，邦译文改变了原文的体例特点与风格，译文回目自由度较大。产生这一结果的原因有三：一是译者对体例格式的认同意识较弱，翻译自由度较强；二是英汉语言的差异性，导致译者无法保持原文回目的对称性特点；三是译稿未经出版者审阅和编辑，译者主体性较强，缺乏译语社会文化主导因素的干预。

第十一章 《红楼梦》修辞格英译

语言、主题与情节是文学作品必不可少的三个构成要素。其中，语言更是主题与情节的物质载体与表达形式，是文学作品的第一要素。梁扬和谢仁敏（2006：8）在其《〈红楼梦〉语言艺术研究》中指出："在《红楼梦》独特的艺术世界中，其语言最为人们所称道，被誉为'语言艺术皇冠上的明珠'。《红楼梦》还是中国近代汉语向现代汉语过渡的标志性著作，是汉语言发展史上不可或缺的重要一环。"《红楼梦》原作的语言艺术成就反映了作者的语言风格与创作风格，研究其译本的语言艺术则有助于考察与揭示译本风格、译者风格、形成译者风格的因素。鉴于这部作品的语言艺术成就及其在汉语发展史与文学史上的地位，我们有必要专门辟出一个小节，研究文学语言中修辞格这一较为精妙内容的翻译，借此考察邦斯尔的译者风格。

《红楼梦》向来便以语言的丰富生动著称，其中又以修辞手法的运用为最集中的体现（范圣宇，2004：214）。林兴仁（1984：1）在其著作《〈红楼梦〉的修辞艺术》一书中以《修辞不谈〈红楼梦〉，纵读〈诗〉〈书〉也枉然》为题撰写了一篇前言，备显修辞艺术之重要性。林兴仁（1984：1）认为："《红楼梦》集汉语修辞技巧、修辞方式、表达手段之大成，是学习汉语修辞的一部生动、丰富、有效的教科书。"我国首部修辞学专著《修辞学发凡》（陈望道著）中引用《红楼梦》修辞格的例子多达20多处。冯庆华所著《实用翻译教程（增订本）》中引述《红楼梦》及霍、杨译本的修辞格翻译案例更是数不胜数，足见修辞格在形成这部作品语言艺术高峰上的重要性。

李国南（1999：2）认为，"所有修辞格都是依附在特定的语言材料这张皮上的,也必然受着特定语言材料的制约"。英语和汉语分属印欧语系和汉藏语系,二者无论在语音系统、词汇系统、句法结构、布局谋篇上均存在巨大差异。同样一个修辞格,融入两种语言模式,其差异也往往显而易见。李国南通过英汉修辞格对比研究发现,无论是修辞格的名称还是具体内涵,二者均存在明显差异。译者处理修辞格的方式既能反映其驾驭双语的能力,也能借此窥测其翻译策略与方法特点。本研究旨在选取原作诸多修辞格中的五种:委婉语、双关语、飞白、歇后语及俗语,并集中选出其中较有代表性的个案,通过原文与译文、译文与译文的对比研究,考察邦译本修辞格翻译的策略与风格。

第一节 委婉语

委婉语的用法在《红楼梦》中十分丰富,大凡在涉及禁忌、疾病、死亡、灾害、粗俗等令人不快的内容时,多以婉转、间接等温和方式表达。因此,委婉语的翻译决不能停留在字面意思上。《红楼梦》一书集中国传统文化之大成,语言艺术达到一个高峰,委婉语的使用更是深刻地反映了中国文化与中国人的文化心理,无论内容与表述方式均带有明显的汉语言与文化特征。委婉语的种类繁多,涉及内容十分广泛,限于篇幅,无法一一穷尽考察。我们仅以死亡、性事与灾害类委婉语为例,试图考察邦译本委婉语翻译的策略与风格特点。

一、死亡委婉语

人类世界中最典型也是最普遍的禁忌与恐惧莫过于"死亡",对死亡概念的委婉表达是绝大多数语言通行的做法,英语与汉语均存在大量的死亡类委婉语。死亡是人类无法回避的话题,也是《红楼梦》原作所表现的一大主题。不同人物的死亡描述,对于推动情节和展现主题起到不可忽视的作用。翻开《红楼梦》,读者最先接触到章回目录。在这 240 句八言回目中,死亡委婉语的使用便多达 11 处,译者的翻译策略与风格也由此可见一斑,如表 11-1 所示。

表 11-1 邦、霍、杨译本回目死亡委婉语英译对比

回数/原文	邦译本	霍译本	杨译本
02 贾夫人仙逝扬州城	departs ... join the **Immortals**	**ends her days**	**Dies**
16 秦鲸卿夭逝黄泉路	departs early on the road to the **Yellow Springs**.	summoned for premature departure on **the Journey into Night**	Dying Before His Time Sets off for **the Nether Regions**
66 情小妹耻情归地府	returns to the nether regions.	take her life	Kills Herself
77 俏丫鬟抱屈夭风流	a short-lived love affair	takes a loving last leave of her master	Dies an Untimely Death
95 因讹成实元妃薨逝	passes away	passes away	Dies
98 苦绛珠魂归离恨天	The spirit of ... returns to the griefless Heaven.	returns to the Realm of Separation	Returns in Sorrow to Heaven
103 施毒计金桂自焚身	burns her own body	dies by her own hand, caught in a web of her own weaving	Plots Murder and Destroys Herself
109 还孽债迎女返真元	returns to the True Beginning.	returns to the Realm of Primordial Truth	Returns to the Primal Void
110 史太君寿终归地府	returns to the mansion in the earth.	returns to the land of shades	Passes Away Peacefully
111 鸳鸯女殉主登太虚	follows her mistress in death and ascends to the Great Vacancy.	accompanies her mistress to the Great Void	Dies for Her Mistress and Ascends to the Great Void
112 死雠仇赵妾赴冥曹	departs to the shades.	sets out on the road to the Nether World	Haled off to Hell

表 11-1 中的左侧第一列是《红楼梦》章回的原文，前面的阿拉伯数字为章回数，紧接着的第二至第四列分别是邦译本、霍译本和杨译本译文；原文黑体部分为死亡委婉语，右侧是三个对应译文。

《红楼梦》是中国传统文化的集大成者，同时更在语言形式上达到一个高峰。在其丰富的语言表达中，同死亡相关的委婉语，即深刻地反映了中国人的文化心理。其表述方式亦具有鲜明的汉语言特征(任显楷、柯锌历，2011)。《红楼梦》的三个英文译本在传释原文委婉语时运用了不同的处理方式，同时也暴露出一些问题。

第二回"贾夫人**仙逝**扬州城"中的"仙逝"是中国文学作品中一个典型的死亡委婉语。"仙逝"指登仙而去，是指称死亡的婉辞。清方文《四女寺》诗："竟以处子终，白首乃仙逝。"这是人们对死去亲友的美好祝愿，也常用来安慰生者节哀。三个译文中，只有邦斯尔的译文紧扣原文译为 join the Immortals，这一译法如实反映出中国人的文化心理。另外两家译文处理方式各不相同。霍克思译为 ends her days，转换成另外一种委婉语，很容易为异域读者理解；但原文中蕴含的宗教文化信息有所损失。杨宪益的译文最为直接，将委婉语改为直白的 dies 一词，委婉信息丢失。

第十六回"秦鲸卿**夭逝黄泉路**"中的"夭逝黄泉路"，包含对秦可卿英年早逝的惋惜之情；同时，"黄泉路"也反映出中国人对死后世界的认知。黄泉，在中国文化中是指人死后所居住的地方。打泉井至深时水呈黄色，又人死后埋于地下，故古人以地极深处黄泉地带为人死后居住的地下世界，也就是阴曹地府。黄泉又称"九泉""九泉之下"。九在中国古代有"极限"之意，九泉指地下极深处，与神话中天上仙界对应，故谓天有九重天、地有九重地。地下极深处即谓"黄泉"。三译文分别是 Yellow Springs、the Journey into Night 和 the Nether Regions。邦译本依然是紧扣原文，直译为 Yellow Springs，文内文外均无注释，词的首字母大写，以示其为专有名词。霍译本和杨译本分别转换为不同的委婉语，以表达秦可卿死去的信息。问题是，Yellow Springs 这样的译法能为目标语读者所接受么？这一陌生的表达法，是否可以在译文中有效地构建起互文网络呢？评判译文不能断章取义，"黄泉"一词早在第五回中《红楼梦》十二支曲的第三支中出现过：

〔恨无常〕喜荣华正好，恨无常又到。眼睁睁，把万事全抛；荡悠悠，芳魂销耗！望家乡，路远山高，故向娘梦里边寻告：儿命已入**黄泉**，天伦呵，须要退步抽身早！(《红楼梦》第五回)

Your child's life has already entered *the Yellow Springs*.（邦译本）

I that now am but *a shade*, …（霍译本）

Your child has gone now to *the Yellow Spring*；（杨译本）

从三者译文可见，邦译本前后一致，都采用 the Yellow Springs 的译法。霍译本译为 a shade，形象有所转换，前后语境下读者也可以推断其义。有趣的是杨译本在"黄泉"第一次出现时译为 the Yellow Spring，同邦译本；而在后面章回中却译为 the Nether Regions。显然，回目中"黄泉"的翻译霍译和杨译更多地贴近目的语文化，尝试将这一委婉语纳入目的语文化语境中去，这对于这一概念的有效传释相当有益。尤其是霍译本的 shade，该词本来就可以表示躯体死后的情形，且在第一百十回中将"地府"也译为 shade，实现这一委婉表达的文内互文，有利于互文语境的构建。然而，杨译本的前后不一致，是否一定程度上割裂了死亡委婉语表达的"文内互文性"关照呢？语言的表达既要注重丰富性，即同一概念尝试用不同的语言符号去表述，同时也要注重连贯性，特别是面对一个互文信息丰富的大文本时，有效地连贯和文内照应，更加有助于在译文中构建起一个互文网络，增加译文在跨文化传释中的效度。

需要注意的是，邦译本几乎步步紧扣原文，创作出包括 the Yellow Springs 和 the True Beginning 等诸多直译。这虽然也是委婉表达，但就目前中国文学作品在西方文化中的接受程度而论，译语读者顺利接受这类表达还有困难。但不能否认，委婉语的直译是一种积极大胆的尝试，也是译者尊崇源语文化的表现，只是可能一定程度上降低了译文的接受度。表 11-1 中共列举出 11 个死亡委婉语，杨译本将其中 6 处译为非委婉语的直白表达，包括 die、death 和 kill 在内。整体来看，杨译本的委婉程度大大降低；霍译本密切联系目的语境中相关的互文信息，努力实现最大程度的对应，并且通过一定重复来实现同类信息的文内照应，相对而言更加有效地构建起回目英译的文内、文外互文网络。

除章回目录之外，正文中的死亡委婉语也不在少数。鉴于死亡话题的禁忌程度较高，说话人与叙述者大凡涉及此类话题时均会有意识通过委婉表达。尤其是文中的人物在提及主人、长辈或不同身份者时，更加倾向使用委婉表达。

例 11-1

原文：(甄士隐)暮年之人，那禁得贫病交攻，竟渐渐的露出那<u>下世的光景</u>来。(《红楼梦》第一回)

邦译：... and that he was a man in the evening of life; how could he endure the attacks at the same time of both poverty and sickness? The upshot was that he seemed to be gradually **going off in a decline**.

霍译：... left a man of his years with little resistance to the joint onslaught of poverty and ill-health, and gradually he began to **betray the unmistakable symptoms of a decline**.

杨译：Ageing and a prey to poverty and ill health, he began to look like **a man with one foot in the grave**.

（杨译本底本：暮年之人，贫病交攻，竟渐渐的露出那<u>下世的光景</u>来。）

原文中"下世"一说是对"去世"与"死亡"的更委婉表达，以说明甄士隐因贫病交加已经显露出行将就木的形态。邦译文与霍译文均使用 decline 一词来表达"下世"的"衰退、衰败"之寓意，皆属以委婉译委婉；杨译文则更显直白，译文借用 one foot in the grave（一只脚已经踏进坟墓）来表达"下世"所寓，委婉程度不及邦、霍译文，但其习语程度相对更高。

例 11 - 2

原文："……老祖宗看看，谁不是你老人家的儿女？难道将来只有宝兄弟顶你老人家<u>上五台山</u>不成？……"（《红楼梦》第二十二回）

邦译：... Aged Ancestress, just look. Who is not your Ladyship's child? You surely do not mean to say that by and by there will only be younger brother Pao to escort you Ladyship when you **ascent the five T'ai mountains**[①]...?

霍译：'You forget, Grannie, when you **go to heaven** young Bao-yu won't be the only one who'll walk ahead of the hearse. You've got other grandchildren too, don't forget!'

---

① The five T'ai mountains were held sacred by the Buddhists. "To ascend the five T'ai mountains and become a Buddha" is a euphemism for burial.——邦斯尔注

杨译："Look, aren't all of us your children? Is Bao-yu the only one who'll **carry you as an immortal on his head to Mount Wutai**...."

例 11-2 是第二十二回中王熙凤打趣贾母的说辞，以"抗议"贾母偏爱贾宝玉。原文中的五台山暗喻"死后登仙成佛"，加之中国地方丧仪中有孝子在灵柩前头顶铭旌、手持白幡引路的风俗，俗称"顶灵"。王熙凤说话办事八面玲珑，绝不会在贾母面前轻言"死"字，便以"五台山"代替，戏谑之中还暗含着贾母死后升仙的寓意。

又如第五十二回时王熙凤开玩笑说："我活一千岁后，等老祖宗归了西，我才死呢。"尽管她是在打趣贾母，但涉及死亡话题是依然"尊卑分明"，自己是"死"而贾母则是"归西"。

上例中邦译文一如既往地采取直译手法，通过原文委婉语的直译在译文中形成另一种委婉表达。由于"五台山"涉及译语读者较为陌生的宗教文化因素，译者进行了加注处理，将原文中的文化因素与委婉信息加以补充说明。邦斯尔的这种做法既较为完整地保留了原作的文化与修辞信息，也传递了原文的语义与交际方式，是一种文学作品英译时处理文化专属词的通常做法。霍译文则展现出一定的归化手法。首先，将"上五台山"转换为英美读者更容易接受的 go to heaven；其次，将原文"顶灵"的丧仪转换为 walk ahead of the hearse，西方文化中死者亲属陪伴灵车下葬的场景便跃然纸上。不同的是，杨译文虽然也算是直译处理，但译文的效果却不及邦、霍二人。首先，杨译文使用 carry sb. on one's head 来直译"顶"字，这一情景西方读者恐怕很难想象出来；其次，虽然杨译文中通过添加 immortal 一词来充实和丰富语境信息，但将"永生"的亡灵"顶在头上上山"情景依然有悖常理。

例 11-3

原文：忽见东府里几个人，慌慌张张跑来，说："老爷**归天**了！"（《红楼梦》第六十三回）

邦译：Suddenly they saw a few men belonging to the eastern mansion come running to them in a state of great agitation and saying: "The Laoyeh *has returned to Heaven*."

霍译：While they were in the midst of their diversions, a group of servants from the Ning-guo mansion came rushing up in a state of great agitation.

　　　　'Sir Jing *is dead*!'

杨译：... and they were scuffling in fun when some servants from the Eastern Manison came rushing up frantically. 'The old master's *ascended to Heaven*!' they announced.

（杨译本底本：佩凤便赶着他打。正顽笑不绝，忽见东府中几个人慌慌张张跑来说："老爷**殡天**了。"）

　　例11-3所示是宁国府下人通报贾敬去世消息的情景，其中的"归天"在杨底本中为"殡天"，意思均为表达死亡事件的委婉语。邦译文坚持一贯的翻译方法，将归天译为 has returned to heaven（回归天国），译文同样实现委婉表达的效果。杨译文同邦译文一致，使用 ascended to heaven 表达委婉之意。唯有霍克思的译文与众不同，使用 is dead 的直白表达来对应原文中的委婉表达。无论从话语者的身份还是交际场景而论，霍译文使用 dead 一词均显欠妥，尚不知译者是出于何种考虑。在宁荣两府这一等级森严、礼节严谨的小王国里，几个下人在主子过世这样重大、严肃的场合不太可能高喊"某某人死了"去报丧。因此，邦、杨译文此处更胜一筹。

二、性事委婉语

　　委婉语大多用来表达各种禁忌用语，死亡莫过于人世间最大的禁忌。除此之外，中国传统文化中涉及性爱的内容时，人们要么闭口不谈，要么则使用相对隐含和委婉的表达法。《红楼梦》中存有不少风花雪月、男欢女爱的场景，在古人"万恶淫为首"的人生理念中，性事自然采用"九曲回环"的方式间接表达，由此产生大量性事委婉语。由于中西文化的差异，西方人看待性爱的态度与东方有较大差异。然而，影响译文的不仅仅是译语的社会文化环境，译者的主体性往往决定了译文应保持源语文化还是倾向于译语文化。

例 11-4

原文：更有一种**风月笔墨**，其淫秽污臭，最易坏人子弟。（《红楼梦》第一回）

邦译：Then there is another kind of ***dissolute writing*** of which the licentious filth and the foul odour very easily corrupt the young.

霍译：Still worse is the "***erotic novel***", by whose filthy obscenities our young folk are all too easily corrupted.

杨译：Even worse are those writers of the **breeze-and-moonlight school**, who corrupt the young with pornography and filth.

"风月"是《红楼梦》高频词之一，程乙本中共出现 19 次之多。"风月"的含义一般有三：一是"风"和"月"组成的景致；二是男女情爱；三是由第二个含义引申而来的贬义词，表男女色情、淫欲之事。上例中"风月"的含义为第三种，"风月笔墨"其实是指涉及性行为的"色情书籍"。邦译文的 dissolute 表示"放荡、风流"，将原文委婉信息明示；霍译文直接使用 erotic novel（色情小说），也是一种变委婉为直白的翻译方法；杨译文则与众不同，breeze-and-moonlight 保留了"风月"一词的字面意思，且在后面使用类属词 school，以示前面的词组是一种文学流派。杨译文一定程度上保留了原文委婉含蓄的表达效果，如果单看 breeze-and-moonlight school，译文的确令人费解，但后面一句的 with pornography 弥补了前文信息不足，译语读者可以借此推断出"风月派"作品的基本内容。

需注意的是，杨氏夫妇对"风月"的英译并非一味直译。如第一回中出现的"风月宝鉴"，杨译文为 Precious Mirror of Love；第十五回的"渐知风月"，杨译文为 know the meaning of love。同理，邦译文与霍译文均有将"风月"直译为 wind and moonlight 之处。译者在处理同样修辞手段时，可能采取多样化的处理方式。另一个同"风月"相关的性事委婉语是"云雨"，该词尤其在第五回中曾多次出现。

例 11-5

原文：说毕，便秘授以**"云雨"之事**，推宝玉入房内，将门掩上自去。（《红楼梦》第五回）

邦译：When she had finished speaking, she secretly instructed him in ***the matter of clouds and rain***. He pushed Pao-yü into the room, closed the door, and went away.

霍译：Disenchantment then proceeded to give him secret instructions in ***the art of love***; then, pushing him gently inside the room, she closed the door after him and went away.

杨译：With that she initiated him into ***the secrets of sex***. Then, pushing him forward, she closed the door and left.

汉语中以"云雨"表达性爱的典故源自《文选》卷十九中宋玉所撰《高唐赋·序》，《红楼梦》的正文中也曾提到这个关于巫山云雨的故事。由此可见，云雨一词在汉语中具有深厚的文学渊源。邦译文将"云雨之事"直译为 the matter of clouds and rain，正文前回目中的"贾宝玉初试云雨情"中的"云雨情"则直译为 the emotion of ***clouds and rain***，可见译者试图保留原文中曲婉的表达法。相对而言，霍译文的 the art of love 虽然也带有深厚的文化渊源，明示了原文中隐含的 love 信息，但一定程度上保留了委婉的说法。相比之下，杨译文处理方法最为直白，云雨蕴含的委婉信息不复存在。

《红楼梦》中除"风月""云雨"这类暗含性爱词汇之外，还存在一类描写性爱活动的委婉表达法，其中描写好色之徒品行的"赏花阅柳"，描写性爱场景的"颠鸾倒凤"及男人自慰行为的"指头儿告了消乏"都是这类委婉语的代表。

例 11-6

原文：(贾蔷)仍是斗鸡走狗，**赏花阅柳**为事。（《红楼梦》第九回）

邦译：He continued to make cock-fighting and dog-racing, "***tasting the flowers and viewing the willows***" his main occupation.

霍译：... other activities, principal among which were cock-fighting, dog-racing, and ***botanizing excursions into the Garden of Pleasure***；

杨译：... but he attended the school only as a blind for his ***visits to cock-fights, dog-races and brothels***.

花柳本为草木，问柳寻花（亦作寻花问柳）本是指郊游赏景，多见于文人墨客的诗作与文章。"花柳"后发展为"妓女"的婉称。"花柳之地""花街柳巷"均暗指妓院所在地；性病的委婉语"花柳病"，也因此而得名。上例中邦译文采取直译策略，并且未见注释信息，读者仅能通过上下文推测贾蔷的行为喜好，委婉语的方式得以保留但语义传递的效果大打折扣。杨译文则直接将原文委婉信息明晰化，直译为 visits to ... brothels（逛妓院）。相比而言，霍译文最为精妙，通过归化策略的运用，将原文语义与委婉表达的方式悉数译出，在三者中更胜一筹。

例 11-7

原文：（贾瑞）他二十来岁的人，尚未娶亲，想着凤姐不得到手，自不免有些"***指头儿告了消乏***"……（《红楼梦》第十二回）

邦译：This young man in his twenties had not yet been married. He thought of Fêng-chieh but he could not get possession of her. Naturally he could not help ***abusing himself to excess***.

霍译：... ***worn-out*** during the nights ***by the excessive hand-pumping*** inevitable in an unmarried man of twenty whose mistress was both unattainable and constantly in his thoughts, ...

杨译：The unmarried twenty-year-old, constantly dreaming of Xifeng, could not help ***indulging in "finger-play"***.

上例中的"指头儿告了消乏"源自《西厢记》。一般的汉语读者恐怕一时也难解其意，但通过上下文的语境信息可知这一委婉语是对贾瑞"意淫"凤姐时手淫行为的委婉描写。霍、杨译文均借助英文中寓指手淫的委婉语 hand-pumping 与 finger-play 翻译，一般读者结合上下文不难理解。邦译文则舍弃委婉表达的方式，直接使用 abuse 一词传递委婉背后的真实性行为。

由于对性话题的忌讳，《红楼梦》中对男欢女爱的行为描写不多，其中"颠鸾倒凤"是最为生动、形象的一处。

例 11-8

原文：是夜贾琏和他**颠鸾倒凤**，百般恩爱，不消细说。（《红楼梦》第六十五回）

邦译：That night Chia Lien and she *indulged themselves in sexual intercourse* with every kind of affection. There is no need to speak of it in detail.

霍译：*The phoenix-gambollings of the nuptial couch* and the mutual delight and cherishing which they engendered are here passed over.

杨译：The bride was helped into the bridal chamber, where that night she and Jia Lian *enjoyed the transports of love*.

例 11-8 是贾琏偷娶尤二姐后洞房之内性事活动的描绘，一个"颠鸾倒凤"将文中语义传递得恰到好处，生动形象又不至粗俗。相比之下，邦译文对这个委婉表达的翻译显得过于直白，sexual intercourse 使得"颠鸾倒凤"本身蕴含的形象美感荡然无存。杨译文使用 transports of love 一定程度保留了原文委婉方式，但从原文形象生动性考量依然有所缺失。霍译文在三者之中处理得最为妥当，既将洞房花烛的场地、情景译出，又"欲言又止"留给读者一定的想象空间，与原文"颠鸾倒凤"的表达风格最为契合。

三、其他禁忌类委婉语

委婉语所涉及的大多是人们有所禁忌的话题，《红楼梦》中死亡类话题所占的委婉语比重最大，性事类委婉语最有特色。然而，除此之外，原文中还有大量其他表达禁忌类的委婉语，诸如表达对天害、人祸及丧事等的委婉说法。

例 11-9

原文：丫鬟回说："南院子马棚里**走了水了**，不相干，已经救下去了。"
（《红楼梦》第三十九回）

邦译：A serving-maid replied: "The shelter for the horses in the southern courtyard **has caught fire**. It doesn't matter. They have already got it under control."

霍译：'**A fire has broken out** in the South Court stables,' said one of the maids. 'It isn't serious, though. They've already got it under control.'

杨译：A maid explained that **a fire had broken out** in the stables in the south court, but there was no danger as it was now under control.

"走了水了"是避讳语，婉指失火。水"走"了，即没水了。道家相信阴阳调和之说，阴退则阳进。水为阴而火为阳，水走则火至。"走水"其实是一种形象的说法，避免直接说着火而引起不快与惊慌。大概由于"水""火"差异过甚，很难调和。邦译文舍弃原文的委婉表达，直译为 has caught fire。霍、杨译文也同邦译文一样，变委婉为直白。

例 11-10

原文：（甄应嘉）因前年挂误革了职，**动了家产**。……（《红楼梦》第一百十四回）

邦译：Because two years ago he had fallen into a fault, he had been dismissed from his office and **his family property had been confiscated**.

霍译：Zhen Ying-jia had lost his post a year or two previously for some misdemeanour, and **the family property had subsequently been confiscated**.

杨译：Two years before this, having committed a fault, he had been degraded, **his property confiscated**.

如果例 11-9 属于天灾，例 11-10 则是人祸。"动了家产"是对"被抄家"的委婉说法，原因不言自明。三个译本对此例的翻译同上文中"走了水了"一样，均采用直白的手法，舍弃原文的委婉信息，使用 confiscated 一词直接将"被抄家"的灾害后果译出来。

例 11-11

原文：凤姐儿低了半日头，说道："这个就没法儿了！你也该将一应的<u>后事</u>给他料理料理，<u>冲一冲</u>也好。"尤氏道："我也暗暗的叫人预备了。就是<u>那件东西</u>不得好木头，且慢慢的办着呢。"
（《红楼梦》第十一回）

邦译：Fêng-chieh held her head down for a long while and said:"There is nothing that can be done for her. And you ought to make arrangements for <u>*what will have to be done afterwards*</u>. It is as well to <u>*face the facts*</u>." Yu-shih said:"And I have told someone on the quiet to make ready. Only for <u>*that thing*</u> we can't get any good timber. But we will arrange it by and by."

霍译：Xi-feng sat silent for some time with lowered head.

'There's no hope, is there? You'll have to start getting things ready for <u>*the end*</u>. Of course, it's always possible that doing so may <u>*break the bad luck*</u>.'

'I've already been quietly making a few preparations on the side,' said You-shi. 'The only thing we haven't yet got is the right timber for <u>*the you know what*</u>. But we're looking round all the time.'

杨译：Xifeng lowered her head for a while. "There seems to be little hope," she said at last. "If I were you I'd make ready the things for <u>*the funeral*</u>. That may <u>*break the bad luck*</u>."

"I've had them secretly prepared. But I can't get any good wood for <u>*you know what*</u>, so I've let that go for the time being."

上例中时凤姐与尤氏在谈论秦可卿病情时的对话，文中出现了"后事""冲一冲""那件东西"等委婉语。汉语读者对这两个词表达"丧事""冲晦气"和"棺材"的寓意了然于胸，而英文读者则不然。整体而言，邦译文试图极力保留原文中的委婉说法，"后事"与"那件东西"两处委婉语均采用直译，"冲一冲"则采取意译；邦译文对"后事"的翻译相对来说容易理解，但直接以 that thing 对译"那件东西"恐怕会对译语读者造成一定的理解困难，毕竟 timber(木材)的用途很广，读者直接联系"棺材"有一定难度，必须借助丰富的上下文信息才能解读。对于"冲一冲"和"那件东西"的翻译，霍、杨译文出现高度一致性，使用 break the bad luck 将原文委婉信息明示，借助英语中 you know what 更为笼统、模糊的表达来暗指"棺材"，保留了原文的委婉表达，这也需要读者的推理才能获知。对"后事"的翻译霍、杨译文出现分歧，霍译文保留委婉方式，用 the end 表达生命的终结即"丧事"；而杨译文则直接用 funeral 翻译，原文的委婉方式被舍弃。

第二节　双关语

双关语(pun)就是巧妙、有意识地利用语言中的同音(同形)或一词多义现象，使某些词语或句子在特定语境中具备双重意义(王金波，王燕，2004：53)。双关语修辞格的使用，能够增强文学语言的表现力，对于推进情节、展现主题，乃至刻画人物都起着重要的作用。张南峰(2004：33)认为，汉英语言没有历史和文化联系，两种语言中结构和意义都匹配的双关语很难找到。然而，无论是英语还是汉语，同音字都很多，这是谐音双关这种修辞格的基础(范圣宇，2004：214-215)。

《红楼梦》中作者大量运用了双关手段(尤其是谐音双关)来寓意暗示，推进故事的发展。如小说中大量人名、地名都暗含双关，具有一定的语义。小说的开头大荒山、无稽崖暗含"荒凉""无稽之谈"之意。青埂峰，谐音"情根"，揭示了小说的主题将以儿女之情为主。曹雪芹在故事开头就交待清楚：

作者自云曾经历过一番梦幻之后，故将真事隐去，而借"通灵"说此《石头记》一书也；故曰"甄士隐"云云。虽我未学，下笔无文，又何妨用假语村言，敷演出来，亦可使闺阁昭传，复可破一时之闷，醒同人之目，不亦宜乎？故曰"贾雨村"云云。

这些双关是《红楼梦》艺术形式中不可或缺的部分，准确地理解领会这些双关并非易事，翻译这些双关语更是对一个人语言能力、文化修养的极大挑战。

双关修辞的翻译手段一般有以下几种，第一，只译出双关中的表层含义或字面意义；第二，先译出双关中的表层含义或字面意义，再加注进一步解释；第三，明确译出双关的两重含义，即"二语双关"；第四，采取灵活变通的方法，以双关译双关（马红军，2000：161）。《红楼梦》中人名地名、诗词曲赋、人物对话等意含双关者甚多，寓意丰富；因此给译者带来了极大的挑战。三位译者在双关语的翻译上无疑都倾注了不少心血。我们将以原文中几处经典的谐音双关修辞为例，通过三译本的对比分析，考察邦译文处理双关修辞的风格特点。

例 11 - 12

原文：可叹停机德，谁怜咏絮才？

玉带<u>林</u>中挂，金簪<u>雪</u>里埋。（《红楼梦》第五回）

邦译："How sad! The ability to bring to a standstill the secret working of Heaven.

Who has pity on catkin poetry talents?

The jade girdle is hung up in the grove.

The golden hairpin is buried in the snow."①

霍译：One was a pattern of female virtue,

One a wit who made other wits seem slow.

---

① The reference is to Tai-yu. Tai is a homophone of the word for "girdle". Yu means "jade". "Hung up in the grove" — the word for "grove" (Lin) is Tai-yu's clan-name. Also to Pao-ch'ai (hairpin). Hsueh is a homophone of the word for "snow" (cf. Chap. iv. N. 4). "Catkin poetry talents" refers to a young lady who skillfully introduced the word "catkin" into a verse.

> The jade belt on the greenwood hangs,
> The gold pin is buried beneath the snow.①

杨译：Alas for her wifely virtue,
Her wit to sing of willow-down poor maid!
Buries in snow the broken golden hair-pin,
And hanging in the wood the belt of Jade.

上例中"玉带林中挂，金簪雪里埋"表面意思是一条玉带挂在林中，一只金簪埋在雪里，实则是一种双关语，具有《红楼梦》叙事风格中"草蛇灰线，伏延千里"的功能，暗含着人物最终的命运。"玉带林"倒过来念是"林黛玉"，"雪"与"薛"谐音双关，不仅暗示了人物的性格并且富含了两人命运的玄机。"林中挂"让人想起"士外仙姝寂寞林"，突出了林黛玉清高、孤傲的性格。"雪里埋"不仅突出了薛宝钗"冷"的性格特点，更喻示了其日后独守空房的凄冷境地。因此，"林""雪"通过谐音提示将该诗的表层意义投射到人物命运的深层含义上。

双关语创造了一种双重语境，翻译该双关语的关键就是译出源语中双重语境，推导出双重含义，从而使译语读者获得同样的语境假设，获得理解所需的最佳关联。通过上例可知，邦译文未能在译文中形成对应的双关修辞格，仅仅保留了语义而舍弃了谐音，通过注释来增补修辞格缺失带来的译文信息消失，以弥补该诗预示人物命运的功能。霍、杨译文同邦译文采取同样的翻译方法，均以舍弃语音保留意义。然而，霍译文在第一卷后面的附中撰写了一个关于金陵十二钗的注解，其中专门有一段讲到这首诗中双关语的解读，一定程度上弥补了译文的不足。然而，杨译文同邦、霍一样，保留了原文中的"林"和"雪"，却丢失了作为姓名的"林"和"薛"的联想语境，且文后没有任何注

---

① Two trees make up the Chinese character for "lin", whilst "jade belt" is an inversion of "Daiyu", the "Dai" of "Daiyu's name really means "eye-black", but it sounds the same as the word for "belt", and "yu" means "jade". The pile of snow is a rebus for Bao-chai's surname "Xue", which sounds the same as the Chinese word for "snow". "golden hairpin" is her name. Baochai, which means "precious hairpin". The "Greenwood" in line three of the poem is Daiyu's surname again. ("lin" means "forest")

解。总体而言，金陵判词的英译困难重重，直接在译文中实现双关语的再造几无可能，这也是邦、霍直译出表层含义再进行注释的原因。

例 11-13

原文："……小耗子现了形，笑道：'我说你们没见世面，只认得这果子是**香芋**，却不知盐课林老爷的小姐才是真正的"**香玉**"呢！'"（《红楼梦》第十九回）

邦译："... The young rat returned to its original form and said with a smile: 'I say that you have no experience of the world. You only know that this fruit is *fragrant taro*, but you don't know that the daughter of Lin Lao-yeh of the Salt Revenue Department is the real *fragrant taro*.'"①

霍译：'"It is you who are mistaken. You have seen too little of the world to understand. The vegetable tuber is not the only kind of sweet potato. The daughter of our respected Salt Commissioner Lin is also *a sweet potato*. She is the *sweetest sweet potato* of them all."'

杨译："'You ignorant lot!' retorted the little mouse, resuming her original form. 'You only know what *sweet taros* are, but don't know that the daughter of Salt Commissioner Lin is sweeter than any *taro*.'"②

上例中宝玉通过食物之"芋"与黛玉之"玉"的谐音将二者联系起来，以达到戏谑的效果。与此同时，作者以"香玉"一名暗喻林黛玉的历史原型，即两淮盐课李鼎之女、苏州织造李煦之孙女李香玉。三位译者显然都注意到这一点，并采取一定的方式处理这种双关含义。邦译文采取直译字面意思，然后对谐音双关的效果做加注处理。然而，邦译文将"香玉"同"香

---

① Hsiang-yu (Fragrant taro) sounds the same as Hsiang-yu (fragrant jade). The yu of "jade" was part of Tai-yu's name.（——邦译文注）
② This is an untranslatable pun. The yu in Tai-yu's name has the same sound as yu meaning "taro".（——杨译文注）

芋"一样都翻译为 fragrant taro。其后，尝试在注解中将 fragrant jade 与"香玉"联系起来；最后，将"香玉"之"玉"与黛玉之"玉"产生联系，可谓大费周折。译文很显然建立起"黛玉"与"香芋"（fragrant taro）之间的联系；但"香芋"与"香玉"的谐音，对于不太了解汉语言文化的西方读者而言，恐怕很难将两者联系起来。杨译文处理方式也类似，译文也存在同样的问题。霍克思此例的翻译比邦、杨精彩，通过 sweet 的重复使用和最高级变化，将"香芋"和"香玉"的谐音双关视角从"yu"音转译到"香"的对应词 sweet 上，在声音和意义两个方面使双关效果得以重现。

例 11 - 14

原文：众媳妇上来笑说："嫂子，快求姑娘们叫回那孩子来罢。<u>平</u>姑娘来了，可就不好了！"那婆子说道："<u>凭</u>是那个<u>姑娘</u>来了，也要<u>评</u>个理！没有见个娘管女孩儿，大家管着娘的！"（《红楼梦》第五十九回）

邦译：All the young women came up and said with smiles: "Sister-in-law, be quick and entreat the young ladies to call that child back. If **<u>Miss P'ing</u>** comes it won't be good for you." That old woman said: "Whatever **<u>young lady</u>** it is who comes, I want to **<u>argue the rights of the case</u>**. I have never seen a mother ruling her daughter and everybody else ruling the mother."①

霍译：'Better ask them to call that child back,' they advised her. 'You don't want **<u>Miss Patience</u>** coming here.'

'If she's "**<u>Miss Patience</u>**", she'll just have to **<u>be patient</u>** and listen to reason,' said the woman defiantly. 'I never yet heard of a mother being disciplined for trying to discipline her own daughter.'

杨译："Quick, sister!" they urged. "Ask the young ladies to call that

---

① There is a pun here. The P'ing of "Miss P'ing" is a homophone of the character p'ing meaning to argue the rights of a case. (——邦译文注)

child back. If **Miss Pinger** comes, you're in for trouble."

"Whichever **Miss Pinger** comes I must **have justice**," blustered the woman. "No one has any right to stop a mother teaching her own daughter a lesson."

(杨译本底本：那婆子说道："<u>凭</u>你那个<u>平</u>姑娘来也<u>评</u>个理，没有娘管女儿大家管着娘的。")

《红楼梦》中人物语言是人物塑造的常用手法之一。对话中双关语的使用不仅能够展现人物性格，推进情节发展，还能使得人物的形象得到生动刻画、跃然纸上。上例是春燕母亲追打春燕遇阻时的怒言，原文中一个 Ping 音牵出"平（姑娘）""（任）凭"与"评（理）"三个同音双关的产生，可谓妙趣横生、十分精彩。邦译文基本将原文中的几处双关谐音按照字面意思译出，然后通过加注方式弥补这一修辞格缺失的遗憾；译文读者无法领略原文中生动、奇妙的修辞效果，但通过注解知道此处有双关修辞。杨译文也是翻译了字面意思，但没有任何注释信息，译文显得更加平淡无奇，原文中的修辞效果消失。霍译文如例 11-14 原文一样，巧妙地借助平儿名字 patience 的词义，在译文中生成了一个同样巧妙的"同音同义"双关，大大增强译文的修辞效果，体现了交际语中的谐趣效果。不可否认，霍译文人物名称翻译中的"意译"方法为这一修辞格的转换奠定了基础，而邦、杨译文人物姓名全部是音译，此处的谐音双关就难以实现。

例 11-15

原文：湘云便用箸子举着，说道："这<u>鸭头</u>不是那<u>丫头</u>，头上那有桂花油？"（《红楼梦》第六十二回）

邦译：Hsiang-yün then used her chopsticks to hold it up and said: "This **duck's head** is not that **slave-girl**. Where is the cassia oil on the head?"①

---

① "Duck-head" and "slave-girl" in the original are homophones. (——邦译文注)

霍译：From the dish in front of her Xiang-yun picked out a duck's head with her chopsticks and pointed it at the maids who were sitting round the fourth table at the other end of the room.

'**This little duck** can't with **those little ducks** compare,

This one is quite bald, but they all have a find of hair.'

杨译：Xiangyun helped herself to a piece of duck, noticing as she did so that there was half a duck's head in the bowl. She picked this out and started eating the brain.

"Don't just eat," they scolded. "Finish your forfeit first."

Then holding up her chopsticks Xiangyun said,

"This **duck's head** is not the **serving-maid**,

How can its head be smeared with oil of osmanthus?"①

  上例是第六十二回中湘云信手拈来的一句打油诗，内涵一个"鸭头"与"丫头"的谐音双关，与后面"桂花油"联系起来诙谐幽默、引人捧腹，再次将湘云俏皮、可爱的形象刻画得淋漓尽致。可惜的是，邦译文与杨译文均未能将双关效果译出，只是直译字面意思，通过注释进行修辞格缺失的补偿。霍克思的译文相比之下更显精妙，文中重复使用 duck 一词，并将"桂花油"的形象替换为"头发"，并且通过上下文将筷子间的"鸭头"与屋子里的"小丫头们"联系起来，产生了同原文一样诙谐的交际效果。然而，霍译文的理解也必须依赖上下文的语境信息，如果上文中没有 pointed it at the maids who were sitting round the fourth table at the other end of the room 的情景信息，译文读者也很难将 ducks 同 maids 联系起来。通过比对原文可知，湘云的上述"小动作"在汉语原文中并不存在，属于译者为了服务下文的双关修辞格而进行的语境补偿。由此可见，无论是创造双关还是理解双关，都不可能凭一词一句独立完成，连贯、丰富的语境信息是翻译双关语必不可少的基础。

---

① Duck's head and Serving-maid are both Yatou in Chinese.（——杨译文注）

例 11-16

原文：宝玉道："他是珍大嫂子的继母带来的两位妹子。我在那里和他们混了一个月，怎么不知？真真一对**尤物**——他又**姓尤**！"

（《红楼梦》第六十六回）

邦译： Pao-yü said: "She is the younger of two sisters whom great sister-in-law Chen's stepmother brought here. I mixed with them for a month. How shouldn't I know? They are truly a pair of **bewitchingly beautiful creatures** and her surname also is **Yu**."①

霍译： '… she and her sister were brought there by Cousin Zhen's mother-in-law,' said Bao-yu. 'How could I fail to know? **Ravishingly beautiful**. Obviously made for **you**. **You San-jie**, **you** see: even the name makes her **yours**!'

杨译： "She's one of the two daughters of Madam You's step-mother, old Mrs. You, by her first marriage. I saw a lot of them for a couple of months, so of course I know. She and her sister are really a pair of **beauties**."

例 11-16 是宝玉向柳湘莲详述尤氏姐妹的话语，"尤物"之"尤"与"尤氏姐妹"之"尤"形成一个绝妙的双关，用词不多却可以将"尤三姐"的妖艳、迷人的形象尽数传递出来，柳湘莲自然心动。可惜的是，邦译文秉承其双关语翻译的一贯风格，直译与加注，译文虽然也通过 bewitchingly beautiful creatures 实现了对三姐美至"尤物"的极端描写，但却失去了"美貌"与其姓氏之间的巧妙联系。杨译文的处理更加简单，仅仅使用 beauties 来对应"尤物"，将有难度的双关直接舍弃不译。霍克思的译文最耐人寻味：首先，使用 Ravishingly beautiful 刻画尤氏姐妹的惊艳之美；随后，借助第二人称代词 you 与 You San-jie 的姓氏 You 建立联系；最后，通过点睛之笔 yours 将名字人听者柳湘莲建立联系，给人以"闻之倾心"的感觉。毫无疑问，霍译文更加成功地借助双关修辞格的转换再现了原文中的语言魅力和交际效果。

---

① The char. translated "bewitching" is the Yu of Yu San-chieh.（——邦译文注）

通过以上5例可知，邦斯尔对谐音双关语的翻译基本采取马红军(2000：161)总结双关语翻译的第二种策略，即：先译出双关中的表层含义或字面意义，再加注进一步解释。杨氏夫妇则是第一和第二的结合。仅有霍克思独树一帜，通过采取灵活变通的方法，以双关译双关，在译文中实现同样精彩的修辞效果。纵观整部作品，邦译文对所有双关语的翻译基本采取直译加注的方式。这一方面与译者一贯通过直译保持原文风格的翻译策略有关；另一方面也能反映出译者汉语精通程度与驾驭英语的能力。

第三节　飞白

飞白这一术语原是指书法中的一种特殊笔法，即笔画中有丝丝白隙，如干枯的笔写出的一样。

陈望道(1997：163)在《修辞学发凡》中如此定义飞白："明知其错故意仿效的，名叫飞白。所谓白就是白字的'白'"。成伟钧、唐仲扬和向宏业(1991：135)在《修辞通鉴》中将飞白解读为"明知所写的人物在发音、写字、用词、造句和逻辑(事理)方面有错误，故意仿效错误的原样记录下来的修辞格，叫飞白"。吴礼权(2006：97-99)在前人基础上把飞白分为"语音飞白""语义飞白""语法飞白""文字飞白""逻辑飞白"五种主要形式。本研究根据上述分类，参照唐均和徐婧(2010)的研究分类，将《红楼梦》中的飞白分为语音飞白、字形飞白和逻辑/语义飞白三类加以探讨。

一、语音飞白

语音飞白，指"有意直录说话人或虚构中的说话人的语音上的错误"。明知其错，故意记录、援用或运用白字的修辞手法叫"飞白"。白字就是别字，包括写在纸上的和口中说的两种(林兴仁，1984：50)。口中说的别字或念错的字音就是所谓的"语音飞白"。一是人家怎么错的，就照直录用；二是援引人

家的错误以取笑或讽刺。曹雪芹借助多处语音飞白,取得了良好的修辞效果,如下例:

例 11-17

原文:(宝玉黛玉)二人正说着,只见湘云走来笑道:"**二哥哥**,林姐姐,你们天天一处顽,我好容易来了,也不理我一理儿!"黛玉笑道:"偏是咬舌子爱说话,连个'**二哥哥**'也叫不上来,只是'**爱**哥哥''**爱**哥哥'的。回来赶围棋儿,又该你闹'幺**爱**三'了!"……湘云笑道:"这一辈子,我自然比不上你。我只保佑着明儿得一个咬舌儿林姐夫,时时刻刻,你可听'**爱呀厄**'的去!阿弥陀佛!那时才现在我眼里呢!"(《红楼梦》第二十回)

邦译:Just as the two of them were talking they saw Hsiang-yün walking toward them. She smiled and said:"**Ai elder brother**, elder sister Lin, you play together every day. I find it hard enough to come and then you take no notice of me." Tai-yü smiled and said:"You still clip your words and are fond of talking. You can't even call '**second elder brother**'. It is only '**ai elder brother, ai elder brother**'. You come back and when you play chess you are sure to be carrying on about **yao, ai, san**." ... Hsiang-yün smiled and said:"In this generation of course I am not to be compared with you. Only I was taking it for granted that very soon I should get an elder sister Lin's husband who clipped his words. Every moment you will hear '**Ai ya o**'. A-mi-t'o-fo! At that time it will at last be manifest in my sight."
〔Ai-ko-ko(Ai elder brother)instead of erh-ko-ko(second elder brother). Yao-ai-san(see below)is for i-erh-san(one, two, three, a term used in chess playing). This is said in imitation of Shih Hsiang-yün's lisp. So also below which probably means "You love me".——邦斯尔注〕

邦译文基本采用直译加注的处理方式，并将原型音"二"直接使用飞白音"ai"代替，并且通过注释将 ai 与"二"联系起来，又将 ai 与 love 联系起来。

霍译：Just then Xiang-yun burst in on them and reproved them smilingly for abandoning her:

'**Couthin Bao, Couthin Lin**：you can thee each other every day. It'th not often I get a chanthe to come here; yet now I have come, you both ignore me!'

Dai-yu burst out laughing:

'Lisping doesn't seem to make you any less talkative! Listen to you: "**Couthin**!" "**Couthin**" Presently, when you're playing Racing Go, you'll be all "**thicktheth**" and "**theventh**"!' …

'I shall never be a match for you as long as I live,' Xiang-yun said to Dai-yu with a disarming smile. 'All I can thay ith that I hope you marry a lithping huthband, tho that you have "**ithee-withee**" "**ithee-withee**" in your earth every minute of the day. Ah, Holy Name I think I can thee that blethed day already before my eyeth!'

霍译文摆脱原文飞白原型语音、语义的束缚，紧扣"咬舌"与"打趣"这一核心情节和修辞效果，将齿龈音 s 替换为齿音 th，在译文中形成另外一副同原文修辞效果大致相同的场景，体现了飞白手段在译文中的再创作。

杨译：They were interrupted by Xiangyun's arrival.

"Why, **Ai Brother** and Sister Lin!" she cried cheerfully. "You can be together every day, but it's rarely I have a chance to visit you; yet you pay no attention to poor little me."

"The lisper loves to rattle away," said Daiyu with a laugh. "Fancy saying **ai** instead of **er** like that. I suppose, when we start dicing, you'll be shouting one, **love**, three, four, five." …

"Naturally I'll never come up to you in this lifetime. I just pray that you'll marry a husband who talks like me, so that you hear nothing but '*love* ' the whole day long. Amida Buddha! May I live to see that day!"①

  杨译文同邦译文的处理方式有类似之处。首先，直接以飞白音 ai 代替原型音 er；其次，添加注释内容，将两者联系起来，弥补飞白效果在译文中的缺失。不同的是，杨译文中直接将语义内容 love 对应语音飞白中的语音效果，并通过注释进行解释。

  上例中这段原文不过 200 余字，堪称传神之笔墨。黛玉伶牙俐齿、略带醋意地模拟湘云吐字不清，借机打趣；湘云活泼娇憨、机智俏皮地加以反击。原文中出现多处以湘云的饶舌音 er 为基点，衍生出 ai、e 等语音飞白。曹雪芹原文中并未直接明示湘云的口齿不清，"二哥哥"的"二"并非飞白，下文中这个音经过林黛玉和湘云的夸张引用才演化为"爱""厄"，并由此将前者联系起来。为凸显出三译本翻译策略对比的差异性，我们将原文飞白与对应译文提取出来，列为表 11-2。

表 11-2 《红楼梦》三个英文全译本语音飞白对比(1)

原　　文	译　　文		
	邦译本	霍译本	杨译本
（湘云）"二哥哥，林姐姐"	Ai elder brother	Couthin Bao	Ai Brother
（黛玉）"连个'二哥哥'也叫不上来"	second elder brother	—	er
（黛玉）"只是'爱哥哥''爱哥哥'的。"	ai elder brother	"Couthin!"	ai
（黛玉）"回来赶围棋儿，又该你闹'幺爱三'了！"	ai	"thicktheth" and "theventh"	love
（湘云）"时时刻刻你可听'爱呀厄'的去。"	Ai ya o	"ithee-withee"	love
备注	尾注	—	脚注

---

① Note: Erh means "two" or "second" and ai "love". When we start dicing, you'll be shouting one, love, three, four five...（——杨译文注）

邦译文较为真实地保留了原文飞白的使用和记录情况，但由于读者需要不断跳出译文的语义和情节去阅读注释，并花费一定努力推导两个之间的逻辑关系，否则很难体会林黛玉与湘云对话的幽默效果与情感暗示。杨译文也存在同样的状况。整体而言，译语读者阅读邦、杨译文时的连贯性与体会修辞效果的及时性被破坏，原文所产生的修辞艺术效果也难免受些影响。

相对而言，霍译文的处理更为大胆、富有创新，对原文口齿音的再造既保证了阅读的连贯性，也传递了湘云说话"咬舌"被黛玉打趣的信息，生动地保留了整个场景的情趣。然而，霍译文弊端有二，一是彻底消解了原型音 er 与飞白音 ai 之间的联系，出现在邦、杨译文中的 love 在他这里自然也被消解，这相对原文内容而言是一种翻译受损——诱发和展示林黛玉醋意的内容缺失；二是译者对湘云口齿不清的处理略显过度，多处飞白音勾画出的是一个饶舌音严重、口齿不清的史湘云形象，这与原文事实不符。毕竟，细细体会《红楼梦》原文我们不难发现，"咬舌子""爱哥哥"纯属林黛玉略带夸张的模仿，俏皮地点出了史湘云身上略显可爱的小缺陷。

例 11-18

原文：(宝玉)说道："快进去告诉：老爷要打我呢！快去，快去！**要紧，要紧**！"宝玉一则急了，说话不明白；二则老婆子偏偏又耳聋，不曾听见是什么话，把"**要紧**"二字只听作"**跳井**"二字，便笑道："**跳井**让他跳去，二爷怕什么？"宝玉见是个聋子，便着急道："你出去叫我的**小厮**来罢！"那婆子道："有什么**不了的事**？老早的完了。太太又赏了银子，怎么**不了事呢**？"

(《红楼梦》第三十三回)

邦译：Pao-yü came hurrying up as if he had got a valuable treasure, took hold of her, and said: "Go in quickly and tell them that the Ta-yeh[①] is going to beat me. ***Go quickly! Go quickly! It is important! It is important!***" Pao-yü in the first place was impatient and his speech

---

[①] Ta-yeh 系邦译本之误译。

was not clear and in the second place unfortunately the old woman was deaf and did not hear what the words were. She took the words "***It is important***" as being "***Jump into the well***" and then she smiled and said: "If she wanted to ***jump into the well*** let her go and ***jump***. What is Êrh-yeh afraid of?" When Pao-yü saw that she was deaf he said in desperation: "You go out and tell ***my servant*** to come." The old woman said: "What is there that ***hasn't been finished***? It was ***finished long ago***. And T'ai-t'ai has given some silver. How ***isn't the affair finished***?"①

霍译: Then suddenly, in answer to his prayers, an old woman appeared—a darling, precious treasure of an old woman (or so she seemed at that moment)—and he dashed forward and clung to her beseechingly.

'***Quickly***!' he said. 'Go and tell them that Sir Zheng is going to beat me. ***Quickly! Quickly! Go-and tell. GO AND TELL.***'

Partly because agitation had made him incoherent and partly because, as ill luck would have it, the old woman was deaf, almost everything he said had escaped her except for the '***Go and tell***', which she misheard as '***in the well***'. She smiled at him reassuringly.

'***Let her jump in the well*** then, young master. Don't you worry your pretty head about it!'

Realizing that he had deafness, too, to contend with, he now became quite frantic.

'***GO AND TELL MY PAGES***.'

'***Her wages***?' the old woman asked in some surprise. 'Bless you, of course they ***paid her wages***! Her Ladyship gave a whole lot of

---

① "It is important" — yao chin. "Jumped into the well" — t'iao chin. "Servant to come" — Hsiao shih lai. "What is there that hasn't been finished?" — shen mo pu liao ti shih?

money towards the funeral as well. And clothes. **_Paid her wages_**, indeed!'

杨译：As he was looking round anxiously, an old nanny finally appeared. He seized on her as if she were a treasure.

"**_Go in quick_**!" he cried. "Tell them the master's going to beat me. **_Do hurry! This is urgent_**!"

He was too terrified to speak distinctly and the old woman, being hard of hearing, mistook the word "**_urgent_**" for "**_drowning_**".

"She chose **_drowning herself_**," she told him soothingly. "What does it matter to you?"

Her deafness made Baoyu frantic.

"**_Go and get my page to come_**," he begged.

"It's **_over now. Over and done with_**. And the mistress has given them clothes and silver too. Don't fret."

上例是宝玉挨打前的一个插曲。得知贾政要打他，宝玉心急如焚，慌忙找人给贾母通风报信，碰巧遇到一个聋婆子，于是产生了一连串惹人捧腹的语音飞白对话。原作者借助这一手段来刻画人物性格，渲染场景气氛，将宝玉惧怕贾政、惊慌失措的焦急心情烘托出来，增强了语言和人物的感染力。为增强对比效果，我们将几处飞白列表如下。

表 11-3 《红楼梦》三个英文全译本语音飞白对比(2)

原　文	译　文		
	邦译本	霍译本	杨译本
要紧	important	go and tell	urgent
跳井	jump into the well	in the well	drowning
小厮	servant	pages	page
不了的事	What is there that hasn't been finished	wages	—

邦译文依然是直译加注处理方式，舍弃了原型语音与飞白语音之间的联系，直接将语义翻译出来，用 important 对应 jump into the well，用 servant 对应 What is there that hasn't been finished，原文中语音和语义二者交相辉映的修辞效果自然也无法完整体现，而且注释内容的添加也会在一定程度上影响译文的可读性。杨译文处理方法大致相同，无论语言的艺术性还是交际效果，均有欠缺。反之，霍译文则令人耳目一新。霍克思巧妙运用 go and tell 和 in the well、pages 和 wages 发音相似的特点，生动地传递出原文的语音粘连效果；霍译文创意十足，兼顾了原文语义与修辞的双重效果，是一处修辞格在译文中成功再造的绝佳典范。

语音飞白的使用除了上述两个经典例子外，还有一些借助语音飞白达到仿词效果的修辞手法，这类修辞既含有语音飞白，又继而进行仿词，整体的语言效果非常生动，如下例所示。

例 11 - 19

原文：鸳鸯笑道："**鲍二家的**，老祖宗又拉上**赵二家**的去。"贾母也笑道："可不，我那里记得什么**抱着背着**的？……"（《红楼梦》第四十七回）

邦译：Yüan-yang smiled and said: "It is **Pao-êrh**'s wife and you, Venerable Ancestress, have gone and dragged in **Chao-êrh**'s wife." The Dowager also smiled and said: "Is that so? How should I remember any **paoing or peiing**? …"①

霍译：'It was **Bao Er**'s wife, my old love, not **Zhao Er**'s,' said Faithful, laughing. 'That's what I said, didn't I?' Grandmother Jia snapped. 'Well, "**Zhao**" or "**Bao**" or **brown cow** — how can I be expected to remember such things …'

杨译：Amid general laughter Yuan-yang put in, "**Pao Erh**'s wife, not

---

① A pun on Pao-erh's name. Pao here means "to embrace". The character Pei means "to carry on the back". The two together are a homophone of Pao-pei, meaning "a treasure". (——邦斯尔注)

Chao Erh's wife, Old Ancestress." "That's right." The old lady smiled. "How do you expect me to remember their names, whether they mean '*carried in the arms or on the back*'?"①

上例中贾母把"鲍二"错听为"赵二"并直录下来，形成一处语音飞白，在鸳鸯更正后，贾母又进行了谐音仿词，生出"抱"和"背"两个动词，挖苦贾琏偷情的不堪，语言妙趣横生，不带丝毫生搬硬套之嫌。原文中的飞白前者是较为单一的（姓名）语音飞白，即使音译处理为 Pao 与 Zhao 也能产生一定的谐音效果，难在最后两个动词的翻译，既要考虑谐音也要考虑与前者的联系，处理起来较为棘手。

邦译文未能把握住最后"抱、背"所"肩负"的修辞使命，依然使用直译加注的方式处理，译文读者即使通过注解也很难将其与前者联系起来，此处的修辞效果有所折损。杨译文也是音译加注，对后面两个动词的处理却放弃音译，采用字面直译，原文飞白的语音和语义联系也被割裂。霍译文舍弃"抱""背"的语义，取其与前文产生的飞白修辞效果，借助通过添加新信息 brown cow，形成于前文的谐音类韵，读起来朗朗上口；且 cow 在英语中有婆娘与笨女人的意思，较好地传递了贾母憎恨"鲍二家的"的个人情绪，同时又保持了原文的诙谐幽默。

二、字形飞白

字形飞白，是"故意直录写作人或虚构中的写作人的文字写法错误"。顾名思义，语音飞白是听起来相似的发音形成的修辞效果，而字形飞白则是看起来相似的字形产生的修辞效果。字形飞白多见于古典文学之中，也是一种文人墨客常用的文字游戏，不仅仅是文学作品，一些字谜中也很常见。《红楼梦》中最为经典的一处字形飞白出自薛蟠之口，如例 11-20 所示。

---

① The surname pao (鲍) has the same pronunciation as pao (抱) meaning "to carry in the arms," which is contrasted with pei (背)— "to carry on the back."（——杨译本注）

例 11 - 20

原文：薛蟠笑道："你提画儿，我才想起来了。昨儿我看人家一本春宫儿，画的很好，上头还有许多的字。我也没细看，只看落的款，原来是什么'**庚黄**'的。真的好的了不得！"宝玉听说，心下猜疑道："古今字画也都见过些，那里有个'**庚黄**'？……"想了半天，不觉笑将起来，命人取过笔来，在手心里写了两个字，又问薛蟠道："你看真了是'**庚黄**'么？"薛蟠道："怎么看不真！"宝玉将手一撒给他看，道："可是这两个字罢？其实和'**庚黄**'相去不远。"众人都看时，原来是"**唐寅**"两个字，都笑道："想必是这两字，大爷一时眼花了，也未可知。"薛蟠自觉没趣，笑道："谁知他是'**糖银**'是'**果银**'的！"（《红楼梦》第二十六回）

邦译：Hsüeh P'an smiled and said: "You mention drawing. I have just thought of it. Yesterday I saw someone's book of lewd pictures. They were very well drawn. On the top were ever so many characters. I did not read them very closely, I just read them leaving bits out. There was a certain phrase **kêng huang**[①] which in particular was wonderfully good. When Pao-yü heard him say this, he was doubtful and said: "I have seen something of the forms, of all the ancient and modern characters. But where is there a **kêng huang**?" He thought for a long time and then instinctively he began to laugh. He ordered a servant to bring a pen, wrote a couple of characters in the hollow of his hand, and asked Hsüeh P'an: "Did you see for certain that it was **kêng huang**?" Hsüeh P'an said: "How should I not see for certain." Pao-yü pulled out his hand for him to see and said: "Perhaps it was these two characters. They are not really very different from **kêng**

[①] Keng huang and T'ang yin in the Chinese have a certain similarity.（——邦译本注）

huang." When they all looked it was the two characters ***t'ang yin***[①]. They all smiled and said: "We think it must have been these two characters. Your eyes, Sir, must have been blurred at the time. One never knows." Hsüeh P'an felt himself snubbed. He smiled and said: "Who know whether it was ***t'ang yin or ko-yin?***"

霍译: 'Talking of pictures,' said Xue Pan genially, 'that's reminded me. I saw a set of dirty pictures in someone's house the other day. They were real beauties. There was a lot of writing on top that I didn't pay much attention to, but I did notice the signature. I think it was "***Geng Huang***", the man who painted them. They were really good!'
Bao-yu was puzzled. His knowledge of the masters of painting and calligraphy both past and present was not in-considerable, but he had never in all his experience come across a '***Geng Huang***'. After racking his brains for some moments he suddenly began to chuckle and called for a writing-brush. A writing-brush having been produced by one of the servants, he wrote two characters with it in the palm of his hand.
'Are you quite *sure* the signature you saw was "***Geng Huang***"?' he asked Xue Pan.
'What do you mean?' said Xue Pan. 'Of course I'm sure.'
Bao-yu opened his hand and held it up for Xue Pan to see:
'You sure it wasn't these two characters? ***They are quite similar***.'
The others crowded round to look. They all laughed when they saw what he had written:
'Yes, it must have been "***Tang Yin***". Mr Xue couldn't have been seeing straight that day. Ha! Ha! Ha!'
Xue Pan realized that he had made a fool of himself, but passed it off with an embarrassed laugh:

---

① "t'ang yin" 邦译文输入出错，应为 "T'ang Yin"。(——编者注)

'Oh, *Tankin* ' or *wankin* ',' he said, 'what difference does it make, anyway?'①

杨译："Talking of painting," put in Xue Pan with a grin, "reminds me of an erotic picture I saw in someone's house the other day. Really superb it was. I didn't read all the inscriptions carefully, just noticed the artist's name: *Geng Huang*. The picture was marvellous."

Baoyu was puzzled. He knew the work of many calligraphers and painters past and present, but had never heard of an artist called *Geng Huang.* After a little thought he burst out laughing. He called for a brush and wrote two characters on the palm of his left hand.

"Are you sure the name was *Geng Huang*?" he asked Xue Pan.

"Of course."

Baoyu held out his hand.

"It wasn't these two characters? They're not very different."

When they saw he had written *Tang Yin*②, they declared, laughing, "That must be it. Mr Xue's eyes may have been blurred at the time."

Xue Pan grinned sheepishly. "Who cares whether the fellow's name means '*sweet-silver*' or '*nut-silver*'?"③ he spluttered in his embarrassment.

原文是不学无术的薛蟠与众人谈画，误将落款"唐寅"二字认作是"庚黄"继而又反驳引出两个谐音仿词"糖银""果银"诱起的笑话。原作者通过"字形飞白"，生动地塑造出薛蟠才疏学浅、顽劣蠢笨的纨绔子弟形象。原文中的飞白修辞与译文对比详见表 11-4。

---

① 增译内容：1. "They are quite similar." 2. "Xue Pan realized that he had made a fool of himself…"
② The Chinese characters for Keng Huang（庚黄）and Tang Yin（唐寅）look somewhat alike.（——杨译本注）
③ Hsueh Pan does not know the Ming artist Tang Yin's name, so he makes the mistake of calling him "sweet-silver," which reads like "Tang Yin" in Chinese.（——杨译本注）

第十一章 《红楼梦》修辞格英译　295

表 11-4 《红楼梦》三个英文全译本字形飞白对比

原 文	译 文		
	邦译本	霍译本	杨译本
庚黄	kêng huang	Geng Huang	Geng Huang
唐寅	T'ang Yin	Tang Yin	Tang Yin
糖银	t'ang yin	tankin	sweet-silver
果银	ko-yin	wankin	nut-silver
备 注	尾注	增译	脚注

由上表可知，由于汉语本身字形笔画的特殊性与同音异义等因素，要想在异质性较大的英语中再现这一修辞效果可谓难上加难。

由于汉语与英语字形上的差异，三译本"庚黄"与"唐寅"之间的字形联系不复存在。邦译文采用音译加注的处理方式，"唐寅"与"糖银、果银"间的语音联系虽有所保留，但由于英语受众只能借助注释了解"t'ang yin""ko-yin"的语义，削弱了原文的飞白修辞作用，整体的修辞效果大打折扣，对薛蟠形象的刻画显得模糊不清。杨译文的处理方式同例 11-19，前面使用音译后面使用字面意思直译，无论是语音还是语义都很难在译语读者的脑海中产生类似原文修辞效果的联想。霍译文前面也是音译，不同的是后面采用了对两个英语中与"唐寅"谐音的 Tankin 和由"糖寅"联想到的"果寅"wankin 进行谐音处理，使得语音效果有所保留；同时，这两个词在英语中分别有 Tankin（音同 Tanking）意为大量喝酒；wankin（音近 wanking），意为"手淫"，其寓意对于刻画和反讽薛蟠的形象起到较好的补充作用。因此，按整体效果而言，霍译文略胜于邦、杨译文。

三、逻辑/语义飞白

语义飞白，是故意直录说话人或虚构的说话人在语义理解上出现的错误，以及不符合语义逻辑或约定俗成的语言用法的错误。语义飞白通常与语义逻辑的推理联系在一起，即通过逻辑推理的错误产生语义上的飞白效果。因此，逻辑飞白通常又与语音飞白、语义飞白交叉在一起。

例 11 - 21

原文："……不是焦大一个人，你们就做官儿。享荣华，受富贵?……不和我说别的还可，若再说别的，咱们**红刀子进去白刀子出来**！"（人民文学版《红楼梦》第七回）

邦译："... If it had not been for this one man Chiao-Ta. You hold official position. You enjoy splendor and magnificence. You receive riches and rank.... If you don't say anything more to me, all right. But if you do say anything more, we will **go in with a white sword and come out with a red one**."

霍译：'... If it wasn't for Old Jiao, where would you lot all be today, with your rank and your fancy titles and your money and all the other things you enjoy? ... Well, I'll tell you something. You'd better watch Out. Because if you don't, you're going to **get a shiny white knife inside you, and it's going to come out red**！'

杨译："... If not for me, and me alone, you'd have no official posts, fancy titles or riches. ... Shut up, and I'll overlook it. Say one word more, and I'll **bury a white blade in you and pull it out red**！"

（邦、霍、杨底本均为"**白刀子进去红刀子出来**"）

上例是第七回中焦大醉酒骂人的场景。"白刀子进红刀子出"是一种威胁用语，意思是要动刀取人性命。所引人民文学版原作中通过颠倒逻辑顺序，这句话变为"红刀子进去白刀子出来"，由此刻画焦大酩酊大醉、口吐狂言和意识错乱的醉态。《红楼梦》（人民文学版，2008：116）里，对"红刀子进去白刀子出来"的注释为："写醉人颠倒口吻。后点改为'白刀子进去红刀子出来'，甲戌、蒙府、戚序、甲辰、舒序、列藏、卞藏本均同点改文字，并误。己卯、梦稿本同底本原文。"然而，三个英文全译本译文的逻辑顺序均发生逆转，变成符合正常逻辑的顺序。这并非由于译者有意识地"更正"原文逻辑错误，消解飞白修辞效果，而是如人民文学版注解所示，译文出自不同的底本。邦、霍译文均译自程乙本系统,杨译文则出自戚序本,三者原文中均为"白刀子进去红刀子出来"的正常逻辑。因此,由于底本的原因,三个英译本都没有颠倒逻辑顺序,而是按照正常语序译出。

如前文所述,逻辑飞白常与语义飞白紧密相连。同时,逻辑飞白也可由语音飞白而起,在形成语义飞白的同时,继而还可以通过逻辑推导产生因语义类似而聚集在一起的一连串仿词效果,如下例所示。

例 11-22

原文:李嬷嬷站住,将手一拍,道:"你说,好好儿的,又看上了那个什么<u>云哥儿雨哥儿</u>的,这会子逼着我叫了他来。明儿叫上屋里听见,可又是不好?"(《红楼梦》第二十六回)

邦译:Li nannie stood still, clapped her hands and said:"You say. He has gone and taken a fancy to a certain **Yün-ko-êrh**. Or is it **Yü-ko-êrh**?① Just now he is hurrying me off to tell him to come tomorrow to the house and hear what there is to say. And I am afraid it is nothing good."

霍译:Nannie Li made a flapping gesture with her hand:'What do you think, my dear: His Nibs has taken a fancy to the young fellow who does the tree-planting — "**Yin**"or "**Yun**"or whatever his name is—so Nannie has to go and ask him in.'

杨译:The old woman halted and clapped her hands."Tell me, why has he taken such a fancy to this tree-planter **Yun** or **Yu**, whatever his name is? Nothing would serve but that I goand fetch the fellow. When word of this gets to the Master, there'll be trouble."

李嬷嬷听到的原型语音是"芸哥儿",即贾芸。"芸"在李嬷嬷的听觉与语义系统中产生飞白效果,延伸为"云",继而又进行进一步的逻辑推导,联系到与"云"有着紧密语义联系的"雨",形成由"云哥"到"雨哥"的仿词效果,于是

---

① There is a reference here to yün yü("Clouds and rain") ie. sexual intercourse.(——邦译本注)

最终形成一处诙谐的语音、语义与逻辑飞白交叉的情形。《红楼梦》中这类借助谐音、逻辑和同/近义的仿词随处可见，经典的有"花姑娘"和"草姑娘"，"宝姑娘"和"贝姑娘"，"干的"和"湿的"，"宝玉"和"宝金""宝银"，等。

邦译文对这类借助逻辑推导与语义联系形成的飞白修辞习惯性地采用直译加注的处理方式，通过解释将"云""雨"的发音和语义联系起来。同时还增加了"云哥""雨哥"在原文中并不一定存在的联想意义 sexual intercourse（云雨之情），可见邦译文对此处修辞的处理有过度翻译之嫌（over-translation）。霍译文与杨译本同邦译文一样，均采用音译的方式翻译文中的"云哥""雨哥"，译文从谐音角度上考虑一定程度保留了原文的修辞效果；但在缺乏注解的情况下，"云"和"雨"之间的逻辑/语义联系被割裂，译文的修辞效果受到影响。相对而言，此例中邦译文的修辞效果略高于霍、杨译文。

综上所述，就飞白修辞格的英译而言，邦斯尔更加倾向于用直译加注的方式处理原文的修辞效果，译文更加忠实于原作的修辞表现方式。由于读者需要不断跳出译文的语义和情节去阅读注释，并花费一定努力推导词语间的逻辑关系，导致译文的修辞效果大打折扣。邦译文最大的特点是注释内容丰富而详尽，一定程度上可以弥补直译对语义与修辞效果带来的不足；但过度的注释势必会影响译文的整体性和连贯性，译文的可读性也受到影响。杨宪益夫妇采取了大致类似邦斯尔的处理手段，直译与音译较多；但注释内容不如邦译文丰富和详细。三者中处理方式效果最好的当属霍克思与闵福德。霍译文借助英语在音、形、义上的优势，成功地实现多处飞白修辞的再现，较大程度地保留了原文的修辞效果，重现了生动的人物刻画，情节连贯。

第四节 歇后语

歇后语是汉语语言文化精髓的重要组成部分之一，是人们在生活实践中创造的一极具民族特色和语言特色的表达形式。歇后语一般由两部分构成：前半部分以形象的比喻引出话题；后半部分是对前面的说明或解答，有一语道破机关的巧妙效果。由于歇后语既具有鲜明的民族特色和浓郁的生活气息，又具有幽默、含蓄的特点；因此，汉语文学作品中常被大量使用，以刻画人物性格、突出故事情节。汉语歇后语是由两个部分组成的一句话，前一部分像谜面，后一部分像谜底，有时只说前一部分，而本意在后一部分。歇后语的两部分大多同时出现，但也有只出现前半部分而省去听、说者均心知肚明的后半部分的。大部分歇后语都采用比喻这一修辞方式（方梦之，2004：186）。邵志洪（2005：298-299）继而指出，就歇后语前后两部分联系方式而言，大致可分为比喻式和双关式两大类。前者数量较多；后者既包括谐音双关又包括谐义双关，数量及使用较少，更是翻译中的难点。

《红楼梦》中大量使用了歇后语修辞手法，用以烘托人物，使之形象更加丰满，同时还能起到深化主题的作用。以王熙凤为例，她在第十六回中就曾一口气连用五个歇后语，如粗体画线部分所示：**坐山观虎斗**——坐收其利；**借剑杀人**——不露痕迹；**引风吹火**——费力不多；**站干岸**——不沾事（湿）；**推倒油瓶不扶**——懒到家了。上述 5 例中的粗体为王熙凤原话，破折号后面的内容为省去内容。这与其说是王熙凤的语言风趣精妙，不如说是语言大师曹雪芹的语言艺术修养之高超。曹雪芹充分利用民间俗语形象生动、语言精练、哲理性强等特点，将这种极富表现力的言语形式自然地融入自己的作品中，成为突出主题思想、完善情节结构、刻画人物性格不可多得的有机组成部分，为反映社会生活的深刻性起到了积极的指导作用（冯庆华，2006：368）。

邵志洪（2005：301-303）通过对比研究，将歇后语翻译的方法归结为五类：一为直译法，保留形象；二为套用法，转换形象；三为意译法，舍去形象；四为直译+意译法，保留前半截形象，舍去后半截；五为直译加注释，保留形象。我们拟根据邵志洪对歇后语及其翻译方法的分类，将《红楼梦》中的歇后语分为比喻式和双关式两大类，并通过译文对比来考察邦斯尔处理汉语独特修辞格歇后语的方式，并进一步探讨其翻译策略背后的动因。

一、比喻式歇后语

比喻式歇后语中借助前半部分中的喻体来比喻上下文中所描写的人或事，

并通过后半部的"点睛之笔"达到表意的目的。后半部的内容通常是评价、感叹、建议等,大多诙谐幽默、妙趣横生。比喻式歇后语中的喻体多种多样,既有动植物、日常用具,也有事件、典故,可谓类别不一而足,如例 11-23 所示。

例 11-23

原文:(李嬷嬷)因叹道:"……那宝玉是个**丈八的灯台,照见人家,照不见自己**的,只知嫌人家腌臜!……"(《红楼梦》第十九回)

邦译:So she sighed and said: "... That Pao-yü is *an eighteen foot lamp-stand. He shines clearly on other people, but he doesn't shine clearly on himself*. He only knows how to dislike other people for being dirty...."

霍译:... she said with a sigh, '... And as for Bao-yu: he's *like a six-foot lamp stand that lights up others but stays dark itself*; for he's always on about how dirty other people are, ...'

杨译:... she scolded, "... As for Baoyu, he's *like a ten-foot lampstand that sheds light on others but none on itself.* He complains that other people are dirty, ..."

上例借用日常生活中的事物"灯台"来比喻"贾宝玉",歇后语后半部的"照见人家,照不见自己"表现出李嬷嬷对宝玉过度随和性格的不满。邦斯尔的译文采取直译策略,将前半部分的喻体与后半部分的评论一并译出。霍、杨译文翻译方法与邦译文一样,原文中的喻体形象与寓意均得以保留。不同的是,三位译者虽均对原文中的度量单位"丈"归化处理为 foot,但三者尺寸差距较大,分别为 18 英尺、6 英尺、10 英尺。"丈八"即 1.8 丈高,是一种夸张的说法,通过丈与英尺的长度换算可知,1 丈=333.3 厘米,1 英尺=30.48 厘米,则 1.8 丈约为 19.7 英尺。由此可见,邦译文中的 eighteen foot 更加接近原文中的数字,也基本符合了歇后语中夸张的语言特点。邦译文重现了借助比喻生动形象地说明宝玉的随和个性,同时又暗示其地位之"高"的事实,表现出李嬷嬷眼中封建制度里森严的等级，符合原文的内涵。

例 11 - 24

原文：(黛玉)一面揉着眼，一面笑道："一般唬的这么个样儿，还只管胡说！呸！原来也是个'**银样镴枪头**'。"(《红楼梦》第二十三回)

邦译：Talking so, he made Tai-yü burst out laughing. As she rubbed her eyes, she smiled and said: "You have been frightened like this and yet you still only talk nonsense. Pish! You really are *a pewter spear-head that looks like silver*.①

霍译：She laughed and simultaneously wiped the tears away with her knuckles: 'Look at you — the same as ever! Scared as anything, but you still have to go on talking nonsense. Well, I know you now for what you are: *Of silver spear the leaden counterfeit*!'

杨译：Daiyu burst out laughing at this and wiped her eyes. "You're so easy to scare, yet still you indulge in talking such nonsense," she teased. "Why, you're nothing but '*a flowerless sprout,*' '*a lead spearhead that looks like silver*.'"

〔杨译文底本：(黛玉)揉着眼睛，一面笑道："一般也唬的这个调儿，还只管胡说。'呸，原来是<u>苗儿不秀</u>，是个<u>银样镴枪头</u>'。"〕

"银样镴枪头"是歇后语"银样镴枪头——中看不中用"的缩略表达形式，形容人徒有外表，没有真本事(沈慧云、温端政，2010：258)。黛玉借助这一物件来讥笑和嘲讽宝玉。对比三者译文可见，邦、杨译本采用明喻直译出原文中"银"与"镴"的关系，既保留了形象也表达了语义。霍译文使用暗喻，表达两者关系。三译文在处理手法上大同小异，基本都为直译，然而，"镴"的英

---

① La, good to look at but useless. The more common meaning of the character La is "wax". (——邦译本注)

译却出现分歧。"银样镴枪头"原是指一种颜色好似银子的"锡镴"枪头。锡镴是中国特有的东西，英语中缺乏对等的物件，翻译时容易出现词汇空缺。霍、杨译本都是用 lead(铅)来替换原文形象，表达原文中"不够坚硬、中看不中用"的寓意。这种替换虽然保留了寓意，但原文的喻体形象被替换。邦译文与众不同，使用了 pewter 一词，该词意为"白镴(锡基合金)、白镴制器皿"，接近原文中"镴枪头"的对应物。单从这一点看，邦译文的选词更为精准，也更为完整地保留了原文歇后语的喻体形象。

例 11-25

原文：彩霞咬着牙，向他（贾环）头上戳了一指头，道："没良心的！*狗咬吕洞宾，不识好歹*！"（《红楼梦》第二十五回）

邦译：Ts'ai-hsia ground her teeth and stabbed a finger towards the top of his head and said: "You haven't any conscience! *Like a dog biting Lü Tung-pin! You don't know the difference between good and bad!*"

霍译：Sunset clenched her teeth. She stabbed the air above his head with her finger:

'You ungrateful thing! *You're like the dog that bit Lü Dong-bin: you don't know a friend when you see one.*'

杨译：Caixia bit her lips and with one finger rapped him on the forehead. "You ungrateful thing! *Like the dog that bit Lü Dongbin — you bite the hand that feeds you*."

上例涉及"狗咬吕洞宾"这一宗教典故的使用，用以骂人不识好歹，也指分辨不出好人与坏人或错把好意当恶意等。对于不懂中国文化的译语读者而言，"吕洞宾"无论从语音还是文化寓意都是一个新概念，如何做到既能传递歇后语的寓意，又能尽力保留原文文化是译者必须考虑的难点。三位译者均直译了歇后语的前半部分，通过音译保留原文的形象与文化成分。邦、霍译文对歇后语的后半部分均采用了意译法，目标语读者通过阅读译文上下文，尤其是邦译文的注释，便可了解"吕洞宾"这一人物的文化内涵。邦译文通过直译前半部分的形象和意译后半部分的评价，较为完整地保留了原文的形象与意义，注释部分更是提供了更充分的语境信息，为"吕洞宾"的异化提供信息保障。霍译文与邦译文基本相同，只是缺少对文化词的注释。杨译文在"咬"字上套用英语惯用语"bite the hand that feeds you"（咬喂养你的手），表达出"不分好歹、以怨报德"的含义，使得歇后语的前后两部分联系起来，达到与原文相等同的语境效果。在语境充分的情况下，歇后语的直译可以让目标语读者接受特定异域文化，而套译更能激发译语读者的认知期待，方便读者理解。

例 11 - 26

原文：小红道："也犯不着气他们。俗语说的：'**千里搭长棚，没有个不散的筵席**'。谁守一辈子呢？……"（《红楼梦》第二十六回）

邦译：Hsiao-hung said: "But there is no need to get angry with them. The proverb says: '*If a long awning is put up for a thousand li, there will not be a banquet from which the guests have not departed*.' Who keeps it up for a whole lifetime? ..."

霍译：'I don't see much point in getting angry,' said Crimson. 'You know what they said about the mile-wide marquee: "*Even the longest party must have an end*"? Well, none of us is here for ever, you know....'

杨译："It's hardly worth being angry with them," retorted Xiaohong. "The proverb says '*Even the longest feast must break up at last.*' Who's going to stay here for life? ..."

本例中的歇后语用生活中的事件"搭长棚"来比喻人生中"聚散、离合"均为常态的理念，以此表达其不屈不挠的志向。邦译文采取直译方法，完整地保留了前半部分的喻体与后半部分的评论，可谓形象与寓意兼顾。巧的是，霍、杨译文均舍弃歇后语前半部分的形象，仅直译出后半部分的寓意。后半部分的形象"宴席"与寓意"离散"得以保留；但前半部分形象被舍弃。例11-26中，邦译文试图处处保留原文中的文化意象，无论是普通的事物还是文化典故，均尝试通过直译加注来保留。文学作品的翻译负有传播文化的责任，文化信息的缺失也是译者失职的表现。就这一点而言，邦译文无疑胜过了霍、杨译文，更为形象地保全原文的形式与意义；但是，过多的异化内容，也势必造成译文可读性与连贯性的损失。这是所有译者面临的一个悖论。

例 11-27

原文：凤姐笑道："……赶我到那里说和，谁知两个人在一块儿对赔不是呢，倒象<u>黄鹰抓住鹞子的脚</u>，两个人都<u>扣了环</u>了；那里还要人去说呢！"（《红楼梦》第三十回）

邦译：Fêng-chieh smiled and said:"… making me go to make peace. It so happened that the two of them were in the same place apologizing to each other. It was *like a tawny owl grabbing hold of a sparrow-hawk's feet. The two of them could not be parted*. What need was there for anyone to go and say anything?"

霍译：'…' said Xi-feng … 'Well, I went there; and what did I find? I found the two of them together apologizing to each other. It was *like the kite and the kestrel holding hands: they were positively locked in a clinch*! No need of a peacemaker that I could see.'

杨译：… announced Xifeng cheerfully. "… and insisted I go along as peacemaker. I found they'd already asked each other's forgiveness, and were *clinging together like an eagle sinking its talons into a hawk*. They didn't need any help."

上例中王熙凤借助歇后语的后半部比方和解释上半部的比喻，以黄鹰抓鹞子描述与刻画双方心理，把宝、黛二人感情和好如初的密切关系描绘得入木三分，非常符合凤姐伶牙俐齿的形象。邦译文对前半部分喻体的翻译采用直译手法，后半部则是意译，"扣环"的形象比喻被"could not be parted"（难舍难分）所取代。霍译文前半部分英译大致类似邦译文，基本遵循原歇后语的结构；而后半部分则采取直译，未直言"难舍难分"的寓意，而是通过 locked in a clinch 更为形象地表达出来。杨译文对原文解构则稍作了调整，先说寓意，再说喻体的形象。需注意的是，霍译本译文同邦、杨译文对前半部分中的喻体"鹞子"译法相异。霍译文将"鹞子"译为"风筝"。霍克思深谙中国语言文化，这一译法抑或源于中国古时候将风筝称为"纸鸢"或"鹞子"的叫法，可惜此处系误读。无论如何，三者对原文歇后语形象的保留，均能够更为完整地再现原文人物语言的生动性。

二、双关式歇后语

双关式歇后语运用谐音或词语语义上的双关，通过联想来表达特定的语境寓意。这类歇后语前半部分涉及的事物与上下文中的人物没有直接关系，主要是通过后半部分的双关含义来表达一定的"言外之意"。双关式歇后语相对比喻式歇后语而言整体数量较少，翻译难度也自然更高，如以下两例所示。

例 11-28

原文：凤姐道："我那里管的上这些事来！见识又浅，嘴又笨，心又直，人家**给个棒槌**，我就拿着**认作针了**……"（《红楼梦》第十六回）

邦译：Fêng-chieh said: "How can I manage these things? My knowledge is superficial. My speech is blunt. My disposition is straightforward. ***If anyone gives me a truncheon I take it to be a needle***...."

霍译：'I am not much of a manager really,' said Xi-feng. 'I haven't got the knowledge, and I'm too poor at expressing myself and too simple-minded—always inclined to "***take a ramrod for a needle***", as they say....'

杨译："I'm incapable of running things," she sighed. "I'm too ignorant, blunt and tactless, always **getting hold of the wrong end of the stick.**..."

上例即为双关式歇后语中谐音双关，"认针"与"认真"谐音，比喻人心实，容易上当受骗。谐音双关语的寓意主要蕴涵在后半部分，这种揭晓谜底式的双关十分生动、贴切。邦译文依旧采取直译法，将"棒槌"和"针"均译出，但由于 needle 在英语中无"认真"之意，此处的双关已经不复存在。同时，邦译文对原文"棒槌"的形象有所替换，truncheon 意为"警棍、法槌"并非原文所指。霍译文也曾试图保留原文形象，但"棒槌"变成了 ramrod（推弹杆），同样未能很好地传达原文谐音双关的修辞效果。杨译文直接舍弃原文形象，译出歇后语的寓意，原文那种诙谐的味道体现不足。

例 11-29

原文：凤姐儿笑道："外头已经四更多了，依我说：老祖宗也乏了，咱们也该'<u>聋子放炮仗</u>'<u>散了</u>'罢。（《红楼梦》第五十四回）

邦译：Fêng-chieh smiled and said: "Outside it is already past the fourth watch and according to what I say, the Aged Ancestress is tired out. **We ought to disperse like when the deaf man's firework was let off**."

霍译：'That's two o'clock sounding outside,' said Xi-feng. 'I'm sure Grannie must be tired. If you ask me, I think we all ought to **be like the deaf man's firework and "trickle away"**.'

杨译："The fourth watch has sounded outside," announced Xifeng. "I think our Old Ancestress is tired, and it's time for us to **whizz off too like that deaf man's fire-cracker**."

上例是王熙凤口中的又一个同音多义双关，"散"既指炮仗的"散开/散落"，也指女眷们"离席、散场"之意。这种以事喻义式歇后语的翻译相对谐音双关较为容易处理，毕竟音同字也同。邦译文颠倒了原文歇后语的前后逻

第十一章 《红楼梦》修辞格英译 307

辑，先说"散场"再说方式；杨译文也采取类似顺序。霍译文依照原文的形象与结构直译，通过加双引号的"trickle away"增强此处一语双关的表现力。三个译文均较好地保留了原文的形象与寓意。总体而言，邦译文使用 disperse 一词，更加贴近原文的语义，霍、杨译文则使用了更为生动的动词词组 trickle away 与 whizz off，译文更富创意。由于此处双关语有上文"聋子放炮仗"的段子做铺垫，无论是翻译还是理解，均相对容易；且"爆竹"为中西方共有之物，其爆炸消散的方式与聚会散场之间的类比关系也很容易联系起来，因此三处译文均属成功的翻译。

　　以上通过对比讨论了两种歇后语的译文与翻译策略。不难看出，三个译本都能将直译与意译、异化与归化相结合来灵活处理原文中的形象和寓意。总体而言，邦译文更加贴近原文的形象和喻体，极为尊重源语文化和表达方式：或通过直译加注的方式保留原文形象，或舍弃原文形象意译出歇后语的寓意。霍译文则多从西方读者的接受能力出发，多采用归化方法，多省略或替换原文的形象；杨译文则明显多遵循汉民族心理特点和传统思维方式，总体看更具备传播中国传统文化的功能。孙会军(2005：220)认为："直译"与"意译"的参照点是原文的语言特点，而"异化法"和"归化法"是以译者向原作者靠拢还是向译文读者靠拢来划定的；"直译"与"意译"只局限于语言层面的探讨，而"异化"和"归化"则不仅涉及语言问题，而且还牵扯到语言的风格、价值观念、宗教信仰、诗学传统等诸多方面的问题。这两组概念各有其存在的价值。张鲲(2004：105)认为："翻译策略之间的差别来自翻译目的的差别。"邦斯尔的翻译目的是极力再现原文中语言、文化、情节及表现方式等所有源语的信息，保持其原始性是其主要目标；霍克思的翻译目的是传达审美愉悦，重在译文的文学、美学功能；杨宪益夫妇则侧重传达原文的文化价值，重在译文的文化传播功能。郭建中(1996)指出，翻译的目的和读者的对象，往往决定了翻译标准和翻译方法的选择。歇后语英译的目的不仅是要向英语民族的学习者解释每条歇后语的意义，而且希望通过译文重构这种修辞手法的语篇功能，有助于学习者学习汉语和了解歇后语所反映的文化背景。虽然中英文化和语言方面的巨大差异使汉语歇后语的翻译具有一定的难度，特别是双关式歇后语，但译者可以根据翻译目的，采取变通灵活的方法，取得良好的翻译效果。

第五节　俗语

俗语是一种通俗易懂且流传广泛的语言形式，具有简洁凝练、形象生动、哲理性强等特点，是在社会生活中根据生活经验和愿望逐渐形成的带有民族性和地域特色的表达形式。《红楼梦》富含大量俗语，依照不同的定义标准，全书引用的俗语介于200～300例之间，为本书语言艺术多样性增色不少。曹雪芹将大量民间俗语"非常自然地、有机地渗透在整个《红楼梦》的主题思想、情节结构、人物性格之中，共同成为造就《红楼梦》这个伟大的艺术瑰宝的不可或缺的重要元素"（周中明，1980：169）。加之，清人诸联在《红楼评梦》中言及《红楼梦》善用俗语，且常有化腐朽为神奇、点铁成金之妙时说，"所引俗语，一经运用，罔不入妙，胸中自有炉锤"（一粟，1964：118）。

古话、俗语的使用不仅有助于刻画人物形象，表现主题思想，更使得中华民族独特的人文风情、道德观念、思维方式和生活哲理在俗人、俗事、俗话中展现得淋漓尽致（辛红娟、宋子燕，2012：146）。毫无疑问，丰富多彩的俗语将为翻译带来巨大的挑战与困难。俗语翻译的难点有二：一是俗语承载大量汉语语言文化信息，具有非凡的文本语境构建功能，不可不译；二是俗语无论是内容还是表现形式均具有一定的"独特性"与相对英语语言文化的"异质性"，可译性限度较大。俗语的形成原因本来就多样，文学与历史典故、生活经验总结、伦理道德规范、自然规律及愿望与理想表达等都可能成为形成俗语的动因。从广义角度而言，上文探讨的歇后语也是俗语的一种表现形式，但因其结构独特，故而专门分节考察。

辛红娟、宋子燕（2012）在《从目的论看〈红楼梦〉中俗语的文化意象英译》一文中按照以文化意象为焦点将《红楼梦》俗语的翻译策略分为三种：一为文化意象持存；二为文化意象重构；三为文化意象损失。我们也以原文文化意象的翻译为焦点，拟抽取出《红楼梦》中最具代表性的几处俗语用法进行多译本的对比考察。原文俗语抽取的标准主要考虑两点：一是俗语本身的流行度，即是否具有广为接受的读者基础，带有明显地域性与接受度不够高的将排除；二是俗语在文中带有明显的引用语标记，如"俗话说""俗话说的好""古人云""常听人说"等，具体例子详见下文。

例 11-30

原文：那刘老老……笑道："我们也知道艰难的；但只**俗语说**的：'**瘦死的骆驼比马还大**'呢。凭他怎样，你老拔一根寒毛，比我们的腰还壮哩！"（《红楼梦》第六回）

邦译：That old Mrs Liu, ... said:"we too know about difficulties, but **as the proverb says: 'A camel which dies of starvation is still bigger than a horse**.' However that may be, if you pluck a single hair from your skin, Madam, it is still stronger than our waist."

霍译：'We knew you had your troubles,' she said, 'but **as the saying goes, "A starved camel is bigger than a fat horse**."' Say what you like, a hair plucked from your arm is thicker than a man's waist to folks like us!'

杨译："Ah," she cried, "I know what difficulties are. But '**A starved camel is bigger than a horse**.' No matter how, 'A hair from your body is thicker than our waist'."

上例中"瘦死的骆驼比马还大"是颇为流行的俗语，源自人们对自然现象的认知。这句话在有关《红楼梦》英译的文章中也被频频探讨。刘老老相对于大观园中的贵妇们而言不过是"山野村妇"，构造这种形象反差多应归功于原作者对人物语言的设计。这句俗语既体现刘老老"粗俗"的一面，也反映出其性格直爽的一面。译文的处理方式如何，也自然决定了原文人物在译文中重塑的成败。邦译文通过俗语引述标记 as the proverb says，将原文俗语进行了直译，句子结构较为复杂。饿死的概念通过定语从句表达出来，文化意象也在译文中得以保留。霍译文也使用了俗语引述标记 as the saying goes，译文总体而言也是直译，不过在 horse 前添加了用以丰富语境的 fat，以增强"瘦骆驼"与"肥马"之间的反差，文化意象基本保持不变。杨译文的表达方式最为简洁。确切地说，原文中还有一处没有引述标记的俗语"拔一根寒毛比我们的腰还壮"，三位译者的翻译方式基本同上。唯有霍克思又进行了语境补充，将"寒毛"的出处具体化为 arm，似乎是为了对比后面的 a man's waist，意思为"从您(一个女子)胳膊上拔的寒毛，比一个男人腰部拔的还要粗"，言外之意更加体现出她巴结王熙凤之心的迫切性。

由上述分析可知，三者均为直译，文化意象虽得以保留，但作为俗语的通俗性各不相同。邦译文使用了较为复杂的定语从句，一定程度上改变了刘老老的语言风格，俗语运用对人物塑造的功能有所改变；霍译文适时添加丰富语境的信息，以增强对比的显著性，译文的俗语功能效果更好；杨译文最为简洁明了，可谓惜字如金。邦、霍译本对前一个俗语进行了引述标记；杨译文虽无引述语，但单引号的使用表明此处是引文。除此外，仅有杨译文对第二个俗语进行了标记，邦、霍译文均无任何标记，译语读者很有可能将其误识为刘老老的原创语言。

例 11-31

原文：凤姐笑道："……**俗语儿说**的好，'<u>朝廷还有三门子穷亲</u>'呢，何况你我？"（《红楼梦》第六回）

邦译：Fêng-chieh smiled and said: "... ***The proverb well says***: 'Even at Court <u>they have three branches of poor relatives</u>.' How much more you and I?"

霍译：'... You know ***what they say***: "Even <u>the Emperor has poor relations</u>." It would be strange indeed if we didn't have a few!'

杨译："..." Xifeng laughed. "... As ***the saying goes***: '<u>The Emperor himself has poor relations</u>.' How much more so in our case?"

上例中的俗语是人们对社会现象的一种总结性认识，即无论高低贵贱，人人都难免有几家穷亲戚。这是王熙凤处事圆滑，讲话滴水不漏的精彩描绘。显而易见，三个译文均使用了引述语标记，且均使用直译策略，原文形象基本都得以保留。不同的是，邦译文最为紧扣原文，无论是"朝廷"的英译还是原文中虚数"三门"的翻译，都紧贴原文。霍、杨译文则表现出较大的一致性，"朝廷"被具体化为"Emperor"（皇帝），原文中的"朝廷"实际是指皇族；因此，此处文化意象的替换造成了翻译受损。霍、杨都省去原文的虚指量词，借助复数形式表达原文中的虚数概念。

例 11-32

原文：原来这贾芸最伶俐乖巧的，听宝玉说像他的儿子，便笑道："*俗话说*的好，'*摇车儿里的爷爷，拄拐棍儿的孙子*'；虽然年纪大，'*山高遮不住太阳*'。……"（《红楼梦》第二十四回）

邦译：Now this Chia Yün was naturally very clever and cunning. When he heard Pao-yü say that he was as it were his son, he smiled and said: "As *the proverb well say: 'The grandfather is in the cradle. The grandson is supporting himself on his staff.'* Although I am older than you, *the mountain for all its height cannot hide this sun*."

霍译：Being a sharp-witted young man who knew how to make the most of an opportunity, Jia Yun was quick to turn Bao-yu's jest to good account. 'There's *a saying* about "*grandsires in cradles and babies with beards*", you know; and even if I am older than you, "*the highest mountain can't shut out the sun*"! ...'

杨译：Jia Yun had all his wits about him. He seized this chance to add: "As *the proverb says. 'A grandfather in the cradle may have a grandson who leans on a stick.'* I may be older than you but '*The highest mountain can't shut out the sun.*'"

上例中的俗语也是人们对社会现象的总结，即在注重辈分与伦理的中国社会，不能仅以年龄还应以辈分论尊卑。同时，上例还含有一个人们对自然现象的认识,"山高遮不住太阳"。通过三译文对比可见,邦、杨译文均采取直译策略,"爷爷"和"孙子"的形象均得以保留;霍译文则不然,"爷"与"孙"的概念都被泛化,原文中的"拐棍"也被同样表示年老的"beards"(胡须)替换。

第二处俗语三者均为直译,差别不大。相对于"太阳"与"高山"的自然关系而言,关于涉及伦理道德的辈分大小较难为西方读者接受,但年龄与辈分之间的不和谐现象中西社会均存在,读者通过贾芸试图讨好宝玉的上下文一定不难推断。具体而言,邦译文将第一个俗语的前后两句分成独立的两句话来翻译,且中间没有任何标志逻辑关系的连词,译文显然受到汉语"隐性衔接"的影响;因此,前后两句话的连贯性一定程度上受到损伤。霍译文简化了原文表达,使用了名词加介词短语的并列结构,且翻译策略不同另二者,原文俗语的文化意象在译文中被部分重构。杨译文将前后用逗号隔开的两句并为一句,并使用定语从句。这相对邦译文而言前后的逻辑性更强,译语读者更容易理解和接受。

例 11-33

原文:他嫂子脸上下不来,因说道:"愿意不愿意,你也好说,犯不着拉三扯四的。**俗语说**的好:'**当着矮人,别说矮话**。'……"

(《红楼梦》第四十六回)

邦译: Her sister-in-law could not face things as they had turned out. And so she said:"Whether you are willing or not, you as do like to talk. It isn't worthwhile making such a fuss. ***The proverbwell says: 'Don't talk small to a dwarf.'*** ..."

霍译: 'Huh!' said her sister-in-law in an unsuccessful attempt to retrieve her ruffled dignity. 'Whether you're willing or not, you might at least be civil. Anyway, I don't see why you need drag other people into it. ***One doesn't discuss short legs in front of a dwarf,"*** **they say** ....'

杨译: Her sister-in-law was goaded to retort, "Whether you're willing or not, you might at least explain properly instead of slinging mud at other people. **The proverbsays, 'One doesn't talk about midgets in front of dwarfs.'** …"

上例是一句关于社会交往规则的俗语，言外之意是告诫他人不可当众说人短处。有趣的是，三位译者都将"矮人"译为"dwarf"，而对后面的"矮话"做了不同的处理。邦译文将"矮小"的概念直译为"talk small"，然而这个动词词组意思虽含糊，跟 dwarf 连用时也能令读者联想起二者的关系。相对而言，霍译文更胜一筹，通过将"矮话"进行更加具体化的意象重构，译文中 short legs 与 dwarf 的相关度更高，其中的寓意一目了然。杨译文则直接使用 midgets（侏儒）代替"矮话"也属于较为直白的翻译。这句俗语没有太多的文化渊源，人类共有的身体特征与尊重他人缺陷的共同情感使得这句俗语的翻译相对简单。

例 11-34

原文：麝月笑劝他道："你太性急了，俗语说：'**病来如山倒，病去如抽丝**。'又不是老君的仙丹，那有这么灵药？……"（《红楼梦》第五十二回）

邦译：Shê-yüeh smiled and exhorted her, saying; "You are too impatient. **The proverbsay: 'Illness comes like a mountain falling down. Illness goes like reeling silk**.' And if it isn't the master Lao's drug of immortality, what medicine has this kind of efficacy? …"

霍译：'Don't be so impatient,' said Musk soothingly. 'Getting better is always a lengthy business. **You know what they say "Sickness comes like an avalanche but goes like reeling silk**". This stuff isn't the Elixir of Life. You can't expect it to cure you in a twinkling….'

杨译："You must have patience," urged Sheyue. "Haven't you heard **the saying: 'Illness comes as fast as a wall falling down, but goes as slowly as unravelling a cocoon**'? He's no Lao Jun with a magic elixir to cure you overnight."

上例是一则关于疾病的俗语，汉语使用频率无论是文学作品还是现实生活中都极高。前半句形容起病来势凶猛，源语与译语读者对此具有相同感知，翻译起来相对容易；后半句的用喻"抽丝"源于有中国特色的丝织活动，翻译具有一定的难度。邦译文采取直译，在译文中形成两个独立的明喻句子，寓意与形式均紧扣原文。霍译文对前半句的"山倒"进行意象重构，改为 avalanche（雪崩）。这一改动更容易为译语读者接受，因为现实生活中人们看到或听说大山倒掉的场景不多，但雪崩的场景却时有发生，相对而言更容易联想。同理，杨译文也采取类似霍译文的处理方式，后半部直译，而前半部分进行意象的重构，使用 a wall falling down（墙倒）代替原文的"山倒"。这也是生活中比大山倒塌更为常见的场景。由此可见，霍、杨在选择翻译策略时，均一定程度地考虑译文读者的接受度；而邦斯尔则更加注重忠实原文，不轻易改换原文的意象。

例 11-35

原文：凤姐儿……问道："……<u>自古说</u>，'<u>妻贤夫祸少</u>'，'<u>表壮不如里壮</u>'，你但凡是个好的，他们怎敢闹出这些事来？"（《红楼梦》第六十八回）

邦译：When Fêng-chieh ... asked: "... From *ancient times it has been said:* '*If a wife is virtuous her husband's troubles are few. To be strong outwardly is not so good as to be strong inwardly.*' If you had been good throughout how would they have dared to do all these things?"

霍译：Xi-feng ... '... There's *a very old saying: "A good lining gives a garment strength and a husband with a good wife has few calamities.*" If you'd been a good wife to Zhen, he and the others would never have got up to this mischief.'

杨译："..." she demanded. "... As *the saying goes, 'A good wife keeps her husband out of trouble—a sound woman counts for more than a sound man*.' If you were any good, how could they do such things?"

上例是凤姐大闹宁国府时借用一句俗语指责尤氏，虽有一定压制和禁锢女性的思想，但真实地反映了当时的家庭伦理观念。这句俗语的翻译反映出三位译者对原文的不同理解程度与翻译策略。邦译文无论在语义还是结构上，都基本照搬了原文的形式，尤其是后面一句"表壮不如里壮"。这句话含义有二：一是形容衣物外表好看，不如里面结实；二是比喻妻子与丈夫治家时的关系，即一个家庭内丈夫强还不如妻子贤惠。如，明施耐庵《水浒全传》第二十四回："常言道：'表壮不如里壮'，嫂嫂把得家定，我哥哥烦恼做什么？"中国人看待或分配夫妻在家庭里的责任时的确"内（里）""外（表）"有别，这是国人了然于胸的常规理念。然而，邦译文的直译使得这句话的含义相当模糊，译文读者未必会将 outwardly 与 inwardly 与"丈夫"和"妻子"直接联系起来，理解这一信息的难度较大。杨译文前半句与邦译文同，采用直译，后半句则将原本隐含的寓意明晰化，把"里、外"替换为 woman 和 man，前后的表述虽有语义上的重复，但读者的理解难度得以减轻。相反，霍译文则采取后一句俗语的第一种含义，通过译语读者更为熟悉的衣物来类比妻子对丈夫的重要性，译文效果相对更佳。

修辞格同其他语言符号一样具有言内意义、指称意义和语用意义，如何准确地传达这三种意义是歇后语翻译的基本要求。由于英汉两种语言及文化间存在诸多差异，同时传递三种意义的可能性较低。修辞格的文本功能中交际功能应当放在首位，无论是何种修辞格，其达到的交际效果应当是译者首先考虑的因素。邦译文通过直译来保持上述三种意义的尝试固然可嘉，但译文修辞格的实际交际效果会因为过度的直译和过多的注解而减弱，译文的接受度自然也就降低了。译者在文学作品的翻译中必须考虑多重因素，能够兼顾文化意象、语义与交际效果固然最好，但迫不得已时，适度重构与替换文化意象以达到类似原文的修辞效果，未尝不是上好的选择。毕竟，唯有了解读者的文化背景和语言表达特点，才能提高译作的被接受度和扩大其传播效力。否则，不管多么忠实的译文，都难以逃脱被"束之高阁"的命运。

本章小结

我们在本章通过探究《红楼梦》五种较有代表性的修辞格英译，对比考察了邦译文的策略与译者风格，译文分析的结果从不同侧面反映出译文的整体风格、译者的翻译观、译者对待原文的态度及主要翻译策略倾向等。这为第二部分的定量研究提供更为可靠的支撑，也为第十三章译者风格形成机制的探讨奠定了基础。

第十二章　邦译本《红楼梦》个案勘误：误解与误译[①]

　　针对霍译本与杨译本的勘误研究已较为系统，而针对邦斯尔译本的误解与误译探讨尚不多见。鉴于此，本书专门辟出一章，探讨邦译本的误解和误译，以期见微知著，从另一个侧面为译者风格形成机制的探索提供个案佐证。

　　《红楼梦》常被誉为一部承载中国文化的百科全书，书中无论语言还是文化，均可谓蔚为壮观。语言不仅涉及诗词歌赋诸多形式的韵文，也含有各色人物的方言口语和俚语、民谚等。文化层面更是无所不包，从饮食、服饰和建筑等物质文化，到风俗与节令、宗教与人伦、礼仪与政治等精神文化。单就饮食文化而言，又可细分为茶文化、酒文化、地方特色饮食文化等等。因此，要想充分而全面地理解全文并非易事，精通中国语言文字的国人恐怕也会对文中内容存在一定的误解与误读，更别提母语为英语的邦斯尔与霍克思、闵德福。相对而言，三个全译本译者中，杨宪益夫妇有着深厚的汉语语言文化修养，解读原文时尚且存在个别纰误，更何况是邦斯尔与霍克思、闵德福。范圣宇（2004：116）详细梳理了霍克思、闵德福译文的数十处误译，并指出这是"杰出的翻译家打瞌睡时不小心留下的破绽"。诚然，霍译文就算存在疏漏，依然得到众多译评家们的首肯，译本的被接受度更是直接肯定了这部译作的成就，可谓瑕不掩瑜。

　　邦译文在译者前言中曾强调翻译本书的宗旨，即：

[①] 本章曾以《〈红楼梦〉邦斯尔译本误译考辨》为题发表于《红楼梦学刊》2015年第3期，辑入本书时有较大改动。

译文完整无缺，没有省略任何内容。译者尝试努力传递出原文中每句话的含义。①

邦斯尔试图"忠实、完整"地传释原文内容的决心显而易见，但仔细研读邦译文却发现，由于对原文理解不够透彻和过度直译的翻译策略，译文存在违背原作意义的地方，存在一些误读与误译之处。这些纰漏对于翻译《红楼梦》这部庞大、复杂的文学巨著而言，可谓在所难免。我们对其加以总结和梳理并非有意苛求译者，而是希望借此考察邦斯尔翻译过程中的思维痕迹和思维过程；通过误译反映的问题探讨形成纰漏的原因，并由此探讨译者主体性因素在形成译者风格过程中的作用和影响，以及对未来文学翻译研究和评论带来一定的启示与借鉴。总之，无论是译者的"无心之失"还是"能力所限"，误译均不能作为评判译作水平的唯一标准。

根据本研究的统计整理，邦译文对原文的误解与形成的误译不下百处。我们依据这些纰缪的性质和特点，将其大致细分为五类：一是笔误；二是语言误读；三是文化误读；四是情节误读；五是死译与硬译。我们采用原文与邦译文的对比，同时适时参照霍、杨译文处理方式。由于篇幅的原因，非必要时霍、杨译文的全文不再详尽列举。

第一节 笔误

邦译文笔误主要是指由于译者疏忽造成的拼写错误与语法错误。笔误属于偶发现象，数量不多，很可能是打字机操作不当所致。如下例所示。

---

① 英语原文为：The translation is complete. Nothing has been omitted. And an attempt has been made to convey the meaning of each sentence in the original text. (Bonsall, "Title: Translator's Foreword")——笔者译

例 12 - 1

原文：案上设着武则天当日镜室中设的**宝镜**……（《红楼梦》第五回）

邦译：On the table was set the precious ***morror*** (mirror) which Wu Tsê-t'ien formerly set up in her house of mirrors.

上例所示即为一处典型的笔误，应是译者打字机输入时的误拼。除此例外，第十六回中译者还将 eunuch（太监）错拼为 eunush；第四十六回中将"贾母允了"写为 The Dowager gave ***ger*** (her) consent，ger 应该也是 her 的误拼。拼写错误属于译者"无心之失"，未经出版和校对的文稿多存在类似错误。

例 12 - 2

原文：李纨笑道："我说你昨儿**去不成**，只忙着要去。"（《红楼梦》第四十回）

邦译：Li Huan smiled and said: "I said that you ***were (not) going away*** yesterday and that you were only in a hurry to go, didn't I?"

上例所示也是一处笔误，属于译者遗忘或漏写否定词 not 所致。这类错误相对误拼较难发现，同时也会影响译文的内容，相对而言性质更加严重。

例 12 - 3

原文：**未知**如何，下回分解。（《红楼梦》第九十五回）

邦译：If you do not ***what (know) what*** happened see the explanation in the next chapter.

上例所示的笔误应该是译者误将 what 当作 know 来拼写，导致出现两个 what 的笔误，也属于一种因疏忽导致的个别语言错误。

如上所述，笔误大多由于译者疏忽导致误拼、漏写或错写单词所致，均属不太起眼的小错误。这类错误相信在经过正规编辑校审后会得到纠正，但不可否认的是，个别笔误（如例 12-2）也能引起译文内容的失真。邦译文以手稿修改稿的形式存在，通过稿子修改痕迹可知，译者在完稿后可能经过不止一次的修订。已经更正的笔误更是译者思维过程与译文形成过程日趋完善的有力证据。

第二节　语言误读

邦译文语言误读主要指由于译者汉语语言功底不扎实造成的纰误，主要集中在个别特殊字音和字形的文字和字面意思与实际含义差距较大的词语上，数量相对有限。语言误读的严重程度直接影响译文内容，比笔误严重得多，如例 12-4。

例 12-4

原文：一从二令<u>三人木</u>，哭向金陵事更哀！（《红楼梦》第五回）

邦译：Even since the second order and ***the thrice repeated divorce***. She cries as she goes towards Chin-ling. The affair is very pitiable."①

例 12-4 中的诗句来自金陵判词中揭示王熙凤命运的一首，其中"人木"合起来是"休"字，是一种常见的拆字诗，源于析字占卜，后融入诗词创作；而前一句中的"一、二、三"并非表示数量与频次，而是王熙凤人生发展轨迹的顺序：从初到贾府时的唯他人是从，到大权在握时的发号施令，最终落得被贾琏休掉的命运。显然，由于后四十回的作者存在争议，内容自然也受到诸多质疑。就王熙凤而言，程乙本中并未出现被休的结局，邦斯尔显然注意到这一点，于是才有了注释中 she was not divorced 的补充说明。无论如何，上例中 the thrice repeated divorce 的译文反映译者误解了原文"三人木"的意思，"三休"中的"三"不是三次，而是"最终"的意思，译者显然搞混了"三"的修

---

① The reference is to Feng-chieh. According to the received test she was not divorced. Cf. Chap. x.

饰功能。相比之下，霍译文为：'Two' makes my riddle with **a man and tree**: Returning south in tears she met calamity，"人木"被分别译为 a man 与 tree，虽然紧扣原文字面意思，但判词对人物命运的预示内容很难被解读出来；杨译文则译为：First she complies, then commands, **then is dismissed**，通过舍弃原文中拆字形式，杨宪益直接将其寓意译出，避免了直译的晦涩难解，原文表达效果有所损失，但鉴于拆字形式的不可译程度较高，也实在是不得已而为之。

例 12-5

原文：偏顶头遇见了门下清客相公<u>**詹光单聘仁**</u>二人走来。……（《红楼梦》第八回）

邦译：There he met head-on two young gentlemen clients of the household **_Yen Kuang_** and **_Tan Ping-jên_**.

霍译：Zhan Guang and Shan Ping-ren；　　杨译：Zhan Gruang and Shan Pinren

例 12-5 中对两个带有双关含义的人物名称詹光（沾光）和单聘仁（善骗人）均被邦斯尔错误地拼写为 Yen Kuang 和 Tan Ping-jên，显然是译者由于不熟悉中国汉字多音特点而导致的音译失误。霍译文拼为 Zhan Guang and Shan Ping-ren；杨译文拼为 Zhan Guang and Shan Pinren，二者均为正确拼写。邦斯尔对汉语知识欠稔熟的确造成了不少缺陷，如第一回中将"封肃"误拼为 Fêng Hsiao；第三十回中将"白老媳妇儿"误译为 a white-haired old woman，作为姓氏的"白"成了"白头发"；第一百五回中将"王府长史"错译为 the head steward Wang，作为爵位的"王"则成了姓氏的"王"。由以上几处语言误读可知，邦斯尔的汉语语言文字与汉语言文化功底的确不够扎实。

例 12-6

原文：（贾珍）说道："……如今伸腿去了，可见这<u>**长房**</u>内绝灭无人了！"（《红楼梦》第十三回）

邦译：He was just saying:"... Now she has stretched out her legs and gone away, you can see that in this **long room** there is absolutely no one."

霍译：this senior branch of the family;　　杨译：my branch of the family

上例中的"长房"在中国一般指嫡生长子之家。贾珍是宁国府后裔，在老辈中宁国公居长，宁府系长房，贾珍也由此成为贾氏一族的族长。可惜的是，邦斯尔将此处的"长"(zhǎng)误读为"长"(cháng)，因而本来表示"长幼"的概念，被替换为"长短"的概念，于是便有了 long room 的误译。

需注意的是，"长房"在《红楼梦》中出现不止一次。如，1. 第三回：黛玉想道，这必是外祖之*长房*了；2. 第五十三回：贾蓉系*长房*长孙；3. 第一百十回：况且老太太的事原是*长房*作主。上述三处"长房"邦译分别译为 main hall, the eldest son, the eldest son。第一例中的 main hall 显然也是一处误译。霍译分别译为：the elder branch, the senior branch, Grandmother Jia's eldest，三处均为正确的理解。杨译前者译为 the elder branch，后二者译为 the senior branch，也均为正确的理解和翻译。这一误译的考察说明：第一，邦斯尔汉语言文字掌握不足；第二，邦译文前后内容的连贯性较差，同一词目出现正、误两种解读。

除此之外，邦斯尔在第六十七回中将"夯鸟先飞"中的"夯鸟"错译为 pushful bird(精力旺盛的鸟)，或许是受到该字中"大"和"力"两字的误导。然而，此处的"夯"字实为"笨"的意思，也即俗语"笨鸟先飞"之意，如第五十四回中"单单给那小蹄子儿一张*乖嘴*，我们都入了*夯嘴*里头"，"夯嘴"即是"笨嘴"之意，但同样被邦斯尔误译为 strong mouth。

例 12-7

原文：凤姐笑道："好兄弟，……咱们*姐儿两个*同坐车，好不好？"
　　　　（《红楼梦》第十五回）

邦译：Fêng-chieh smiled and said:"Good brother, ... How will it be if we two, ***elder sister and son***, sit together in this carriage?"

霍译：The two of us;　　杨译：come and share my carriage?

上例中"姐儿两个"显然是指王熙凤和贾宝玉两人，却被误译为"姐姐"和"儿子"，很可能是由于邦斯尔不够了解汉语儿化音所致。我们对比发现，此处的霍译文为 The two of us；杨译文为 come and share my carriage，二者均为正确理解。类似问题还出现在第二十七回中，邦斯尔将"林之孝两口子"中的"两口子"译为 Lin chih-hsiao's two sons，系同样的语言误读所致。除此之外，《红楼梦》中存在大量长辈对晚辈的昵称，如珍哥儿、兰哥儿等，均被邦斯尔译为 elder brother Chên、elder brother Lan 等。此处"哥儿"是长辈对家中男孩子的一种昵称、爱称，跟 elder brother 没有任何关系，这样的译法也是语言文字的误读，容易引起读者的误解。

例 12-8

原文：静夜不眠因**酒渴**，沉烟重拨索烹茶。（《红楼梦》第二十三回）

邦译：During the quiet night he does not sleep because of his ***thirst for wine***. The dense cloud opens out again. He requires tea to be brewed.

霍译：Wine-parched；　　杨译：thirsty after wine

上例是宝玉诗作《秋夜即事》中的最后两句，无论基于一般常识还是结合下一句中"索烹茶"的逻辑联系，"酒渴"均应解读为"因饮酒而导致的口渴"，而非邦译文所表达的"thirst for wine"（渴望喝酒）。而霍译文用 Wine-parched 和杨译文用 thirsty after wine 均为对原文的正确理解和翻译。

例 12-9

原文：王夫人笑道："……吃东西受了冷气也不好；**空心**走来，一肚子冷气，压上些东西也不好。"（《红楼梦》第五十一回）

邦译：Madam Wang smiled and said:"... And it is not good to get cold while you are eating things. To come ***thoughtlessly*** with a bellyful of cold air pressing on things is also not good."

霍译：with an empty stomach；　　杨译：on an empty stomach

上例中的"空心"是指一种"空腹、饥饿"的状态，与思想无关。然而，邦斯尔将其误解为 thoughtlessly，显然是对语言文字的误读。对比可知，霍译文与杨译文均为正确的理解与翻译。

例 12-10

原文：柳湘莲冷笑道："我的心事，等到跟前，你自然知道！我如今**要别过了**。"（《红楼梦》第四十七回）

邦译：Liu Hsiang-lien smiled coldly and said:"When the time comes, of course you will know what I have in mind. Now I want **not to commit any fault**."

霍译：I must be going now； 杨译：Now I must take my leave

上例中的"别"字是指"分别、离开"而非否定词。邦斯尔不仅将"别"误读为否定词，还将"过"误读为"犯过错"，于是便有了 not to commit any fault 的错误译文。这类误解字面意思的误译还不止这一处。如第五十四回中的"拿些果子菜**馔**点心之类与他二人吃去"被译为 take some fruits, vegetables and ***animal food***, and cakes, for the two of them to eat，其中"馔"被误译为 animal food，读来令人一头雾水；相对而言，霍译文的 the cakes and other delicacies 与杨译文的 some refreshments 均为正确的理解。又如第二十八回中薛蟠所说"我不来"被误译 I'm not coming，此处的"来"是指"作诗"，而非"来往"。此外，文中还有多处"到明儿""赶明儿"以及"明儿"等表示"不久后的将来"，却被误译为 tomorrow，后来逐渐有所改善，开始译为 when the time comes 等以示将来的表达法。另外，第三十七回中王夫人所语"眼见有婆婆家了"被误译为 before her eyes there was her future husband's mother；第二十一回中一句"睡觉也不老实"中的"老实"被误解为 honest。

通过以上诸例可知，邦斯尔的汉语言文字功底相对弱一些，由此导致的语言误读也在一定程度上影响到译本的质量。

第三节 文化误读

文化误读是指由于译者对源语语言与文化知识的欠缺而导致对其文化内涵的误读。这些误解可能源于对源语语言误读，但内容往往超越语言文字的范畴，直接导致文化内涵的曲解与谬译，如下例所示。

例 12-11

原文：托内兄如海荐<u>西宾</u>接外孙贾母惜孤女(《红楼梦》第三回)

邦译：Asking his brother-in-law for a favor, Ju-hai recommends ***a visitor from the West***. Receiving his grand-daughter, the Dowager has pity on the motherless girl.

上例中的"西宾"由周礼制宾位在西得名，《大戴礼·武王践阼》记载："师尚父亦端冕奉书而入，负屏而立。王下堂南面而立。师尚父曰：'先王之道不北面'。王行西折而南，东面而立。师尚父西面。"后来人们称家塾延师为西宾，亦称"西席"。邦译文仅从字面意思传递该词的含义，忽略了语言背后的文化内涵和历史典故，最终导致误译的产生。霍译文将"西宾"译为 a private tutor；杨译文译为 a tutor，虽然文化意象被舍弃，但原文的真实寓意得以保留。

例 12-12

原文：北静王又道："只是一件：令郎如此资质，想<u>老太夫人</u>自然钟爱……"(《红楼梦》第十五回)

邦译：The Prince of Pei-ching also said:"But there is one thing. The young gentleman is gifted like this. I think that ***your honourable wife*** of course loves him very dearly...."

上例中的"老太夫人"为称呼语，是交际一方为表达敬意所言，符合中国人"抬高他人，贬低自己"的社会文化传统。例中的北静王虽高贵为王，却显得异常谦卑，这段对话的交际对象是贾政。通过"令郎"和"老太夫人"两个称呼语，可以看出北静王将自己与贾宝玉置于同一个辈分。同一辈分时，尊称对方的母亲为"老夫人"，尊称对方的祖母自然是"老太夫人"或者"太老夫人"（已故时称呼）。然而，邦斯尔似乎既没搞清楚北静王的交际对方和对自己的身份定位，也没读懂"老太夫人"的具体所指，于是原本是指贾母的"老太夫人"就阴差阳错变成 your honourable wife（您尊贵的夫人），即贾政的夫人。而霍、杨译文均将此处译为 his grandmother，his 自然是指上文中的"令郎"宝玉，二者译文均无任何问题。邦斯尔对称呼语的翻译还存在类似问题，如第四十四回中将"老婆"错译为 old woman，也是"望文生义"所致。

例 12-13

原文：刘老老道："……依我说，给他瞧瞧祟书本子，仔细<u>撞客</u>着。"
（《红楼梦》第四十二回）

邦译：Old Mrs Liu said:"… According to what I say, look in some book about evil Spirits for her. Be careful about, *meeting any visitor*."

霍译：the child might have been pixified；

杨译：just so as to be on the safe side

上例中的"撞客"具有特定的文化内涵，是中国人在谈及"鬼祟"时的一种特殊说法，反映出民众的一种迷信心理，这种表达也可归为修辞格中的委婉语，即对禁忌话题采取避而不谈的策略。邦斯尔将"撞客"译为 meeting any visitor 显然是误解了该词的真正含义。就算不是误解而是译者一贯坚持的直译策略，由于没有译出该词的文化内涵，也是过于僵化的硬译。通过对比可知，霍译文采取意译策略，将"撞客"所含的迷信色彩明示出来；杨译文的表达更加隐晦，直接舍弃这一词目，意译的程度更高。如同"长房"一样，"撞客"

在后文也出现过，如第一百二回中贾蓉推测尤氏病因时说"别是撞客着了罢"，邦斯尔将其译为 met with something evil，此处的译文虽为正解，但依然出现了同一词目前后译文不一致的现象。

例 12 - 14

原文：宝玉叹道："……诸葛祠前的柏树，**岳武穆**坟前的松树：这都是堂堂正大之气，千古不磨之物。……"（《红楼梦》第七十七回）

邦译：Pao-yü signed and said:"... the cypress tree in front of the shrine of Chu Ko, the pine tree in front of the tomb of ***Yo Wu-mu***. These are all really great influences of much dignity, things which from very ancient times have not been erased."[①]

上例中的文化误读出现在注释而非正文中。邦斯尔对岳飞这一重要历史人物的出生朝代出现认识错误。岳飞为南宋抗金将领，绝不会出生在唐朝，显然是由于译者缺乏足够的中国历史文化知识所致。

综上所述，由于译者汉语言文字与社会文化、历史知识等的欠缺，邦译文中出现文化误读的现象。这些误读一方面表明《红楼梦》百科全书式的复杂知识内涵，另一方面也反映出译者的基本素养，包括汉语言、文化乃至百科知识素养。

第四节　情节误读

情节误读是指由于译者未能理解人物关系、故事情节及代词照应等而造成的情节误解，包括人称的混乱和情节内容的失真等，如下例所示。

---

① Yo Wu-mu was the posthumous title of Yo Fei. Born in humble circumstances under the T'ang dynasty, he was noted for his filial piety...

例 12 - 15

原文：秦钟暗拉宝玉道："**此卿**大有意趣。"（《红楼梦》第十五回）

邦译：Ch'in Chung secretly drew Pao-yü aside and said: "**This countryside** is very interesting."

霍译：A comely damosel, thinkest thou notes?   杨译：Isn't she fun?

上例中是秦钟和宝玉之间的对话，发生在秦可卿出殡途中。送殡的王熙凤在一个村落歇脚，随行的秦钟和宝玉偶遇一个名叫"二丫头"的女孩，于是秦钟便向宝玉说了上例中的一句话。"此卿"显然是指书中的"二丫头"，"卿"的用法略显出秦钟的轻佻。邦斯尔将其译为 countryside 显然是对故事情节的误解。通过对比霍、杨译文可知，秦钟所指是"二丫头"而非当事人所处的"乡村"。当然，此处的误译也存在另外一种可能，即译者漏写一词 girl，如果真是这样，则此处不是情节误读，而是一处笔误。

邦斯尔手稿中存在多处对情节误读的更改，也显示出译者对原作内容理解的渐进性。如第八回中"那边**小蓉大爷带了秦钟来拜**"，曾被误译为 Young Jüng ta-yeh from the other side has brought Chin Chung to **call on him**。这里的"来拜"是指拜见贾母，而非宝玉。译者后来将其改译为 to call and pay his respects，这样才能和后续的情节连贯起来。

例 12 - 16

原文：袭人知宝玉心内也不安，待要不叫他伏侍，他又不依；况且定要惊动别人，不如**且由他去罢**：因此倚在榻上，由宝玉去伏侍。
（《红楼梦》第三十一回）

邦译：Hsi-jên knew that Pao-yü was uneasy in his mind and was not going to let her wait on him. And so she most decidedly did not agree. Besides, it would certainly alarm the others. The best thing was to **let her have her own way**. Because of this, she leaned on the bed and went towards Pao-yü **to attend to him.**

上例是袭人被宝玉误打后卧病在床，作为主子的宝玉反倒去服侍她，令袭人略感不安的情节。其中"由他去罢"中的"他"是指宝玉。邦斯尔显然误解了此处的情节，let her have her own way 中的 her 令人费解。更有甚者，后面既然是 she leaned on the bed（袭人躺在床上），之后却为何又同时 went towards Pao-yü to attend to him（过去服侍宝玉）？唯一的解释就是，译者误解了原作中的情节。

例 12 - 17

原文：那大姐儿因抱着一个大柚子顽，忽见板儿抱着一个佛手，大姐儿便要。丫鬟**哄他取去**，大姐儿等不得，便哭了。众人忙把柚子给了板儿，将板儿的佛手哄过来给他才罢。（《红楼梦》第四十一回）

邦译：Ta-chieh was in consequence clasping a large pumelo to play with. Suddenly she saw Pan-êr clasping a citron. Then she wanted it. A maid was trying to *__beguile him and take it away__*. Ta-chieh could not wait and cried. The others hastily gave the pumelo to Pan-êrh and by a trick got the citron from him and gave it to her. Then she stopped.

霍译：... and let up a wail when the maids who were attempting *__to coax it from Ban-er__* could not procure it for her quickly enough.

杨译：Although the maids promised *__to fetch her one too__*, she was unwilling to wait and burst into tears.

上例是刘姥姥外孙板儿和凤姐之女巧姐争佛手的一个情节，也被不少学者认为是对二人后来结下姻缘的伏笔。其中一句"哄他取去"的"他"是指"巧姐"，即丫鬟见巧姐也要佛手，就哄她说去给她也拿一个过来，而非邦斯尔所译的"beguile him and take it away"（把板儿的佛手哄过来）。这一点从后面情节里可以得到印证，丫鬟们见巧姐等不急另取一个佛手大哭起来，才改变策略，用柚子向板儿换了佛手。由此可知，邦斯尔误读了这一情节。无独有偶，我们对比霍译文发现，霍克思的误解同邦斯尔如出一辙，也译为 to coax it from Ban-er(把板儿的佛手哄过来)。相对来说，杨宪益夫妇更加精通和谙熟汉语，杨氏夫妇的译文 to fetch her one too(也给她去取一个佛手来)才最符合原文中的实际情节。

例 12 - 18

原文：贾母啐道："下流东西，灌了**黄汤**，不说安分守己的挺尸去，倒打起**老婆**来了！凤丫头成日家说嘴，'**霸王**'似的一个人，**昨儿唬的可怜**！要不是我，你要伤了他的命！——这会子怎么样？"（《红楼梦》第四十四回）

邦译：The Dowager spat and said:"You base thing! You swilled yourself with **yellow soup**. Not to say that without any regard for your proper position you want and stuck your carcase out, you also began to beat your **old woman**. The girl Fêng argued with you for a whole day. **You acted like a tyrant. Yesterday you frightened her in a pitiful fashion**. If it had not been for me you would have killed her, and now what about it?"

霍译：'Disgusting wretch! If you must go filling yourself with **liquor**, why can't you lie down quietly and sleep it off like a good, sensible creature? Fancy knocking your own **wife** about! Feng can normally hold her own against anyone—**she's a regular little Tyrant King as a rule—but yesterday you'd reduced the poor child to a state of terror**. Suppose I hadn't been here to protect her and you really had done her an injury, what would you have had to say for yourself then, I wonder?'

杨译：She spat in disgust and swore, "You degenerate! After swigging you might at least stretch out on your bed quietly like a corpse instead of beating your *wife*. Xifeng's a regular saucebox and **_likes to lord it over everyone_**, but how **_you frightened the poor thing yesterday_**! If not for me you might have killed her. What do you intend to do now?"

上例中同样存在情节误读，贾母所言"成日家说嘴，'霸王'似的一个人，昨儿唬的可怜"三者的主语均为凤姐，且凤姐行事风格就是活脱脱的一个"霸王"形象，对此无论是书中人物还是母语读者众所周知。邦斯尔却误读了贾母的话，将"'霸王'似的一个人"译作 You acted like a tyrant，误解为贾母对贾琏的斥责。对比可知，霍、杨译文对此处情节的理解均无问题。除此之外，这一情节中的两个词"黄汤"和"老婆"在邦译文中也值得推敲。显然，yellow soup 和 old woman 是邦斯尔一贯的直译风格，但直译的选词导致译文语义失实，其效果则适得其反。

通过以上几例可知，邦斯尔除了语言和文化误读外，对书中人物与情节的理解也不是十分精准。原文次要人物暂且不论，即使是特别重要的角色也存在误读的地方，如译者对"史氏（贾母）"注解时，将其与书中的人物薛姨妈的关系解释为 the mother of Aunt Hsüeh。薛姨妈是王夫人胞妹，怎能是贾母女儿，这显然是译者对小说人物关系的误读。由此可知，邦斯尔对原文的认知程度无论在语言、文化层面还是在情节的释读层面都存在缺憾。

第五节　死译与硬译

死译与硬译是指，由于邦斯尔过度坚持"完整无缺"，并"努力传递出原文中每句话的含义"，而导致译文过度晦涩难懂乃至误导读者的现象。这些错误并非语言或文化的误读，而是译者有意识地选择直译翻译策略的结果。刘泽权和刘艳红（2011：47）曾专门探讨了邦译文的几例硬译，认为"邦译倾向于按原文字面逐词、逐句地直译，从而导致译文对原文亦步亦趋，注重字、词、句表层结构的转换，译文略乏灵活性和自然性"，而且"译者忠实于原文、力图译出每一句话的精神可嘉，然而过于直译则会陷入语言僵硬、冗长，甚至造成歧义"。邦译文死译与硬译的现象在译文中俯拾皆是，如下例所示。

例 12-19

原文：老尼道："……张家正在没法，两处为难。不料守备家听见此信，也**不问青红皂白**，就来吵闹，说：'一个女孩儿，你许几家子人家儿！'偏不许退定礼，就打起官司来。"（《红楼梦》第十五回）

邦译：The old nun said:"… Just as Chang did not know what to do about it, for it was difficult either way, the garrison commander unexpectedly heard the news, and ***without asking green, red, black, or white***, he came and made a row about it. He said:'One girl! How many men will you promise her to?' He would not allow the betrothal gifts to be returned and brought a law-suit against him."

上例中"青红皂白"中的颜色意象是虚指，其语义已经基本脱离了与颜色的关系，是一种已经词汇化的修辞方式，寓意大于意象。邦斯尔却将四种颜色悉数列出，译文也由此显得十分突兀晦涩，令读者百思不得其解。相对而言，霍译 most unreasonable 与杨译 without even finding out the truth of the matter 均为意译处理，舍弃了原文借助颜色表达意思的方式，更容易为读者所理解和接受。

例 12-20

原文：（凤姐）又冷笑道："……**糊涂油蒙了心、烂了舌头，不得好死的下作娼妇们，别做娘的春梦了**！明儿一裹脑子扣的日子还有呢！……"（《红楼梦》第三十六回）

邦译：She also smiled coldly and said:"… ***You whose stupid hearts are stopped*** up with fat, whose tongue are rotten, who descend to act as prostitutes, who won't come to good end, don't dream women's spring dreams*. By and by there will be a day when the whole lot of you will be cut...."

霍译：'... **Stupid woman! Stupid, chicken-witted, evil-tongued, snivelling, misbegotten bitch! She ought to wake up**. One of these days they'll make a dean sweep and take the whole lot away—then she'll have something to shout about! ...'

杨译："... **Rot those stupid, foul-mouthed bitches! They'll come to no good end. How puffed up they are with their own consequence!** But they'll lose the lot, and sooner than they think..."

上例是凤姐咒骂赵姨娘的几句话，可谓句句如刀、恶毒至极。邦斯尔尝试将原文中的各种经典詈骂言辞一一译出的努力诚然可嘉。问题是，这些汉语读者耳熟能详的"国骂"直译过去未必会得到译语读者的认可。中间两句尚可理解，第一句的 stopped up with fat 和末尾一句的 women's spring dreams，恐怕很难在译语读者头脑中形成类似的联想意义。首先，读者很可能因为不理解这些句子的含义而误解译文内容；其次，詈咒在译文中如果不成立，便体现不出曹雪芹对王熙凤形象的生动塑造与此处情节设计的精当。相反，霍、杨译文均考虑到上述局限性，对译文进行一定程度的归化处理，二者译文的詈骂语更容易为英语读者接受。因此，在方式和意象没有重要到必须保留时，适当的归化处理将更加有效地再现原文的表达效果。

例 12-21

原文：（贾母）说道："……九个魂专等阎王驾到，<u>左等不来，右等也不到</u>。正着急，只见孙行者驾着'筋斗云'来了，看见九个魂，便要拿'金箍棒'打来。……"（《红楼梦》第五十四回）

邦译：Nine spirits waited specially for the chariot of the King of Purgatory to arrive. ***On the left they waited, but it did not come, and on the right they waited, but it did not arrive***. Just when they were getting impatient, they saw Sun Hsing-chê come riding on a somersaulting cloud.

上例是王熙凤讲的一个笑话，其中"左等不来，右等也不到"体现出汉语表达中习惯使用"同义反复"修辞手段，同类的表达还有"左也不是，右也不是"等。邦斯尔显然过度直译了这一个"同义反复"结构，译文读起来十分冗长复杂，给人的感觉是九个鬼魂在等待时不停移动，一会儿在左边，一会儿又移到右边，似乎是某种固定的等待程式一样。与此相反，霍译文译为… but King Yama didn't come，杨译文则译为 They waited for a long time but nothing happened，均为更为理想的处理方式。除此之外，邦斯尔还习惯将表示身份高低的"上上下下"译为 high and low，这也是直译的一种；但由于 high and low 在英语中也同样表示身份和地位高低，于是 high and low 在译文中并不显得晦涩难懂。因此，适度的直译既能保留原文风格，又能确保译文的可读性，并无不妥；但过度直译的效果则正好相反。

例 12-22

原文： 正没个主意，只见凤姐手持一把明晃晃的刀砍进园来；<u>见鸡杀鸡，见犬杀犬</u>；见了人，瞪着眼，就要杀人。(《红楼梦》第二十五回)

邦译： Just as they could not make up their minds what to do, they saw Fêng-chieh, holding a gleaming knife in her hand, come hacking her way into the Garden. ***When she saw a fowl she killed a fowl. When she saw a dog she killed a dog***. When she saw a man she glared at him and wanted to kill him.

上例中是王熙凤中魔后的描述，其中"见鸡杀鸡，见犬杀犬"是虚指，并非真的杀了鸡犬。可以想象，无论是凤姐的小院还是贾母、王夫人乃至众位姐

第十二章 邦译本《红楼梦》个案勘误：误解与误译　335

妹住所，鸡犬恐怕都难觅踪迹。这里的"见鸡杀鸡，见犬杀犬"是一种夸张手法，意在刻画凤姐身中魔魔、五鬼附体时的疯狂形象。然而，邦斯尔或许是误读了此处的文字，也可能是坚持一贯的直译策略。无论如何，"见鸡杀鸡，见犬杀犬"仅为对凤姐意图的描写，并非实际结果。这里的实际语义应是"见鸡要杀鸡，见犬要杀犬"，而非真的杀了鸡犬。邦斯尔并未顾及这一点，语义译文便成了"凤姐看见家禽就杀了一只家禽，看见一条狗就杀了一条狗"，原来的意图性描写在译文中变成既定事实。相对而言，霍译文的 attacking whatever came in her path 更加明确简单；杨译文 trying to cut down all the chickens, dogs and people in her way 虽然也涉及鸡犬，但 trying to 的使用则明确了凤姐的疯狂状态，并非已经杀死。

例 12-23

原文：袭人又道："**大毛儿衣服，我也包好了**交给小子们去了……"
（《红楼梦》第九回）

邦译：Hsi-jên said again: "*Your outer garment padded with feathers I have already wrapped up* and given to the servants...."

霍译：She continued: 'I have packed your big fur gown for the pages to take.'

杨译："I've packed your fur coats and given them to the pages," Xiren continued.

上例中虽然不涉及任何形象或修辞，但邦斯尔对划线部分语序的处理依然能反映其译文的死译味道。汉语中惯用"话题+评论"结构，上句中的"大毛儿衣服"是一个前置的话题，原本的信息结构应该是"我也包好了大毛儿衣服"。这种将话题前置以示突出强调的方式在汉语中屡见不鲜，英语却很少出现此类结构。邦译文中 Your outer garment padded with feathers（大毛衣服）+I（我）+have already（也）+wrapped up（包好了）几乎全部复制了原文的信息结构，包括后面一句也是类似。然而，这种句式在英语中极为罕见，恐怕也很难为译语读者接受。相比之下，霍、杨译文的句子结构均为符合英语表达习惯的句式。

例 12 - 24

原文：周瑞家的听了道："嗳，我的老老，**告诉不得你了**。这凤姑娘年纪儿虽小，行事儿比是人都大呢。如今出挑的美人儿似的，少说着**只怕有一万心眼子**，再要赌口齿，**十个会说的男人也说不过他**呢！**回来**你见了，就知道了。——就只一件，待下人**未免**太严些儿。"（《红楼梦》第六回）

邦译：When Chou Jui's wife heard this she said:"Ai! My dear madam. *I must not tell you*. Although this Miss Fêng is but young she is better than everybody else when it comes to practical matters. She is now like a beautiful girl who is getting on a bit. I am only afraid, to say the least, that *she has a heart with ten thousand eyes*. If again you want a slanging match, *ten men with the gift of the gab cannot get past her in an argument. When you come back* after you have seen her, you will know. There is only one thing. She does not *escape being* too stern in her treatment of those beneath her."

霍译：'Oh Grannie, *you have no idea*!' said Zhou Rui's wife. 'Mrs Lian may be young, but when it comes to doing things, she's got an older head on her shoulders than any I've ever come across. She's grown up to be a real beauty too, has Mrs Lian. *But sharp*! Well, if it ever comes to a slanging match, *she can talk down ten grown men any day of the week! Wait till* you meet her, and you'll see what I mean. There's only one thingthough. She's *a bit* too strict with those beneath her.'

杨译："*You don't know the half of it*, my dear granny. Young as she is, she handles things much better than anyone else. She's grown up a beauty too. *Clever isn't the word for her*! As for talking, *ten eloquent men are no match for her*. You'll see for yourself *by and by*. If she has a fault, it's that she's *rather* hard on those below her."

第十二章 邦译本《红楼梦》个案勘误：误解与误译 337

上例中是周瑞家的和刘姥姥的对话，其中几处原文经邦斯尔的过度直译处理后显得异常僵化和晦涩。尤其是"告诉不得你""回来"和"未免"译文不仅过于僵硬、死板，竟至内容失实。如"告诉不得你"，实际的交际意义是"您不知道啊""您哪里知道啊"等意思，本意是周瑞家的略显炫耀凤姐本事的语气。结果邦译文却是 I must not tell you，给人的感觉是周瑞家的迫于某种压力噤若寒蝉，不敢告诉刘姥姥实情。"回来"的本意是"稍后、等会儿"的意思，而邦译文的 when you come back 更显得死板。同样的译文还出现在第二十回黛玉嘲弄湘云口吃的一节"*回来*赶围棋儿，又该你闹'么爱三'了"，此处的"回来"邦斯尔也译为 You ***come back*** and when you play chess you are sure to be carrying on about yao, ai, san，同样是死译、硬译的结果。"未免"被译为 escape being 虽在整个句子中尚说得通，但依然能明显感觉到过度直译引起的语感僵化。相对而言，霍、杨译文进行了适度的意译、归化和转换，译文可读性更强。

例 12-25

原文：村老老是*信口开河*　情哥哥偏寻根究底（《红楼梦》第三十九回）

邦译：An old village woman, saying whatever came into her mind, ***opens a river***.

The emotional elder brother must needs try to get to the bottom of her story.

霍译：An inventive old county woman ***tells a story of somewhat questionable veracity;***

And an impressionable young listener insists on getting to the bottom of the matter

杨译：An Old Village Woman ***Tells Tall Stories***

A Romantic Youth Insists on Following Them Up

上例是第三十九回的回目，"信口开河"是对刘姥姥口无遮拦所讲内容不太可靠的夸张说法。邦斯尔显然没有考虑到译文字面意思与实际语义的差距，将其直译为 opens a river。虽然译文读者通过中间插入语部分的 saying whatever came into her mind 能够一定程度推测出 opens a river 的含义，但过度的思考和推理无疑会伤及译文的可读性并降低阅读兴趣。相对而言，霍译文和杨译文均作了意译处理，使用译文读者更加容易接受的方式翻译"信口开河"，虽然译文相对原文的形象性和生动性有所损失，但语义和交际效果得以保留。直译虽有助于保留源语语言与文化特色，但直译过度将过犹不及，伤及译文的可读性并最终影响译本的传播效果。

综上所述，邦斯尔作为首个《红楼梦》英文全译本的译者，在缺乏资料且无人协助的情况下坚持完成全部一百二十回译文实属不易。译者尊重原文语言和文化，坚持使用直译的方式最大程度地"完整"再现原文内容的尝试精神也值得钦佩。但通过以上分析，我们可以发现部分译文由于过度的直译所带来的问题，希望能借此为未来的文学翻译提供一点借鉴与启示。然而，我们不能过度苛求译者，尤其是那些勇于探索、力求忠于原著，以"信"为本的译者，正是他们的不懈努力，才使翻译实践的大花园中百花齐放，也令后来者在此基础上不断将经典作品重译，从而提高译文质量。犹如汉译发展旅程中，如果没有前辈们坚持不懈地运用直译策略，诸多如"鳄鱼眼泪""橄榄枝""一石二鸟"等就不会进入到汉语的词汇中来，因为当时的他们也可以使用"猫哭老鼠假慈悲""化干戈为玉帛"和"一箭双雕、一举两得"等进行意译和归化。这样一来，汉语也就失去了借助外来词汇不断丰富和发展自身的机会。

本章小结

本章以邦译本为个案，对其进行了勘误研究，探讨的目的并非指责和苛求前人，而是希望借此探讨译者翻译策略与风格，揭示其形成的原因，为译文的评析和重译提供启示。翻译是两种语言和文化之间的桥梁，融汇与沟通正是翻译活动的本质所在。如何平衡"信""达""雅"之间的关系是实践与理论研究永恒的主题。如果大胆尝试的巧妙直译能被受众逐渐接受，并成为其语言中的新元素，就为中国文化传播出去并被逐渐接受创造了机会和希望。

定性研究小结

本书第三篇通过章回体例、修辞格个案和勘误研究，进一步考察了三个译本的译者风格特点，也从中窥探出其翻译策略和风格形成的原因。同时，通过三译本的定性对比，为译者风格形成的差异性因素提供了佐证，为第十三章探讨译者风格的形成机制提供文本依据。

须着重指出的是，文本体例和修辞格英译研究均表明，邦斯尔对文学文本的修辞艺术奉行"原文至上"原则，更多地考虑对原文的忠实。此外，值得一提的是，邦斯尔对待原作中的性描写及社会文化现象表现出一定的保守性，这或许与其传教士身份有关。这从一定程度上也反映出译者身份和社会环境也会对译者的翻译策略和风格产生重要影响，在涉及文化因素的翻译时尤其如此。

第四篇

译者风格形成机制探索

第十三章 邦译本个案研究启示

第一节 方法与路径

翻译的描写研究并不止于对翻译现象的描写,而是要在描写的基础上概括出规则乃至规律,以解释和预测翻译行为(范祥涛,2004:61)。描写翻译研究为翻译行为中涉及的所有因素的检视开启了一种建设性的视角,使翻译研究不再局限于翻译的内部,而是将研究的视阈延展到翻译的外部,并以社会文化功能为纽带将两者联系起来。译者风格描写应包括翻译活动的全部选择过程以及与其相关的各种因素。同时,译者风格形成机制研究离不开译本、译者研究,更离不开对影响因素的理论论证。确定研究内容和目标、制定研究方法和步骤是确保本章研究有效性的基础。

一、研究内容和目标

本章主要尝试探索译者风格形成机制。译者风格的形成,是内部因素和外部因素共同作用的结果。内部因素包括译者的翻译动机、翻译观、语言文化素养与个性特点等;外部因素包括源语和译语的社会文化环境、主流意识形态、主流文学观念、赞助人,以及译者的实际翻译环境等。内部因素的形成及其在翻译过程中的作用,受到外部因素的影响和制约。内部因素与外部因素存在冲突和博弈，前者可能表现为对外部因素的适应、顺从和妥协，也可能表现为对外部因素的对抗和抵制。本章尝试在第二篇定量描写和第三篇定性描写的基础上，结合对邦斯尔及其翻译活动的认识，并对比霍、杨两位译者，探索译者风格形成的机制，即影响译者风格的诸多因素分别具备何种功能，其如何相互影响、相互制约，什么因素起到决定性作用等。最终，本研究尝试修正前文假设，并基于本研究提出关于译者风格的新假设。

二、研究方法

本章是基于前两篇的启示性研究。主要研究方法有四点：一是理论论述。根据描写翻译学的基本内涵和研究范围，通过对影响译者风格的内部因素与外部因素的理论剖析，解释并进一步考察译者风格形成的原因和各因素间的工作机理。二是译本与译者个案研究。通过第二和第三篇对邦译本译者风格的定量、定性描写结果，结合影响译者风格形成的原因，总结邦译本译者风格研究对译者风格形成机制的启示。三是个案对比。通过对比《红楼梦》三个英文全译本的三位译者，考察译者风格形成机制中的决定性因素。四是假设验证法。基于本研究第三章提出的两个假设，对假设进行论证和修订，并在此基础上形成新的假设。

三、研究步骤

本研究第一章援引了关于语料库假设验证的方法和七个基本步骤：一为提出假设；二为设定研究目标；三为检验假设；四为分析数据；五为对发现进行理论阐述；六为将假设精确化；七为在此基础上为将来的研究提出新假设（Laviosa，2002：2）。本章考察译者风格形成机制也基本遵循上述方法步骤。

首先，基于第三章提出的假设设定研究目标。其次，确立影响译者风格因素的理论框架。通过对各因素的条分缕析，结合前文章节形成的结论，解释译者风格形成的原因，检验假设。再次，通过对影响译者风格形成的内部因素与外部因素进行理论论证和梳理，以及对译者与翻译活动的定性分析，揭示影译者翻译活动和译者风格的内外部因素，为译本分析与风格考察奠定基础；通过第二篇的定量统计分析，将译者风格研究纳入描写翻译学和语料库翻译学的视野之内。通过译本翻译共性在各个语言层次的特点，逐步呈现译者风格；同时表征多译本差异的表象和差异产生的具体因素。通过第三篇的定性研究，具体考察在体例、修辞和文化层面的风格特点。通过对比原文与霍、杨译本，分析译者风格形成的因素和译者决策过程中的影响因素，厘清其相互作用的工作机理，进一步论证前文假设。最后，根据本章的研究结论，修正假设，并提出关于译者风格研究的新假设。

总之，本章是基于译者语料库的译者风格考察的进一步提升，期望在通过语料库呈现和描写译者风格的同时，能够进一步解释译者风格形成的原因。因此，本章研究步骤既带有一定回顾性，也具有一定综合性和前瞻性，是融汇前文研究结论的启示性思辨。

第二节　译者风格形成因素剖析

翻译理论研究与实践经验已经表明，翻译活动并非简单的文字转换。因此，翻译批评的对象也不能局限于静态的翻译结果，而应涉及从译本选择到翻译接受的整个翻译动态过程，涵盖文本内部和外部的诸多要素(刘云虹，2012：48)。翻译活动受到历史文化、社会环境、主流意识形态等诸多外部因素的影响，同时又受制于译者主体性中翻译动机、翻译观、译者素养和个性特点等内部因素的制约，具有一定的复杂性。影响译者风格形成的因素，可大致分为社会文化环境、实际翻译环境和译者主体性三个类别。

一、社会文化环境

翻译行为并非是一种独立于其他因素之外的纯文本操作，在翻译行为实施之前，已经存在着先在的系统结构，影响和制约将要实施的翻译行为，这就是译语的历史文化。它不仅是形成翻译动机的直接原由，也深刻地影响和制约着译者所采取的文化立场、翻译目的、翻译策略、翻译标准、翻译方法，以及宏观和微观的语篇选择。译者风格描写应首先将社会文化环境这一先决性制约因素纳入描写范围。社会文化因素包含两个对立面：源语社会文化环境和译语社会文化环境。两者包含复杂构成成分，其中对译者风格起到主要影响的是意识形态、主流诗学（文学观念）、社会规范等。

社会文化是一个难以量化的宽泛概念，针对这种困境，西方描写译学研究一直致力于对"规范"的探究，这也是图里等人后期翻译研究的主要特征之一。图里指出："意识形态是大多数语篇选择的主导因素"（参见 Gentzler, 1993:126）。这类主导参数包括目的文化的意识形态、哲学观念、伦理道德、政治经济、权力关系、诗学、文学规范、语言规则等方面。当然，这一切的实际制约作用的描写仍须参照文本的比较分析，并在动态的观察中确定相互之间的关系。

1. 译语社会文化环境

译语社会文化环境对译者的影响主要体现在以下几个方面：主流意识形态、社会规范、文学观念及译作在译语文学系统中的位置和认知程度。译语中的社会意识形态和社会规范是影响译者风格的宏观因素中最突出、影响力最大的两个方面。

社会主流意识形态指一个国家或社会中占主导地位的政治、伦理、审美、价值观等倾向。主流意识形态又包括政治意识形态和文学意识形态等组成部分，其对译者风格的选择起到至关重要的指导作用。意识形态是权利的体现和意志，译者较难抵制。王东风（2003:17）指出：

> "任何一个社会都有其独特的意识形态体系，有着其或隐或显的意识形态边界。社会的每个有思想的成员都知道那个界限在哪里；在一般情况下，都会自觉地在这个边界之内活动；你可以走向边缘，但你万万不可越过边缘。这是任何一个社会的游戏规则，翻译者也同样要遵守。"

顺应和遵守译语主流意识形态是译者自觉或不自觉的选择。然而，译者并非一味地表现出顺应的态度，有时译者甚至会对主流意识形态进行抵制和反叛。顺应的目的是为了巩固现有的意识形态；反叛则为新的意识形态的形成和意识形态的多元化奠定基础（周小玲，2011：159）。

意识形态对译者风格的影响力显而易见，但如何借助语料库研究进行量化分析，一直是该领域研究的难点。奥罗汉在其《翻译研究语料库入门》[①] 一书中论述了如何借助语料库方法研究译者风格，尤其是译者风格中的意识形态因素。从奥罗汉的论述可知，关键词、词汇模式、语义韵、动词选择都可以用来研究译者风格。语义韵[②]是构成态度意义和语用意义的微妙成分，能够解释某些词语在搭配中反复出现的语义偏好，是说话人和译者态度的体现。总之，意识形态总是暗含在文本中，译者可能完全是一种下意识的遵从。大量的语料可以揭示暗含意识形态的语言选择和搭配模式，从而发现译者的态度和立场。

规范是行为的准则或标准，对人的行为具有规定和指导作用。译者总是面临着在这两种文化系统之间的选择，即起始规范（initial norms）的选择。若译者选择向源语语言和文化规范靠拢，则翻译偏向于充分性（adequacy）；若译者选择向译语语言和文化规范靠拢，则翻译偏向于可接受性（acceptability）。在实际的翻译过程中，译者还通常受到另外两种规范的制约：预备规范（preliminary norms）与操作规范（operational norms）。前者涉及翻译文本的选择，以及直接翻译与间接翻译（从另一门语言转译）的问题；后者则包括母体规范（matricial norms）和语言规范（textual-linguistic norms）。母体规范指文本内容的安排取舍等宏观层面，语言规范则指影响文本的微观层面，如句子结构、遣词造句等（Toury，1995：58-59）。由于译者的行为不是系统性的，规范是一个等级概念，描述翻译学的目的就是要重建影响翻译过程的规范。赫曼斯（Hermans，1999：89-90）曾指出，规范对译者的行为提出一种期待，译者在进行决定时必然会对这种期待采取某种立场。无论是顺从还是违反规范，译者的决定都涉及选择某些行为而排斥另外的行为。译作若想进入某一种社会文化体系，必然受到该文化体

---

① 详细论述见本书第三章第二节。
② 语义韵的内涵及研究方法详见本研究第六章第三节。

系中各种规范的制约；规范便由此影响着译者的选择和风格。对规范的矛盾抵触和违背也常有发生，可能导致的结果是译作在目标读者群中的接受度很可能会降低。

　　同时，文学观念和译语文学系统也影响译者的风格选择。首先，译者的翻译活动会在潜意识中受到所处时代文学观念的影响；其次，译者为了迎合主流的文学观念，会采取一定策略改变原作，如对原作进行有意识的误读和改写等。谢天振(1999：13)对翻译中有意识的误读进行解释时指出，有意识的误读，令译语文化与源语文化表现出一种更为紧张的对峙，而译者则把他的翻译活动推向一种非此即彼的选择：要么为了迎合本民族的文化心态，大幅度地改变原文的语言表达方式、文学形象、文学意境等；要么为了强行进入异族文化模式，置本民族的审美趣味的接受可能性于不顾，从而故意用不等值的语言手段进行翻译。这段论述中，译者被默认为"母语为译语的译者"；但那些母语为源语的译者又会有何表现呢？本研究的一个优势和特色是，《红楼梦》的三个英文全译中，邦译本(英1)和霍译本(英2)都是母语为英语的译者所译。杨氏夫妇的译本(中)是"中西合璧"模式，根据译者自述，翻译时主导作用的是母语为汉语的杨宪益先生。因此，三个译本依据译者母语便确立起一个"中-英1"、"中-英2"和"英1-英2"的"三角形"多重对比模式，有利于更加充分地认识意识形态和文学观念对译者风格的影响力。

　　最后，根据多元系统理论，构成一个多元系统的各等级成分为获取主导地位相互竞争，这就是文学系统进化的原因。佐哈尔(Itamar Even-Zohar)的多元系统论，论述了翻译文学在文学多元系统中的位置，并将其视为文学多元系统中的子系统，客观地描述翻译文学在译语文化中的接受与影响。译作在译语文学系统中的地位，也会一定程度上影响译者的风格选择。由此可见，源语文化与译语文化的相对低位和张力，无疑也将影响译者的选择。接受度高的源语作品，译者的工作就相对轻松；接受度低或处于"边缘"地带的作品，将对译者提出更高的要求。要充分认识源语文化及其对译者的影响力，就必须审视源语作品及其代表的意识形态对译者的影响。

　　2. 源语社会文化环境

　　源语社会文化环境对译者风格的影响，主要体现在两个方面：一是主流意识形态的认可与接受程度；二是源语作品的经典化程度。

源语意识形态对译者的影响来自两个途径。第一，是有过在源语社会生活经历的译者，将会受到这种异域文化的影响乃至熏陶，结果可能为一是认同并接受源语文化，并由此表现在译文中，通过异化策略尽力保持原文在语言和文化两个层面的特色；二是部分认同或排斥源语文化，并由此表现在译文中，通过归化策略将源语在语言和文化两个层面的特色"本土化"。第二，是没有过源语社会生活经历的译者，从源语中间接习得源语社会文化，其影响在翻译中的表征类同上述两种情况。

源语作品的经典化程度，对译者风格也有一定影响力。经典化程度越高，译者对其认同感就可能越强烈，反之亦然。然而，译者的选择完全有可能出于个人兴趣和爱好，从而翻译完全不算经典的作品；因此，个体喜好也是不可忽视的因素。但杨宪益夫妇英译《红楼梦》则是例外，这部作品的经典化程度毋庸置疑；但杨宪益曾在接受采访时坦言，他并不喜欢这部作品，在翻译之前也从来没有通读过。杨氏夫妇的翻译可能完全是出版社的意志，而非个人选择。尽管如此，杨宪益的翻译策略中最显著的便是异化策略。这说明译者的策略并非直接与原作认同有关，还有可能同译者的基本文化立场和翻译观有关。

贝克调查译者的语言习惯和文体模式并非目的，其目的是通过调查，了解某个译者。或了解一般译者的文化身份与意识形态；或了解决定译者行为的认知过程和机制。在此基础上，制定一种研究方法，以区分哪些可归因于译者本人，哪些可归因于原文。这类研究有助于我们把语言习惯与译者的社会文化定位联系起来，这种定位包括译者如何理解源语或译语文化与译语读者之间的关系。

上述因素存在于译者生活或曾经生活的社会环境之中，对译者的选择起到或隐或显的影响。其中意识形态和文学观念起到主导作用，是先决的、隐含的；而译者并非一味遵循。译者具备主观能动性，很可能因为受到源语作品的影响，而采取回避乃至突破目标语文体规范的态度；因此，我们必须结合社会文化环境以外的因素，如译者实际翻译环境和译者的主体性等加以考察。

邦译本《红楼梦》的社会文化环境因素：就译语社会文化环境而言，邦斯尔是以英语为母语的传教士，不但精通英语，同时也谙熟汉语与中国文化，是一位具有双重文化身份的译者。他在中国的传教活动带有一定的宗教性和政治性，其本土文化身份与在华活动，都难免带有本国社会文化和意识形态的影响。作为译者思想观念和个人修养的一部分，其文学观念和翻译观念，也难免受到本土社会文化和意识形态的影响。由于邦斯尔在华生活15年之久，故亦难免受到中国文化的浸染。

相对邦斯尔而言，另外两个英文全译本译者的情况，既有相似之处，也有各自特点。霍克思和闵福德也是地地道道的汉学家，具备一定的双重文化身份；但却没有传教士这一浓重的宗教文化身份。杨宪益夫妇是典型的"中西合璧"式翻译合作模式，两者都具备双重文化身份，都曾离开母语文化长期生活在另一种文化环境中，深受双重文化的影响。在某一社会文化环境中生活时间越长，越是容易受到该文化环境的影响。有些影响可能是潜移默化的，作为主体的译者并不一定能够明确感受得到。当然，译者具有自己的主体性，无论是源语社会文化还是译语社会文化，都可能存在顺应或抵触的倾向。具体的影响需要结合译文中的实际语言现象加以佐证。

二、译者实际翻译环境

社会文化是译者翻译活动的宏观环境，译者在翻译操作层面还有一个"实际翻译环境"，即赞助人、工作场合与合作者，这是译者直接接触的环境因素。从广义上讲，实际翻译环境也可纳入社会文化环境的范畴。鉴于实际翻译环境，尤其是其中的翻译模式，对译者风格影响的作用较大，下文中我们将专门予以讨论。

赞助人最关注的是作品的意识形态，而把诗学的控制权下放给专业人士。勒弗菲尔的翻译研究主要集中在权力、意识形态、体制和操纵等问题上，认为翻译即是一种改写，是为特定的意识形态服务的手段。改写的动机要么是为了与主流意识形态或诗学保持一致，要么是为了反抗主流意识形态和诗学。译者与赞助人的关系表现为顺从与冲突两种。不可否认，赞助人意志是影响译者风格的重要因素。职业译者受赞助人或出版商的影响最大，一般会遵从其意志，按照市场需求和出版商的市场定位决定翻译策略。自由译者，特别是在非工作场合从事翻译的译者，受到的影响较小，相对来说自由度更大，译文表现出来的风格更加贴近译者风格；而职业译者，特别是在工作场合从事翻译活动的译者，受到的约束更大。

译者实际翻译环境中的工作模式包括独立翻译、合作翻译、集体翻译、与作者沟通翻译等不同的方式，反映并影响翻译策略和译品形态（王颖冲、王克非，2013：118）。本研究涉及的《红楼梦》三个英译本中，霍译本是霍克思与闵福德合作翻译而成；杨译本是杨宪益与戴乃迭合作翻译而成。合作者的因素也是影响译者风格的重要部分。不同译者同时翻译一部作品，既存在合作关系，也存在一定矛盾，表现在译文中就会出现表达和策略不一致的现象。霍克思与闵福德的合作模式是"一前一后"：前者翻译前八十回；后者翻译后四十回。前者对后者还起到指引和指导的作用。杨氏夫妇的基本合作模式是"一主一从"：杨宪益主译；戴乃迭负责校对和润饰。两种模式虽不相同，但合作者无疑也会影响到译作的整体风格和译者的整体风格。通过考察几对汉英小说翻译合作模式后，王颖冲、王克非得出结论：决定译文整体风格的是主译者的翻译策略，不论主译者的母语是英语还是汉语，合作译者的作用大多体现在词句层面。然而，他们也承认"合译者之间的翻译常有出入，但在长期合作中也会彼此影响，磨合后达到一个平衡点"（王颖冲、王克非，2013：121）。可以肯定的是，不管出于何种模式，译者的翻译活动总会受到实际翻译环境的影响，不同模式对译文的影响也将呈现不一样的特点。独立的翻译模式中，译者具有充分的处置权，译者风格主要取决于译者的意志（抑或是潜意识）；而合作模式中产出的译作，译者风格则会受到合作模式中其他因素的干扰。

总之，无论是译者身处的社会文化环境还是具体的翻译环境，"规范"总会在有形或无形中影响到译者的翻译行为，进而影响到译者风格。有无赞助人对译者风格的影响十分巨大，在赞助人缺失的情况下，译者的自由度更大，译者风格也就更加贴近和体现译者的主观意志。而对于职业译者和有出版商邀约的译者来说，译者的任何操作行为难免不受到邀约人的影响和制约。然而，出版规范的约束力有强弱之分，因时、因地、因人而异；但无论强弱，规范都是不会永远被遵守的（张南峰，2008：67-68）。这就给研究背离规范的内部动因——译者主体性——带来新的契机。

邦译本《红楼梦》的实际翻译环境因素：邦斯尔的翻译活动没有邀约人，

其另一部译作《战国策》的翻译或许是以汉语研究和学位申请为初衷，带有一定的功利性；而《红楼梦》的英译则是出于其子的建议，在退休后的时间自发开始翻译。实际翻译过程中既没有出版商的束缚，也没有合作者的牵绊，相对而言翻译的实际操作环境比较自由、宽松。越是相对宽松的环境，译者发挥主观能动性和形成鲜明个性风格的可能性也就越大。

不同于邦译本的是，霍译本是由霍克思和闵福德合作翻译而成，是先签订出版合同再行翻译的案例。他们的翻译无疑要遵循一定的出版规范和受到一定的意识形态影响，同时还要受到合作者的影响。鉴于霍译本前八十回为霍克思独立完成，受合作者影响的主要是闵福德主译的后四十回。虽然霍克思等坦言出版商给予他极大的自由发挥空间，但出版发行毕竟是一种商业行为，无论何种翻译策略都需要考虑译语读者的接受度和译本的传播效度。出版方的影响可能是潜在的、下意识的，但无疑是客观存在的。

杨宪益夫妇是职业译者，他们受聘于中国外文局，最早于1960年开始翻译《红楼梦》，到1964年已经完成大约前一百回。1965年被责令停止翻译，文化大革命期间夫妻二人双双入狱，直到1972年获释后才得以继续翻译，最终完成全部译稿。戴乃迭曾在2004年接受采访时坦言，他们的翻译自由度非常小，言外之意是受到特殊历史时期的政治因素的制约，译者主体性未能积极发挥。单从目前杨译本的出版前言就可看出，译者依然处于"隐身"状态，无论是最初的版本还是后来的"大中华文库"版本，前言均为外文出版社拟定，很少见到译者的"声音"和"痕迹"。三者不同的实际翻译环境均对译者风格的形成产生影响，在译作中留下"印迹"。

第三节 译者主体性

译者主体性体现为译者个体因素如翻译动机、原作态度、翻译观、译者素养和个性特点等个体因素，以及译者在翻译活动中表现出来的主观能动性和创造性。译者的身份也是影响主体性的一个因素。母语为源语的译者和母语为译语的译者在译者主体性的表现上会有所不同。

通常情况下,母语为源语的译者更加倾向于接近源语,采用异化策略在译语中保持源语特色;母语为译语的译者更加倾向于接近译语,采用归化策略尽量消除源语的"异质性"。按此推断,以汉英互译为例,母语为汉语的译者,在从事"汉英"翻译时是否更加倾向于"异化",以保持母语特色?而在从事"英汉"翻译时,是否更加倾向于"归化",以靠近母语?反之,母语为英语的译者,在从事"英汉"翻译时,是否更加倾向于"异化",以保持母语特色?而在从事"汉英"翻译时,是否更加倾向于"归化",以靠近母语?事实上,绝对异化和绝对归化的译者都不存在。母语因素会对译者策略和译文风格产生一定影响。一般情况下,母语译为外语的情况下,译者更加倾向于保持母语中的语言文化特色;外语译为母语的情况下,译者更加倾向于消除外语的"异质性",以贴近母语。问题在于,会有反例出现么?如果有,原因会是什么?这是在社会文化环境的基础上进一步研究译者主体性才能够解答的问题。

一、翻译动机

翻译目的论认为,翻译行为以翻译的目的为最终标准来判断译本的充分程度。不过,翻译目的的形成在很大程度上与社会文化因素紧密相关。而且,翻译目的一旦形成,就会直接影响翻译全过程的其他层面。显然,翻译的目的是翻译行为实施过程中涉及的一个重要的中间层次,其上承社会文化,下启翻译的选择。图里本人也认为,翻译是一种"目的性行为"(teleological activity),任何翻译行为都在很大程度上受其目的的制约。因此,"为了能够理解翻译过程及其产品,应首先确定翻译的目的"(Toury,1980:82-83)。图里还述及描写研究范式与翻译目的论之间的诸多相似之处,可以说,翻译目的论中的"目的"作为翻译行为的最高原则,恰好弥补了描写翻译研究在中间层面的不足(范祥涛,2004:62)。

翻译的目的是多层次的。通常,翻译行为有其基本层次的目的,另外很可能还有最高目标(最后的目的),在这两极之间还会有一些中间层次。形成翻译目的的变量主要有翻译的发起者和操作者,前者可以是政府、机构或个体(赞助者），也或是译者本人，"其身份和特殊的愿望对翻译操作产生根本的影响"（Hewson & Martin, 1991：113）。后者则是翻译操作的具体执行者，在翻译操作的每一个语篇层面，都可能体现其选择的目的。对多层次的目的的描写，应是多视角的、多维的，即采用多种描写方式。有些译本会在译者序言内阐明译书的目的，有时甚至是多层次的目的的阐述。需要指出的是，译本对比中的语言、风格、句式等方面的差异，也会体现译者翻译的目的和动机。翻译行为的最高和中间层次的目的易于辨识。相比而言，译本微观层面的比较所反映出来的翻译目的则相对模糊。应该说，只有那些与社会文化密切相关的翻译选择才会蕴涵着翻译的目的。毕竟，译者的操作行为"并不一定都是有意识的，也并不一定都是有理性的"（Hermans, 1999：80）。

二、对待原作的态度

译者对待原作及其文化系统的态度至关重要。内部因素对原作外部因素的顺从，将导致译文更加接近源语系统，偏离译语系统，具体表现为译本翻译策略的异化；内部因素对源语的矛盾抵触，将导致译文更加接近译语系统，偏离源语系统，具体表现为译本翻译策略的归化。例如，兴趣成分是一个重要因素。如果译者认同原作，钟爱原作，便会表现出更加热情的翻译态度，能动性的发挥也会更加强烈。反之，如果不喜欢原作，也不认同原作的内容，翻译热情和能动性都会受到影响。此外，原作的经典化程度也会影响到译者对待原作的态度。

可以推断的是，基于兴趣而主动翻译某部作品的译者，其能动性更强。但译者是否会因为喜欢原作而影响自己的翻译策略呢？如：尽力保持原作中的语言和文化特点？原作特色的保持是个复杂概念。既可以解读为对语言表达和文化表述的亦步亦趋，在译作中表现为极端的直译乃至死译；也可能表现为一种"归化"策略，使用其他手段以译语读者更加容易接受的方式来表现原作的内涵。这也是认同原作和保持原作特点的一种方式。由此可见，对待原作的态度，未必会直接导致翻译策略和译者风格的明显差异。这就要求进一步挖掘另一个干扰因素——译者的翻译观。

三、翻译观

翻译观包含两个层面：宏观层面的翻译观，指译者对翻译本质的认识和理解；微观层面的翻译观，指译者在宏观翻译观指引下采取的具体翻译策略。翻译观通常受到几方面因素的影响，主要是主流意识形态、诗学、出版商及译者认同的主流社会文化等。翻译观直接影响到译者的翻译策略，是形成译者风格的主要决定因素。翻译观有时可能是潜意识选择的结果，可能是显性的，也可能是隐性的。

译者的风格与译者的交际意图和译文的功能紧密相连。贝克认为，文体的概念首先包括译者对主题和语篇体裁的选择。译者在选择主题和语篇体裁时，心中已经同时选择了读者。这种选择因翻译种类的不同而有差异，大多数非文学译者选择的机会不多，他们通常是受人委托而翻译。而对文学类翻译者来说，他们却有较大的选择余地，通常是译者对某一作家或作品有认同或有兴趣，然后向出版社推荐；出版社接受后，着手翻译。每个作家对主题的选择都成为他们文体的一部分，对译者来说亦然。某位译者可能会始终如一地选择一些"异化"或人性类主题，换句话说，译者是希望就这些主题与读者交流，译者选择肯定会反映在译文的文体之中。

翻译就是在重重限制中寻求平衡，因此，翻译既是一个决策过程，也是一个制衡过程。如何在制衡中寻求"最佳的"翻译策略，体现了译者的价值取向。通过其译本前言可知，邦斯尔所持的基本翻译观为：翻译就是原封不动地通过字面意思传递原作表达的含义。得出这一结论的依据有二：首先是译者的自述；其次是定量描写和定性描写的结果（详见相关章节的结论）。如果说源语和译语社会环境与译者实际翻译环境等因素是译者风格形成的先决条件，译者所持的翻译观则很可能是决定译者风格的直接因素。越是翻译观鲜明的译者，译者风格表现张力就越强。

四、译者素养

译者素养指译者本身具有的语言水平、知识结构、认知能力和个性特点等相对个性化和主观性的因素。译者的语言水平和知识结构，直接决定译本语言水平与可读性。可读性差和误解、误译的出现，主要受到这两个因素影响。认知能力在翻译过程中也会影响到译文质量。译者的理解能力、推理和思辨能力，对于处理翻译过程中的问题至关重要。能力强的译者即使语言和知识有所欠缺，依然可以通过文献资料检索进行弥补。个性特点既能影响到译本风格，也能影响到译本的传播，是译者对抗译语和源语系统的内部动因。社会环境和实际翻译环境中存在诸多先决性影响因素，这些因素对翻译过程和译者风格的影响，取决于译者主体性对其过滤的结果。译者选择顺从还是抗拒外界影响有时在很大程度上取决于译者的个性特点。个性较强的译者往往译文特色鲜明，译者风格跃然纸上，这是个性特点转化为可以识别的语言特色的表征。

邦译本《红楼梦》的译者主体性因素：译者主体性因素包括翻译动机、对待原作的态度、翻译观、译者素养和个性特点等个体因素，以及译者在翻译活动中表现出来的主观能动性和创造性。邦斯尔英译《红楼梦》的动机十分明确，最直接的诱因便是其子杰弗里的建议，使他产生翻译这部著作的最初念头。当然，译者本身的语言文化修养和个人兴趣爱好，也是选择原作的因素。总而言之，邦斯尔的《红楼梦》英译既非出于学术研究，也非出于商业目的，更不是社会机构资助下的某种宣传或文化传播目的，其翻译的最大动机应归为个人兴趣。出于个人兴趣而翻译的作品，自由度相对更大，加之相对宽松的实际翻译环境，翻译策略更容易带有明显的个人风格。从《战国策》和《红楼梦》两部作品的英译文来看，邦斯尔极其尊崇中国文化，极力保存两部作品在语言层面和文化层面的"异质性"，以致个别地方出现硬译的情况。

除此之外，邦斯尔的语言文化素养和个性特点，也是影响译本风格的重要因素。知识面和语言水平将决定译本的忠实性与可读性；而译者的个性特点，不仅会影响到译者的翻译观，还会进而影响译者风格取向与译本最终的传播效度。邦斯尔曾在译者前言中坚称"译文要么全部原封不动出版，要么根本不出版"[①]。这句话表明了译者捍卫译本不容任何修改的强烈态度，同时也反映出译

---

① 详见 http://lib.hku.hk/bonsall/Hong Lou Meng/title.pdf 中的 Notes in the event of publication。原文表述为："The translation to be printed in full or not at all."。

者强烈的个性特点。个性特点越是鲜明的译者，同出版社之间的融洽性越差，具体出版事宜落实过程中，译本搁浅的可能性就越大。由此可以推断，个性特点鲜明的译者，译者风格可能也更鲜明；但译本的传播可能会因为译者违拗资助、出版者而受到影响。而受雇于出版商的专业译者，如霍克思、闵福德和杨宪益夫妇，其个性特点将在很大程度上受制于出版者，译文的风格和译者的风格都难免打上出版商和资助人意识的烙印。译者对原作的爱好程度和态度将会影响翻译过程中的一系列决策，其中包括具体的翻译策略。

个性特点容易表现为两个极端，这两个极端都可能形成个性明显的译文。个性较弱的译者可能容易顺从译出语或译语的某一个系统，译文的归化或异化特点往往不够明显；反之，个性较强的译者可能非常容易对抗、抵制译语或译语的某一个系统，从而表现为明显的归化或异化特点。译者个性的强弱也会影响译本的传播。出版商是译作传播的必经之路，其意志无疑会影响译者的翻译行为，进而影响到译作风格。个性强的译者容易坚持己见，表现为对出版商意志的抵触，这对捍卫译者初始风格极为有利；但如果冲突加剧，则会影响到译本的出版和流通。《红楼梦》邦斯尔译本的搁浅便是最好的例证。译者在前言中坚称，该译本要么一字不差全部出版，要么干脆不出版。这种强烈的个性特点很容易造成冲突，也可能是该译本未能及时出版而至今束之高阁的原因之一。

第四节　译者风格描写维度：文本、译者、社会

译者风格是译者主体性因素与社会文化环境因素间相互作用的结果，也是译者在外部因素影响下基于内部因素驱动的一系列选择的结果。这一结果以语言和非语言的形式在文本中体现出来，构成译者风格。基于语料库的译者风格描写涵盖三个基本维度：文本维度、译者维度和社会维度。其中，文本维度体现和反映译者维度，译者维度决定文本维度；而文本维度与译者维度都在一定社会维度中生成和存在，必然受到其制约。三者关系中，译者维度处于中心地位最为活跃，其既决定文本维度又在社会维度中发挥主体性作用。

一、文本维度

　　文本维度包含内部与外部两个层次，体现译者的语言特征。文本内部的译者风格体现在不同的语言层面：词汇层面、句子层面、语篇层面、修辞层面与叙事层面等。同时，译者风格还体现在译文的体例、修辞及文化等层面。文本外部的译者风格为内部译者风格的呈现提供直接依据和佐证。外部风格体现在译本的前言后记、注释、附录乃至译者翻译过程中的笔记等副文本中。除此之外，译者的学术性研究和在不同场合发表的观点也能一定程度反映译者的风格立场。赫曼斯（Hermans，1996：23-48）分析了译者声音出现的三种情况，他提到副文本时指出，"由于翻译改变文本的语用语境，为使得译文隐含读者更好地理解原文，译者将采用增加副文本（paratext）的方式介入译文正文，如译文的前言、后记、脚注、尾注、加注等"。贝克（Baker，2000）也指出，译者风格的内涵不仅涵盖语言表达的特征，还涵盖非语言特征，比如文本类型选择、翻译策略选择及"前言、后记、脚注和文内注解等"。董娜（2008）在对译者痕迹描写的分类中，将副文本归为语言层面。周小玲（2011：156）指出，副文本不仅能够折射译者知识背景和对原文的理解，而且能够反映译者的翻译观念和翻译策略。认为副文本应该属于译者文体研究的中观层面[①]。笔者认为，把副文本归入中观层面和译者主体性因素并驾齐驱的做法不太妥当，毕竟副文本属于文本范畴。译作的副文本与译文正文是一个有机联系的整体，关系密不可分。副文本因译文而生，是译文正文的拓展和延伸；而读者对译文的理解有赖于副文本。因此，无法将二者割裂开来。虽然副文本也能反映译者风格和揭示译者翻译观与翻译策略，但它与译文不仅性质不同，也不应处于译者风格描写的同一个层级。

　　译者风格文本维度的描写小到词汇，大到语篇结构与叙事视角等，都可以通过系统的描写反映译者风格。基于语料库的译者风格研究已经形成一整套文

[①] 周小玲（2011：134）将译者文体的描写层次框架分为微观、中观和宏观三个层面，其中微观层面涵盖词、搭配、句法、修辞、语篇和叙事结构；中观层面涵盖个人修养、翻译目的、翻译观念、翻译策略和副文本；宏观层面涵盖意识形态、社会规范、文学观念和读者期待等。

本研究的范式。我们已通过词频、词长、句长、标点符号、高频词与独特词的统计等，较为系统和详实地描写了邦译本的译者风格；还通过高频副词 hastily 考察了译者风格中的语义韵特点。在语篇层面，我们通过连词、副词和介词的使用，考察文本中衔接和连贯的方式与偏好；同时，通过章回套语的翻译，考察译者针对源语中规律性语言特点的处理方式，以此直观地反映出译者惯用的翻译策略以及译文风格与原文风格的关系。

　　文本维度是译者风格的表现形式，是有形的语言载体，能够直观地反映出译者风格的规律性特征；然而，译文之外还有一个副文本区域。副文本是相对于译文正文而言，指与译文平行的，或附加的、出于次要地位的文本。副文本的位置通常出现在前后（如前言、后记、附录等）、译文正文中（如夹注、脚注和尾注等）；副文本甚至还出现在译文以外的地方，如译者关于某个译本的翻译笔记、日记、评论、讲稿，或者学术论文、书籍，乃至译文正式出版前的草稿或手稿入选照片。副文本与译文正文互为补充，作为前言、后记、注释、翻译笔记的副文本，同时能折射出译者翻译过程中的思维活动和决策痕迹。霍克思翻译《红楼梦》的笔记已经正式出版，里面记载的内容无一不是译者思维过程的写照。邦斯尔的手稿里充满了修改的痕迹，这些译者"痕迹"真实、直观地反映和记载了译者的思辨过程和抉择过程。

　　不可否认，副文本的过多出现，尤其是文本内夹注、脚注和尾注等副文本的频繁出现，无疑会在一定程度上干扰读者顺畅地阅读，从而降低其阅读兴趣，并最终影响译本在目标语读者群中的传播效果。究竟是要充分发挥副文本的优势，给读者提供最大程度的辅助，还是尽量减少副文本干扰，还读者一个独立、清净的阅读环境。这些问题的解决不能一概而论，需要视译者的具体风格而定。以《红楼梦》的三个英文全译本为例，就副文本数量而言，邦译本最多，光是文本内部的尾注就多达 786 条，共计约 1.9 万多词，除此之外还有长达 10 页之多包含 470 条的人物名称及关系的附录。杨译本正文中也有注释，以脚注形式出现，数量不多。霍译本则极少出现注释情况，仅在文内个别地方添加夹注。这种巨大的差异反映出译者不同的翻译风格，也同译文的整体翻译策略有关。由三者差异可见，注释本身就是一种译者风格的体现，注释的方式和内容又能进一步反映译者的风格与翻译策略；因而副文本同译文正文一样，成为考察译者风格不可或缺的素材。

二、译者维度

译者维度主要体现为译者主体性的基本构成因素，包括翻译动机、原作态度、翻译观、译者素养，以及个性特点等。刘军平（2008：53）将译者主体性概括为四个要点：译者的主体意识与潜意识、译者的主体创造性、译者意向性与选择性、译者的操纵或抵抗。

尽管译者风格的考察不能忽略作者、译者和读者之间的对话关系与相互制约的关系；然而在整个对话与制约关系中，译者相对而言处于最中心的位置，起到最积极、最活跃的作用。许钧（2003：11）基于上述认识区分了"狭义主体"和"广义主体"，认为"可以把译者视为狭义的翻译主体，而把作者、译者与读者当作广义的翻译主体"。除此之外，不同的学者还对译者主体进行了多方面的定位和阐释。然而，无论界定标准如何、争议如何，译者在翻译活动中的中心地位与积极作用，在任何理论范畴内均无可置疑。译者的主体性是一种主观能动性，具有"主动性、能动性、目的性、创造性等特点"（屠国元、朱献珑，2003：9）。既然翻译是一个选择的过程，译者身在其中的主观能动性就越发显得重要。吉里·列维认为，在翻译过程中，"译者遇到一系列连续发生的情况，必须在一系列的选择中作出一个选择"，"这种选择贯穿于翻译的全过程，并且各个选择又彼此相连，最先作出的选择为后来的选择创造了某种上下文"（谭载喜，1991：246—247）。

由此可见，译者面临一个复杂的选择过程：既要考虑译什么，更要考虑怎么译；既要考虑翻译文本的选择，又要考虑翻译形式的选择；既要考虑翻译策略的选择，又要考虑翻译方法乃至文化立场的选择；等。译者的选择受制于其主体性的各个方面，作用于翻译过程的各个方面，最终决定了译作的品质并形成译者风格。译者在翻译过程中的选择是译者主体性最集中、最重要的体现（刘云虹，2012：50）。总之，译者在翻译过程中的选择，受到社会文化环境和翻译环境的影响，同时起到最重要作用的还是译者的主体性。无论是适应还是突破，译者在翻译过程中的任何选择，都以实现自己心目中认同的翻译观和翻译价值观为目标，即译者最终形成的风格与译者的翻译观、翻译动机、个性因素密切相关。这些主体性影响因素可以称作译者的翻译价值目标；因此，译者作为翻译的主体，应当成为译者风格描写的主要维度之一。

三、社会维度

社会维度主要体现在影响译者风格的外部因素，属于社会环境范畴。社会维度的译者风格描写，涉及源语与译语生成和存在的社会文化环境、译者的实际翻译环境、特定社会中存在的主流意识形态和文学观念、译作与译者的赞助人、出版社以及译者的合作者等。无论是译文的产生和传播，还是译者主体性因素的形成，都离不开一定的社会文化环境。译者主体性因素中的个性特征不管多强，总是无法彻底摆脱社会环境的制约。同时，译者风格也反映出译者所在时代的特征，其中的意识形态、社会规范、文学观念、出版社和资助人、读者期待等，都会直接或间接影响译者风格。

社会环境中的主流意识形态，既包括政治范畴也包括文学范畴，两者均对译者风格的形成起到一定的导向性作用。意识形态体现出强烈的权利特征，带有明显的强制性。然而，并非所有的译者，在所处时代的主流意识形态面前都循规蹈矩。相反，译者具有主观能动性，既会选择认同主流意识形态使之与其意识形态融为一体，从而顺应主流价值观，避免冲突；同时，译者也会抵抗和违逆主流意识形态。译者的顺应有助于维护现有的意识形态，违逆则有利于新意识形态的形成和意识形态多元化的发展。

借助语料库考察译本中的意识形态因素，目前还是语料库翻译研究领域的难点。主题词和关键词的使用、词汇模式、语义韵等，可以一定程度地反映译者的选择性偏好。正如奥罗汉（Olohan，2004）所言："语义韵是构成态度意义和语用意义的微妙成分，这些成分能够解释某些术语在某些搭配里反复出现的语义偏好，表明了语义韵往往是言者或作者态度的体现。"我们借助邦斯尔对 hastily 使用偏好的语料库考察，反映出译文与原文语义韵的冲突性特征。然而，就目前而言，单凭基于语料库的量化研究，不能全面反映译本和译者意识形态特征，必须借助定性研究的补充和对副文本的考察，尤其是译者在文本之外发出的声音。社会规范和主流文学的观念，对译者风格的主导作用显而易见，二者本身具有强烈的影响力和约束力。赫曼斯（Hermans，1999：89-90）指出"规范对译者的行为提出一种期待，译者在进行决定时必然会对这种期待采取一定的立场；无论是选择顺从还是违背规范，译者的决定都涉及选择某些行为而排斥另外的行为"。由此可见，规范无时无刻不在左右译者的决策，左右译者风格的形成。文学观念对译者风格的影响，与主流意识形态和社会规范相似；译者对待主流文学观念的态度，与对待主流意识形态和社会规范也无本质区别。正如谢天振（1999：13）所言，（译者）要么迎合本民族的文化心态，大幅地改变原文的语言表达方式、文学形象、文学意境等；要么为了强行引入异族文化模式，置本民族的审美趣味的接受可能性于不顾，从而故意用不等值的语言手段进行翻译。谢天振的观点道出了译者主体性因素与意识形态、规范和文学观念可能存在的两种冲突。

不可否认，社会环境中除了出版社、资助人或机构和主观因素外，另一个能够影响译者风格的主体是译语的读者群，更确切地说是读者期待。无论是在理解还是表达阶段，译者都尽量与主流读者群体的审美趣味相契合。译者在翻译时必须考虑译文接受群体的阅读能力、审美期待和价值观念等因素（周小玲，2011：164）。译者风格与读者期待存在一定的内在关联，读者的期待也会直接反映在出版者和资助人对译者的要求上。职业译者和有资助人的译者，无疑会更大程度地考虑读者的期待；否则译本的接受度将受到影响，这时译者风格更大程度上反映出社会化境对译本的规范化影响。反之，出于兴趣爱好而进行翻译的独立译者，社会环境的影响因素会降到最低，译者风格更大程度上受到译者主体性因素的作用，更能够真实地反映译者最原始的翻译观。邦译本《红楼梦》就是最好的例证。邦斯尔出于兴趣自发翻译《红楼梦》，这种翻译动机的自发性，使得译者享有更大的自由度，译者风格受到外界因素的影响相对较小。总之，无论外界因素的影响是直接还是间接，也无论译者受到的影响是有意识还是潜意识，社会环境对译者风格的影响是客观的。对译者风格的描写和考察，必须将译本和译者置于一定的社会环境范畴内，充分考虑译者风格研究的历史性。

综上所述，文本、译者和社会是基于语料库的译者风格研究不可逾越的三个维度，认清三者的本质和相互关系，是描写译者风格的前提和基础，也是考察译者风格形成机制的关键。

第五节　译者风格假设修正：一个复杂的存在

基于上文对译者风格影响因素的剖析和译者风格描写三个维度的界定，我们尝试在邦译本译者风格描写研究的启示中，解读译者风格形成的工作机制，通过修正已有假设来确立新认识。本研究第三章通过文献综述和理论梳理，最终结合研究目的提出两个关于译者风格的基本假设。

我们通过重新审视前述假设，结合第二和第三篇的研究结果及本章的论述，尝试厘清影响译者风格形成因素间的关系，并最终以邦译本译者风格研究的启示为基础，确定译者风格形成机制的工作机制和主要决定性因素。

译者语言偏好背后的驱动因素带有多重性，潜意识行为、源语影响及迎合目标语读者群期待等，都有可能成为决定译者语言风格的原因。通过对邦译本的定量、定性分析，我们可以基本断定，邦斯尔语言偏好和译者风格的形成，很大程度上受到源语风格的影响，其中尤以章回套语的翻译为最。进一步而言，决定译者认可并忠于源语风格的决定因素又是什么呢？社会环境、翻译环境、意识形态、赞助人、合作者译语的诗学规范和读者期待等，都可能成为左右译者选择的因素。单就邦译本而论，我们首先可以排除赞助人的影响。邦译文翻译《红楼梦》主要是个人行为，翻译动机很大程度上是出于兴趣，亦或是打发时间的需要。在此前提下，译者受到外界（社会环境、赞助人、合作者等）的干扰降至最低，邦译文更能体现出译者的初始意图。译者如果不是为了某个读者群翻译，那么译文就不会出于满足某种读者期待进行，而是依据译者本人的期待。

由此可知，邦斯尔对译文的掌控，享有超过霍克思翁婿、杨氏夫妇更大的自由度。邦译本对翻译策略的选择和译者风格的形成，更大程度上是受到三种因素的影响：一是译者的翻译观，即将翻译活动本身视为什么性质的事物。这将直接影响到译者对翻译策略的选择，并最终导致译文表达方式的形成和译者风格的形成。二是译者对待源语语言文化的态度（或对原作的态度）。译者越是尊重源语文化和原作，译者风格受到源语风格影响的可能性就越大；反之则越小。三是译者的个性因素，即译者在多大程度上坚守自己的理念和价值观。这将影响到译者选择认可、顺从外界干扰还是质疑、反抗外界干扰。

译者是一个具有主观能动性的主体，译者主体性的发挥，直接影响译者对影响译者风格形成的外界因素的反应。我们不否认社会环境等外界因素的客观存在，以及其对译者风格影响的客观性。然而，另一个不可否认的事实是，个性较强的译者，往往能够有效地突破乃至摆脱这些所谓的"规范"，从而形成独具一格的译者风格，邦斯尔就是如此。另一位翻译大家、诺贝尔文学奖获得者赛珍珠也是如此。

我们通过对比邦译本《红楼梦》和赛译本《水浒传》〔《四海之内皆兄弟》（*All Men Are Brothers*）〕可知，两位译者在翻译策略和译者风格上存在大量的类似之处。这些独特风格也被不少评论家所诟病，乃至称其为"死板、僵硬"。然而，译者这么译的原因首先不是语言功底欠缺，以英语为母语的邦斯尔和赛珍珠，恐怕都不是因为母语表达能力欠缺而导致译文的过度"直译"乃至"僵硬"。至少，赛珍珠突出的文学成就可以否定这一点。无论邦斯尔还是赛珍珠，他们对翻译表达风格的选择，主要出于个人的喜好或偏好，背后的驱动因素很可能是译者对翻译活动本质的理解和认知，同时也受到译者对源语语言文化态度的影响——充分的认同乃至尊崇。这些则直接导致译者尽量不去打破"原作的宁静"，尝试保存原作中固有的语言、文化信息，甚至不惜极端地直译，牺牲可读性而保持对原作的"忠实度"。当然，我们此处的探讨是为了分析影响译者风格的原因，剖析译者一系列决策背后的主导因素，并非提倡译者应当绝对"忠于"原作。我们侧重探讨的是译者风格形成机制的原因和各因素间相互制约的关系，不对译文进行价值评判。毕竟，直译与意译、异化与归化的优劣不能一概而论，更不能割裂历史发展和翻译自身的规律性特征而武断地评判译文。

通过第二章的文献回顾可知，霍译本与杨译本的研究，已经相当丰富和成熟，对译本的评判也趋于一致。国内有研究者认为霍译本倾向于意译和归化，贴近译语读者，译文更加灵活、生动。相对而言，杨译本则更加倾向于直译和异化，贴近原作风格，语言优雅、忠实；但译文略显死板、僵硬。另根据学者江帆(2007：194-199)、卢静(2013：194-195)等人的研究，正式出版发行的霍译本和杨译本，在英语世界面临着截然相反的待遇：霍译本无论是在大学图书馆的收藏量，还是在各大书店的销售量，均远远超越杨译本；杨译本虽在国内备受推崇，在目标语读者群中却遭到冷遇。然而，这是否就可以断定杨译本不如霍译本呢？我们不妨听听翻译大家的声音。著名汉学家、莫言作品的最重要英译者——美国圣母大学葛浩文(Howard Goldblatt)教授(2013)认为，霍、杨译本都是经典译作，值得翻译研读，两个各有所长。葛浩文坦言：

"两个译本我都读过，也有所偏好。大卫·霍克思的译文要美得多。(提问者插话："但是霍译本不忠实"。)是的，霍译本不够忠实。而且，如果是让我给非汉语母语的本科生推荐翻译课程教材的话，我会选择杨宪益的译本。我只是觉得，霍克思把书中人物名称进行异化处理，结果这些人物在译本中的名字都很奇怪；而杨氏夫妇的方式更加妥当……"①

作为一名成功的资深译者，葛浩文的观点是对两部译作最为中肯的评价，同时也对评判文学翻译价值提供了一个更为广阔的视角。语言文字优美华丽、地道通顺的译本，自然受到译语读者的青睐；然而，越是美丽和通顺的语言，越有可能改变原作的本来面貌。任何一部作品的评判，都要考虑一定的条件和适用性，同时也受到一定历史条件的制约。就目前而言，中国文学在英语世界中依然处于边缘地位，译语读者对中文语言文学的认知水平相对低下，更加符

---

① 2013年10月26日下午，葛浩文教授在上海外国语大学发表演讲《作者与译者：一种不安、互惠互利，且偶尔脆弱的关系》("Author and Translator: An Uneasy, Mutually Rewarding, Sometimes Fragile Relationship")一文。葛浩文在回答听众问题时，表达了对霍、杨译本的看法。文中直接引用部分的原文为：I read them all. I have my preferences. David Hawkes's translation is much more beautiful. (the questioner: but it is not faithful) It is not faithful. And I think, in my case, if I were to offer a translation course to non-Chinese speaking undergraduates, I would use Yang Xianyi's translation. I just think that they somehow get it where David Hawkes exoticizes so all the characters have these really strange names ....(笔者根据录音整理和转写)。

合贴近译语读者期待的霍译文，自然而然能够大行其道；然而，随着时间推移和中国文化影响力的不断提升，文学作品的认知度也会相应提高，杨译本未来也许会成为相比霍译本更加真实、完整地反映原作的一个译本。因此，在探究译者风格形成机制的过程中，对译文的价值评判不应成为主导。本研究的目的是探究影响译者风格的诸多因素，厘清各因素间相互影响和相互制约的关系，为考察译者风格形成的主导因素提供借鉴。

通过以上的论述，我们必须重新审视第三章中关于译者风格的两个假设。译者虽然会受到"母语"文化中主流意识形态和文学观念的制约，但译文并非一定因此采取"归化"策略向译文读者靠近。事实是，译者具备主体性，译者的翻译观、对待原作的态度及个性因素相互作用，从而决定译者是选择对主流意识形态和文学观念等外界因素的顺从还是反抗。以邦译文为例，译者选择的是抵制外界干扰，坚持自我。这种选择有可能是译者潜意识的选择，也可能是有意识的反抗。但有一点不可否认，能够左右译者风格的动因，很大程度上取决于译者的主体性因素。简言之，就是译者所持的翻译观、对待原作态度及个性因素。对每位译者而言，外界因素是同样客观存在的，然而译者风格的最终形成取决于译者的主体性因素。然而，另一个不可否认的事实是，如果译者过度对抗外界因素，如主流意识形态或资助人、出版方的意志，也有可能直接导致翻译计划的搁浅或者译作出版计划的流产，邦译文被埋没就是最佳的例证。然而，这一事实依然不能否认翻译活动的本质属性，以及译者在翻译活动中所起的作用。

总而言之，外界影响和译者主体性因素之间存在一定的博弈，译者选择遵从外界的影响，还是摆脱外界的影响，将直接影响并决定译者风格的形成，其中起决定性作用的是译者翻译动机、翻译观和个性特点。三者的综合产生一种合力，最终决定译者对待外部影响因素的态度。由此，我们可以将**译者风格假设1**修订为：

修正假设1：译者风格假设：母语文化不是决定"归化"和"异化"策略的唯一因素，译者风格既受母语文化中主流意识形态和主流文学观念等外部因素的制约，同时又受到译者主体性因素的直接影响，外界因素和译者主体性之间是一种博弈关系，译者选择顺从或对抗外界因素的主体性，将直接决定译者风格的形成。

由此可见，我们在第三章提出的**假设 2**，即**译者风格形成机制假设**存在合理性，通过前面章节的铺垫和本章的论述，我们可以基本确定译者风格形成的工作机制，其中最重要的是影响译者风格的内部因素和外部因素间的关系问题。

译者风格的形成，是一个内部因素和外部因素相互作用和相互制约的复杂过程。外界影响和主体性因素的博弈结果，也是译者风格形成的必经之路。任何一个译者在翻译之前、翻译之中乃至翻译完成之后，均处于内、外部因素博弈的一系列决策过程之中。译者的选择和决策，既影响译者风格的形成，也影响译本的发行和传播。主体性因素的重要性不可忽视。反之，外界因素的影响同样不可忽略，社会环境、主流意识形态和时代主流文学观念等因素是一种客观存在，译者受到的影响是潜在的、无形的，也可能是被迫的、强加的。然而，译者主体性中的内部因素，有时同样可能是潜在的、无形的，有时又可能是有意识的、积极的。两者的叠加正是导致译者风格形成机制复杂性的主要原因。基于语料库的译者风格研究主要优势和目的在于，通过真实、丰富的语料更加系统和全面地统计、分析，结合质性研究的定性考察，为译者风格的描写和呈现提供客观依据，避免主观臆断导致的以偏概全。

本章小结

本章是基于本书前几个章节对邦译本《红楼梦》译者风格描写研究的启示性研究和理论提升，旨在进一步考察译者风格的形成机制。

首先确定研究内容和目标，制定研究方法、研究步骤，继而深入剖析了译者风格形成的三大主要因素：社会文化环境、实际翻译环境和译者主体性，厘清了三者之间相互影响和相互制约的关系。研究发现，外部的因素（社会文化环境和实际翻译环境）是影响译者风格形成的先决性条件，直接或间接地影响译者主体性；同时，译者主体性对外部因素的顺从或抗拒，则直接决定译者风格的走向。由此可见，译者主体性是所有因素中最积极、最活跃的因素，在翻译过程中处于中心地位，对译者风格的形成起到至关重要的作用。在译者主体性中，译者的翻译动机、翻译观和个性因素，对译者风格的影响力最大。尤其是译者的个性特点，不仅能够影响译者在翻译过程中的一系列决策，从而影响译者风格；同时也能直接影响到译本的传播。然而，无论译者主体性多么活跃，始终无法摆脱外部因素的制约；因此，译者风格研究不应过度夸大主观因素的主导作用。

  本章还提出译者风格描写的三个维度：文本、译者和社会。基于语料库的译者风格描写研究，必须兼顾上述三个领域。文本直接反映译者风格和译者翻译策略，同时，副文本也能一定程度反映译者的决策过程。译者是文本的创造者，也是翻译策略的决定人。译者风格的形成，是译者有意识和潜意识下的一系列决策结果。无论是译本的生成还是译者本身，都离不开特定的社会文化环境。因此，译者风格的考察需文本、译者和社会三者并举，同时兼顾定量研究和定性研究的结合。最后，通过定量研究和定性研究以及译者风格启示研究中的理论论证，对前文提出的描写翻译学视角下的译者风格与译者风格形成机制两个假设予以了修正。

第十四章　研究价值与启示

本书在描写翻译学和语料库翻译学框架内，借助语料库统计分析软件对邦译本《红楼梦》进行了定量统计和定性研究。研究所取得的成果主要体现在三个方面：一是对《红楼梦》三个英文全译本的译者风格描写与定量、定性对比；二是对译者风格形成机制的考察和理论提升；三是研究本身形成基于语料库的译者风格考察方法。通过对研究内容的简要回顾，本章简要总结这项研究的价值、启示、局限性和未来发展方向，以期让读者有一个更为清晰的认识，并促进相关研究的新发展。

第一节　研究内容简要回顾

本书通过定量统计分析与定性研究，将《红楼梦》三个英文全译本的译者风格特点逐步呈现出来。译者的风格在文本内部体现在词汇、句子、篇章等不同语言单位层面。除此之外，定性描写还通过译者对译本体例的处理、修辞格的使用、社会文化内容的理解、态度，以及误译等特点，进一步结合定量描写的数据与分析，更加全面系统地描写三个译本的译者风格。对邦译本误解和误译的探讨，是针对一个译本的个案研究，旨在发掘译者主体性的失误，进一步探析译者风格形成的特点和规律。在此基础上，本书又深入剖析了译者风格的形成机制，验证并部分修订了关于译者风格形成的两个假设。

需强调的是，译者风格描写和译者风格形成因素的考察需涵盖文本、译者和社会三个维度。文本维度的考察含有译本正文和副文本两个方面：正文直接反映和呈现出译者风格；副文本既是译者风格的体现，也有助于揭示影响译者风格形成的诸多因素，如翻译动机、翻译观、原作态度、译者个性特点等等。译者维度是整个翻译过程中最为活跃的因素。由于译者本身具有主体性，其在翻译过程中处于中心位置，无论是文本的生成，还是生成过程中外部社会因素施与的影响，都必须经过译者主体性的过滤；译者对接受还是抗拒外界影响的选择，将直接决定外部因素影响译者风格的效果，也将直接影响译本风格和译本传播。社会维度的考察，将译本研究和译者研究置于更为广阔的社会文化视域中；社会文化环境、主流意识形态、社会规范、赞助人和合作人等外部因素，无论对译者还是译本均会产生巨大的影响；译者主体性中的翻译观和翻译动机，也离不开一定的社会环境制约。由此可见，文本、译者和社会构成译者风格描写不可或缺并相互关联的三个维度。总之，从研究方法而言，译者风格考察离不开定量统计和定性研究的结合；从研究范围来说，文本、译者和社会是译者风格描写不可逾越的三个维度。

而译者风格形成机制探索是针对邦斯尔译本个案的启示性研究。译者风格形成的三大主要因素，包括社会文化环境、实际翻译环境和译者主体性。外部的因素(社会文化环境和实际翻译环境)是影响译者风格形成的先决性条件，直接或间接地影响译者主体性；同时，译者主体性对外部因素的顺从或抗拒，则直接决定译者风格的走向。译者主体性是所有因素中最积极、最活跃的因素，在翻译过程中处于中心地位，对译者风格的形成起到至关重要的作用。在译者主体性中，译者的翻译动机、翻译观和个性因素对译者风格的影响力最大。尤其是译者的个性特点，不仅能够影响译者在翻译过程中的一系列决策，从而影响译者风格；同时也能直接影响到译本的传播。然而，无论是译者还是文本，都生存在特定的社会文化环境之中，译者风格研究不应过度夸大主观因素的主导作用。

第二节 研究价值

本研究的价值体现在本体论与方法论两个方面。本体论价值在于《红楼梦》英译研究的深度、广度、语料及研究方法创新,邦译本研究的系统化和深入化及基于语料库的译者风格研究的新发现。

一、本体论价值

《红楼梦》英译本是本研究的对象和本体之一。作为《红楼梦》三个英文全译本中最早的邦译本,目前相关研究依然相对零散与肤浅。本研究借助语料库软件实现了《红楼梦》本体研究的三个突破:一是识别、转写了邦译本手稿,建立邦译本语料库,为该领域研究提供新的、可供计算机软件识别的新语料,突破了牵制邦译本研究的瓶颈,为三个英文全译本的对比奠定语料基础。二是相对全面系统地呈现出邦译本在词汇、句子和篇章层面的译者风格,范围更广、挖掘更深,邦译本译者风格得以更加全面、详实地呈现出来。三是首次对邦、霍、杨三个英文全译本进行定量和定性相结合的对比分析,挖掘三译本的区别性特征乃至形成译者风格的影响因素。邦译本是首个《红楼梦》英译本,在这部经典小说的英译历史上具有重要的里程碑意义。由此,本研究在"红楼译评"研究领域具有一定的本体论价值,推进了邦译本的语料库研究,拓宽了全译本对比的深度。

基于语料库的译本研究是为了考察译者风格,并进一步探讨译者风格形成机制,本研究在这方面的研究也具备本体论价值。近年来,基于语料库的译者风格研究主要局限于浅层次的数据表征,既缺乏深入的统计分析,也缺乏足够的定性分析和定性个案研究的佐证。本研究通过邦译本在不同语言层面的数据表征呈现出译者风格的倾向性特点,并结合定性分析去解释数据背后的含义;同时,定量描写的不足还通过译文体例、修辞和文化三方面的定性描写进行进一步印证和补充，逐步实现了译者风格考察的全面性和系统性。在此基础上，本研究还将译者风格的考察推进了一步，延伸到探索译者风格形成机制的领域。基于语料库定量与定性研究译者风格的形成机制，探索涵盖了文本、译者和社会三个维度，并将译者主体性置于中心位置。这样打破了传统译本与风格研究以文本为中心的局限，也避免了传统研究缺乏考虑外部社会环境因素的不足。不仅为译者风格形成提供了一个更为全面、系统的呈现方式，也为其做出一个更为深入、合理的成因解释。基于语料库的译者风格研究本身体现了语料库翻译学的理论价值和应用价值。

二、方法论价值

基于语料库的译者风格与形成机制描写层次、定量研究与定性研究相结合、定量研究中统计数据的深入检验与译者风格形成机制考察的方法，是本研究在方法方面的价值体现。本研究在每个章节均通过对研究目标、语料库和统计方法的梳理、描述与界定，确保研究的科学性和精确性。基于语料库的译者风格研究应当具有可复制性，研究的方法论价值体现在如下几点：

第一，研究遵循的基本步骤是：建立语料库、定向观察、定量统计和分析、定性解释。研究思路的确定依赖于对真实语料库观察，发现问题后制定研究思路，进行定量统计和分析，通过定性研究验证和补充定量统计的不足，形成结论。

第二，定量研究与定性分析、个案定性研究相结合，二者形成互为印证和补充的一个整体，更加客观地呈现译者风格。如此，既避免传统的对译本分析方法的片面性、主观性和印象式点评的不足，又避免了定量统计的数据堆砌造成解释力不强的弊端。

第三，译本风格描写和形成机制探讨的范围得到拓展，实现文本、译者和社会三因素的兼顾，使内部因素与外部因素充分结合，避免评判标准的武断和偏颇。

第四，引入对定量统计数据的验证，对差异显著性进行更为科学的处理，使得对比结果更加科学，可信度更高。

第五，保持语料库统计软件和方法的一致性，使得每一部分的数据和结果都可以进行重复性验证。

第六，将译本的底本差异因素考虑进来，尤其是在定性个案研究中，通过回溯原文的形式将影响结果分析的底本差异逐一列出，确保研究的可信度。

总之，本研究在研究方法上充分借鉴本领域前期研究的优秀成果，也极力避免文献综述部分提及的诸多弊端，努力实现研究方法的科学性和有效性。

第三节　研究启示

本研究结论对基于语料库的文学译本批评、译者风格考察、双语平行语料库创建等等，均有一定的启示意义。

一、翻译语言特征研究启示

第一，显化研究相关理论源于印欧语之间互译的语料库统计结果，属于衡量同质性较强的语言互译时译者风格的差异性。英汉语异质性较强，单纯以"原文—译文"形符差异来证明译文的显化不够合理和充分，无法相对精确地判定译文"增生"或"显化"的程度。然而，基于同一原文的不同英译本之间，可以通过统一的标准，统计出不同译者形符数的差异，由此体现译本间显化程度的差异性。

第二，词汇的丰富程度只是反映语言丰富程度的一个指标。词汇丰富程度低，可以判定译本难度较低，但不能笼统地认为译本语言丰富性较低。原因是，词汇的搭配和组合可以形成更大的语言单位：词组。大量丰富词组的使用也可以增强译本的语言丰富性和表达力。考察译本语言丰富性和表达丰富性还必须结合其他指标，如词语搭配和词组形式的多样化程度等，以确保更为客观地评判译本。然而，通过对邦译本高频词组与搭配的统计结果可知，邦译文词组层面的丰富性也不如霍、杨译本，的确存在用词相对单一的特点。

第三，明晰化研究还有进一步探讨的空间。译本明晰化的表征方式存在多元标准，以邦译本可选性关系词 that 的使用为例，其句法关系出现明显的明晰化趋势，而章回套语与报道小句的英译却呈现出明显的"隐含化"趋向。这表明，译本的明晰化与译者的翻译策略、源语风格对译语的影响有关，即使同一个译者、同一个译本，也可能出现明晰化倾向不一致的情况。

第四，任何一个单一的定量统计数据，都无法反映译者风格的整体倾向。基于语料库的译者风格考察，既要考虑语言层面的全面性和系统性，也要结合定性分析的结果。比如，邦译本类符最少，形符最多，类符/形符比最低，这直接表明邦译本语言风格更加通俗易懂。然而，通过句子与篇章层面的统计及定性个案研究的结果却发现，邦译本由于受到原文表达风格的影响十分严重，尽管词汇和句法简单，译文整体的可读性反倒不如霍译本。

二、语料库译者风格研究方法论启示

第一，完全脱离源文本的纯译文语言特征统计分析，对于译者风格研究意义不大，译者的行为不具有完全自主性。我们可以用同样的方式考察不同作家的创作风格，却无法有效地在脱离源语的影响下考察和分析译语的风格。毕竟，译语无论是源语的再现还是延异，都无法摆脱其影响。基于语料库的译者风格研究，必须将源语纳入参照范围，最大限度发挥平行语料库的作用。基于语料库的译者风格研究，应当将考察对象定位为：译者对于源语文本中特定语言现象或规律在译文中处理的方式和规律性，即译者风格。

第二，译者风格除受到外部社会环境因素制约外，译者所处的实际翻译环境，也对译者风格的形成起到重要的影响。翻译活动涉及历史、文化、社会等多种外部因素的制约，在很大程度上受到译者翻译动机、翻译观、原作态度、译者素养乃至个性因素的影响。外部因素与译者内部主体性因素的交错，使得翻译活动呈现出复杂性特征。传统的译本分析虽然也做出详尽、细致的评判，但难免流于片面。基于语料库的译文评析和译者风格研究应当深入到翻译的决策过程，借助译文描写和外部因素分析对影响译本产生与接受的诸多文本内外因素做出合理解释。只有做到文本分析与译者研究兼顾，内部因素与外部因素结合，定量统计与定性分析互补，才能充分体现基于语料库的译者风格研究本应具有的历史性、整体性和实践性。

第三，译者风格描写的视野必须开阔全面，既关注文本内部世界，也关注文本形成和传播的外部世界，同时还必须充分顾及译本的生产者——翻译过程中最活跃、最核心的因素——译者。译者是主导翻译过程和翻译决策最活跃的因素，必须给予应有的关注。译者具有充分的主观能动性，外部因素的制约效果取决于译者选择顺从还是拒抗。因此，译者的个性因素或性格特点也有可能左右译者的风格乃至译本的传播。总之，译者风格研究应涵盖语言特征层面的译者风格研究和非语言特征层面的译者风格研究（侯羽、贾艳霞、杨金丹，2017）。

第四节 本书的局限性

由于本人能力与视野等局限以及语料库翻译学研究本身的不足，本研究无论在内容方面还是方法论上均存在一定的局限，研究还有进一步提升的空间，具体体现在语料库建设、原文底本差异及基于语料库的统计与分析方法等方面。

一、语料库建设存在不可避免的误差

基于语料库的译本与译者风格研究，首要任务是在确定研究目标后建设特定的语料库。本研究建设了三个"一对一"的平行语料库，然而，语料库本身存在一定局限。首先，出于底本差异与研究目标的考虑，三个英文全译本对原文虽然实现了句对齐，但并未实现"一对三"的平行对齐；其次，邦译本语料整理自译者的手稿，由于部分内容字迹不清，文本并非"只字不漏"的全本，存在个别语句确实的遗憾；最后，虽然经过多次降噪处理，译本依然存在个别乱码和语料库软件无法识别的文字，尤其是中文原文中的个别生僻字。因此，定量统计的结果存在一定范围的细微误差。

二、难以避免原文底本的差异性

《红楼梦》中文原文存在多个文本,大体可分为"程本系统"与"脂本系统"两大类。由于三位全译本译者在翻译过程中均参照不止一个底本,译文显然很难回溯到某一个完整的底本,这无疑为语料库的平行对齐和三译本"原文—译文"对比分析增加难度。诸如《红楼梦》等经典文学作品的研究,由于中文底本存在较大差异,译者在底本选择时有自己的标准。译文的差异和译者风格的差异存在源于底本差异的可能性,因此,译者风格研究和单纯的译文对比必须建立在底本差异对比的基础上,不能仅凭译文差异断定译者风格和策略的差异,否则就会出现译文评析中的"暴力"行为,即不依据底本而武断地评价译者和译本。鉴于此,本研究极力避免底本差异给译者风格评判造成的曲解。第二篇的定量研究数据后的定性分析例证与第三篇的定性个案研究中的例证,均一一通过原文回溯,确保译文对比基础的一致性。然而,由于底本的纷繁复杂与译者实际采用底本的不确定性,原文回溯难免存在一定误差也未可知。

三、统计和分析方法上的弊端

基于语料库的译者风格研究发源于贝克所带领的研究团队,其研究成果多来自英语与其他印欧语互译的译文。因此,研究结论对汉—英译本译者风格的研究应用存在一定的误区,个别研究成果未必适应本研究。盲目照搬语料库翻译学研究理论存在风险,前文中提及的显化研究成果滥用就是最好例证。因此,本研究在借鉴语料库翻译学研究成果时难免出现考虑不周的情况。同时,语料库统计软件和统计方法本身具有一定的局限性。具体表现为:单纯依靠语料库软件对个别参数的统计数据,如简单的标准类符/形符比、平均句长、平均词长等数值,无法有效区分基于同一原作不同译本的译者风格;数据统计的差异并非都具有显著性,单纯的数值乃至百分比率都存在误差;译文的语料库统计范围也有一定局限性。鉴于此,本研究涉及的差异显著性均进行更为精确的检验，如卡方和对数似然率等。基于语料库的译者风格考察，尽量兼顾词汇、句子和语篇三个层面，并将定量研究与定性研究相结合，以避免上述局限性。

第五节 译者风格研究的未来发展空间

邦译本译者风格的考察给予我们诸多启示，鉴于本研究的局限性和对未来语料库翻译学的展望，基于语料库的译者风格研究存在广阔的发展空间。

一、大规模双向平行语料库和类比语料库的创建

结合国内外研究现状可知，目前翻译语料库的建设存在以下主要问题：

第一，语料库内容方面多侧重文学翻译作品语料库的构建。

第二，经典译本的语料库重复建设问题严重，大量时间、精力和资金被浪费，严重缺乏学术圈内的资源共享。

第三，建设理念和统计方法存在较大差异，直接导致同样译本内容的统计结果出现明显误差，缺乏学界标准。

第四，过度迷信和依赖定量研究，缺乏必要的定性分析和定性研究互补，研究演变为数据堆砌，定量研究的弊端逐渐显露出来。

第五，研究视域仅限于文本统计范畴内，忽略翻译过程中最活跃的因素——译者，同时也将译本与译者同其存在的社会环境因素割裂开来。

上述五个方面问题的解决，无疑将在更大程度上推进语料库翻译学的新发展和研究方法的规范化和科学化。尽管本研究涉及的语料库规模相对而言已经较大，但仍然无法反映文学翻译领域的总体特征，仍属于单个译本的个案研究。未来文学作品译本更加系统和全面的考察，有赖于大规模平行语料库的创建。同时，译本研究离不开译语与原创文本之间的类比，因此，平行语料库及类比语料库（翻译语料库＋原创语语料）的创建势在必行。

二、历时研究的必要性

本研究主要是三个英文全译本的共时对比。事实证明，历时的研究也有助于考察译者风格，尤其是在涉及多译本对比和译本与原创语对比时。历时对比既可以增强对比考察的客观性，也可以增加考察的维度，更为全面系统地反映译者的风格，揭示形成译者风格的因素。

译者风格的历时研究应关注同一原作在不同时期的译本，也可以关注同一译者在不同时期的译作。历时研究将涉及更多的变量参数，研究的难度也相对增大。

译者风格的历时研究，对于考察外部社会文化环境的变化对译者风格的影响具有重要意义，也将有利于经典文学作品重译现象的研究。从历时角度考察译者风格与不同译作风格的变迁，更有助于全面、真实地呈现译者风格。

三、语料库研究领域的新拓展

国内语料库翻译学研究的范围和语料库建设，依然集中在文学翻译领域和笔译领域，研究重点仍以语料库建设、软件应用、翻译共性与译者风格为主，胡开宝（2011：196）指出"（语料库翻译学）对翻译语言特征、口译、翻译教学和应用文体翻译等领域的研究关注不够"，尤其是对基于语料库的政治、法律、经济、科技、商务、标志语、广告等文体的翻译研究，依然缺乏关注。

除此之外，语料库翻译学的译文分析侧重定量统计，主要依赖语言学和翻译学的基本理论加以解释，对于从文化理论、文学理论和社会学理论等角度展开的研究依然相对匮乏。同时，就译本分析与译者风格表征方法而言，翻译语义韵的研究相对不足。

原文与译文之间的语义韵关系，也是衡量译者风格乃至译文质量的一个重要指标。译本与译者语义韵的深入研究，对指导翻译实践和翻译教学具有实际意义。

四、理论研究向翻译和教学实践的转化

研究成果应当具有指导翻译实践和翻译教学的功能。大规模语料库的建设，也应当将上述两个目标考虑在内。理论研究只有服务于实践方能更具生命力。目前的语料库翻译学研究对促进翻译实践和翻译教学的作用十分有限。基于语料库的翻译实践能够借助大规模语料的优势，辅助译者在真实的平行语境中获取灵感，对翻译实践和译员的培养都有良好的促进作用。

我国传统的翻译教学，坚持以教师为中心和以文本为中心的模式，学生相对被动。基于语料库，尤其是平行语料库的翻译教学和培训，能够充分调动、提高学生参与程度，通过将学生置于教学活动的中心位置和强调理论与实践的并重，最大程度地实现翻译教学的真实化；同时借助大量应用文体语料库，实现翻译教学从文学文本为主到应用文本为主的发展，来解决高校翻译专业人才培养与现实社会人才需求脱节的现实问题。

五、语料库统计软件和方法的标准化

目前的语料库统计软件和统计方法缺乏相对统一的标准。学界基于同一文本内容的研究，往往出现不同的统计结果。造成这一现象的原因主要有三：一是软件内部统计方法和计算公式的差异；二是文本处理和标注方法的差异；三是统计和检验标准不统一。鉴于此，开发和设计标准更加统一、应用范围更加广泛的语料库软件应该受到关注。语料库翻译学的健康发展呼吁统计软件和方法的标准化，学界内部应当达成共识，制定相应的学术规范和标准，避免软件与方法差异影响学科发展。

总之，语料库翻译学在语料库建设、研究范围和领域、成果应用、业内标准等方面，依然存在较大的发展空间。语料库翻译学研究涵盖范围较广，在研究内容上，既有对翻译语言共性的探究、假设和假设检验，也有对研究方法论的探索与反思；在研究方法上，既注重方法论的解释力，也包括如何选择研究对象、呈现统计结果和分析、解释结果等。如黄立波和王克非（2011：912）所

言:"语料库是一个不断检验和完善假设的过程,它是在实证基础上的描写,而描写最终还是为了更合理的阐释翻译现象"。在研究视角上,除了关注翻译共性、译文语言特征和文体特征、译者风格及在线语料库平台的建设等方面,同时正从微观的词汇与搭配研究向句子和语篇乃至叙事风格等更为宏观的领域延伸。

语料库翻译学必将在理论、方法、工具等方面的探索与争论中不断进步。因此,基于语料库的译者风格研究,在方法上不应仅局限于传统形式参数统计,而应当拓宽思路,向语义、语用、社会—文化等参数拓展,借鉴语料库文体学、计量语言学、计算语言学等相邻领域的研究方法,拓宽翻译文体或风格研究的范围(黄立波,2018)。

综上所述,本研究在描写翻译学与语料库翻译学理论框架内,借助语料库软件与统计方法,通过对三个译本《红楼梦》的对比研究,系统考察了邦斯尔的译者风格及其与霍、杨译本的区别性特征,深入挖掘形成译者风格的内部与外部因素,并尝试探索译者风格的形成机制。本研究涉及《红楼梦》英译研究、翻译语言特征研究、译者风格研究三个主要领域。同时,通过"提出假设—验证假设—提出新假设"的论证方法、定量研究与定性研究结合的译本描写方法,以及译者风格描写与译者风格形成因素探索相结合的风格描写方法,将译者、文本和社会有机联系起来,逐步形成一个较为全面、系统的描写、衡量和探索译者风格的研究方法。然而,由于涉及范围较广、译本本身较为复杂及研究方法尚处于探索阶段,加上本人能力有限,本研究难免挂一漏万,存在一定的局限性,不妥之处,还请学界同仁不吝斧正。

参考文献

一、中文文献

卜杭宾,2016.新发现的林语堂英译《红楼梦》考述[J].东方翻译(3):23-29.

曹雪芹,2008.红楼梦[M].无名氏,续.北京:人民文学出版社.

曹雪芹,1993.红楼梦[M].蔡义江,校注.杭州:浙江文艺出版社.

曹雪芹,2012.红楼梦(汉英对照)[M].大卫·霍克思,约翰·闵福德,译.上海:上海外语教育出版社.

曹雪芹,高鹗,1995.红楼梦[M].海口:海南出版社.

曹雪芹,高鹗,1999.红楼梦(汉英对照)[M].杨宪益,戴乃迭,译.北京:外文出版社.

陈德鸿,张南峰,2000.西方翻译理论精选[M].香港:香港城市大学出版社.

陈宏薇,2009.高级汉英翻译[M].北京:外语教学与研究出版社.

陈宏薇,江帆,2003.难忘的历程:《红楼梦》英译事业的描写性研究[J].中国翻译(5):46-52.

陈浪,2011.当代语言学途径翻译研究的新发展:语篇·斡旋调节·语境化[M].天津:南开大学出版社.

陈琳,2012.基于语料库的《红楼梦》说书套语英译研究[D].上海:上海外国语大学.

陈树坤,2017.角度成分的人际功能及其翻译:基于《红楼梦》平行语料库的研究[J].外语与外语教学(6):134-144.

陈望道,1997.修辞学发凡[M].新2版.上海:上海教育出版社.

陈伟,2000.汉语"会议"英译的语料库调查研究[J].上海科技翻译(2):42-47.

陈伟,2007.翻译英语语料库与基于翻译英语语料库的描述性翻译研究[J].外国语(1):67-73.

陈向明,1996.社会科学中的定性研究方法[J].中国社会科学(6):93-102.

成伟钧,唐仲扬,向宏业,1991.修辞通鉴[M].北京:中国青年出版社.

党争胜,2012.《红楼梦》英译艺术比较研究:基于霍克思和杨宪益译本[M].北京:北京大学出版社.

邓琳,陆梅,2019.杨宪益、霍克斯俗语标记体式翻译策略:基于《红楼梦》平行语料库[J].沈阳建筑大学学报(社会科学版)(1):86-91.

丁树德,2001.浅谈西方翻译语料库研究[J].外国语(5):61-66.

董琇,2009.译者风格形成的立体多元辩证观:赛珍珠翻译风格探源[D].上海:上海外国语大学.

董琇,2014.基于降维法的译者风格研究[J].外语教学与研究(2):282-293.

范圣宇,2004.《红楼梦》管窥:英译、语言与文化[M].北京:中国社会科学出版社.

范圣宇,2015.汉英对照版霍克思闵福德译《红楼梦》校勘记[J].红楼梦学刊(2):265-310.

范祥涛,2004.描写译学中的描写对象和描写方式[J].外国语(4):60-67.

方梦之,2004.译学辞典[M].上海:上海外语教育出版社.

冯庆华,2006.红译艺坛:《红楼梦》翻译艺术研究[M].上海:上海外语教育出版社.

冯庆华,2008.母语文化下的译者风格:《红楼梦》霍克斯与闵福德译本研究[M].上海:上海外语教育出版社.

冯庆华,2012.思维模式下的译文词汇[M].上海:上海外语教育出版社.

冯庆华,2015.思维模式下的译文句式:《红楼梦》英语译本研究[M].上海:上海外语教育出版社.

冯庆华,陈科芳,2008.汉英翻译基础教程[M].北京:高等教育出版社.

冯全功,2011a.《红楼梦》中"笑道"翻译的对比研究[J].天津外国语大学学报(6):29-34.

冯全功,2011b.新世纪《红楼》译学的发展现状及未来展望:基于国内学术期刊的数据分析(2000—2010)[J].红楼梦学刊(4):135-154.

冯全功,2013.霍译《红楼梦》中附加疑问句研究[J].西安外国语大学学报22(1):107-110.

冯全功,2014.霍译《红楼梦》中附加疑问句研究[J].西安外国语大学学报22(1):107-110.

冯全功,2015a.《红楼》译学的研究领域与研究模式[J].红楼梦学刊(4):140-161.

冯全功,2015b.论文学翻译中的形貌修辞:以霍译《红楼梦》为例[J].外语教学理论与实践(1):76-81.

冯全功,2016.广义修辞学视域下《红楼梦》英译研究[M].上海:上海外语教育出版社.

傅勇林,2010.华西语文学刊(第三辑):《红楼梦》译介研究专刊[J].成都:四川文艺出版社.

高歌,卫乃兴,2019.汉英翻译界面下的语义韵探究:来自《红楼梦》英译本的证据[J].解放军外国语学院学报42(1):48-56.

葛锐,2012.道阻且长:《红楼梦》英译史的几点思考[J].李晶,译.红楼梦学刊(2):242-279.

郭建中,1996.汉语歇后语翻译的理论与实践[J].中国翻译(2):12-15.

韩忠华,1986.评《红楼梦》杨氏英译本[J].红楼梦学刊(3):279-303.

韩子满,刘芳,2005.描述翻译研究的成就与不足[J].外语学刊(3):97-101.

何刚强,2009.笔译理论与技巧[M].北京:外语教学与研究出版社.

何嘉敏,2001.汉英翻译演变与发展:《红楼梦》历来英译[D].新加坡:新加坡国立大学.

何元建,卫志强,1998.描写译学的理论与实践:《源氏物语》两个中译本中转折句的对比分析[J].中国翻译(2):17-20.

洪涛,1996.从语言学看《红楼梦》英译本的文化过滤问题[J].红楼梦学刊(2):286-309.

洪涛,1997.解码者的渠道与《红楼梦》英译本中的"扩展译法"[J].红楼梦学刊(3):284-298.

洪涛,1998.《红楼梦》英译本中的改译和等效问题[J].红楼梦学刊(2):265-277.

洪涛,2010.女体和国族:从《红楼梦》翻译看跨文化移殖与学术知识障[M].北京:国家图书出版社.

侯羽,贾艳霞,2018.基于语料库的《红楼梦》人称指示视点翻译转移比较研究[J].红楼梦学刊(2):276-293.

侯羽,贾艳霞,杨金丹,2017.《红楼梦》定量翻译研究现状分析:基于对国内外主要学术期刊论文和著作的考察(1979—2016)[J].红楼梦学刊(3):282-297.

侯羽,刘泽权,2012.《红楼梦》英译本中虚义动词结构的使用与成因研究[J].红楼梦学刊(4):221-236.

侯羽,刘泽权,刘鼎甲,2014.基于语料库的葛浩文译者风格分析:以莫言小说英译本为例[J].外语与外语教学(2):72-78.

侯羽,朱虹,2016.《红楼梦》两个英译本译者使用括号注的风格与动因研究[J].红楼梦学刊(4):56-73.

胡开宝,2009.基于语料库的莎剧《哈姆雷特》汉译文本中"把"字句应用及其动因研究[J].外语学刊(1):111-115.

胡开宝,2011.语料库翻译学概论[M].上海:上海交通大学出版社.

胡开宝,2012.语料库翻译学:内涵与意义[J].外国语 35(5):59-70.

胡开宝,毛鹏飞,2012.国外语料库翻译学研究述评[J].当代语言学(4):380-395.

胡开宝,陶庆,2009.汉英会议口译中语篇意义显化及其动因研究:一项基于平行语料库的研究[J].解放军外国语学院学报 32(4):67-73.

胡开宝,陶庆,2010.汉英会议口译语料库的创建与应用研究[J].中国翻译(5):49-56.

胡开宝,陶庆,2012.记者招待会汉英口译句法操作规范研究[J].外语教学与研究 44(5):738-750.

胡开宝,吴勇,陶庆,2007.语料库与译学研究:趋势与问题——2007 语料库与译学研究国际学术研讨会综述[J].外国语(5):64-69.

胡开宝,谢丽欣,2017.基于语料库的译者风格研究:内涵与路径[J].中国翻译(2):12-18.

胡开宝,邹颂兵,2009.莎士比亚戏剧英汉平行语料库的创建与应用[J].外语研究(5):64-71.

胡开宝,朱一凡,2008.基于语料库的莎剧《哈姆雷特》汉译文本中显化现象及其动因研究[J].外语研究(2):72-80.

胡文彬,1993.《红楼梦》在国外[M].北京:中华书局.

胡文彬,周雷,1981.台湾红学论文选[G].天津:百花文艺出版社.

胡显耀,2004.语料库翻译研究与翻译普遍性[J].上海科技翻译(4):47-49.

胡显耀,2006.当代汉语翻译小说规范的语料库研究[D].上海:华东师范大学.

胡显耀,曾佳,2009.对翻译小说语法标记显化的语料库研究[J].外语研究(5):72-79.

胡显耀,曾佳,2010.翻译小说"被"字句的频率、结构及语义韵研究[J].外国语,33(3):73-79.

胡壮麟,朱永生,张德禄,等,2005.系统功能语言学概论[M].北京:北京大学出版社.

黄立波,2009.翻译研究的文体学视角探索[J].外语教学,30(5):104-108.

黄立波,2011a.基于双语平行语料库的翻译文体学探讨:以《骆驼祥子》两个英译本中人称代词主语和叙事视角转换为例[J].中国外语,8(6):100-106.

黄立波,2011b.译出还是译入:翻译方向探究——基于语料库的翻译文体考察[J].外语教学,32(2):96-101.

黄立波,2014.《骆驼祥子》三个英译本中叙述话语的翻译:译者风格的语料库考察[J].解放军外国语学院学报,37(1):72-80.

黄立波,2018.语料库译者风格研究反思[J].外语教学,39(1):77-81.

黄立波,王克非,2006.翻译普遍性研究反思[J].中国翻译,27(5):36-40.

黄立波,王克非,2011.语料库翻译学:课题与进展[J].外语教学与研究,43(6):911-923.

黄立波,朱志瑜,2012a.译者风格的语料库考察:以葛浩文英译现当代中国小说为例[J].外语研究(5):64-71.

黄立波,朱志瑜,2012b.语料库翻译学:研究对象与研究方法[J].中国外语,9(6):28-36.

黄立波,朱志瑜,2013.国内英汉双语平行语料库建构与研究现状及展望[J].当代外语研究(1):45-49.

黄龙,1986.《红楼梦》书名的翻译[J].中国翻译(4):63-64.

黄勤,王晓利,2010.基于语料库的《红楼梦》中的元话语"又"及其英译对比研究[J].西安外国语大学学报,18(3):96-99.

黄勤,2015.基于语料库的《红楼梦》中的元话语及其英译对比研究[M].武汉:武汉大学出版社.

黄忠廉,2009.变译平行语料库概说:以严复《天演论》为例[J].外语学刊(1):116-119.

霍跃红,2010.基于语料库的译者文体比较研究[J].大连理工大学学报(社会科学版),31(2):111-115.

贾中恒,2000.转述语及其语用功能初探[J].外国语(2):35-41.

江帆,2007.他乡的石头记:《红楼梦》百年英译史研究[D].上海:复旦大学.

江帆,2014.文学外译的助力/阻力:外文社《红楼梦》英译本编辑行为反思[J].中国比较文学(1):50-65.

姜其煌,2005.欧美红学[M].郑州:大象出版社.

姜秋霞,刘全国,2012.翻译学方法论研究导引[M].南京:南京大学出版社.

蒋林,金兵,2007.语料库翻译研究的代表性问题[J].中国科技翻译,20(1):28-30.

柯飞,2002.双语库:翻译研究新途径[J].外语与外语教学(9):35-39.

柯飞,2003.汉语"把"字句特点、分布及英译研究[J].外语与外语教学(12):1-5.

柯飞,2005.翻译中的隐和显[J].外语教学与研究,37(4):303-307.

李端严,1988.杨宪益、戴乃迭英译本《红楼梦》技巧赏析[J].外语教学(3):51-60.

李国南,1999.英汉修辞格对比研究[M].福州:福建人民出版社.

李虹,2011.《红楼梦》诗词英译移情比较研究[D].上海:上海外国语大学.

李华勇,2019.基于语料库的翻译汉语语义韵研究:以cause的汉译对应词"导致""引起"为个案[J].解放军外国语学院学报,42(1):57-65.

李晶,2015.道阻且长,溯洄从之:杨译《红楼梦》底本问题中的译者主体性述评[J].红楼梦学刊(2):238-264.

李晶,2016.香港《译丛》上的"林语堂英译《红楼梦》"[J].红楼梦学刊(2):136-161.

李敏杰,朱薇,2012.基于平行语料库的《红楼梦》英译本文体风格研究[J].中南民族大学学报(人文社会科学版),32(2):177-180.

李明,2006.操纵与翻译策略之选择:《红楼梦》两个英译本的对比研究[J].广东外语外贸大学学报,17(2):9-14.

李平,2014.林语堂与《红楼梦》的翻译[J].红楼梦学刊(4):289-301.

李绍年,1995.红楼梦翻译学概说[J].语言与翻译(2):62-71.

李小龙,2012.中国古典小说回目研究[M].北京:北京大学出版社.

李颖玉,袁笠菱,2009.非英语专业研究生英汉翻译的语料库研究[J].北京第二外国语学院学报(10):33-37.

李宇凤,2011.回声性反问标记"谁说"和"难道"[J].汉语学习(4):44-51.

连淑能,1993.英汉对比研究[M].北京:高等教育出版社.

廉张军,2016.基于平行语料库的《红楼梦》情态系统及其英译研究[D].重庆:西南大学.

梁茂成,李文中,许家金,2010.语料库应用教程[M].北京:外语教学与研究出版社.

梁扬,谢仁敏,2006.《红楼梦》语言艺术研究[M].北京:人民文学出版社.

廖七一,2000a.当代西方翻译理论探索[C].南京:译林出版社.

廖七一,2000b.语料库与翻译研究[J].外语教学与研究,32(5):380-384.

廖七一,等,2001.当代英国翻译理论[M].武汉:湖北教育出版社.

林昊,冯洋,何淼,2015.基于语料库的《红楼梦》两种英译本的翻译风格研究[J].沈阳建筑大学学报(社会科学版),17(2):211-216.

林克难,2001.翻译研究:从规范走向描写[J].中国翻译,22(6):43-45.

林克难,2008.翻译的规范研究和描写研究[J].中国外语,5(1):88-92.

林文艺,2014.主流意识形态语境中的中国对外文化交流:以英文版《中国文学》研究为中心[D].福州:福建师范大学.

林兴仁,1984.《红楼梦》的修辞艺术[M].福州:福建教育出版社.

林以亮,1976.红楼梦西游记:细评红楼梦新英译[M].台北:联经出版公司.

刘敬国,陶友兰,2006.语料库翻译研究的历史与进展:兼评《语料库翻译研究:理论、发现和应用》[J].外国语(2):66-71.

刘军平,2008.从跨学科角度看译者主体性的四个维度及其特点[J].外语与外语教学(8):52-55.

刘康龙,穆雷,2006.语料库语言学与翻译研究[J].中国翻译,27(1):59-64.

刘克强,2013.《水浒传》四英译本翻译特征多维度对比研究[D].上海:上海外国语大学.

刘宓庆,1990.翻译的风格论(上)[J].外国语(1):1-5.

刘士聪,谷启楠,1997.论《红楼梦》文化内容的翻译[J].中国翻译(1):17-20.

刘士聪,2004.红楼译评:《红楼梦》翻译研究论文集[C].天津:南开大学出版社.

刘彦仕,2008.译者文化身份的杂糅性:以林语堂为个案[J].四川文理学院学报(社会科学),18(1):78-82.

刘艳红,张丹丹,2014.邦斯尔译本及之前的《红楼梦》译本[J].红楼梦学刊(3):291-315.

刘云虹,2012.选择、适应、影响:译者主体性与翻译批评[J].外语教学理论与实践(4):48-54.

刘泽权,2003.自谦与中国式礼貌:由《红楼梦》的英译谈起[J].语言文学研究,(1):65-71.

刘泽权,2010.《红楼梦》中英文语料库的创建及应用研究[M].北京:光明出版社.

刘泽权,陈银春,2007.英译被动式的信息表达功能:以《红楼梦》第一回四种英译的被动句为例,燕山大学学报(哲学社会科学版),8(4):120-126.

刘泽权,谷香娜,2013.冷眼看世界:叙述视角关照下的《红楼梦》英译[J].外语学刊(2):103-109.

刘泽权,侯羽,2008.国内外显化研究现状概述[J].中国翻译(5):55-58.

刘泽权,刘超鹏,朱虹,2011.《红楼梦》四个英译本的译者风格初探:基于语料库的统计与分析[J].中国翻译(1):60-64.

刘泽权,刘鼎甲,2009.多媒体计算机技术与语料库方法运用于翻译教学改革的尝试[J].外语与外语教学(8):27-30.

刘泽权,刘鼎甲,2011.基于语料库的翻译教学与学习者译本评析初探[J].中国外语,8(5):48-56.

刘泽权,刘艳红,2011.初识庐山真面目:邦斯尔英译《红楼梦》研究(之一)[J].红楼梦学刊(4):30-52.

刘泽权,刘艳红,2013.典籍外译"走出去"的思考与对策:以《红楼梦》为例[J].中国矿业大学学报(社会科学版)(1):127-131.

刘泽权,石高原,2018.林语堂《红楼梦》节译本的情节建构方法[J].红楼梦学刊(2):231-259.

刘泽权,谭晓平,2010.面向汉英平行语料库建设的四大名著中文底本研究[J].河北大学学报(哲学社会科学版),35(1):81-86.

刘泽权,田璐,刘超朋,2008.《红楼梦》中英文平行语料库的创建[J].当代语言学,10(4):329-339.

刘泽权,田璐,2009.《红楼梦》叙事标记语及其英译:基于语料库的对比分析[J].外语学刊(1):106-110.

刘泽权,闫继苗,2010.基于语料库的译者风格与翻译策略研究:以《红楼梦》中报道动词及英译为例[J].解放军外国语学院学报,33(4):87-92.

刘泽权,张冰,2015.新世纪《红楼梦》英译研究述评[J].外语学刊(4):96-100.

刘泽权,张丹丹,2012.基于平行语料库的汉英文学翻译研究与词典编纂:以《红楼梦》"吃"熟语及其英译为例[J].中国翻译(6):18-22.

刘泽权,张丹丹,2015.假如林语堂翻译《红楼梦》:基于互文的文化翻译实证探索[J].中国翻译(2):90-95.

刘泽权,赵烨,2009.《红楼梦》人物"哭态"探析[J].河北学刊,29(5):252-255.

刘泽权,朱虹,2008.《红楼梦》中的习语及其翻译研究[J].外语教学与研究,40(6):460-466.

卢惠惠,2007.古代白话小说句式运用研究[M].北京:学林出版社.

卢静,2014.历时视域下的译者风格研究:语料库辅助下的《聊斋志异》英译本调查[J].外国语,37(4):20-31.

卢静,2013.历时与共时视阈下的译者风格研究[D].上海:上海外国语大学.

伦道夫·夸克,等,1989.英语语法大全[M].上海:华东师范大学出版社.

罗选民,董娜,黎土旺,2005.语料库与翻译研究:兼评 Maeve Olohan 的《翻译研究语料库入门》[J].外语与外语教学(12):52-56.

吕奇,王树槐,2018.国际译者风格研究可视化文献计量分析(2002—2016)[J].外语学刊(2):82-89.

吕奇,王树槐,2019.国内语料库译者风格研究十五年(2002—2016):CiteSpace 辅助的可视化文献计量分析[J].燕山大学学报(哲学社会科学版),20(1):42-49.

吕世生,2016.林语堂《红楼梦》译本的他者文化意识与对传统翻译观的超越[J].红楼梦学刊(4):1-15.

吕世生,2017.《红楼梦》跨出中国文化边界之后:以林语堂英译本为例[J].外语与外语教学(4):90-96.

马风华,2014.散曲英译探微:《红楼梦曲》四种英译比较研究[J].江苏大学学报(社会科学版),16(4):86-92.

马红军,2000.翻译批评散论[M].北京:中国对外翻译出版公司.

马文熙,张归璧,等,2004.古汉语知识词典[Z].北京:中华书局.

门海燕,2018.基于语料库的《红楼梦》英译集体量词对比研究:以"群"的英译为例[J].外国语文研究(4):92-102.

潘文国,1997.汉英语对比纲要[M].北京:北京语言大学出版社.

秦洪武,王克非,2009.基于对应语料库的英译汉语言特征分析[J].外语教学与研究,41(2):131-136.

秦静,任晓霏,2015.基于语料库的《红楼梦》叙事翻译研究:以主述位理论为视角[J].明清小说研究(4):229-248.

邱进,周洪亮,2011.文化视域及翻译策略:《红楼梦》译本的多维研究[M].重庆:西南师范大学出版社.

屈纯,王鹏飞,2011.《红楼梦》邦索尔译本回目之美感再现[J].西南交通大学学报(社会科学版),12(1):82-86.

任显楷,柯锌历,2011.《红楼梦》四种英译本委婉语翻译策略研究:以死亡委婉语为例[J].红楼梦学刊(6):73-85.

邵志洪,2005.汉英对比翻译导论[M].上海:华东理工大学出版社.

申丹,1999.有关小说中人物话语表达形式的几点思考[J].外语与外语教学(1):33-37.

沈慧云,温端政,2010.常用歇后语分类词典[M].3 版.上海:上海大学出版社.

沈炜艳,2011.《红楼梦》服饰文化翻译研究[M].上海:百家出版社.

沈杏轩,2012.基于隐喻视角的《红楼梦》语言艺术研究[D].福州:福建师范大学.

宋丹,2016.日藏林语堂《红楼梦》英译原稿考论[J].红楼梦学刊(2):73-116.

宋丹,2017.论林语堂翻译《红楼梦》的六大选择[J].外语教学与研究,49(4):619-629.

孙会军,2005.普遍与差异:后殖民批评视阈下的翻译研究[M].上海:上海译文出版社.

孙菊芬,2007.副词"难道"的形成[J].语言教学与研究(4):48-53.

索绪香,2016.诗性隐喻翻译的信息整合模式:以《红楼梦》中的诗歌英译为例[D].重庆:西南大学.

谭业升,2013.译者的意象图式与合成概念化:基于语料库方法的《红楼梦》"社会脸"翻译研究[J].外语与外语教学(3):55-59.

谭载喜,1991.西方翻译简史[M].北京:商务印书馆.

唐均,冯丽平,2016.《红楼梦》译评中的底本选择问题和选择性失明态度:以《〈红楼梦〉诗词曲赋英译比较研究》为例[J].红楼梦学刊(4):16-40.

唐均,谭梦娜,2013.裘里和邦索尔英译《红楼梦》的语言差异管窥:从习语英译的统计比较入手[J].湘潭大学学报(哲学社会科学版),37(2):83-88.

唐均,徐婧,2010."飞白"在《红楼梦》四个英译本中的翻译[J].红楼梦学刊(6):186-204.

唐义均,2012.论汉英翻译中的语义韵问题[J].中国翻译(5):109-113.

屠国元,朱献珑,2003.译者主体性:阐释学的阐释[J].中国翻译,24(6):8-14.

汪蓉培,王之江,2008.英语词汇学[M].修订版.上海:上海外语教育出版社.

王东风,2003.一只看不见的手:论意识形态对翻译实践的操纵[J].中国翻译,(5):16-23.

王宏印,2001.《红楼梦》诗词曲赋英译比较研究[M].西安:陕西师范大学出版社.

王宏印,2002.《红楼梦》回目辞趣两种英译的比较研究[J].外语与外语教学(1):54-57.

王家义,2011.译文分析的语料库途径[J].外语学刊(1):128-131.

王家义,陈珊,2015.《红楼梦》汉英平行语料库中含"老"称谓语及其翻译[J].广西民族大学学报(哲学社会科学版),37(6):170-174.

王金波,2006.弗朗茨·库恩及其《红楼梦》德文译本:文学文本变译的个案研究[D].

上海：上海外国语大学.

王金波,2007.乔利《红楼梦》英译本的底本考证[J].明清小说研究(1)：277-287.

王金波,2010.邦斯尔神父《红楼梦》英译文底本考证[J]//傅勇林,华西语文学刊(第三辑):《红楼梦》译介研究专辑.成都：四川文艺出版社：129-136.

王金波,2013.《红楼梦》早期英译补遗之一：艾约瑟对《红楼梦》的译介[J].红楼梦学刊(4)：243-269.

王金波,王燕,2004.论《红楼梦》地名人名双关语的翻译[J].外语教学,25(4)：53-57.

王金波,王燕,2010.被忽视的第一个《红楼梦》120回英文全译本：邦斯尔神父《红楼梦》英译文简介[J].红楼梦学刊(1)：195-209.

王金波,王燕,2013.包腊《红楼梦》前八回英译文年代新考[J].红楼梦学刊(1)：294-307.

王金波,王燕,2014.《红楼梦》早期英译补遗之二：梅辉立对《红楼梦》的译介[J].红楼梦学刊(2)：250-271.

王克非,2003.英汉/汉英语句对应的语料库考察[J].外语教学与研究,35(6)：410-416.

王克非,2004.双语平行语料库在翻译教学上的用途[J].外语电化教学(10)：27-32.

王克非,2006.语料库翻译学：新研究范式[J].中国外语,3(3)：8-9.

王克非,2012.语料库翻译学探索[M].上海：上海交通大学出版社.

王克非,等,2004.双语对应语料库：研制与应用[M].北京：外语教学与研究出版社.

王克非,黄立波,2007.语料库翻译学的几个术语[J].四川外语学院学报,23(6)：101-105.

王克非,黄立波,2008.语料库翻译学十五年[J].中国外语,5(6)：9-14.

王克非,胡显耀,2008.基于语料库的翻译汉语词汇特征研究[J].中国翻译(6)：16-21.

王克非,秦洪武,2009.英译汉语言特征探讨：基于对应语料库的宏观分析[J].外语学刊(1)：102-105.

王克非,秦洪武,王海霞,2007.双语对应语料库翻译教学平台的应用初探[J].外语电化教学(6)：3-8.

王丽娜,1979.《红楼梦》外文译本介绍[J].文献(1)：152-162.

王丽耘,2012.中英文学交流语境中的汉学家大卫·霍克思研究[D].福州：福建师范大学.

王鹏,2008.描写翻译研究及其方法[J].四川外语学院学报,24(4):96-99.

王鹏飞,2014.英语世界的《红楼梦》译介与研究[M].西安:陕西师范大学出版社.

王燕,2018.德庇时英译《红楼梦》研究:从约翰·巴罗书评谈起[J].红楼梦学刊(5):208-235.

王颖冲,王克非,2013.中文小说英译的译者工作模式分析[J].外国语文,29(2):118-124.

王正,孙东云,2009.利用翻译记忆系统自建双语平行语料库[J].外语研究(5):80-85.

卫乃兴,2002.语义韵研究的一般方法[J].外语教学与研究,34(4):300-307.

卫乃兴,2006.基于语料库学生英语中的语义韵对比研究[J].外语学刊(5):50-54.

卫乃兴,2011.词语学要义[M].上海:上海外语教育出版社.

卫乃兴,李文中,濮建中,等,2005.语料库应用研究[M].上海:上海外语教育出版社.

魏家海,2001.全球化与民族化:译者文化身份的定位[J].山东师大外国语学院学报(2):66-69.

文军,任艳,2012.国内《红楼梦》英译研究回眸(1979—2010)[J].中国外语,9(1):84-93.

吴昂,黄立波,2006.关于翻译共性的研究[J].外语教学与研究 38(5):296-302.

吴礼权,2006.现代汉语修辞学[M].上海:复旦大学出版社.

向红,2014.互文翻译的语境重构:以《红楼梦》英译为例[M].长沙:湖南师范大学出版社.

肖家燕,2007.诗歌隐喻与诗歌主题的异化翻译:《红楼梦》诗歌英译的认知语言学研究[J].红楼梦学刊(1):231-246.

肖家燕,2008.优先概念化与隐喻的翻译研究:《红楼梦》"上—下"空间隐喻的英译策略及差额翻译[J].四川外语学院学报,24(4):105-109.

肖家燕,刘泽权,2009.被扭曲的中华称谓:《红楼梦》尊他敬语五种英译之比较[J].外国语文,25(6):51-56.

肖家燕,庞继贤,2007.文学语境与人名隐喻的翻译研究:基于《红楼梦》英译文的个案研究[J].浙江大学学报(人文社会科学版),37(5):193-200.

肖维青,2005.自建语料库与翻译批评[J].外语研究(4):60-65.

肖维青,2009.语料库在《红楼梦》译者风格研究中的应用:兼评《母语文化下的译者风格:〈红楼梦〉霍克斯与闵福德译本研究》[J].红楼梦学刊(6):251-261.

肖维青,2015.《红楼梦》的"西游记":《红楼梦》英译趣谈[M].合肥:安徽文艺出版社.

肖忠华,2012.英汉翻译中的汉语译文语料库研究[M].上海:上海交通大学出版社.

肖忠华,戴光荣,2011.翻译教学与研究的新框架:语料库翻译学综述[J].外语教学理论与实践(1):8-15.

萧钟和,1986.《红楼梦》英译探源及书名译法商榷[J].外语教学(2):65-67.

谢军,2009.霍克斯英译《红楼梦》细节化的认知研究[D].长沙:湖南师范大学.

谢军,2016.霍克斯英译《红楼梦》认知研究[M].长沙:湖南大学出版社.

谢天振,1999.译介学[M].上海:上海外语教育出版社.

辛红娟,宋子燕,2012.从目的论看《红楼梦》中俗语的文化意象英译[J].湘潭大学学报(哲学社会科学版),36(6):146-150.

徐欣,2010.基于多译本语料库的译文对比研究:对《傲慢与偏见》三译本的对比分析[J].外国语,33(2):53-59.

许钧,2003."创造性叛逆"和翻译主体性的确立[J].中国翻译,24(1):6-11.

薛蓉蓉,2016.《红楼梦》中粗俗语英译的杂合研究:基于语料库的对比分析[J].东北农业大学学报(社会科学版),14(6):77-84.

闫敏敏,2005.二十年来的《红楼梦》英译研究[J].外语教学,26(4):64-68.

严苡丹,2012.《红楼梦》亲属称谓语的英译研究[M].上海:上海外语教育出版社.

严苡丹,韩宁,2015.基于语料库的译者风格研究:以鲁迅小说两个英译本为例[J].外语教学,36(2):109-113.

杨惠中,2002.语料库语言学导论[M].上海:上海外语教育出版社.

杨柳川,2014.满纸"红"言译如何:霍克思《红楼梦》"红"系颜色词的翻译策略[J].红楼梦学刊(5):196-215.

杨梅,白楠,2010.国内语料库翻译研究现状调查:基于国内学术期刊的数据分析(1993—2009)[J].中国翻译(6):46-50.

杨子,2016.翻译构式观与语料库翻译学下的译者风格研究[J].上海翻译(3):28-33.

姚琴,2013.基于平行语料库的《红楼梦》意义显化翻译考察:以霍译本林黛玉人物特征为例[J].外语教学与研究,45(3):453-463.

姚振军,2009.描述翻译学视野中的翻译批评[J].外语与外语教学(10):61-64.

叶常青,2003.自建语料库在翻译教学中的应用:《红楼梦》中英文本用于翻译教学的课堂设计[J].外国语言文学(3):41-44.

一粟,1964.红楼梦资料汇编:全二册[C].北京:中华书局.

袁锦翔,1987.深得原意 圆活流畅:试析杨宪益、戴乃迭英译本《红楼梦》片段[J].中国翻译(3):37-41.

张丹丹,2015.林语堂英译《红楼梦》探[J].红楼梦学刊(2):311-323.

张丹丹,2016.林语堂英译《红楼梦》再探[J].红楼梦学刊(2):117-135.

张丹丹,刘泽权,2014.《红楼梦》乔利译本是一人所为否?[J].中国外语,11(1):85-93.

张丹丹,刘泽权,2016.基于语境的《红楼梦》报道动词翻译显化研究:以王熙凤的话语为例[J].外语与外语教学(4):124-134.

张景华,2003.全球化语境下的译者文化身份与汉英翻译[J].四川外语学院学报,19(4):126-129.

张俊,2010.对《红楼梦》中称呼语的所指和意图的研究:认知语用视角[D].上海:上海外国语大学.

张鲲,2004.从《红楼梦》两英译本看翻译目的对翻译策略的影响[G]∥刘士聪,红楼译评:《红楼梦》翻译研究论文集.天津:南开大学出版社:93-106.

张美芳,2002.利用语料库调查译者的文体:贝克研究新法介评[J].解放军外国语学院学报25(3):54-57.

张南峰,2004.中西译学批评[M].北京:清华大学出版社.

张南峰,2008.多元系统论中的规范概念[J].外国语,31(5):64-71.

张培基,1980.略论《红楼梦》新英译的习语处理[J].外国语(1):1-7.

张威,2009.口译语料库的开发与建设:理论与实践的若干问题[J].中国翻译(3):54-59.

张文,王永秋,2009.描写译学研究的目的与方法[J].北京第二外国语学院学报(10):16-20.

赵长江,2007.霍译《红楼梦》回目人名翻译研究[M].石家庄:河北教育出版社.

赵长江,2012.《红楼梦》诗词英译之发轫:德庇时英译《西江月》历时研究[J].红楼梦学刊(3):323-340.

赵朝永,2014a.基于语料库的邦译本《红楼梦》译者风格研究[D].上海:上海外国语大学.

赵朝永,2014b.基于汉英平行语料库的翻译语义韵研究:以《红楼梦》"忙 XX"结构的英译为例[J].外语教学理论与实践(4):75-82.

赵朝永,2014c.《红楼梦》英译本述略[J].时代文学(8):143-145.

赵朝永,2015.《红楼梦》邦斯尔译本误译考辨[J].红楼梦学刊(3):274-302.

赵朝永,2019.基于语料库的《红楼梦》英文全译本语域变异多维分析[J].翻译研究与教学(1):83-94.

赵宏展,2007.小型翻译语料库的 DIY[J].中国科技翻译 20(2):31-35.

赵晴,2010.基于语料库的《红楼梦》两个英译本的译者风格研究[J].西南农业大学学报(社会科学版),8(5):158-163.

赵晴,2011.《红楼梦》汉英翻译语料库的衔接显化研究[J].重庆理工大学学报(社会科学),25(11):110-116.

郑赛芬,2018.基于语料库的女性语言翻译研究:以王熙凤为例[D].上海:上海外国语大学.

周小玲,蒋坚松,2008.基于语料库的翻译研究方法评析[J].湘潭大学学报(哲学社会科学版),32(4):155-158.

周小玲,2011.基于语料库的译者文体研究:以理雅各英译中国典籍的文体为个案[D].长沙:湖南师范大学.

周钰良,1980.读霍克斯英译本《红楼梦》[C]//中国社会科学研究所红楼梦研究集刊编委会,红楼梦研究集刊:第三辑.上海:上海古籍出版社:455-466.

周中明,1980.艺术皇冠上的明珠:谈《红楼梦》中对俗语的运用[J].红楼梦学刊(1):167-181.

朱虹,刘泽权,2011.四大名著汉英平行语料库的创建:问题与对策[J].当代外语研究(1):13-18.

朱薇,李敏杰,2011.《红楼梦》英译本中的显化特征:基于语料库的助词缩写使用统计与分析[J].南京航空航天大学学报(社会科学版),13(4):72-76.

朱晓敏,2011.基于 COCA 语料库和 CCL 语料库的翻译教学探索[J].外语教学理论与实践(1):32-37.

朱永生,郑立信,苗兴伟,2001.英汉语篇衔接手段对比研究[M].上海:上海外语教育出版社.

祖利军,2012.《红楼梦》话语标记语英译的识解对等研究[M].北京:科学出版社.

二、外文文献

BAKER M, 1993. Corpus linguistics and translation studies — implications and applications[G] // Text and Technology. Amsterdam: Benjamins, 233-250.

BAKER M, 1995. Corpora in translation studies: An overview and some suggestions for future research[J]. Target, 7(2): 223-243.

BAKER M, 1996. Corpus-based translation studies: The challenges that lie ahead[G] // Terminology, LSP and Translation. Amsterdam: John Benjamins.

BAKER M, 1999. The role of corpora in investigating the linguistic behaviour of professional translators[J]. International Journal of Corpus Linguistics, 4(2): 281-298.

BAKER M, 2000. Towards a methodology for investigating the style of a literary translator [J]. Target, 12(2): 241-266.

BAKER M, 2004. Routledge encyclopedia of translation studies[M]. Shanghai: Shanghai Foreign Language Education Press.

BIBER D, JOHANSSON S, LEECH G et al., 2000. Longman grammar of spoken and written English[M]. Beijing: Foreign Language Teaching and Research Press.

BLUM S, LEVENSTON E A, 1978. Universals of lexical simplification[J]. Language Learning, 28(2): 399-415.

BONSALL B S, 1934. Confucianism and Taoism[M]. London: The Epworth Press.

BONSALL B S, 1950s. The red chamber dream [M/OL]. Manuscript, Hong Kong University Libraries.[2013-09-15]. http://lib.hku.hk/bonsall/Hong Lou Meng/indexl.html.

BONSALL G, 2004. Introduction. In the red chamber dream [M/OL] // BONSALL B S. Manuscript, Hong Kong University Libraries, late 1950s. [2013-09-15].http://lib.hku.hk/bonsall/Hong Lou Meng/index1.html.

BUTLER C, 1985. Statistics in linguistics[M]. Oxford: Basil Blackwell.

CAO X Q, 1973-1986. The story of the stone (volume i-v) [M]. Trans by HAWKES D, MINDFORD J, Harmondsworth: Penguin.

CAO XQ, 1978-1980. A Dream of red mansions(Volume I-III) [M]. Trans by YANG H, YANG G, Beijing: Foreign Languages Press.

CHESTERMAN A, 1998. Causes, translations, effects[J]. Target, 10(2): 201-230.

CHESTERMAN A, 2004a. Beyond the particular[C] // Translation Universals: Do They Exist? Amsterdam: John Benjamins, 33-49.

CHESTERMAN A, 2004b. Hypothesis about translation universals[C] // Claims, changes and challenges in translation studies: selected contributions from the EST Congress 2001. Amsterdam: John Benjamins, 1 - 13.

GENTZLER E, 1993. Contemporary translation theories[M]. London: Routledge.

HALLIDAY M K, 2000. An introduction to functional grammar[M]. Beijing: Foreign Language Teaching and Research Press.

HALLIDAY M K, 1976. Cohesion in English[M]. London: Longman.

HATIM B, MASON I, 1990. Discourse and the translator[M]. New York: Longman.

HERMANS T, 1996. The translator's voice in translated narrative[J]. Target, 8(1): 23 - 48.

HERMANS T, 1999. Translation in systems[M]. Manchester: St. Jerome Publishing.

HERMANS T, 2007. Norms and the determination of translation: A theoretical framework [G] // Translation, Power, Subversion. Beijing: Fofeign Language Teaching and Research Press, 63 - 75.

HEWSON L, MARTIN J, 1991. Redefining translation[M]. London: Routledge.

HOEY M, 2005. Lexical priming[M]. London: Routledge.

HUNSTON S, 2002. Corpora in applied linguistics[M]. Cambridge: Cambridge University Press.

KENNY D, 1998a. Corpora in translation studies[G] // BAKER M. Routledge Encyclopedia of Translation Studies. London: Routledge, 185 - 190.

KENNY D, 1998b. Creatures of habit? What translators usually do with words[J]. Meta, 43(4): 515 - 523.

KENNY D, 2001. Lexis and creativity in translation: A corpus-based study [M] Manchester: St. Jerome Publishing.

KLAUDY K, 1998. Explicitation[G] // Routledge's Encyclopedia of Translation Studies. London: Routledge, 80 - 85.

LAVIOSA S, 1998. Core patterns of lexical use in a comparable corpus of english narrative prose[J]. Meta, 43 (4): 557 - 570.

LAVIOSA S, 2002. Corpus-based transaltion studies[M]. Amsterdam: Rodapi.

LOUW B, 1993. Irony in the text or insincerity in the writer? The diagnostic potential of semantic prosodies [G] // Text and Technology: In Honour of John Sinclair. Amsterdam: John Benjamins, 157 - 176.

MIKHAILOV M, VILLIKKA M, 2001. Is there such a thing as a translator's style? [C] // Proceedings of Corpus Linguistics 2011 Conference. Lancaster: Lancaster University Press, 378-385.

MUNDAY J, 2001. Introducing transaltion studies: Theories and application[M]. London: Routledge.

NIDA E, 1982. Translating Meaning[M]. California: San Ditmas.

OLOHAN M, BAKER M, 2000. Reporting that in translated English: Evidence for subconscious processes of explicitation[J]. Across Language and Cultures, 1(2): 141-185.

OLOHAN M, 2003. How frequent are the contractions: A study of contracted forms in the translational english corpus[J]. Target, 15(1): 59-89.

OLOHAN M, 2004. Introducing corpora in translation studies[M]. New York: Routledge.

RAN S Y, 2013. Power relations in translation: The case of translating Hongloumeng into English[D]. Jinan: Shandong University.

SALDANHA G, 2011a. Style of translation: The use of foreign words in tranlations by Margaret Jull Costa and Peter Bush[C] // Corpus-based Translation Studies: Research and Applications. London: Continuum, 237-258.

SALDANHA G, 2011b. Translator style methodological considerations[J]. Translator, 17(1): 25-50.

SINCLAIR J, 1991. Corpus, Condordance, Collocation[M]. Oxford: Oxford University Press.

STUBBS M, 1996. Text and corpus analysis[M]. Oxford: Blackwell Publishers.

TOURY G, 1980. In search of a theory of translation[M]. Jerusalem: Academic Press.

TOURY G, 1995. Descriptive translation studies and beyond[M]. Amsterdam: John Benjamins Publishing Company.

后　记

　　这本著作是在博士论文的基础上修改而成的。时光荏苒，回味三年博士生涯，仍令人感叹不已。无论是应考时的忐忑与坎坷，还是攻读过程中的奔波与劳累，至今历历在目。在书稿付梓之际，一切的辛劳似在顷刻间烟消云散。继而存留的，是无尽的宽慰与厚重的积淀，还有一份不吐不快的感恩之情。博士论文三年而成，书稿又历经近六年的补缀，这一过程艰辛而又充实，若没有师长的提携点拨、没有家人的支持鼓励、没有朋友的相依相伴，恐难以为继。

　　首先感谢我的博士生导师冯庆华教授。先生的谦和、儒雅、渊博、谨严早已广为传颂，毋庸赘言。无论治学还是为人，他都是我一生的榜样。在生活和学业上，先生曾给予无微不至的关怀，从个人修养到为人处世，从工作方法到家庭伦理，从饮食起居到强身健体，无不耳提面命，关怀备至。追随先生匆匆三载，所获收益却将惠及终生。纵有千言万语，也道不尽对先生的感激之情！

　　博士学业植根于硕士阶段的积累，今虽小成，依然不忘硕士生导师邵志洪教授。正是得益于邵老师的谆谆教诲，我才逐渐对学术研究产生兴趣，继而生发继续读博深造的决心。邵老师可谓我术业的启蒙者，在学术和为人上均是我尊崇的师长。此外，上海外国语大学诸位教授开设的课程，令我获益匪浅，为日后论文撰写奠定基础。华东师范大学的张春柏教授，上海外国语大学的查明建、汪小玲、许玉龙诸位教授，上海对外贸易大学的温建平教授都为选题及开题提供思路与建议，没有他们的提携，恐难顺利完成学业。上海交通大学的王金波博士近年来给予我诸多帮助，论文选题的灵感正是由他激发。2009年，高级口译阅卷时邂逅王金波老师，闲谈之余，得知《红楼梦》除霍、杨译本之外，还有一个未出版的邦译本。自此，对邦译本的兴趣和好奇之心渐起。在王金波老师的指引下，下载到了邦译本的扫描版，从此踏上了三个全译本对比的研究之旅。

根据王金波、王燕[①]考证，邦译本的完成时间最迟不过1958年，相较于霍译本、杨译本，不愧为《红楼梦》第一个英文全译本。然而，由于种种原因，该译本未能如期出版，一直尘封到2004年，才以电子版形式在香港大学图书馆网站上发布，从此开启了《红楼梦》一百二十回英译本的三足鼎立之势。邦译本是一部电子影印版手稿，由老式的打字机完成，文字排版远不如现在的电脑整齐和清晰；此外，译者在后期进行过多次的手动修改，加上年代久远，部分墨迹变淡，使得译本的可读性较差。笔者曾尝试通过软件对其进行OCR识别，无奈识别率极低，不足30%，这将导致后期的校核任务太过艰巨。在尝试了一个章节后，只得放弃。由于对译本的研究兴趣极高，于是断然决定用肉眼识别、手动输入的方式建立word版。这部手稿共有一百二十回，凡1170页，即便每周能手动输入两回，也需要一年两个月之久，再加上繁重的教学任务，工作量之巨可想而知。

但事实上，由于当时研究兴趣正浓，同时急于建设三个一百二十回全译本平行语料库，对其进行量化研究；所以并未感到辛劳。现在回忆起来，仍觉很有成就感。整个手动输入和校核的过程，不仅为深入了解译本提供了最佳机会，而且，在识别和整理时还留下了很多笔记：这些均为后续的研究提供了帮助。其中值得一提的是，手动转写过程中，发现译本有多处误解和误译之处，后来专门写了一篇勘误的论文[②]，发表在《红楼梦学刊》上。在此过程中，也得到学生及亲友的大力协助，当时本科教学班的几位同学以及博士同学施红梅，都曾参与其中，帮忙识别和校对。他们的无私帮助，加快了我的研究进度。

邦译本的电子化为三个英文全译本的量化研究奠定了基础。笔者借助已有的霍译本、杨译本电子版，很快便构建了汉英双语平行语料库，进而开展了邦译本、霍译本和杨译本的"定量+定性"对比描写研究。这期间的工作量也不算小，但的确未曾感觉到辛苦。究根溯源，还是因为对这部作品难以言表的钟爱，由此深刻体会到了兴趣对于研究的重要性。

---

① 参见：王金波，王燕，2010. 被忽视的第一个《红楼梦》120回英文全译本：邦斯尔神父《红楼梦》英译文简介［J］.红楼梦学刊(1)：195-209.
② 参见：赵朝永，2015.《红楼梦》邦斯尔译本误译考辨［J］.红楼梦学刊(3)：274-302.

论文从开题到答辩，历时一年左右，过程总体顺利。答辩时受到评委的肯定和赞誉，后续也针对他们提出的问题不断进行完善。2015年起，我开始在北京外国语大学从事博士后研究，其间仍在陆续修改博士论文。当时的博士后合作导师王文斌教授，给予了宝贵的修改建议，其深厚的学术造诣和严苛的要求，令我受益良多。

令人欣慰的是，博士毕业两年后的2016年，这篇论文获得了上海市优秀博士论文奖，这是对我莫大的鼓励。在此，特别感谢华东师范大学的朱晓映教授，她的无私帮助让这篇作品的含金量越来越高。2017年，在博士论文的基础上，再加修改和提炼，形成专著书稿，最终获得华东师范大学新世纪学术出版基金的资助，在此一并致谢。

这本著作从选题萌生到付梓，历时将近十年。这十年也是人生变化最大的阶段。博士入学不满三月，父亲罹患绝症，为不累及我学业，家人一直隐瞒实情。哥哥嫂子、姐姐姐夫默默代我床前尽孝，这份至真至爱之情令我感激涕零、终身不忘！我的母亲一个人默默承受家务之累与照顾父亲的重任，可谓身心俱疲，为我付出太多心血，实难尽述！博士论文答辩前后，恰逢女儿出生，她带给我的喜悦，远远胜于任何学术上的成就。但作为父亲，陪伴她的时间太少，这恐怕是今生最大的憾事，每每念及，总觉内疚和自责。

最后，特别感谢书稿的编辑夏玮女士！书稿字数多、表格多、数据多，虽经本人数次校核，但仍有不少问题。她精良的业务能力和勤恳负责的精神，帮我发现并修订了不少舛误之处，深表感谢！

书稿虽多次修改，但主体部分仍为博士论文。当时想法未必成熟，但它确实代表了我当时的研究水平；因此尽量保持原貌，不做太大的修改。不妥之处，诚请学界同仁多多斧正！

谨以此书，献给已故的父亲及日渐长大的女儿！

赵朝永

2020年7月21日